독문법 완성

이해에서 활용까지

독문법 완성 이해에서 활용까지

인쇄 **2021년 3월 31일**

저자 신형욱
발행인 이재명
발행처 삼지사
표지디자인 이은지
내지디자인 심즈커뮤니케이션

등록번호 제406-2011-000021호
주소 경기도 파주시 산남로47-10
Tel. 031) 948-4502, 070-4273-4562 Fax. 031) 948-4508
ISBN 978-89-7358-521-2 18750

정가 28,000원

CIP 2018028735

독문법 완성

이해에서 활용까지

한국외국어대학교 교수 신 형 욱

Deutsche Grammatik

SAMJI BOOKS

시작에 앞서

외국어를 배우면 더 많은 사람과 소통할 수 있고, 그 속에 축적된 삶의 역사와 문화도 체험할 수 있다. 또한 모국어로 형성된 사고방식의 틀에서 벗어나 다양한 방식으로 세상을 바라볼 수도 있게 된다. 그러므로 우리말과 많이 다른 독일어를 배우면 매우 넓고 흥미로운 또 다른 세상을 접할 수 있을 것이다.

언어는 사회적 규범이다. 따라서 외국어 학습은 새로운 사회 규범을 배우는 것이다. 외국어를 학습하는 방법은 다양할 수 있으나, 어휘를 익히고 문장과 글을 엮는 규칙을 습득해야 하는 데에는 차이가 없다. 1990년대 이후 의사소통 능력을 주로 구어에 한정하고, 회화 중심 외국어 교육이 강조되면서, 대학에서도 '독문법'이라는 명칭의 강좌가 한동안 많이 사라졌다. 그런데 회화 중심으로 독일어를 배운 학생 중에서 일상생활의 기본표현은 비교적 잘 구사하면서도 체계적으로 독일어를 배우지는 못했다고 말하는 학생이 자주 눈에 띄었다. 그래서 다시 '독문법' 강좌를 개설·운영하면서, 문법과 회화를 조합할 방안을 모색하게 되었다.

이 책은 한국외국어대학교 독일어교육과 1학년 학생을 대상으로 한 '독문법 1, 2' 강좌에 사용한 내용을 정리하여 엮은 것이다. 학기당 15과를 다룬다는 계획으로 총 30과를 작성하였고, 독일어를 처음부터 배우는 학생을 위하여 '글자와 발음'에도 비교적 상세한 설명을 제공하였다. 혼자서 공부하는 사람을 위하여 '낱말의 발음과 의미'는 물론, '본문과 예문의 뜻'도 최대한 상세하게 제시하였다. 특히 15과까지는 국제 음성부호와 함께 한글로도 발음을 표기하였다. 독일어 발음을 한글로 표기하는 것이 애당초 불가능하고 오해의 소지가 있으나, 초학자의 심리적 부담을 덜어주면서 독일어의 독특한 자음, 모음의 장단, 강세 등 한국인에게 익숙하지 않은 발음을 시각적으로 인식시킬 수도 있다는 기대를 해보았다. 문법 학습은 규칙을 '이해'하는 데에서 그치는 것이 아니라, 규칙을 '활용'하는 연습이 반드시 뒤따라야 한다. 그러므로 이 책에서는 문법 설명과 더불어 풍부한 예문과 다양한 활용 연습을 제시함으로써 독일어에 대한 '이해'는 물론 '활용' 능력도 배양할 수 있게 하였다.

이 책은 논리적 체계성을 갖춘 학술이론서가 아니라, 효율성을 추구하는 학습서이다. 현장 강의에서 반복하여 강조한 내용과 특히 한국인 독일어 학습자가 어려워하는 내용은 중복되더라도 그때마다 다시 강조하였다.

이 책의 단원별 구성은 다음과 같다.

1. **기본 문법**(간단명료한 문법 설명)
2. **기본 대화**(실생활의 생생한 대화문)와 **텍스트 완성하기**(대화문을 서술문으로 옮겨 쓰는 연습)
3. **유용한 표현**(의사소통 의도에 따른 표현 정리 및 연습)
4. **활용 연습**(어형 및 구문 연습, 듣기 연습, 의식적인 문법 활용을 위한 텍스트 오류 수정 연습, 독일어 쓰기 연습)
5. **자세히 들여다보기**(관련된 어휘 및 문법에 대한 추가 학습 내용)

이 책의 특징은 대화 텍스트를 서술 텍스트로 옮겨 쓰는 연습을 통해서 수동적인 학습을 능동적이고 창의적인 학습으로 전환하고자 하며, 텍스트의 오류를 스스로 수정하게 함으로써 학습한 문법 규칙을 자신의 지식으로 활성화하게 하는 데 있다. 여기에 유용한 표현을 정리하고, 대화문을 듣고 완성하는 연습을 포함함으로써 '듣기-말하기-읽기-쓰기'의 통합적 학습 체제를 구축하고자 하였다.

이 책을 집필하는 데 많은 사람의 도움이 있었다. 특히 한국외국어대학교 통번역대학원의 Anneliese Stern-Ko 교수님의 도움이 컸다. 이 책의 모든 독일어 텍스트와 예문을 처음부터 끝까지 감수해주시고, 독일어 표현의 미미한 차이를 묻는 귀찮은 질문에도 항상 성심성의껏 설명해주셨을 뿐만 아니라, 더 좋은 표현과 예문을 제안해주셨다. 이 분의 도움이 없었으면, 이만한 책도 나오지 못했을 것이다. 원고 교정 과정에서 드러난 많은 부족한 점은 한국외국어대학교 독일어과의 이도영 박사와 이정현 박사의 도움으로 크게 보완되었고, 한국외국어대학교 대학원에서 독어학을 전공하면서 고등학교에서 독일어를 가르치고 있는 최다인 선생의 질문과 제안도 미처 생각하지 못한 점을 많이 돌아보게 하였다. 끝으로 어려운 발음표기 등 난해한 부분을 꼼꼼히 잘 편집해주신 심즈 커뮤니케이션의 심재경 실장님과 출판을 맡아주신 삼지사의 이재명 사장님께도 감사드린다.

이 책이 독일어를 배우고자 하는 사람에게 '볼만한 책 한 권쯤'이 되기를 바란다.

2018. 9.
신형욱

차례

차례

독일어의 글자와 발음

독일어의 글자

독일어의 글자와 명칭

대문자	소문자	발음	한글음역	사용된 낱말의 예
A	a	[a:]	아-	Abend 저녁, alt 오래된
B	b	[be:]	베-	Baum 나무, bald 곧
C	c	[t͡se:]	ㅌ체-	Café 커피숍, Computer 컴퓨터
D	d	[de:]	데-	Deutsch 독일어, danken 감사하다
E	e	[e:]	에-	Ende 끝, essen 먹다
F	f	[ɛf]	앺ㅍ	Fahrrad 자전거, fliegen 날다
G	g	[ge:]	게-	Garten 정원, gehen (걸어) 가다
H	h	[ha:]	하-	Haus 집, heute 오늘
I	i	[i:]	이-	Interesse 관심, immer 항상
J	j	[jɔt]	욭ㅌ	Jahr 해(년), ja 예
K	k	[ka:]	카-	Kind 아이, kaufen 사다
L	l	[ɛl]	앨	Licht 빛(전등), laufen 뛰다
M	m	[ɛm]	앰	Musik 음악, machen 하다
N	n	[ɛn]	앤	Name 이름, neu 새로운
O	o	[o:]	오-	Ort 장소, oder 혹은
P	p	[pe:]	페-	Problem 문제, prima 매우 좋은
Q	q	[ku:]	쿠-	Qualität 질, bequem 편안한
R	r	[ɛr]	애ㄹ	Reise 여행, rot 빨간
S	s	[ɛs]	앳ㅅ	Saft 주스, sagen 말하다
T	t	[te:]	테-	Telefon 전화, trinken 마시다
U	u	[u:]	우-	Universität 대학, unten 아래
V	v	[fau̯]	파우	Vater 아버지, verkaufen 팔다

W	w	[ve:]	베-	Wohnung 집, wissen 알다
X	x	[iks]	잌ㅅ	Exemplar 예, extra 별도의
Y	y	['ypsilɔn]	윕실론	sympathisch 호감이 가는, Hobby 취미
Z	z	[tsɛt]	ㅌ챝ㅌ	Zahn 치아, zeigen 보여주다
Ä	ä	[a:'|umlaut]	아- 움ㄹ라웉ㅌ	Ärger 화, Käse 치즈
Ö	ö	[o:'|umlaut]	오- 움ㄹ라웉ㅌ	Öl 기름, schön 아름다운
Ü	ü	[u:'|umlaut]	우- 움ㄹ라웉ㅌ	Übung 연습, Glück 행운
SS/ß	ß	[ɛs'tsɛt]	앳ㅅ ㅌ챝ㅌ	dreißig 30, fleißig 부지런한

☞ 영어처럼 라틴어에서 발전된 알파벳 26자를 사용한다.

☞ 여기에 A/a, O/o, U/u에 움라우트 표시한 Ä/ä, Ö/ö, Ü/ü와 ß를 사용한다. ß는 원래 소문자이고, 대문자로 보통 SS를 사용하였으나, ß를 사용하기도 한다. 글자판에 ä, ö, ü, ß등이 없을 때에는 각각 ae, oe, ue, ss로 표기한다. 스위스에는 ß대신 ss를 사용한다.

연습

1. 다음 약자 명칭을 읽고 들어보시오.

(1) ADAC 독일 자동차 클럽 (http://www.adac.de/)
(2) AEG 종합전기회사
(3) ARD 독일 제1공영방송국
(4) BASF 바덴 주 아닐린과 소다 회사
(5) BMW 바이에른 자동차 공업 주식회사
(6) CDU 독일 기민당 (http://www.cdu.de/)
(7) DAAD 독일학술교류처
(8) EU 유럽연합
(9) FDP 독일 자민당(http://www.fdp.de/)
(10) MDR 중부독일 방송국
(11) NDR 북부독일 방송국
(12) SPD 독일 사민당
(13) USA 미합중국 (영어에서와는 달리 약자 사이에 구두점(.)을 찍지 않음)
(14) WDR 서부독일 방송국
(15) ZDF 독일 제2텔레비전 공영방송국

| 해설 |

독일어 발음의 한글 표기에서 장모음은 한글 모음 다음에 '-'을 사용하였고, 강세가 오는 음절은 진한 글씨로 표현하였다.

(1) ADAC [a:de:|a:'tse: 아-데-아-ㅌ**체**-] 독일 자동차 클럽 (Allgemeiner Deutscher Automobil-Club) (독일어에서 알파벳 약자는 마지막 글자에 강세가 옴) (모음 앞의 '|'는 음절 경계를 표시하는 것으로, 그 앞의 모음과는 분리하여 발음하라는 표시임)
(2) AEG [a:|e:'ge: 아-에-**게**-] 종합전기회사 (Allgemeine Elektrizitätsgesellschaft)
(3) ARD [a:|ɛr'de: 아-애ㄹ**데**-] 독일 제1공영방송국 (Arbeitsgemeinschaft der öffentlich-rechtlichen Rundfunkanstalten der Bundesrepublik Deutschland)
(4) BASF [b:|a:|ɛs'ɛf 베-아-앳ㅅ**앺**ㅍ-] 바덴 주 아닐린과 소다 회사 (Badische Anilin- & Soda-Fabrik)
(5) BMW [be:|ɛm've: 베-앰**베**-] 바이에른 자동차 공업 주식회사 (Bayerische Motoren Werke AG)
(6) CDU [tse:de:'|u: ㅌ체-데-**우**] 독일 기민당 (Christlich-Demokratische Union)
(7) DAAD [de:|a:|a:'de: 데-아-아-**데**-] 독일학술교류처 (Deutscher Akademischer Austauschdienst)
(8) EU [e:'|u: 에-**우**-] 유럽연합 (Europäische Union)
(9) FDP [ɛfde:'pe: 앺ㅍ데-**페**-] 독일 자민당 (Freie Demokratische Partei (Deutschlands))
(10) MDR [ɛmde:'|ɛr 앰데-**애**ㄹ] 중부독일 방송국 (Mitteldeutscher Rundfunk)
(11) NDR [ɛnde:'|ɛr 앤데-**애**ㄹ] 북부독일 방송국 (Norddeutscher Rundfunk)
(12) SPD [ɛspe:'de: 앳ㅅ페-**데**-] 독일 사민당 (Sozialdemokratische Partei Deutschlands)
(13) USA [u:|ɛs'|a: 우-앳ㅅ**아**-] 미합중국 (약자 사이에 구두점(.)을 찍지 않음!) (United States of America: Vereinigte Staaten von Amerika)
(14) WDR [ve:de:'|ɛr 베-데-**애**ㄹ] 서부독일 방송국 (Westdeutscher Rundfunk)
(15) ZDF [tsɛtde:'|ɛf ㅌ챝ㅌ데-**앺**ㅍ] 독일 제2텔레비전 공영방송국 (Zweites Deutsches Fernsehen)

2. 독일어 약자는 끝 글자에 강세가 옵니다. 다시 듣고 소리 내어 읽어보시오.

독일어의 발음

01 음절과 강세

모음을 중심으로 음절이 이뤄진다. 2음절 이상의 낱말에는 다른 음절보다 더 강하게 발음해야 하는 음절이 있는데 이를 강세 음절이라고 한다. 독일어는 강세에 따라서 의미가 달라지기도 하므로 항상 강세에 유의하여 발음해야 한다.

Arbeit ['arbait **아**르바일트] 일, 직업

우리말 '아르바이트'는 독일어 Arbeit에서 유래한 외래어이다. 독일어에서 Arbeit는 2음절(Ar·beit)인데, 한글로 표기하면 5음절이 된다. 이처럼 우리에게 친숙한 낱말도 독일어로 발음할 때는 주의해야 한다. 우리말 '아르바이트'는 보통 두 번째 음절 '르'를 다소 강하게 발음하기도 하지만([아르바이트]), 독일어에서는 첫 번째 음절 '아'를 강하게 발음한다. 그래서 '아'를 진한 글씨로 표기하였다.

Student [ʃtu'dɛnt 쉍투**댄**트] 대학생

독일어 낱말 중에는 형태상 영어와 유사하지만, 발음이나 의미가 다른 경우도 많다. 영어 student는 첫 음절에 강세가 와서 ['stju:dənt 스튜-던트]로 발음하지만, 독일어에서는 두 번째 음절인 '댄'에 강세가 와서 [ʃtu'dɛnt 쉍투**댄**트]로 발음한다. 또한 영어 student는 초등학교부터 대학까지의 모든 '학생'을 가리키지만, 독일어 (der) Student(독일어 명사는 첫 글자를 항상 대문자로 표기함)는 '대학생'만 의미한다.

02 장음과 단음

독일어에서는 모음의 장단을 명확히 구분하여 발음해야 한다. 장단에 따라서 의미가 달라질 수 있기 때문이다.

Staat [ʃta:t 쉍타-트트] 국가

Stadt [ʃtat 쉍탈트] 도시

Staat에는 a 모음이 겹쳐 사용되고 있는데, 이것은 a를 길게 발음하라는 표시이다. 반면에 Stadt에서는 a 모음 다음에 두 개의 자음(dt)이 연달아 나온다. 이것은 앞에 오는 모음 a를 짧게 발음하라는 표시이다. 국가라는 낱말 Staat와 도시라는 낱말 Stadt는 a 모음을 길게 또는 짧게 발음함으로써 서로 의미가 구분된다.

▶ **장모음으로 발음하는 경우 〈23쪽 (8) 장모음과 단모음을 구분하는 법 참조〉**

- 겹모음일 때 : Saal, Tee
- 모음 다음에 h가 올 때 : gehen
- 모음 다음에 홑자음이 올 때 : gut, Tag, Abend, sagen
- ie는 긴 i 모음으로 발음 : sieben

▶ **단모음으로 발음하는 경우**

- 모음 다음에 겹자음이 올 때 : Hallo, kommen
- 모음 다음에 복자음이 올 때 : zwölf

03 특히 주의해야 할 글자와 발음의 관계

독일어는 글자와 발음의 대응관계가 비교적 일정하여, 글자만 보아도 올바른 발음을 알 수 있다. 그러나 글자와 발음의 대응관계가 영어와는 다른 경우가 많으니 유의해야 한다.

(1) ä

ä는 열린 모음 [ɛ(:)]으로, [아]를 발음하는 입모양에서 [애]를 발음한다. 위치에 따라서 길게 또는 짧게 발음된다. (닫힌 모음 [e:]는[이]를 발음하는 입모양에서 [에]를 발음한다. Weg [ve:k 베-ㅋ ㅋ] 〈명사〉 길 - weg [vɛk 백ㅋ] 〈부사〉 떠나고 없는)

① 뒤에 2개 이상의 자음이 오면 단모음 [ɛ 애]로 발음한다.

ändern ['ɛndɐn **앤**더른] 〈동사〉 변화시키다
Ausländer ['auslɛndɐ **아**웃슬랜더] 〈명사〉 외국인
hässlich ['hɛslɪç **햇**슬리히] 〈형용사〉 추한

연습 1

다음 낱말을 듣고 빈칸에 해당하는 글자를 적으시오.

(1) ___nderung (2) H___nde (3) W___nde

| 해설 |

(1) Änderung ['ɛndɐrʊŋ **앤**더룽] 〈명사〉 변화

(2) Hände ['hɛndə **핸**대] 〈명사; Hand [hant 한ㅌ]의 복수형〉 손

(3) Wände ['vɛndə **밴**대] 〈명사; Wand [vant 반ㅌ]의 복수형〉 벽

② 홑자음 앞에서는 장모음 [ɛ: 애-]로 발음한다.

Bär [bɛ:ɐ̯ 배-어] 〈명사〉 곰

Mädchen ['mɛ:tçn̩ **매**-ㅌ현] 〈명사〉 소녀

Märchen ['mɛ:ɐ̯çn̩ **매**-어현] 〈명사〉 동화

Mädchen은 〈ä〉뒤에 〈-dch-〉의 복자음이 온 것처럼 보이나, 〈-chen〉이 축소접미사로 앞의 Mäd-에 추가된 것이다. 그러므로 〈ä〉가 포함된 음절 〈Mäd-〉에서는 ä 다음에 홑자음 d만 오기 때문에 〈ä〉를 장모음 [ɛ: 애-]로 발음한다. 〈b〉, 〈d〉, 〈g〉가 음절 끝소리로 오면 각기 [p ㅍ], [t ㅌ], [k ㅋ]로 발음한다. (27쪽 (9) 자음 -b/-d/-g 참조)

연습 2

다음 낱말을 듣고 빈칸에 해당하는 글자를 적으시오.

(1) ___hnlich (2) n___mlich (3) t___glich

| 해설 |

(1) ähnlich ['ɛ:nlɪç **애**-ㄴㄹ릳히] 〈형용사〉 비슷한 (모음 다음에 〈h〉가 오면 그 모음은 길게 발음한다.)

(2) nämlich ['nɛ:mlɪç **내**-ㅁㄹ릳히] 〈부사〉 즉, …때문에 ('-lich'는 형용사를 만드는 접미어)

(3) täglich ['tɛ:klɪç **태**-클릳히] 〈형용사〉 매일의

(2) ö

ö는 위치에 따라 긴장된 장모음 또는 이완된 단모음으로 발음한다.

① 2개 이상의 자음(복자음, 겹자음) 앞에서 단모음 [œ 왜]로 발음한다.

können ['kœnən **쾐**낸] 〈조동사〉 할 수 있다 (영: can)

Köln [kœln 쾰른] 〈도시 이름〉 쾰른

연습 3

다음 낱말을 듣고 빈칸에 해당하는 글자를 적으시오.

(1) m___chten (2) ___ffnen (3) T___chter

| 해설 |

(1) möchten ['mœçtn̩ **뫨**히탠] 〈조동사〉 원하다

(2) öffnen ['œfnən **왞**ㅍ낸] 〈동사〉 열다

(3) Töchter ['tœçtɐ **퇼**히터] 〈명사; Tochter ['tɔxtɐ 톡ㅎ터]의 복수형〉 딸들

② 홑자음 앞에서는 장모음 [øː 외-]로 발음한다.

장모음 [øː 외-]는 끝까지 입술을 동그랗게 하고 발음하며, [외에-]로 발음하지 않도록 주의해야 한다.

Goethe ['gøːtə **괴**-태] 〈이름〉 괴테 ([괴에-테]로 발음하지 않도록 주의할 것!)

hören ['høːrən **회**-랜] 〈동사〉 듣다 ([회에-랜]으로 발음하지 않도록 주의할 것!)

단모음 [œ 왜]는 [ɛ 애]를 발음할 때와 비슷한 정도로 입을 벌린 상태에서 입모양을 동그랗게 하여 발음한다. 장모음 [øː 외-]는 우리말의 [외-]와 유사하지만, 입술을 앞으로 더 뾰족하게 모으고 발음한다. 우리말에서는 [왜]나 [외]를 길게 발음할 때 동그랗게 모아졌던 입술이 풀어져 [왜에-]나 [외에-]로 발음되는 경우가 많은데, 독일어를 발음할 때는 동그랗게 모은 입술이 끝까지 풀어지지 않도록 입술을 긴장시켜 발음해야 한다.

연습 4

다음 낱말을 듣고 빈칸에 해당하는 글자를 적으시오.

(1) L___sung (2) m___gen (3) ___l (4) sch___n

| 해설 |

(1) Lösung ['løːzʊŋ **ㄹ뢰**-중] 〈명사〉 해답, 해결책

(2) mögen ['møːgn̩ **뫼**-갠] 〈동사〉 좋아하다

(3) Öl [øːl 외-ㄹ] 〈명사〉 기름

(4) schön [ʃøːn 쇠-ㄴ] 〈형용사〉 아름다운

(3) ü

ü는 위치에 따라 긴장된 장모음([y: 위-]) 또는 이완된 단모음([ʏ 위])으로 발음한다.

① 2개 이상의 자음(복자음, 겹자음) 앞에서 단모음 [ʏ 위]로 발음한다.

Düsseldorf ['dʏsəldɔrf **뒤**셀도르프] 〈도시 이름〉 뒤셀도르프

müssen ['mʏsn̩ **뮈**샌] 〈조동사〉 해야 한다 (영: must)

연습 5

다음 낱말을 듣고 빈칸에 해당하는 글자를 적으시오.

(1) f___llen (2) Gl___ck (3) h___bsch (4) k___ssen

| 해설 |

(1) füllen ['fʏlən **퓔**랜] 〈동사〉 채우다
(2) Glück [glʏk 글륔ㅋ] 〈명사〉 운, 행복
(3) hübsch [hʏpʃ 휩시] 〈형용사〉 예쁜, 아리따운
(4) küssen ['kʏsn̩ **퀴**샌] 〈동사〉 키스하다

② 홑자음 앞에서는 장모음 [y: 위-]로 발음한다.

Tübingen ['ty:bɪŋən **튀**-빙앤] 〈도시 이름〉 튀빙앤 ([튀-빙겐]이나 [튀이-빙앤]이 아님!)

üben ['y:bn̩ **위**-밴] 연습하다 ([위이-밴]으로 발음하지 않도록 주의!)

[ʏ 위]는 [ʊ 우]를 발음할 때처럼 입술을 동그랗게 하고 [ɪ 이]를 발음하여 내는 소리이다. 한국어의 [위]와 유사하다. [ʏ]에 대응하는 장모음 [y: 위-]는 한국어의 [위-]와 유사하나, [ø: 외-]의 경우처럼 동그란 입술 모양이 풀어져 [위이-]로 발음하지 않도록 해야 한다.

연습 6

다음 낱말을 듣고 빈칸에 해당하는 글자를 적으시오.

(1) m___de (2) ___ber (3) ___bung

| 해설 |

(1) müde ['my:də **뮈**-대] 〈형용사〉 피곤한
(2) über ['y:bɐ **위**-버] 〈전치사〉 …위에, 위로
(3) Übung ['y:bʊŋ **위**-붕] 〈명사〉 연습

(4) ie

ie는 장모음 [i:]로 발음한다.

fliegen ['fli:gn̩ **플리**-갠] 〈동사〉 날아가다
Liebe ['li:bə **ㄹ리**-배] 〈명사〉 사랑
sieben ['zi:bn̩ **지**-밴] 〈숫자〉 7

연습 7

다음 낱말을 듣고 빈칸에 해당하는 글자를 적으시오.

(1) stud___ren (2) verd___nen

(3) v___l (4) W___dersehen

| 해설 |

(1) studieren [ʃtu'di:rən 쉬투**디**-랜] 〈동사〉 대학에서 공부하다, 연구하다
(2) verdienen [fɛɐ̯'di:nən 패어**디**-낸] 〈동사〉 (돈 따위를) 벌다
(3) viel [fi:l 피-ㄹ] 〈불특정대명사〉 많은
(4) Wiedersehen ['vi:dɐze:ən **비**-더제-앤] 〈명사〉 다시 보기
〈주의〉 다음 낱말은 ie에 강세가 오지 않는다
vielleicht [fi'lai̯çt 필**라**잉힐티] 〈부사〉 아마도 (강세가 ei에 옴)
Familie [fa'mi:li̯ə 파**미**-ㄹ리애] 〈명사〉 가족 (강세가 오지 않은 끝소리 ie는 [iə 이애]로 발음함)

(5) er-, -er-

접두어 er-나 접두어에 포함된 -er-는 [ɛɐ̯ 애어]로 발음한다. (r가 모음화된 소리를 ɐ로 표기하는데, 이 모음이 독자적으로 음절을 이루지 않고 앞의 모음에 딸려 함께 실현될 때(비성절음) [ɐ̯]로 표기한다.)

erobern [ɛɐ̯'|o:bɐn 애어**오**-버른] 〈동사〉 점령하다

▶ [|]는 음절 경계를 나타내는 것으로 [ɛɐ̯ 애어]와 [o: 오-]를 구분하여 발음하라는 표시이다. [o: 오] 앞에서 입안의 공기가 잠시 멈췄다 강하게 발음된다.

Verlust [fɛɐ̯'lʊst 패얼**룻**ㅅ티] 〈명사〉 손실

연습 8

다음 낱말을 듣고 빈칸에 해당하는 글자를 적으시오.

(1) ___innern (2) v___kaufen

| 해설 |

(1) erinnern [ɛɐ̯'ɪnɐn 애어**인**넌] 〈동사〉 기억시키다

(2) verkaufen [fɛɐ̯'kau̯fn̩ 패어**카**웊팬] 〈동사〉 팔다

(6) -er

낱말 끝에 오는 -er는 [ɐ 어]로 발음된다.

Lehrer ['le:rɐ ㄹ**레**-러] 〈명사〉 교사

Mutter ['mʊtɐ **뭍**터] 〈명사〉 어머니

연습 9

다음 낱말을 듣고 빈칸에 해당하는 글자를 적으시오.

(1) Schül___ (2) Vat___ (3) Zimm___

| 해설 |

(1) Schüler ['ʃy:lɐ **쉴**-러] 초·중등 학생

(2) Vater ['fa:tɐ **파**-터] 아버지

(3) Zimmer ['t͡sɪmɐ ㅌ**침**머] 방

(7) 이중 모음

두 개의 모음이 하나의 음절로 실현되는 것을 이중모음이라고 하며, 이를 구성하는 각 부분은 비교적 짧고 열린 모음으로 발음된다.

① ai, ei, ay: [ai̯ 아이]로 발음한다.

Einstein ['ai̯nʃtai̯n **아**인쉩타인] 〈성씨〉 아인슈타인

Mai [mai̯ 마이] 〈명사〉 오월

Bayern ['bai̯ɐn **바**이언] 〈지명〉 바이에른 주

연습 10

다음 낱말을 듣고 빈칸에 해당하는 글자를 적으시오.

(1) bl___ben (2) ___nmal (3) Th___land (4) H___dn

| 해설 |

(1) bleiben ['blaibn̩ **블라**이벤] 〈동사〉 머물다
(2) einmal ['ainma:l **아**인마-ㄹ] 〈부사〉 한 번
(3) Thailand ['tailant **타**일란트] 〈국가 이름〉 태국
(4) Haydn ['haidn̩ **하**이든] 〈성씨〉 하이든

② au: [au 아우]로 발음한다.

Auto ['auto **아**옽토] 〈명사〉 자동차

Frau [frau 프**라**우] 〈명사〉 여자

▶ Frau는 1음절 낱말이므로 강세 표시를 하지 않는다. 그러나 한글로는 마치 2음절인 것처럼 표기되어 부득이 모음의 첫 부분에 해당하는 곳에 강세 표시를 하였다.

Haus [haus **하**웃ㅅ] 〈명사〉 집

연습 11

다음 낱말을 듣고 빈칸에 해당하는 글자를 적으시오.

(1) ___tomat (2) ___skunft (3) bl___ (4) M___s

| 해설 |

(1) Automat [auto'ma:t 아옽토**마**-ㅌㅌ] 〈명사〉 자동판매기
(2) Auskunft ['auskʊnft **아**웃ㅅ쿤ㅍㅌ] 〈명사〉 안내(소)
(3) blau [blau 블**라**우] 〈형용사〉 파란(색의)
(4) Maus [maus **마**웃ㅅ] 〈명사〉 생쥐

③ eu, äu: [ɔy 오이]로 발음한다.

Euro ['ɔyro **오**이로] 〈화폐 이름〉 유로(화)

neu [nɔy **노**이] 〈형용사〉 새로운

heute ['hɔytə **호**잍테] 〈부사〉 오늘

träumen ['trɔ͜ymən ㅌ로이맨] 〈동사〉 꿈꾸다

연습 12

다음 낱말을 듣고 빈칸에 해당하는 글자를 적으시오.

(1) ___ropa (2) L___te (3) M___se (4) t___er

| 해설 |

(1) Europa [ɔ͜y'ro:pa 오이**로**-파] 〈지명〉 유럽
(2) Leute ['lɔ͜ytə ㄹ**로**이태] 〈명사〉 사람들
(3) Mäuse ['mɔ͜yzə **모**이재] 〈명사; Maus [maus 마웃ㅅ]의 복수형〉 생쥐
(4) teuer ['tɔ͜yɐ **토**이어] 〈형용사〉 비싼

(8) 장모음과 단모음을 구분하는 법

① 장모음으로 발음 되는 경우

- 겹모음 aa [a: 아-], ee [e: 에-], oo [o: 오-]와 복모음 ie [i: 이-]

Staat [ʃta:t 쉬타-ㅌㅌ] 〈명사〉 국가
Meer [me:ɐ̯ 메-어] 〈명사〉 바다
Boot [bo:t 보-ㅌㅌ] 〈명사〉 보트
Spiel [ʃpi:l 쉬피-ㄹ] 〈명사〉 놀이, 게임

연습 13

다음 낱말을 듣고 빈칸에 해당하는 글자를 적으시오.

(1) H___r (2) P___r (3) T___
(4) S___ (5) L___be (6) stud___ren

| 해설 |

(1) Haar [ha:ɐ̯ 하-(어)] 〈명사〉 머리카락
(2) Paar [pa:ɐ̯ 파-(어)] 〈명사〉 쌍
(3) Tee [te: 테-] 〈명사〉 (마시는) 차
(4) See [ze: 제-] 〈명사〉 호수, 바다
(5) Liebe ['li:bə ㄹ**리**-배] 〈명사〉 사랑
(6) studieren [ʃtu'di:rən 쉽투**디**-랜] 〈동사〉 대학에서 공부하다

● h 앞에 오는 모음 : [장모음] + h

fahren ['fa:rən **파**-랜] 〈동사〉 (차로) 가다, 차를 운전하다

fühlen ['fy:lən **퓔**-랜] 〈동사〉 느끼다

sehen ['ze:ən **제**-앤] 〈동사〉 보다

Lohn [lo:n ㄹ로-ㄴ] 〈명사〉 임금, 급여

Huhn [hu:n 후-ㄴ] 〈명사〉 닭

Mühe ['my:ə **뮈**-애] 〈명사〉 애(씀), 노력

연습 14

다음 낱말을 듣고 빈칸에 해당하는 글자를 적으시오.

(1) Z___n (2) Z___l (3) g___en (4) Bauchw___

(5) W___nung (6) K___ (7) k___l

| 해설 |

(1) Zahn [tsa:n ㅌ차-ㄴ] 〈명사〉 치아

(2) Zahl [tsa:l ㅌ차-ㄹ] 〈명사〉 수, 숫자

(3) gehen ['ge:ən **게**-앤] 〈동사〉 (걸어서) 가다

(4) Bauchweh ['bauxve: 바욱ㅎ베-] 〈명사〉 복통 (Bauch(배)와 Weh(통증)가 결합된 합성어임. 합성어는 첫 번째 낱말에 강세가 옴)

(5) Wohnung ['vo:nuŋ **보**-눙] 〈명사〉 (아파트 형) 집

(6) Kuh [ku: 쿠-] 〈명사〉 암소 (Ochse ['ɔksə 옥새] 숫소) (모음 다음 h는 발음하지 않음)

(7) kühl [ky:l 퀴-ㄹ] 〈형용사〉 서늘한

● 홑자음 앞에 오는 강세 모음 : [장모음] + 홑자음

Name ['na:mə **나**-매] 〈명사〉 이름

Käse ['kɛ:zə **캐**-재] 〈명사〉 치즈

Fete ['fe:tə **페**-태] 〈명사〉 파티

Kino ['ki:no **키**-노] 〈명사〉 영화관

Hose ['ho:zə **호**-재] 〈명사〉 바지

Kuchen ['ku:xn̩ **쿠**-ㄱ핸] 〈명사〉 케이크

연습 15

다음 낱말을 듣고 빈칸에 해당하는 글자를 적으시오.

(1) D___um (2) r___en (3) pr___a (4) M___at (5) m___en

(6) Bl___e (7) m___e (8) Bl___ (9) R___ (10) T___

| 해설 |

(1) Datum ['da:tʊm **다**-툼] 〈명사〉 날짜
(2) reden['re:dn̩ **레**-댄] 〈동사〉 말하다
(3) prima ['pri:ma ㅍ**리**-마] 〈형용사〉 최고의
(4) Monat ['mo:nat **모**-낱ㅌ] 〈명사〉 달, 월
(5) mögen ['mø:gn̩ **뫼**-갠] 〈동사〉 좋아하다
(6) Blume ['blu:mə 블**루**-매] 〈명사〉 꽃
(7) müde ['my:də **뮈**-대] 〈형용사〉 피곤한
(8) Blut [blu:t 블루-ㅌㅌ] 〈명사〉 피
(9) Rot [ro:t 로-ㅌㅌ] 〈명사〉 빨강
(10) Tod [to:t 토-ㅌㅌ] 〈명사〉 죽음

- 1음절 낱말의 경우에는 홑자음 앞의 모음이 짧게 발음되는 경우도 있다.

  an [an 안] 〈전치사〉 …(곁)에/으로, …

  in [ɪn 인] 〈전치사〉 …(안)에/으로, …

  von [fɔn 폰] 〈전치사〉 …의, …로부터, …

- 홑자음 앞에서 길게 발음해야 할 모음도 강세를 갖지 못하면 짧게 발음된다. (보통 외래어의 경우)

  direkt [di'rɛkt 디**랙**ㅌ] 〈형용사〉 직접

  Medizin [medɪ'tsi:n 메딛**치**-ㄴ] 〈명사〉 의학

  Menü [me'ny: 메**뉘**-] 〈명사〉 코스요리 식사, 정식메뉴

② 단모음으로 발음되는 경우

- 동일한 두 개 자음(겹자음) 앞에 오는 모음 : [단모음] + 자음 + 자음

  Blatt [blat 블랕ㅌ] 〈명사〉 나뭇잎, (종이의) 낱장

  Bett [bɛt 벹ㅌ] 〈명사〉 침대

  immer ['ɪmɐ **임**머] 〈부사〉 항상

  kommen ['kɔmən **콤**맨] 〈동사〉 오다

  Nummer ['nʊmɐ **눔**머] 〈명사〉 번호

  müssen ['mʏsn̩ **뮛**샌] 〈조동사〉 …해야 하다 (영: must)

연습 16

다음 낱말을 듣고 빈칸에 해당하는 글자를 적으시오.

(1) ___e (2) P___a (3) Pf___er (4) S___e

(5) S___tag (6) d___ (7) k___en (8) d___

| 해설 |

(1) alle ['alə 알래] 〈불특정대명사〉 모두

(2) Pizza['pɪtsa 핕차] 〈명사〉 피자

(3) Pfeffer['pfɛfɐ 프패퍼] 〈명사〉 후추

(4) Sonne ['zɔnə 존내] 〈명사〉 태양

(5) Sonntag ['zɔnta:k 존타-ㅋㅋ] 〈명사〉 일요일

(6) dumm [dʊm 둠] 〈형용사〉 어리석은

(7) küssen ['kʏsn̩ 큇샌] 〈동사〉 키스하다

(8) dünn [dʏn 뒨] 〈형용사〉 얇은, 빼빼한

● 상이한 두 개 이상의 자음(복자음) 앞에 오는 모음 : [단모음] + 자음 + 자음

Arzt [artst 아릍ㅊㅌ] 〈명사〉 의사

Bäckerei [bɛkə'rai 백커라이] 〈명사〉 빵집

benutzen [bə'nʊtsn̩ 배눝챈] 〈동사〉 이용하다

Flasche ['flaʃə 플랏새] 〈명사〉 병

Getränk [gə'trɛŋk 개ㅌ랭ㅋ] 〈명사〉 음료

herzlich ['hɛrtslɪç 해릍츨리히] 진심의

lachen ['laxn̩ 락핸] 〈동사〉 웃다

schicken ['ʃɪkn̩ 쉭캔] 〈동사〉 보내다

Stadt [ʃtat 쉍탈ㅌ] 〈명사〉 도시

● 예외

Buch [bu:x 부-ㄱㅎ] 〈명사〉 책

nach [na:x 나-ㄱㅎ] 〈전치사〉 (방향) …로, (시간) … 후에

suchen ['zu:xn̩ 주-ㄱ핸] 〈동사〉 찾다

Obst [o:pst 오-ㅍ습ㅌ] 〈명사〉 과일

Mond [mo:nt 모-ㄴㅌ] 〈명사〉 달

연습 17

다음 낱말을 듣고 빈칸에 해당하는 글자를 적으시오.

(1) A___st　　(2) tro___en　　(3) wi___tig　　(4) ___un___

| 해설 |

(1) Angst [aŋst 앙ㅅㅌ] 〈명사〉 두려움
(2) trocken ['trɔkn̩ ㅌ**록**캔] 〈형용사〉 마른, 건조한
(3) wichtig ['vɪçtɪç **빌**히틸히] 〈형용사〉 중요한
(4) Wunsch [vʊnʃ 분시] 〈명사〉 소원

(9) 자음 -b/-d/-g

b, d, g가 낱말 끝에 오면 무성 파열음 [p], [t], [k]로 발음한다. 그러나 [ㅡ]를 붙여서 [프], [트], [크]로 발음하지 않도록 유의해야 한다.

Laub [laup ㄹ**라**웊ㅍ] 〈명사〉 나뭇잎
Wand [vant 반ㅌ] 〈명사〉 벽
Hamburg ['hambʊrk **함**부륵ㅋ] 〈도시명〉 함부르크

Laub는 [laup ㄹ라웊ㅍ]로 발음되는데, 모음 앞에 오는 첫소리 [l]을 한글로는 〈ㄹㄹ〉로 표기한다. 독일어 첫소리 [l]을 제대로 발음하기 위해서는 그 앞에서 마치 [엘]이 있는 것처럼 발음하되, [에]는 소리를 내지 않고 받침 [ㄹ]만 발음하면서 그 다음 [l ㄹ]을 발음해야 한다([(엘)라웊ㅍ]). 한글 〈ㄹ〉은 음절 끝소리이거나, [ㄹ] 다음에 와야만 [l]로 실현되기 때문이다. 그래서 첫소리 [r]는 〈ㄹ〉로, 첫소리 [l]은 〈ㄹㄹ〉로 표기하였다. (Regen ['re:gn̩ **레**-갠] 〈명사〉 비 legen ['le:gn̩ ㄹ**레**-갠] 〈동사〉 놓다, 두다)

Laub에서 끝소리 〈b〉는 무성파열음 [p]로 발음한다. 입 안의 공기가 밖으로 터져 나오므로 [ㄹ라웁]이 아니라, [ㄹ라웊ㅍ]로 발음해야 한다. Wand의 〈d〉도 끝소리이므로 무성 파열음 [t]로 발음한다. Hamburg의 끝소리 〈g〉도 [k]로 발음된다. 한글로 [함부륵]으로 표기하면, 〈ㅋ〉이 받침이 되어서 대표음 [ㄱ]로 발음되면서 음절 속에 묻혀버린다. 그러나 독일어 끝소리 [k]는 공기가 밖으로 터져 나오는 파열음이다. 그래서 〈ㅋ〉을 두 번 사용하여 [함부륵ㅋ]로 표기하지만, [ㅡ]를 붙여서 [함부륵크]로 발음하지 않도록 주의해야 한다.

연습 18

다음 낱말을 듣고 빈칸에 해당하는 글자를 적으시오.

(1) hal___ (2) Urlau___

(3) Aben___ (4) Freun___ (5) gesun___ (6) Deutschlan___

(7) Flu___ (8) Ta___ (9) Zu___

| 해설 |

(1) halb [halp 할ㅍ] 〈형용사〉 절반의
(2) Urlaub ['u:ɐ̯laup 우얼라웊ㅍ] 〈명사〉 휴가
(3) Abend ['a:bn̩t 아-밴ㅌ] 〈명사〉 저녁
(4) Freund [frɔynt ㅍ로인ㅌ] 〈명사〉 친구
(5) gesund [gə'zʊnt 개쭌ㅌ] 〈형용사〉 건강한
(6) Deutschland ['dɔytʃlant 도잍칠란ㅌ] 〈국가명〉 독일
(7) Flug [flu:k 플루-ㅋㅋ] 〈명사〉 비행
(8) Tag [ta:k 타-ㅋㅋ] 〈명사〉 낮, 하루
(9) Zug [tsu:k ㅌ추-ㅋㅋ] 〈명사〉 기차

(10) ch

ch는 위치에 따라서 다르게 발음한다.

① 모음 a, o, u, au 뒤에서는 [x ㄱㅎ]로 발음한다.

[x]는 혀 뒷부분이 여린입천장(입천장 뒷부분) 쪽으로 다가가며 공기의 흐름이 마찰되는 소리이다.

Bach [bax 박ㅎ] 〈독일의 성(姓)〉 바흐, 〈명사〉 시냇물
nach [na:x 나-ㄱㅎ] 〈전치사〉 …로
Buch [bu:x 부-ㄱㅎ] 〈명사〉 책

연습 19

다음 낱말을 듣고 빈칸에 해당하는 글자를 적으시오.

(1) Bau___ (2) no___ (3) su___en

| 해설 |

(1) Bauch [baux 바웈ㅎ] 〈명사〉 (신체의 일부) 배

(2) noch [nɔx 녹ㅎ] 〈어조사〉 아직, 또
(3) suchen ['zu:xn̩ **주**-ㄱ핸] 〈동사〉 찾다

② 모음 e, i ü, ö, ä의 앞이나 뒤에서, 또한 자음 뒤에서 [ç ㅎㅎ]로 발음한다.

[ç]는 혀 위쪽의 앞부분이 센입천장(입천장 앞부분)에 가까이 다가가면 마찰되어 나오는 소리이다.

China ['çi:na ㅎ**히**-나] 〈국가명〉 중국
ich [ɪç 잏히] 〈인칭대명사〉 나
München ['mʏnçn̩ **뮌**ㅎ핸] 〈도시명〉 뮌헨
Bücher ['by:çɐ **뷔**-ㅎ혀] 〈명사; Buch [bu:x 부-ㄱㅎ]의 복수형〉 책
manchmal ['mançma:l **만**ㅎ히마-ㄹ] 〈부사〉 이따금씩

연습 20

다음 낱말을 듣고 빈칸에 해당하는 글자를 적으시오.

(1) ärgerli___ (2) ___emie (3) Hähn___en (4) wi___tig

| 해설 |
(1) ärgerlich ['ɛrgɐlɪç **애**ㄹ걸맇히] 〈형용사〉 화난, 화나는
(2) Chemie [çe'mi: ㅎ헤**미**-] 〈명사〉 화학
(3) Hähnchen ['hɛ:nçən **해**-ㄴㅎ핸] 〈명사〉 (식용) 닭
(4) wichtig ['vɪçtɪç **빛**히팋히] 〈형용사〉 중요한

③ 외래어의 경우 ch를 [k ㅋ]로 발음하는 경우도 있다.

Charakter [ka'raktɐ 카**랔**터] 〈명사〉 성격 (← 라틴어 character ← 그리스어 charakter)
Chor [ko:ɐ̯ 코어] 〈명사〉 합창 (← 라틴어 chorus ← 그리스어 choros)
Christ [krɪst ㅋ릿ㅅㅌ] 〈명사〉 기독교인 (← 라틴어 christianus ← 그리스어 christos)

(11) chs

chs는 [ks ㅋㅅ]로 발음한다.

sechs [zɛks 잭ㅅ] 〈수〉 6

Lachs [laks ㄹ락ㅅ] 〈명사〉 연어

연습 21

다음 낱말을 듣고 빈칸에 해당하는 글자를 적으시오.

(1) Fu___ (2) wa___en (3) we___eln

| 해설 |

(1) Fuchs [fʊks 푹ㅅ] 〈명사〉 여우

(2) wachsen ['vaksn̩ **박**샌] 〈동사〉 성장하다

(3) wechseln ['vɛksl̩n **백**샐른] 〈동사〉 바꾸다

(12) -ig

끝소리 -ig는 [ɪç 잉히]로 발음한다.

König ['kø:nɪç **쾨**-닝히] 〈명사〉 왕

richtig ['rɪçtɪç **릥**히팅히] 〈형용사〉 옳은

연습 22

다음 낱말을 듣고 빈칸에 해당하는 글자를 적으시오.

(1) zwanz___ (2) dreiß___ (3) sonn___ (4) wicht___

| 해설 |

(1) zwanzig ['tsvantsɪç ㅌㅊ**반**ㅌ칭히] 〈수〉 20

(2) dreißig ['draisɪç ㄷ**라**잇싱히] 〈수〉 30

(3) sonnig ['zɔnɪç **존**닝히] 〈형용사〉 해가 비치는

(4) wichtig ['vɪçtɪç **빙**히팅히] 〈형용사〉 중요한

(13) -h

h가 모음 앞에 오면 [h ㅎ]로 발음하지만(Haus [haus 하웃ㅅ]), 모음 뒤에 오면 그 모음을 길게 발음하라는 표시이다.

Fahrer ['fa:rɐ **파**-러] 〈명사〉 운전자

gehen ['ge:ən **게**-앤] 〈동사〉 (걸어서) 가다

Sohn [zo:n 조-ㄴ] 〈명사〉 아들

연습 23

다음 낱말을 듣고 빈칸에 해당하는 글자를 적으시오.

(1) Autoba___n (2) Fernse___er (3) fü___len (4) wä___len

| 해설 |

(1) Autobahn ['autoba:n **아**우토바-ㄴ] 〈명사〉 고속도로

(2) Fernseher ['fɛrnze:ɐ̯ **패**른제-어] 〈명사〉 텔레비전

(3) fühlen ['fy:lən **퓔**-랜] 〈동사〉 느끼다

(4) wählen ['vɛ:lən **배**-ㄹ랜] 〈동사〉 고르다

(14) j

j는 [j ㅣ]로 발음된다. ([자]가 아님)

ja [ja: 야-] 〈어조사〉 예

Juni ['ju:ni **유**-니] 〈명사〉 6월

연습 24

다음 낱말을 듣고 빈칸에 해당하는 글자를 적으시오.

(1) ___apan (2) ___anuar (3) ___ung

| 해설 |

(1) Japan ['ja:pan **야**-판] 〈국가명〉 일본

(2) Januar ['janu̯a:ɐ̯ **야**누아-] 〈월명〉 1월

(3) jung [jʊŋ 융] 〈형용사〉 젊은

(15) l

[l] 발음 자체는 어렵지 않다. 다만 이 발음이 한국어에서는 음절 첫소리로 실현되지 않기 때문에 자칫 [r]로 잘못 발음하기 쉽다.

Liebe ['li:bə ㄹ**리**-배] 〈명사〉 사랑

Lehrer ['le:rɐ ㄹ**레**-러] 〈명사〉 교사

(16) -ng

독일어에서 〈ng〉는 첫소리로 나타나지 않는다. 발음은 [ŋ ㅇ]이다.

langsam ['laŋza:m ㄹ**랑**잠] 〈형용사〉 느린

singen ['ziŋən **징**앤] 〈동사〉 노래를 부르다 ([징갠]이 아님)

Wohnung ['vo:nuŋ **보**-눙] 〈명사〉 집, 아파트 (영: flat, apartment)

(17) ph

ph는 [f ㅍ]로 발음한다.

Photo/Foto ['fo:to **포**-토] 〈명사〉 사진 (첫 음절이 장모음임에 주의!)

연습 25

다음 낱말을 듣고 빈 글자를 채우시오.

(1) __iloso___ (2) ___ysik

| 해설 |

(1) Philosoph [filo'zo:f 필로**조**-ㅍㅍ] 〈명사〉 철학자 (끝 음절에 강세가 오는 것에 주의!)

(2) Physik [fy'zi:k 퓌**지**-ㅋㅋ] 〈명사〉 물리학

(18) s

s는 위치에 따라서 다르게 발음한다.

① 모음 앞에서 s는 유성음 [z ㅈ]로 발음한다.

Suppe ['zʊpə **죱**패] 〈명사〉 수프

Saft [zaft 잪픐트] 〈명사〉 주스

Suppe의 〈S〉는 모음 u앞에 왔기 때문에 [z ㅈ]로 발음한다. 모음 u는 겹자음(pp) 앞에 왔기 때문에 짧게 발음한다. 그래서 〈Sup-〉을 [죱]으로 표기하여 [ㅜ]가 짧게 발음되도록 하였다.

Saft의 〈S〉도 모음 a앞에 왔기 때문에 유성음 [z ㅈ]로 발음한다. 모음 a는 복자음 〈-ft〉 앞에 왔기 때문에 짧게 발음한다. 마찰음 [f]는 영어와 마찬가지로 윗니로 아랫입술을 가볍게 누르면서 내는 소리다. 우리말 음운 체계에는 없고 현용 한글에도 대응하는 글자가 없어서 부득이 [ㅍ]로 표기했지만, 파열음 [p ㅍ]와 구분하여 발음해야 한다.

연습 26

다음 낱말을 듣고 빈칸에 해당하는 글자를 적으시오.

(1) ___agen (2) ___onntag (3) ___uchen

| 해설 |

(1) sagen ['za:gn̩ **자**-갠] 〈동사〉 말하다

(2) Sonntag ['zɔnta:k **존**타-ㅋㅋ] 〈명사〉 일요일

(3) suchen ['zu:xn̩ **주**-ㄱ핸] 〈동사〉 찾(고 있)다

sagen의 모음 〈a〉는 홑자음 〈g〉 앞에 오므로 길게 발음한다. 〈a〉가 장모음으로 발음되는 것을 나타내기 위해서 〈a〉의 한글 표기를 [자-]로 하였다.

② s가 끝소리일 때 [s ㅅ]로 발음된다.

das [das 닷시] 〈특정관사〉 그, 〈지시대명사〉 그것

Eis [ais **아**잇시] 〈명사〉 아이스크림

das의 〈a〉는 짧게 발음한다. 〈a〉 다음에 오는 자음 〈s〉를 [ㅅ]로 표기하면 〈닷〉이 되는데, 이 경우 [ㅅ]이 대표음 [ㄷ]로 변하여 [닫]으로 발음된다. 그러나 독일어의 끝소리 자음 〈s〉는 무성 마찰음으로 발음해야 하기 때문에 [닷시]로 표기했다. 단, 끝소리 [ㅅ]가 [스]가 되어 [닷스]로 발음하지 않도록 주의해야 한다.

Eis의 ⟨ei⟩는 독일어의 이중모음으로 [ai 아이]로 발음한다. 이중모음은 하나의 모음으로 취급하므로 Eis는 1음절 낱말이다. 따라서 강세를 표시하지 않는다. 한글로는 부득이 2음절로 표기되었으나 [아]와 [이]를 분리하지 않고 빠르게 연이어 발음해야 한다. 이것을 유도하고자 첫 글자 ⟨아⟩를 진하게 표기하였다.

연습 27

다음 낱말을 듣고 빈칸에 해당하는 글자를 적으시오.

(1) e___ (2) Hau___ (3) Prei___

| 해설 |

(1) es [ɛs 앳ㅅ] ⟨인칭대명사⟩ 그것 (영: it)

(2) Haus [haus **하**웃ㅅ] ⟨명사⟩ 집 (영: house) (Haus의 이중모음 ⟨au⟩는 [au 아우]로 발음한다. 한글로는 2음절로 표기되었지만, 1음절 낱말이므로 [하·우]로 분리하지 말고 빨리 연이어 발음해야 한다.)

(3) Preis [prais ㅍ라잇ㅅ] ⟨명사⟩ 가격 (영: price), 상 (영: prize) (Preis의 이중모음 ⟨ai⟩는 [ai 아이]로 발음한다. 한글로는 2음절로 표기되었지만, 1음절 낱말이므로 [라·이]로 분리하지 말고 빨리 연이어 발음해야 한다.)

③ -p/-t 앞에 오면 [ʃ 쉬]로 발음한다.

spät [ʃpɛ:t 슆패-ㅌㅌ] ⟨형용사⟩ 늦은

spielen ['ʃpi:lən 슆**피**-ㄹ랜] ⟨동사⟩ (게임 따위를) 하다

stark [ʃtark 슅타ㄹㅋ] ⟨형용사⟩ 강한

Stuhl [ʃtu:l 슅투-ㄹ] ⟨명사⟩ 의자

연습 28

다음 낱말을 듣고 빈칸에 해당하는 글자를 적으시오.

(1) ___port (2) ___prechen (3) ___traße (4) ___tadt

| 해설 |

(1) Sport [ʃpɔrt 슆포릍ㅌ] ⟨명사⟩ 스포츠

(2) sprechen ['ʃprɛçn̩ 슆ㅍ**래**핸] ⟨동사⟩ 말하다

(3) Straße ['ʃtra:sə 슅ㅌ**라**-쌔] ⟨명사⟩ 길, 도로

(4) Stadt [ʃtadt 슅탙ㅌ] ⟨명사⟩ 도시

④ ss/ß: [s ㅅ]는 항상 [s]로 발음된다.

ss는 짧은 모음 다음에, ß는 긴 모음이나 이중모음 다음에 온다. 발음을 중심으로 말하면, ss앞의 모음은 짧은 모음이고, ß앞의 모음은 긴 모음 또는 이중모음이다.

essen ['ɛsn̩ **앳**샌] 〈동사〉 먹다

heißen ['haisn̩ **하**잇샌] 〈동사〉 이름이 …라고 하다

연습 29

다음 낱말을 듣고 빈칸에 해당하는 글자를 적으시오.

(1) Adre___e (2) drau___en (3) Fu___

(4) intere___ant (5) na___

| 해설 |

(1) Adresse [a'drɛsə 아드**랫**새] 〈명사〉 주소

(2) draußen ['drausn̩ ㄷ**라**웃샌] 〈부사〉 밖에

(3) Fuß [fu:s 푸-ㅅㅅ] 〈명사〉 발

(4) interessant [ɪntərɛ'sant 인태랫**산**ㅌ] 〈형용사〉 재미있는

(5) nass [nas 낫ㅅ] 〈형용사〉 젖은, 축축한 (〈ss〉도 음가는 〈s〉와 동일하며 [s]로 발음한다. 그 앞의 모음 〈a〉를 짧게 발음하라는 표시이다.

(19) sch

sch는 [ʃ ㅅ, 쉬, 시]로 발음한다. [ʃ]를 발음할 때는 입이 동그랗게 앞으로 모으고 윗니와 아랫니 사이로 공기를 강하게 마찰시킨다.

schön [ʃø:n 쇠-ㄴ] 〈형용사〉 예쁜

Wunsch [vʊnʃ 분시] 〈명사〉 희망

연습 30

다음 낱말을 듣고 빈칸에 해당하는 글자를 적으시오.

(1) fal___ (2) Fla___e (3) ___ule (4) ___weiz

| 해설 |

(1) falsch [falʃ 팔시] 〈형용사〉 잘못된

(2) Flasche ['flaʃə 플랏섀] 〈명사〉 병
(3) Schule ['ʃu:lə 슐-래] 〈명사〉 학교
(4) Schweiz [ʃvaits 쉬바잍츠] 〈국가 이름〉 스위스

(20) tsch

tsch는 [tʃ ㅌ치]로 발음한다.

Deutsch [dɔytʃ 도잍치] 〈언어명〉 독일어
Tschaikowski ['tʃaikɔfski ㅌ차이쿄ㅍㅅ키] 〈음악가〉 차이코프스키
tschüs [tʃy:s ㅌ취-ㅅ] 〈가벼운 작별인사〉 잘 가! 또 봐!

연습 31

다음 낱말을 듣고 빈칸에 해당하는 글자를 적으시오.

(1) Deu___land (2) lu___en (3) ru___ig (4) ___echien

| 해설 |
(1) Deutschland ['dɔytʃlant 도잍칠란ㅌ] 〈국가명〉 독일
(2) lutschen ['lʊtʃn ㄹ룰챈] 〈동사〉 (입으로) 빨(아먹)다
(3) rutschig ['rʊtʃɪç 룰칠히] 〈형용사〉 미끄러운
(4) Tschechien ['tʃɛçiən ㅌ챟히앤] 〈국가명〉 체코공화국

(21) th

th는 [t]로 발음한다.

Thomas ['to:mas 토-맛ㅅ] 〈남자 이름〉 토마스
Luther ['lʊtɐ ㄹ루터] 〈사람 이름의 성〉 루터

연습 32

다음 낱말을 듣고 빈칸에 해당하는 글자를 적으시오.

(1) ___eater (2) ___ema (3) ___eorie

| 해설 |

(1) Theater [te'|a:tɐ 테**아**-터] 〈명사〉 연극공연장 (두 번째 음절에 강세가 오는 것에 주의!)

(2) Thema ['te:ma **테**-마] 〈명사〉 주제

(3) Theorie [teo'ri: 테오**리**-] 〈명사〉 이론 (마지막 음절에 강세가 오는 것에 주의!)

(22) v

v는 [f]로 발음한다.

Vater ['fa:tɐ **파**-터] 〈명사〉 아버지

viel [fi:l 피-ㄹ] 〈부사, 어조사〉 많은

그러나 외래어는 [v]로 발음되는 경우가 있다.

Vase ['va:zə 바-재] 〈명사〉 꽃병 (← 프랑스어 vase ← 라틴어 vas)

Violine [vi̯o'li:nə 비올**리**-내] 〈명사〉 바이올린 (← 이탈리어 violino)

연습 33

다음 낱말을 듣고 빈칸에 해당하는 글자를 적으시오.

(1) ___erstehen (2) ___olkswagen (3) ___ormittag (4) ___orname

| 해설 |

(1) verstehen [fɛɐ̯'ʃte:ən 패어쉩**테**-앤] 〈동사〉 이해하다

(2) Volkswagen ['fɔlksva:gn̩ **폴**ㅋㅅ바-갠] 〈고유명사〉 (독일 자동차) 폭스바겐

(3) Vormittag ['fo:ɐ̯mɪta:k **포**어밑타-ㅋㅋ] 〈명사〉 오전

(4) Vorname ['fo:ɐ̯na:mə **포**어나-매] 〈명사〉 (성을 제외한) 이름. 성은 Nachname

(23) w

w는 [v]로 발음된다.

wo [vo: 보-] 〈의문부사〉 어디

Wolfgang ['vɔlfgaŋ **볼**프강] 〈남자이름〉 볼프강

w는 유성마찰음 [v]로 발음한다. 현용 한글에는 [v]에 대응하는 글자가 없기 때문에 부득이 〈ㅂ〉로 표기하였다. 그러나 반드시 윗니로 아랫입술을 누르면서 마찰음으로 발음하여 유성파열음 b [b ㅂ]와 구분해야 한다.

연습 34

다음 낱말을 듣고 빈칸에 해당하는 글자를 적으시오.

(1) ___ann (2) ___as (3) ___inter (4) ___unsch

| 해설 |

(1) wann [van 반] 〈의문부사〉 언제
(2) was [vas 밧ㅅ] 〈의문대명사〉 무엇
(3) Winter ['vɪntɐ 빈터] 〈명사〉 겨울
(4) Wunsch [vʊnʃ 분시] 〈명사〉 소원

(24) x는 두 소리 [ks ㅋㅅ]로 발음

Examen [ɛ'ksa:mən 액사-맨] 〈명사〉 졸업 시험
Taxi ['taksi 탁시] 〈명사〉 택시

연습 35

다음 낱말을 듣고 빈칸에 해당하는 글자를 적으시오.

(1) He___e (2) Lu___us

| 해설 |

(1) Hexe ['hɛksə 핵새] 〈명사〉 마녀
(2) Luxus ['lʊksʊs ㄹ룩숫ㅅ] 〈명사〉 호화로움

(25) z/tz/-ts

z, tz, -ts는 [ts ㅌㅊ]로 발음한다. (특히 〈z〉의 발음에 주의할 것!)

Zeitung ['tsaitʊŋ ㅌ차일퉁] 〈명사〉 신문
Katze ['katsə 칼채] 〈명사〉 고양이

nachts [naxts 낙홑ㅊ] 〈부사〉 밤에

무성 파찰음 [ts]는 무성 파열음 [t]와 무성 마찰음 [s]가 결합된 소리이다. 일단 [t]를 발음하는 곳(위쪽 잇몸)에서 [s]를 발음하는 곳(치아)으로 혀를 옮기면서 [t]와 [s]를 강하게 연이어 발음한다. 그러므로 우리말 [ㅊ]보다 앞쪽에서, 즉 치아 바로 다음에서 발음된다.

연습 36

다음 낱말을 듣고 빈칸에 해당하는 글자를 적으시오.

(1) ___eit (2) ___immer (3) ___ug
(4) nich___ (5) Pla___ (6) schmu___ig

| 해설 |

(1) Zeit [tsait ㅌ**차**잍ㅌ] 〈명사〉 시간
(2) Zimmer [ts'ɪmɐ ㅌ**침**머] 〈명사〉 방
(3) Zug [tsu:k ㅌ추-ㅋㅋ] 〈명사〉 기차
(4) nichts [nɪçts 닣힡ㅊ] 〈불특정대명사〉 아무것도 아닌 것(영: nothing)
(5) Platz [plats 플랕ㅊ] 〈명사〉 자리
(6) schmutzig ['ʃmʊtsɪç 쉬**뭍**칠히] 〈형용사〉 더러운

Lektion 01

Guten Tag!

01 명사 표기
02 명사의 성과 특정관사
03 불특정관사

기본 문법

01 명사 표기

독일어의 명사는 첫 글자를 대문자로 표기한다.

Haus [haus 하웃ㅅ] 〈명사〉 집, 주택 (영: house)
Wohnung ['vo:nʊŋ 보-눙] 〈명사〉 집, 아파트 (영: flat, apartment)

02 명사의 성과 특정관사

독일어의 명사는 남성, 여성 그리고 중성으로 구분된다. 그래서 영어의 the에 해당하는 특정관사가 성에 따라서 der, die, das로 실현된다. 독일어의 명사는 특정관사와 함께 익히는 것이 좋다.

〈특정관사의 형태〉

단수명사 앞			복수명사 앞
남성	여성	중성	
der [de:ɐ̯ 데-어]	die [di: 디-]	das [das 닷ㅅ]	die [di: 디-]

남성명사
der Vater 아버지 [de:ɐ̯ 'fa:tɐ̯ 데어 파-터]
der Park 공원 [de:ɐ̯ park 파륵ㅋ]

여성명사
die Mutter 어머니 [di: 'mʊtɐ 디- 뭍터]
die Wohnung 집, 아파트 [di: 'vo:nʊŋ 보-눙]

중성명사
das Kind 어린이 [das kint 닷ㅅ 킨트]
das Haus 집, 주택 [das haus 하웃ㅅ]

복수명사
die Eltern 부모 [di: 'ɛltɐn 디- 앨턴]

03 불특정관사

영어의 a/an에 해당하는 독일어 불특정관사 ein-도 성에 따라서 (어미)형태가 변한다. 특정관사 der, die, das는 특정한 대상을 나타낼 때 사용하며, 그렇지 않을 때는 불특정관사 ein-을 사용한다.

〈불특정관사의 형태〉

단수명사 앞			복수명사 앞
남성	여성	중성	
ein [ain 아인]	eine ['ainə 아이내]	ein [ain 아인]	-

☞ 부정관사는 '하나'라는 뜻을 내포하므로 복수 명사 앞에 올 수 없다.

der Mann [de:ɐ̯ man 데어 만] 그 남자
ein Mann [ain man 아인 만] 한 남자, 어떤 남자

die Frau [di: frau 디– 프라우] 그 여자
eine Frau ['ainə frau 아이내 프라우] 한 여자, 어떤 여자

das Mädchen [das ˈmɛ:tçən 닷ㅅ 매–ㅌㅌ핸] 그 소녀
ein Mädchen [ain ˈmɛ:tçən 아인 매–ㅌㅌ핸] 한 소녀, 어떤 소녀

기본 대화

Guten Tag!

Herr Meier Guten Tag, Frau Ende.
구–탠 타–ㅋㅋ 프라우 앤대

홑자음 앞의 모음인 u와 a는 각각 장모음 [uː 우–]와 [aː 아–]로 발음
음절 끝에 오는 -g는 [k ㅋ]로 발음. 겹자음 앞에 오는 e는 단모음 [ɛ 애]로 발음

Frau Ende Guten Tag, Herr Meier.
구–탠 타–ㅋㅋ 해ㄹ 마이어

ei는 이중모음 [ai 아이]로, 낱말 끝의 -er는 [ɐ 어]로 발음

Herr Meier Schönes Wetter, nicht wahr?
쇠–냇ㅅ 뱉터 닣힡ㅌ 바–

sch는 [ʃ 쉬]로 발음. 홑자음 n 앞의 모음 ö는 장모음 [øː 외–]로, 겹자음(tt) 앞의 모음 e은 단모음 [ɛ]로 발음
w는 [v]로 발음. 장모음 [aː] 다음의 [r]는 [ɐ̯]로 모음화 또는 묵음화됨

Frau Ende Ja, das Wetter ist schön.
야– 닷ㅅ 뱉터 잇ㅅㅌ 쇠–ㄴ

j는 [j 이]로 발음

해설

① Guten Tag, Frau Ende. 앤대 씨, 안녕하세요.

- Guten Tag! (낮 시간의 인사) 안녕하세요!
- gut [gu:t 구-ㅌㅌ] 〈형용사〉 좋은, guten은 명사를 수식하는 형용사 gut에 어미 -en이 붙은 것임 (형용사 어미변화 11과 참조)
- der Tag [ta:k 타-ㅋㅋ] 〈남성명사〉 낮, 하루. 명사로 첫 글자 T를 대문자로 표기함
- Frau Ende 앤대 씨. Ende는 독일의 성(姓) (영어: Ms. Ende)
- Frau [frau 프라우] 격식을 갖춰 부를 때 여성 앞에 붙이는 말 (영어: Ms.)

② Guten Tag, Herr Meier. 마이어 씨, 안녕하세요.

- Herr Meier 마이어 씨. Meier는 독일의 성(姓) (영어: Mr. Meier)
- Herr [hɛr 해ㄹ] 격식을 갖춰 부를 때 남성 앞에 붙이는 말 (영어: Mr.)

③ Schönes Wetter, nicht wahr? 오늘 날씨 좋죠, 그렇죠?

- schönes Wetter 아름다운/좋은 날씨 (영어: beautiful weather)
- schön [ʃø:n 쇠-ㄴ] 〈형용사〉 아름다운, 명사 Wetter 앞에 온 형용사 schön에 어미 -es가 붙었음 (형용사 어미변화 11과 참조)
- das Wetter ['vɛtɐ 뱉터] 〈명사〉 날씨
- nicht wahr? (앞의 말에 대한 동의를 구하는 표현) 그렇지 않아요?

④ Ja, das Wetter ist schön. 네, 날씨가 좋습니다. (영어: The weather is beautiful.)

- ja [ja: 야-] 〈어조사〉 예 (영어: yes)
- ist [ɪst 잇ㅅㅌ] 〈sein 동사의 3인칭 단수형〉 이다 (영어: be)

유용한 표현

독일어의 인사표현은 상황과 시간대에 따라서 다르다.

01 만났을 때 하는 인사

Hallo! 〈가벼운 인사〉 안녕(하세요)!
할로

Guten Morgen! 〈아침 인사〉 안녕하세요!
구–탠 모ㄹ갠

Guten Tag! 〈낮 시간의 인사〉 안녕하세요!
구–탠 타–ㅋㅋ

Guten Abend! 〈저녁 시간의 인사〉 안녕하세요!
구–탠 아–밴ㅌ

(남성명사 der Morgen, der Tag, der Abend 앞에 오는 형용사 gut에 어미 -en이 첨가되었음)

02 헤어질 때 하는 인사

Auf Wiedersehen! 〈정중한 작별인사〉 안녕히 가세요!/안녕히 계세요! (영어: Goodbye)
아웊ㅍ 비–더제–앤

Tschüs!/Tschüss! 〈가벼운 작별인사〉 안녕! (영어: bye)
ㅌ취–ㅅㅅ / ㅌ췻ㅅ

03 잠자리에 들 때 하는 인사

Gute Nacht! 잘 자!/안녕히 주무세요.

구-태 낙흐ㅌ

(여성명사 die Nacht 앞이어서 형용사 gut에 -e가 첨가되었음)

04 다음을 기약하며 헤어질 때 하는 인사

Bis gleich! 잠시 후 다시 봅시다. (영어: See you soon!)

빗ㅅ 글라잎히

(gleich 곧, 즉시, 당장)

Bis bald! 곧 다시 봅시다. (영어: See you soon!)

빗ㅅ 발ㅌ

(bald 곧)

Bis morgen! 내일 봅시다! (영어: See you tomorrow!)

빗ㅅ 모ㄹ갠

(morgen 〈부사〉 내일; der Morgen 아침; bis는 '…까지'를 의미하는 전치사로, '다시 보는 그때까지 잘 지내라'는 뜻에서 온 표현임)

활용 연습

1 **다음 낱말을 정서법에 맞게 적으시오.**

(1) vater (father): __________, mutter (mother): __________,

tag (day): __________, wetter (weather): __________

(2) 문장 맨 처음에 나오지 않았을 경우의 올바른 표기법은?

① Bald (soon): __________, Gleich (in a moment): __________,

② Gut (good): __________, Bis (until): __________,

③ Schön (beautiful): __________,

2 **길게 발음해야 할 장모음 아래 밑줄(_)을 그으시오.**

Guten Tag! Schönes Wetter, nicht wahr?

3 **다음 명사 앞에 올 수 있는 특정관사와 불특정관사를 적으시오.**

(1) __________ /__________ Vater

(2) __________ /__________ Mutter

(3) __________ /__________ Mädchen

(4) __________ /__________ Tag

(5) __________ /__________ Haus

(6) __________ /__________ Wohnung

(7) __________ /__________ Eltern

4 다음 대화를 듣고, 빈칸에 해당하는 말을 적으시오.

A: ________________ ________________, Herr Fischer.

B: ________________ ________________, Frau Lehmann.

A: ________________ ________________!

B: ________________ ________________! Bis Montag.

5 다음 우리말을 독일어로 옮기시오.

(1) 〈낮 인사〉 안녕하세요!

➡ ____

(2) 〈헤어질 때〉 안녕히 가세요.

➡ ____

(3) 〈잠자리에 들 때〉 안녕히 주무세요.

➡ ____

자세히 들여다보기

01 명사의 성

(1) 자연성에 따르는 경우

der Mann [man 만] 〈명사〉 남자
die Frau [frau̯ 프라우] 〈명사〉 여자

der Sohn [zo:n 조-ㄴ] 〈명사〉 아들
die Tochter ['tɔxtɐ 톡ㅎ터] 〈명사〉 딸

das Baby ['be:bi 베-비] 〈명사〉 아기
das Kind [kint 킨ㅌ] 〈명사〉 어린이

(2) 남성명사로 통칭되고, 어미 -in을 붙여 여성명사를 만드는 경우

der Freund [frɔy̯nt 프로인ㅌ] 〈명사〉 (남자) 친구, 애인 (-d는 [t ㅌ]로 발음함.)
die Freundin ['frɔy̯ndɪn 프로인딘] 〈명사〉 여자 친구, 애인

der Lehrer ['le:rɐ ㄹ레-러] 〈명사〉 (남자) 교사
die Lehrerin ['le:rərɪn ㄹ레-러린] 〈명사〉 여교사

der Präsident [prɛzɪ'dɛnt 프래지댄ㅌ] 〈명사〉 (남자) 대통령, (남자) 회장
die Präsidentin [prɛzɪ'dɛntɪn 프래지댄틴] 〈명사〉 여성 대통령, 여성 회장

(3) 축소형 어미 -chen, -lein으로 끝나는 명사는 중성

das Mädchen ['mɛ:tçən 매-ㅌ현] 〈명사〉 소녀
das Büchlein ['by:çlai̯n 뷔-힐라인] 〈명사〉 작은 책

(4) -heit, -keit, -schaft, -ung, -tion으로 끝나는 명사는 여성

die Krankheit ['kraŋkhai̯t ㅋ랑ㅋ하잍ㅌ] 〈명사〉 병
die Wirklichkeit ['vɪrklɪçkai̯t 비ㄹ클맇히카잍ㅌ] 〈명사〉 현실
die Freundschaft ['frɔy̯ntʃaft ㅍ로인ㅌ샾ㅍㅌ] 〈명사〉 우정
die Zeitung ['tsai̯tʊŋ ㅌ차이퉁] 〈명사〉 신문
die Nation [na'tsi̯o:n 낱치오-ㄴ] 〈명사〉 국가, 민족

(5) -ling, -ismus로 끝나는 명사는 남성

der Lehrling ['le:ɐ̯lɪŋ ㄹ레얼링] 〈명사〉 견습생, 훈련생
der Kapitalismus [kapita'lismʊs 카피탈릿ㅅ뭇ㅅ] 〈명사〉 자본주의
der Tourismus [tu'rismʊs 투릿ㅅ뭇ㅅ] 〈명사〉 관광

(6) -e로 끝나는 명사는 대부분 여성
(예외: der Name 이름, der Käse 치즈, der Löwe 사자)

die Rose ['ro:zə 로-재] 〈명사〉 장미
die Schule ['ʃu:lə 슈-ㄹ래] 〈명사〉 학교
die Sprache ['ʃpra:xə 슆ㅍ라-해] 〈명사〉 언어

(7) -er로 끝나는 명사는 대부분 남성

der Computer [kɔm'pju:tɐ 콤퓨-터] 〈-s, -〉 컴퓨터
der Taschenrechner ['taʃənrɛçnɐ 탓쉔랠히너] 〈-s, -〉 계산기

(8) -o로 끝나는 명사는 대부분 중성

das Radio ['ra:di̯o 라-디오] 〈-s, -s〉 라디오
das Foto ['fo:to 포-토] 〈-s, -s〉 포토, 사진
das Studio ['ʃtu:di̯o 쉍투디오] 〈-s, -s〉 스튜디오
das Auto ['au̯to 아웃토] 〈-s, -s〉 자동차

Lektion 02

Wer sind Sie?

01 인칭대명사(1격)

02 sein 동사

03 의문대명사 wer, was

04 명사의 복수형

05 여성명사 접미어 -in

기본 문법

01 인칭대명사(1격)

사람을 가리킬 때 사용하는 대명사. 3인칭 대명사는 성과 수가 일치하는 사물명사도 가리킬 수 있다.

〈인칭대명사의 형태〉

인칭	단수		복수	
1	ich [ɪç 일히]	*I*	wir [vi:ɐ̯ 비-어]	*we*
2	du [du: 두-]	*you*	ihr [i:ɐ̯ 이-어]	*you*
	Sie [zi: 지-]	*you*	Sie [zi: 지-]	*you*
3	er [e:ɐ̯ 에-어]	*he*	sie [zi: 지-]	*they*
	sie [zi: 지-]	*she*		
	es [ɛs 앳ㅅ]	*it*		

① 인칭대명사 ich(영어: I)는 영어와 달리 문장 맨 앞에 나오지 않는 한 대문자로 표기하지 않는다.

② 2인칭 인칭대명사 du와 ihr는 친한 사이, 예를 들면 식구, 친척, 친구, 동료 사이에 사용하므로 '친칭'이라고 하고, Sie는 격식을 차리는 사이에서 사용하므로 '격식칭'이라고 한다.

③ 격식칭 Sie는 첫 글자를 항상 대문자로 표기하기 때문에 3인칭 단수 여성 sie 및 복수 sie와는 구분되지만, 발음은 동일하다.

02 sein 동사

sein [zain 자인] 동사(영어: be): …이다, …이 있다. 주어의 인칭과 수에 따라서 동사 어미가 달라진다.

〈sein 동사의 현재 시제 인칭변화〉

인칭	단수		복수	
1	ich bin	*I am*	wir sind	*we are*
2	du bist	*you are*	ihr seid	*you are*
	Sie sind	*you are*	Sie sind	*you are*
3	er sie ist es	*he* *she is* *it*	sie sind	*they are*

☞ 동사는 주어의 인칭과 수에 따라서 형태변화(어미변화)를 한다.

A: Bist du Schüler / Schülerin? 너는 학생/(여)학생이니?
(의문문이어서 동사가 문장 첫머리에 나왔음; du Schüler ['ʃy:lɐ 쉴-러] (초중등) 학생)

B: Ja, ich bin Schüler / Schülerin. 응, 나는 학생/(여)학생이야.
(ja [ja: 야-] 예, 응; die Schülerin은 남성명사 der Schüler에 여성접미어 -in이 붙어서 여성명사가 되었음)

A: Seid ihr Schüler? 너희들은 학생이니?
(der Schüler 학생; die Schüler 학생들(단수와 복수 형태가 동일함))

B: Nein, wir sind Studenten. 아니, 우리는 대학생이야.
(nein [nai̯n 나인] 아니(요); der Student [ʃtu'dɛnt 쉬투'댄트] 〈-en, -en〉 대학생)

03 의문대명사 wer, was(1격)

의문대명사 wer [ve:ɐ̯ 베-어] 누구 (영어: who), was [vas 밧스] 무엇 (영어: what)

Wer sind Sie? 당신은 누구십니까?
(의문사가 문장의 첫머리에 오고, 동사가 그 다음에 와서 의문문이 됨)

Wer ist das? 이 사람은 누구입니까?
(das 〈지시대명사〉 이 사람, 이것, 그것(4과 참조))

Was sind Sie von Beruf? 당신의 직업은 무엇입니까?

Was ist das? 이것은 무엇입니까?

04 명사의 복수형

명사의 복수형은 다양한 형태로 나타난다.

ein Freund 친구 (한 명)	Freunde 친구들
ein Buch 책 (한 권)	Bücher 책들
eine Frage 질문 (하나)	Fragen 질문들
ein Student 대학생 (한 명)	Studenten 대학생들

05 여성명사 접미어 -in

남성명사에 -in을 붙여서 여성명사를 만들 수 있다.

der Freund (남자)친구	die Freundin 여자친구
der Schüler (남)학생	die Schülerin 여학생
der Student (남자)대학생	die Studentin 여대생

기본 대화

Wer sind Sie?

Frau Schmidt Guten Tag. Ich bin Anne Schmidt.
구-탠 타-ㅋㅋ 읽히 빈 안내 쉬밑ㅌ

모음 다음에 홑자음이 오면 장모음, 겹자음이 오면 단모음으로 발음. 음절 끝에 오는 -g는 [k ㅋ]로, -dt는 [t ㅌ]로 발음

Und Sie? Wer sind Sie?
운ㅌ 지- 베-어 진ㅌ 지-

음절 끝에 오는 -d는 [t ㅌ]로 발음: sind [zɪnt 진ㅌ] 모음 앞의 s는 [z], w는 마찰음 [v ㅂ]로 발음: [veːɐ 베-어] ie는 [iː]로 발음

Herr Stern Ich bin Jens Stern. Guten Tag, Frau Schmidt.
읽히 빈 앤ㅅ 쉬태른 구-탠 타-ㅋㅋ

j는 [j ㅣ]로 발음

Frau Schmidt Was sind Sie von Beruf, Herr Stern?
밧ㅅ 진ㅌ 지- 폰 배루-ㅍㅍ

von Beruf [fɔn bəˈruːf] v는 보통 [f ㅍ]로 발음

Herr Stern Ich bin Lehrer.
읽히 빈 ㄹ레-러

모음 다음 h는 모음을 길게 발음하라는 표시: [ˈleːrɐ ㄹ레-러] 강세가 오지 않는 -er는 [ɐ 어]로 발음

Frau Schmidt Wirklich? Ich bin Lehrerin!
비ㄹ클링히 읽히 빈 ㄹ레-러린

l [l ㄹㄹ]을 발음할 때는 혀가 입천장에 붙어있어야 함

해설

① Guten Tag. Ich bin Anne Schmidt. 안녕하세요. 저는 안네 슈미트입니다.

- Anne Schmidt ['anə ʃmɪt **안**내 쉬밑트] 〈고유명사〉 Schmidt는 성이고, Anne는 여자이름임 영어에서처럼 성이 뒤에 옴

② Und Sie? Wer sind Sie? 당신은요? 누구십니까?

- und [ʊnt] 〈접속사〉 그리고 (영어: and); 음절의 마지막에 오는 -d는 [t ㅌ]로 발음함 (예: sind [진ㅌ], der Freund [frɔy̯nt ㅍ로인ㅌ], das Kind [kint 킨ㅌ])

③ Ich bin Jens Stern. Guten Tag. 저는 옌스 슈테른입니다. 안녕하십니까?

- Jens Stern [jɛns ʃtɛrn 얜ㅅ 쉬태른] 〈고유명사〉 Stern은 성이고, Jens은 남자이름임

④ Was sind Sie von Beruf? 직업이 무엇입니까?

- von Beruf 직업상으로

  der Beruf [bə'ru:f 배**루**-ㅍㅍ] 〈-(e)s, -e〉 직업 (영어: occupation); 두 번째 음절 〈ruf〉에 강세가 오며, 이를 길게 발음함

  von [fɔn 폰] 〈전치사〉 영어의 of 또는 from과 유사함. v가 [f]로 발음되는 것에 주의 (예: der Vater ['fa:tɐ **파**-터])

⑤ Ich bin Lehrer. 저는 교사입니다.

- der Lehrer ['le:rɐ ㄹ**레**-러] 〈-(e)s, -〉 교사 (영어: teacher); 첫 번째 음절 〈Leh〉에 강세가 오며, 이를 길게 발음함

⑥ Wirklich? Ich bin Lehrerin! 정말요? 저도 교사예요!

- wirklich ['vɪrklɪç **비**ㄹ클맇히] 〈형용사〉 정말인, 실제인
- die Lehrerin ['le:rərɪn ㄹ**레**-러린] 〈-, -nen〉 여교사; Lehrer + -in (여성 접미어)

텍스트 완성하기

대화문의 내용과 일치하도록 빈칸을 채우시오.

('주어 + 〈sein〉 동사 + 〈명사〉 보어'의 구문에서 〈명사〉 보어는 주어와 성과 수가 일치되어야 함.)

Jens Stern _____ Lehrer. Anne Schmidt _____ Lehrerin. Sie ________ Lehrer.

유용한 표현

01 직업 묻고 말하기

Was sind Sie von Beruf? 직업이 무엇입니까?

Ich bin ...
(직업명 앞에 관사를 사용하지 않음)

Angestellter / Angestellte. (남자/여자) 회사원입니다.
['angəʃtɛltɐ **안**개슈탤터 / 'angəʃtɛltə **안**개슈탤태]

Ich bin Ansager / -in 아나운서
['anza:gɐ **안**자-거 / 'anza:gərɪn **안**자-거린]

Apotheker / -in 약사
[apo'te:kɐ 아포**테**-커 / apo'te:kərɪn 아포**테**-커린]

Architekt / -in 건축사
[arçi'tɛkt 아ㄹ힡**택**ㅌ / arçi'tɛktɪn 아ㄹ힡**택**틴]

Arzt / Ärztin 의사
[artst 아릍ㅊㅌ / 'ɛrtstɪn **애**릍ㅊ틴]

Beamter / Beamtin 공무원
[bə'|amtɐ 배**암**터 / bə'|amtɪn 배**암**틴] (|는 두 모음을 분리하여 발음하라는 표시임)

Hausmann / Hausfrau 집에서 살림하는 남자/주부
['hausman 하웃ㅅ만 / 'hausfrau 하웃ㅅ프라우]

Ingenieur / -in 엔지니어
[ɪnʒe'ni̯ø:ɐ̯ 인제니**외**-어 / ɪnʒe'nø:rɪn 인제니**외**-린]

Journalist / -in 언론인
[ʒʊrna'lɪst 주ㄹ날**릿**슽ㅌ / ʒʊrna'lɪstɪn 주ㄹ날**릿**슽틴]

Koch / Köchin 요리사
[kɔx 콕ㅎ / 'kœçɪn **쾡**힌]

Krankenschwester 여 간호사
['kraŋkn̩ʃvɛstɐ ㅋ**랑**캔슈뱃ㅅ터]

Krankenpfleger / Krankenpflegerin 간호사 / 간병인

['kraŋkn̩pfle:gɐ ㅋ**랑**캔ㅍ플레-거 / 'kraŋkn̩pfle:gərɪn ㅋ**랑**캔ㅍ플레-거린]

Lehrer / Lehrerin 교사

['le:rɐ ㄹ**레**-러 / 'le:rərɪn ㄹ**레**-러린]

Moderator / Moderatorin 사회자, MC

[mode'ra:to:ɐ̯ 모데**라**-토-어 / modera'to:rɪn 모데라**토**-린]

Musiker / -in 음악가

['mu:zikɐ **무**-지커 / 'mu:zikərɪn **무**-지커린]

Professor / -in 교수

[pro'fɛso:ɐ̯ ㅍ로**팻**소-어 / profɛ'so:rɪn ㅍ로팻**소**-린]

Rentner / -in 연금수급자

['rɛntnɐ **랜**ㅌ너 / 'rɛntnərɪn **랜**ㅌ너린]

Schauspieler / -in 배우

['ʃau̯ʃpi:lɐ **샤**우쉬피-ㄹ러 / 'ʃau̯ʃpi:lərɪn **샤**우쉬피-ㄹ러린]

Sänger / -in 가수

['zɛŋɐ **쟁**어 / 'zɛŋərɪn **쟁**어린]

Schriftsteller / -in 작가

['ʃrɪftʃtɛlɐ 쉬**리**픝ㅌ쉬탤러 / 'ʃrɪftʃtɛlərɪn 쉬**리**픝ㅌ쉬탤러린]

Techniker/-in 기술자

['tɛçnikɐ **탷**히니커 / 'tɛçnikərɪn **탷**히니커린]

Student / -in 대학생

[ʃtu'dɛnt 쉬투**댄**ㅌ / ʃtu'dɛntɪn 쉬투**댄**틴]

Praktikant / Praktikantin 실습생/인턴

[prakti'kant ㅍ랔티**칸**ㅌ / prakti'kantɪn ㅍ랔티**칸**틴]

Auszubildender / Auszubildende 직업훈련생

['au̯st͜su:bɪldəndɐ **아**웃ㅅㅌ추-빌댄더 / 'au̯st͜su:bɪldəndə **아**웃ㅅㅌ추-빌댄대]

활용 연습

1 다음 빈칸에 알맞은 (사람을 가리키는) 인칭대명사를 적으시오.

(1) A: Wer ist __________?

B: Anne Schmidt.

(2) A: Wer ist das?

B: Das ist Herr Block.

A: Was ist __________ von Beruf?

B: Schauspieler.

2 다음 빈칸에 알맞은 의문대명사를 적으시오.

A: __________ ist er?

B: Er ist Markus Lenz.

A: Und __________ ist er von Beruf?

B: Er ist Moderator.

3 다음 빈칸에 알맞은 sein 동사를 적으시오.

A: Was __________ ihr von Beruf?

B: Wir __________ noch Studenten.

4 다음 말을 듣고 빈칸을 채우시오.

Guten __________. __________ __________ Max Klein.

__________ __________ Deutscher. (명사 보어는 주어와 성수 일치: 남성 단수)

__________ __________ Journalist von Beruf.

Guten __________. __________ __________ Felix und Elke Groß.

__________ __________ Deutsche. (명사 보어는 주어와 성수 일치: 여성 단수)

__________ __________ Studenten.

5 다음 글에서 잘못된 부분을 고치시오.

Jens Stern bin Lehrer. Anne Schmidt sind Lehrer. Sie ist Lehrer.

6 다음 우리말을 독일어로 옮기시오.

(1) 누구십니까?

- 제 이름은 …라고 합니다.

➡ ____

____

(2) 직업이 무엇입니까?

- 저는 대학생입니다.

➡ ____

____

(3) Stern 씨는 직업이 무엇입니까?

- 그분은 교사입니다.

➡ ____

____

자세히 들여다보기

01 어순

(1) 서술문: 동사가 문장의 두 번째 구성성분임.

Er **ist** Lehrer. 그는 교사이다.
주어 + 동사 + 보어

(2) 의문사가 없는 의문문(Ja/Nein-Frage): 동사가 첫 번째 문장(구성)성분이 됨.

A: **Ist** sie Lehrerin? 그녀가 (여)교사입니까?
동사 + 주어 + 보어

B: Ja, sie ist Lehrerin. 예, 그녀는 (여)교사입니다.

A: **Seid** ihr Schüler? 너희들은 학생이니?

B: Ja, wir sind Schüler. 응, 우리는 학생이다.

(3) 의문사가 있는 의문문(W-Frage): 영어처럼 의문사가 문장 맨 앞에 옴.

Wer sind Sie? 당신은 누구십니까? (이름을 물을 때)
의문사 + 동사

Was sind Sie von Beruf? 당신의 직업은 무엇입니까?
의문사 + 동사

02 명사의 복수 형태 유형

(1) 단수와 동일한 형태 (a, o, u가 ä, ö, ü로 움라우트 변화할 수 있음):

① -chen 또는 -lein으로 끝나는 명사

das Mädchen 소녀, 젊은 여성 die Mädchen
das Büchlein 소책자 die Büchlein

das Röslein (작은) 장미꽃	die Röslein

② -er, -el, -en으로 끝나는 대부분의 명사:

der Lehrer 교사	die Lehrer
der Schüler 학생	die Schüler
der Vater 아버지	die Väter
der Apfel 사과	die Äpfel

(2) 단수형 + -e (a, o, u가 ä, ö, ü로 움라우트 변화할 수 있음):

① -ig, -ling, -nis로 끝나는 낱말

der König 왕	die Könige
der Lehrling 견습생	die Lehrlinge
das Ereignis 일, 사건	die Ereignisse

(-nis로 끝나는 명사는 복수형 어미 -e 앞에 s를 첨가하여 -nisse로 복수형을 만듦. s를 겹자음 ss로 만들어 앞 모음 i가 단모음임을 나타내기 위한 것임)

② a, o, u가 있는 1음절 명사의 경우 a, o, u가 ä, ö, ü로 변모음 한다.

die Hand 손	die Hände
der Sohn 아들	die Söhne
die Kuh 암소	die Kühe
〈예외〉 der Tag 날, 낮	die Tage

(3) 단수형 + -er (a, o, u가 ä, ö, ü로 움라우트 변화함):

① -tum으로 끝나는 명사

der Irrtum 착각, 실수	die Irrtümer

② 1음절 남성·중성 명사

das Kind 아이	die Kinder
der Mann 남자	die Männer
das Buch 책	die Bücher

(4) 단수형 + -(e)n (-e로 끝나는 여성명사에는 -n만 첨가):

① 대부분의 여성명사

die Frau 여자	die Frauen
die Blume 꽃	die Blumen
die Tasche ['taʃə **탓**쉐] 가방	die Taschen
die Tasse ['tasə **탓**새] 찻잔	die Tassen
die Tomate [to'ma:tə 토**마**-태] 토마토	die Tomaten

② n-격변화를 하는 남성명사 (복수형이나 2·3·4격에서 n이 첨가되는 명사. 116쪽 참조)

der Student 대학생	die Studenten
die Studentin 여대생	die Studentinnen

(여성 접미어 -in의 i 모음이 짧게 발음되는 것을 나타내기 위하여 -in 다음에 n을 쓰고 -en을 붙임)

der Kollege 동료	die Kollegen

(5) 외래어

das Auto 자동차	die Autos
die Firma 회사	die Firmen

* 물질명사, 군집명사, 추상명사 등은 항상 단수로 사용됨: die Milch 우유, das Fleisch 고기, das Obst 과일, das Gemüse 채소, das Glück 행운
* 항상 복수로 사용되는 낱말 (의미상 복수인 낱말): die Eltern 부모, die Geschwister 형제자매, die Ferien 방학

03 독일어 사전의 명사 문법형태 (성, 2격 형태, 복수 형태) 제시 방식

Stift der; -(e)s, -e 필기구

성(남성), 2격(즉, Stift(e)s), 복수1격(즉, Stifte)

Buch das; -(e)s, Bücher 책

성(중성), 2격(즉, Buch(e)s), 복수 1격 즉, (Bücher: 모음 u가 ü로 변함)

Tasche die; -, -n 가방

성(여성), 2격(여성명사는 2격에서 형태변화하지 않음), 복수 1격(즉, Taschen)

특정관사 der, die, das를 표제어 앞에 제시하여 명사의 성을 표시하기도 한다.

der Stift, -(e)s, -e

성(남성), 2격(즉, Stift(e)s), · 복수 1격(즉, Stifte)

Lektion 03

Woher kommen Sie?

01 동사의 현재시제 인칭변화
02 의문부사 wo, woher, wie
03 전치사 aus, in
04 부정어 nicht

기본 문법

01 동사의 현재시제 인칭변화

동사의 부정형(Infinitiv)은 어간에 -(e)n을 붙여서 표시한다(kommen 오다/가다: komm- (어간) + -en (어미)). 동사가 문장에 사용되면 주어의 인칭과 수에 따라서 어미변화를 한다.

〈동사의 현재시제 인칭변화 어미〉

인칭	수	
	단수	복수
1	ich -e	wir -en
2	du -st Sie -en	ihr -t Sie -en
3	er sie -t es	sie -en

〈kommen 동사의 현재시제 인칭변화〉

인칭	수	
	단수	복수
1	ich komme	wir kommen
2	du kommst Sie kommen	ihr kommt Sie kommen
3	er sie kommt es	sie kommen

02 의문부사 wo, woher, wohin, wie

(1) 의문부사 wo [vo: 보-] 어디에

A: Wo wohnst du? 어디에 사니?

B: Ich wohne in Seoul. 서울에 살아요.

(2) 의문부사 woher [vo'he:ɐ̯ 보헤-어] 어디에서

A: Woher kommen Sie? 어디에서 오셨습니까?

B: Ich komme aus Korea. 한국에서 왔습니다.

(3) 의문부사 wohin [vo'hɪn 보힌] 어디로

A: Wohin gehen Sie? 어디 가세요?

B: Ich gehe nach Hause. 집에 가요.

(4) 의문부사 wie [vi: 비-] 어떻게

A: Wie heißen Sie? 성함이 어떻게 되십니까?

B: Ich heiße Florian Schulz. 플로리안 슐츠라고 합니다.

A: Wie ist Ihr Name? 성함이 어떻게 되십니까?
(영어와는 달리 wie를 사용함(What is your name?))

B: Mein Name ist Karin Schulz. 카린 슐츠라고 합니다.

03 전치사 aus, in

보통 명사나 대명사 앞에 오며, 이를 다른 말과 연결시켜 줌. 격을 요구함.

Er kommt **aus** der Schweiz. 그는 스위스에서 왔다.
(전치사 aus가 3격을 요구: die Schweiz (1격) - der Schweiz (3격))

Jetzt wohnt er **in** den USA. 지금 그는 미국에 산다.
(전치사 in이 3격을 요구: die USA (1격) - den USA (3격, 복수), die USA는 복수 취급)

04 부정어 nicht

부정을 하는 말 nicht [nɪçt 니히트]: 영어 not에 해당하며, 보통 부정하고자 하는 말 앞에 옴.

A: Kommen Sie aus China? 중국에서 오셨습니까?

B: Nein, ich komme **nicht** aus China. Ich komme aus Korea.
아니오, 중국에서 오지 않았습니다. 한국에서 왔습니다.
(aus China를 부정함)

A: Wohnen Sie in Seoul? 서울에 사십니까? (wohnen ['vo:nən 보-낸] 살다)

B: Nein, ich wohne **nicht** in Seoul. 아니오, 서울에 살지 않습니다. (in Seoul을 부정함)

기본 대화

Woher kommen Sie?

Frau Kim Guten Tag, ich heiße Mira Kim.
구–탠 타–ㅋㅋ 잏히 하잇새 미라 김

강세가 오지 않은 음절 끝의 -e(n)은 우리말 [어]와 [으]의 중간쯤으로 약하게 발음함: [ə]. 약화됨을 표시하기 위해서 [ən]을 [n̩]으로 표시함 (['haisn̩ 하잇샌]). ei는 [ai 아이]로, ß는 [s ㅅ]로 발음

Herr Torin Guten Tag, ich heiße David Torin.
구–탠 타–ㅋㅋ 잏히 하잇새 데이비드 토–린

Woher kommen Sie, Frau Kim?
보헤–어 콤맨 지– ㅍ라우 김

woher는 두 번째 음절에 강세가 오며 강세가 오지 않는 wo는 짧게 발음

Frau Kim Ich komme aus Korea. Und Sie? Woher kommen Sie?
잏히 콤매 아웃ㅅ 코레–아 운ㅌ 지– 보헤–어 콤맨 지–

Korea는 두번째 음절 e에 강세. 낱말(음절) 끝에 오는 -d는 [t]로 발음

Herr Torin Ich komme aus den USA. Und wo wohnen Sie?
잏히 콤매 아웃ㅅ 데–ㄴ 우–앳ㅅ아– 운ㅌ 보– 보–낸 지–

약자는 마지막 글자에 강세: USA [u:|ɛs'|a: 우-앳스아-]

Frau Kim Ich wohne hier in München. Wohnen Sie auch hier?
잏히 보–내 히–어 인 뮌핸 보–낸 지– 아욱ㅎ 히–어

a, o, u, au 다음에서 ch는 [x ㄱㅎ]로 발음. [x]는 혀의 뒷쪽 윗부분이 입천장 뒤쪽(여린입천장)으로 다가가 나는 마찰음

Herr Torin Nein, ich wohne nicht hier. Ich wohne in New York.
나인 잏히 보–내 닣힡ㅌ 히–어 잏히 보–내 인 뉴 욕

i, e 다음의 ch는 [ç ㅎㅎ]로 발음: nicht [nɪçt 닣힡ㅌ]. [ç]는 혀의 앞쪽 윗부분이 입천장 앞쪽(센입천장)으로 다가가 나는 마찰음

해설

① Guten Tag, mein Name ist Mira Kim. 안녕하세요. 제 이름은 김미라입니다.

- gut [gu:t 구-ㅌㅌ] 〈형용사〉 좋은
- der Tag [ta:k 타-ㅋㅋ] 〈-(e)s, -e〉 날
- der Name ['na:mə 나-매] 〈-ns, -n〉 이름

② Guten Tag, ich heiße David Torin. 안녕하세요, 저는 데이비드 토린이라고 합니다.

- heißen ['haisn̩ 하잇샌] 〈동사〉 (이름이) …라고 하다

③ Woher kommen Sie, Frau Kim? 어디에서 오셨습니까?

- woher [vo'he:ɐ̯ 보헤-어] 〈의문부사〉 어디에서

④ Ich komme aus Korea. 저는 한국에서 왔습니다.

- Korea [ko're:a 코레-아] 〈국가명칭〉 한국 (영어와 달리 두 번째 음절에 강세가 옴)

⑤ Und Sie? Woher kommen Sie? 당신은요? 어디에서 오셨습니까?

Ich komme aus den USA. 저는 미국에서 왔습니다.

- aus [aus 아웃ㅅ] 〈전치사〉 (출신) …에서

⑥ Und wo wohnen Sie? 당신은 어디에서 사세요?

- wo [vo: 보-] 〈의문부사〉 어디

⑦ Ich wohne hier in München. 저는 여기 뮌헨에 삽니다.

- in [ɪn 인] 〈전치사〉 (장소) …에

⑧ Wohnen Sie auch hier? 당신도 여기에 사십니까?

- hier [hi:ɐ̯ 히-어] 〈부사〉 여기

⑨ Nein, ich wohne nicht hier. 아니에요. 저는 여기에 살지 않습니다.

- nicht [nɪçt 닣힡ㅌ] 〈어조사〉 (부정) 안, 아니

⑩ Ich wohne in New York. 저는 뉴욕에 삽니다.

텍스트 완성하기

대화문의 내용과 일치하도록 빈칸을 채우시오.

Mira Kim kommt _______ Korea. David Torin kommt _______ _______ USA. _______ Kim wohnt _______ München. _______ Torin wohnt nicht _______ München. _______ lebt in New York.

유용한 표현

01 이름 묻고 답하기

A: - Wie heißen Sie? 성함이 어떻게 되십니까?

- Wie heißt du? 이름이 어떻게 되지?

B: Ich heiße ... 내 이름은 …라고 한다.

A: - Wie ist Ihr Name? 성함이 어떻게 되십니까? (Ihr 〈소유관사〉 당신의, 소유관사는 4과 참조)

- Wie ist dein Name? 이름이 어떻게 되지? (dein 〈소유관사〉 너의)

B: Mein Name ist ... 내 이름은 …이다. (mein 〈소유관사〉 나의)

02 출신지(국적) 묻고 답하기

A: - Woher kommen Sie? 어디에서 오셨습니까?

- Woher kommst du? 어디에서 왔니?

B: Ich komme aus Korea. 한국에서 왔습니다.

aus Deutschland. 독일에서 왔습니다.

aus der Schweiz. 스위스에서 왔습니다.

(스위스는 항상 특정관사를 동반함: die Schweiz. (여성명사 취급) 전치사 aus는 항상 3격 목적어를 요구하므로 die Schweiz의 3격 형태인 der Schweiz가 왔음. 마찬가지로 die Türkei (터키)도 aus der Türkei라고 말함.)

A: Sind Sie Deutscher / Deutsche? 독일 사람(독일 남자/독일 여자)입니까?

B: Nein, ich bin Österreicher / Österreicherin. 아니오, 오스트리아 사람입니다.

A: Sind Sie Chinesin? 중국 사람입니까?

(China ['çi:na ㅎ히-나] 〈고유명사〉 중국; Chinese [çɪ'ne:zə ㅎ히네-재] (남자) 중국사람; Chinesin [çɪ'ne:zɪn ㅎ히네-진] 중국 여자)

B: Nein, ich bin Koreanerin. 아니오, 한국 사람입니다.

(Korea [ko're:a 코레-아] / Koreaner [kore'a:nɐ 코레아-너] 한국사람, 한국남자; Koreanerin [kore'a:nərɪn 코레아-너린] 한국 여자)

A: Ist er Japaner? 그는 일본 사람입니까?

(Japan ['ja:pan 야-판] 일본; Japaner [ja'pa:nɐ 야파-너] (남자) 일본사람; Japanerin [ja'pa:nərɪn 야파-너린] 일본여자)

B: Nein, er ist Koreaner. 아니오, 그는 한국 사람입니다.

03 주거지 묻고 답하기 (1)

A: - Wo wohnen Sie? 어디에 사십니까?

- Wo wohnst du? 어디에 사니?

B: Ich wohne in Seoul. 서울에 삽니다.

in Graz. 그라츠에 삽니다.

(Graz [gra:ts 그라-ㅌㅊ] 〈오스트리아 도시명〉 그라츠)

in der Goethestraße. 괴테 가에 삽니다.

(Goethe ['gø:tə 괴-태] 〈고유명사〉 괴테; die Straße ['ʃtra:sə 쉬ㅌ라-새] 〈-, -n〉 거리, 도로)

im Studentenwohnheim. 대학생기숙사에 삽니다.

(im ← in dem 전치사와 특정관사 3격 dem이 축약된 형태, 특정한 기숙사를 의미하지 않으므로 축약형을 사용함.)

in einem Wohnhochhaus. 고층아파트에 삽니다.

(einem은 중성명사 das Wohnhochhaus 앞에 오는 불특정관사 ein의 3격. 특정한 고층아파트를 의미하지 않기 때문에 불특정관사 einem을 사용함.)

활용 연습

1 격식칭(Sie)과 친칭(du/ihr)을 사용하여 문맥에 맞는 의문문을 만드시오.

(1) A: ______________________ / ______________________

B: Ja, wir wohnen hier.

(wohnen ['vo:nən 보-낸] 살다. 모음 o 다음에 h가 와서 장모음으로 발음)

(2) A: ______________________ / ______________________

B: Ja, wir kommen aus Korea.

(aus ... kommen ['kɔmən] 〈출신지〉 …에서 왔다 / 출신이다. 모음 o다음에 mm(겹자음)이 와서 단모음으로 발음)

2 다음 대화를 듣고 빈칸을 채우시오.

A: ________ kommen Sie? Kommen Sie ________ Deutschland?

B: Nein, ich ________ ________ aus Deutschland. Ich ________ ________ der Schweiz.

A: ________ in der Schweiz kommen Sie denn?

B: Ich komme ________ Zürich. Aber ich ________ jetzt in Deutschland, ________ Berlin.

3 다음 글에서 잘못된 부분을 고치시오.

Mira Kim kommen von Korea. David Torin kommen aus USA. Frau Kim wohnt im München. Herr Torin wohnt im München nicht. Er lebt aus New York.

4 다음 우리말을 독일어로 옮기시오.

(1) 어디에서 오셨습니까?

➡ ______________________________

(2) 저는 한국에서 왔습니다.

➡ ______________________________

(3) 성함이 어떻게 되십니까?

➡ ______________________________

(4) 제 이름은 …입니다.

➡ ______________________________

(5) 어디에서 사십니까?

➡ ______________________________

(6) 저는 서울에서 삽니다.

➡ ______________________________

(7) 당신도 서울에서 사십니까?

➡ ______________________________

(8) 아니에요, 저는 서울에서 살지 않습니다.

➡ ______________________________

자세히 들여다보기

01 heißen, reisen 동사의 현재시제 인칭변화

동사 어간이 -s, -ß, -z, -tz로 끝나면 유사한 발음의 중복을 피하기 위하여 2인칭 단수 어미 -st의 s를 탈락시킨다.

〈heißen …라고 불리다〉

인칭	단수		복수	
1	ich	heiße	wir	heißen
2	du Sie	heißt heißen	ihr Sie	heißt heißen
3	er sie es	heißt	sie	heißen

〈reisen 여행하다〉

인칭	단수		복수	
1	ich	reise	wir	reisen
2	du Sie	reist reisen	ihr Sie	reist reisen
3	er sie es	reist	sie	reisen

☞ du heißst, du reisst라고 하지 않음

A: Wohin reist du? 너는 어디로 여행하니?
B: Ich reise nach Europa. 나는 유럽으로 여행해.
A: Du reist aber viel! 너는 여행을 참 많이 하는구나!

A: Wer bist du? 너는 누구니?
B: Ich bin Max Weber. Und wie heißt du? 나는 막스 베버야. 네 이름은?
B: Ich heiße Jürgen Habermas. 나는 유르겐 하버마스라고 해.

02 국가 · 국민 · 언어

국가(der Staat)	국민(das Volk)	언어(die Sprache)
Australien 호주	Australier/-in 호주사람 남자/여자	Englisch 영어
Brasilien 브라질	Brasilianer/-in	Portugiesisch
China 중국	Chinese/Chinesin	Chinesisch
Deutschland 독일	Deutscher/Deutsche	Deutsch
England 영국	Engländer/-in	Englisch
Frankreich 프랑스	Franzose/Französin	Französisch
Großbritannien 대영제국	Brite/Britin	(britisches) Englisch
Italien 이탈리아	Italiener/-in	Italienisch
Japan 일본	Japaner/-in	Japanisch
Kanada 캐나다	Kanadier/-in	Englisch, Französisch
Luxemburg 룩셈부르크	Luxemburger/-in	Luxemburgisch, Deutsch, Französisch
Mexiko 멕시코	Mexikaner/-in	Spanisch
Norwegen 노르웨이	Norweger/-in	Norwegisch
Österreich 오스트리아	Österreicher/-in	Deutsch
Russland 러시아	Russe/Russin	Russisch
Spanien 스페인	Spanier/-in	Spanisch
〈남성〉 der Irak 이라크	Iraker/Irakerin	Arabisch
〈남성〉 der Iran 이란	Iraner/Iranerin	Persisch
〈여성〉 die Schweiz 스위스	Schweizer/-in	Deutsch, Französisch Italienisch
〈여성〉 die Türkei 터키	Türke/Türkin	Türkisch
〈복수〉 die Niederlande 네덜란드	Niederländer/-in	Niederländisch
〈복수〉 die USA 미국	Amerikaner/-in	(amerikanisches) Englisch

고유명사인 국가이름 앞에는 보통 관사를 사용하지 않는다. (예외: 남성 취급 der Iran 이란, der Irak 이라크, 여성 취급 die Schweiz 스위스, die Türkei 터키, 복수 취급 die Niederlande 네덜란드, die USA/die Vereinigten Staaten 미국)

(1) Ich komme aus Korea. Ich bin Koreaner. Ich spreche Koreanisch.

▶ 여성: Ich bin ________________

(2) Ich komme aus der Türkei. Ich bin Türke. Ich spreche Türkisch.

▶ 여성: Ich bin ________________

(3) Ich komme aus den USA. Ich bin Amerikaner. Ich spreche Englisch.

▶ 여성: Ich bin ________________

(4) Ich komme aus ________. Ich bin ________. Ich spreche ________.

▶ 여성: Ich bin ________________

Lektion 04

Das ist meine Schwester.

01 소유관사 mein-, dein- ...
02 소유관사(1격)의 어미변화
03 지시대명사 das
04 형용사의 서술적 용법

기본 문법

01 소유관사 mein-, dein- ...

'나의, 너의…' 등의 소유관계를 나타내는 말로, 영어의 'my, your ...' 등에 해당한다.

〈소유관사의 기본형태〉

인칭	인칭대명사	소유관사		인칭	인칭대명사	소유관사	
1	ich	mein [main 마인]	*my*	1	wir	unser ['ʊnzɐ 운저]	*our*
2	du	dein [dain 다인]	*your*	2	ihr	euer ['ɔyɐ 오이어]	*your*
	Sie	Ihr [iːɐ̯ 이-어]	*your*		Sie	Ihr [iːɐ̯ 이-어]	*your*
3	er	sein [zain 자인]	*his*	3	sie	ihr [iːɐ̯ 이-어]	*their*
	sie	ihr [iːɐ̯ 이-어]	*her*				
	es	sein [zain 자인]	*its*				

형태는 같으나 의미가 다른 경우

① 격식칭 Ihr

당신의, 당신들의(영어 your). 2인칭 격식칭 단수와 복수의 형태가 같음

Ihre Wohnung 당신의 집, 당신들의 집

② ihr

그녀의(영어 her), 그들의(영어 their). 3인칭 여성과 3인칭 복수의 형태가 같음

ihre Eltern 그녀의 부모, 그들의 부모

③ sein

그(남자)의(영어 his), 그것의(영어 its). 3인칭 남성과 3인칭 중성의 형태가 같음

der Student (남성명사) - sein Vater 그(대학생)의 아버지

das Kind (중성명사) - sein Vater 그(아이)의 아버지

02 소유관사(1격)의 어미변화

단수명사 앞에서는 불특정관사(ein-)처럼, 복수명사 앞에서는 특정관사(die)처럼 어미변화를 한다.

〈소유관사(1격)의 어미변화〉

인칭		남성명사		여성명사		중성명사		복수명사	
		ein	Vater	eine	Mutter	ein	Haus	die	Freunde
단수	1	mein	Vater	meine	Mutter	mein	Haus	meine	Freunde
	2	dein	Vater	deine	Mutter	dein	Haus	deine	Freunde
		Ihr	Vater	Ihre	Mutter	Ihr	Haus	Ihre	Freunde
	3	sein ihr sein	Vater Vater Vater	seine ihre seine	Mutter Mutter Mutter	sein ihr sein	Haus Haus Haus	ihre	Freunde
복수	1	unser	Vater	unsere	Mutter	unser	Haus	unsere	Freunde
	2	euer	Vater	eure	Mutter	euer	Haus	eure	Freunde
		Ihr	Vater	Ihre	Mutter	Ihr	Haus	Ihre	Freunde
	3	ihr	Vater	ihre	Mutter	ihr	Haus	ihre	Freunde

03 지시대명사 das [das 닷ㅅ]

성·수에 관계없이 사람이나 사물을 지시할 때 사용한다. 중성명사 앞에 특정관사 das와 형태는 같으나 기능이 다름.

A: Wer ist **das**? 이 사람은 누구입니까?
Who is this?

B: **Das** ist meine Frau. 이 사람은 제 아내입니다.

this is my wife

(독일어 소유관사는 명사 앞에서 어미변화를 함: meine Frau (eine Frau))

Das sind meine Freunde. 이 사람들은 제 친구들입니다.

these are my friends

(영어와 달리 복수를 가리킬 때에도 das를 사용한다.)

A: Was ist **das**? 이것은 무엇입니까?

What is this?

B: **Das** ist mein Pass. 내 여권입니다. (der Pass - ein Pass - mein Pass)

This is my passport.

04 형용사의 서술적 용법

형용사가 sein 동사와 함께 주어를 설명한다.

A: Wie ist das Wetter? 날씨가 어떻습니까?

B: Das Wetter ist **schön**. 날씨가 좋습니다.

the weather is beautiful

A: Wie ist das Buch? 그 책은 어때?

B: Das Buch ist **interessant**. 재미있어.

A: Ist dein Vater noch **gesund**? 너의 아버님은 아직 건강하시니?

B: Ja, er ist noch **gesund**. 응, 아직 건강하셔.

(noch [nɔx 녹흐] 〈어조사〉 아직, 또)

기본 대화

Das ist meine Schwester.

Jens Wer ist das?
베-어 잇ㅅㅌ 닷ㅅ

ist는 1음절이므로 3음절 [이스트]로 발음하면 안 됨

Anne Das ist meine Schwester.
닷ㅅ 잇ㅅㅌ **마**이내 쉬**뱃**스터

ei: [ai 아이]. sch: [ʃ 쉬]. w: [v ㅂ]. e 다음에 복자음 -st가 오므로 단모음 [ɛ 애]

Jens Sie ist aber schön! Was ist sie denn von Beruf?
지- 잇ㅅㅌ **아**-버 쇠-ㄴ 밧ㅅ 잇ㅅㅌ 지- 댄 폰 배**루**-ㅍ

aber의 a는 길고 강하게 발음 [a:bɐ **아**-버]

Anne Sie ist Schauspielerin. Aber sie ist noch nicht berühmt.
지- 잇ㅅㅌ **샤**우쉽피-ㄹ러린 **아**-버 지- 잇ㅅㅌ 녹ㅎ 닣힡ㅌ 배**뤼**-ㅁㅌ

ie는 장모음 [i: 이-]

Jens Wie heißt sie?
비- **하**잇ㅅㅌ 지-

ei는 이중모음 [ai]. 이중모음과 장모음 다음 [s]는 ß로 표기: heißt

Anne Sie heißt Karin, Karin Schulz.
지- **하**잇ㅅㅌ **카**-린, **카**-린 **슐**ㅌㅊ

Karin의 a는 뒤에 홑자음이 오므로 장모음 [a: 아-]. Schulz의 u는 뒤에 복자음이 오므로 단모음 [ʊ 우]

해설

① Wer ist das? 이 사람이 누구죠?

② Das ist meine Schwester. 내 여동생입니다.

- die Schwester ['ʃvɛstɐ 쉬벳스터] 〈명사〉 여자 형제 (영: sister)

③ Sie ist aber schön! 참 예쁘군요!

- aber ['a:bɐ 아-버] 〈어조사〉 참; Das ist aber schön! 참 좋네요!
  〈접속사〉 그러나 (영어: but); Er ist freundlich, aber sein Bruder ist unfreundlich.
  그는 친절한데, (그러나) 그의 형은 불친절하다.
- schön [ʃø:n 쇠-ㄴ] 〈형용사〉 예쁜

④ Was ist sie denn von Beruf? (그녀의) 직업이 무엇입니까?

- denn [dɛn 댄] 〈어조사〉 (관심을 표명하는 어조로) …데(요)?
  Wie heißt du denn? 이름이 어떻게 되니?

⑤ Sie ist Schauspielerin. 영화배우예요.

- der Schauspieler ['ʃauʃpi:lɐ 샤우슆피-ㄹ러] 배우
  die Schauspielerin ['ʃauʃpi:lərɪn 샤우슆피-ㄹ러린] 여배우

⑥ Aber sie ist noch nicht berühmt. 아직 유명하지는 않습니다.

- noch nicht 아직 아닌 (not yet)
- noch [nɔx 녹ㅎ] 〈어조사〉 아직, immer noch 여전히
- nicht [nɪçt 닣힡ㅌ] (부정하는 말) 안, 아닌 (영어: not) Sie ist nicht schön. 그녀는 예쁘지 않다.
- berühmt [bə'ry:mt 배뤼-ㅁㅌ] 〈형용사〉 유명한

⑦ Wie heißt sie? 그녀의 이름이 어떻게 되지?

⑧ Sie heißt Karin, Karin Schulz. 카린, 카린 슐츠라고 해.

텍스트 완성하기

대화문의 내용과 일치하도록 빈칸을 채우시오.

Anne hat _______ Schwester. Das _______ _______ Schwester. _______ ist schön. _______ ist Schauspielerin _______ Beruf. Aber sie ist noch _______ berühmt. Sie _______ Karin Schulz.

유용한 표현

01 사람 묻고 소개하기 [Das ist / sind ... (이 사람(들)이 …이다)]

Wer ist das? 이 사람이 누구입니까?

(1) 남성명사

Das ist mein Vater. 이 분이 나의 아버지이시다. (der Vater - ein Vater - mein Vater)
mein Großvater. 할아버지
mein Bruder. 남자 형제
mein Sohn. 아들
mein Onkel. 부모의 남자 형제
mein Freund. (남자) 친구
mein Kollege. 동료
mein Lehrer. 선생님

(2) 여성명사

Das ist meine Mutter. 이 분이 나의 어머니이시다. (die Mutter - eine Mutter - meine Mutter)
meine Großmutter. 할머니
meine Schwester. 여자 형제
meine Tochter. 딸
meine Tante. 부모의 여자 형제
meine Freundin. 여자 친구
meine Kollegin. 여자 동료
meine Lehrerin. 여자 선생님

(3) 중성명사

Das ist mein Baby. 이 아이가 제 아기입니다. (das Baby - ein Baby - mein Baby)
mein Kind. 제 아이입니다.

(4) 복수명사

Das sind meine Eltern. 이 분들이 나의 부모님이시다. (die Eltern - Eltern - meine Eltern)

meine Geschwister. 형제자매 (항상 복수)

meine Brüder. 남자 형제들 (← der Bruder)

meine Schwestern. 여자 형제들 (← die Schwester)

meine Verwandten. 친척들 (der/die Verwandte 친척; verwandt 〈형용사〉 친척인)

meine Freunde. 친구들 (← der Freund)

meine Kollegen. 동료들 (← der Kollege)

meine Kolleginnen. 여자 동료들 (← die Kollegin)

02 사물 묻고 답하기

A: Was ist das? 이것은 무엇인가?

B: - Das ist mein Buch. 내 책이다.

- Das sind meine Bücher. 내 책들이다.

03 사람 특성 묘사하기

〈주어〉 + 〈sein 동사〉 + 〈형용사〉 : 〈주어〉가 〈형용사〉하다

Mein Vater ist dick. 나의 아버지는 뚱뚱하시다.

Meine Mutter ist nicht dick. 나의 어머니는 뚱뚱하지 않으시다.

Sie ist schlank. 그녀는 날씬하다.

Mein Bruder ist groß. 내 형은 키가 크다.

Meine Schwester ist nicht groß. 내 여동생은 크지 않다.

Sie ist klein. 그녀는 키가 작다.

Deine Kollegen sind freundlich. 너의 동료들은 친절하다.

Meine Kollegen sind nicht freundlich. 내 동료들은 친절하지 않다.

Sie sind unfreundlich. 그들은 불친절하다.

04 사람의 성품 묻고 답하기 [(사람/성품이) 어떻습니까?]

A: Wie ist dein Lehrer / dein Chef? 너의 선생님/보스는 (사람이/성품이) 어떠니?

B: Er ist nett. 그는 사람이/성품이 좋다. (좋은 사람이다)

freundlich. 친절하다.

hilfsbereit. 남을 잘 도와준다.

herzlich. 진실하다.

verständnisvoll. 이해심이 많다.

05 사물의 성격 묻고 답하기 [(무엇의 내용 따위가) 어떻습니까?]

A: Wie ist das Buch/der Film? 그 책/영화 어때?

B: Das Buch / Der Film ist interessant. 그 책이/영화가 재미있다.

langweilig. 지루하다.

spannend. 흥미진진하다.

informativ. 정보를 제공해준다.

활용 연습

1 밑줄 친 부분에 mein-, dein-, Ihr-의 알맞은 형태를 적으시오.

(1) __________ /__________ /__________ Familie 나의/너의/당신의 가족

[fa'mi:li̯ə 파미-ㄹ리애]

(2) __________ /__________ /__________ Tochter 나의/너의/당신의 딸

['tɔxtɐ 톡ㅎ터]

(3) __________ /__________ /__________ Lehrer 나의/너의/당신의 선생님

['le:rɐ ㄹ레-러]

(4) __________ /__________ /__________ Haus 나의/너의/당신의 집

[haus 하웃ㅅ]

(5) __________ /__________ /__________ Eltern 나의/너의/당신의 부모

['ɛltɐn 앨턴]

2 빈칸에 알맞은 형태의 sein 동사를 적으시오.

(1) Wer __________ das?

(2) Das __________ mein Freund.

(3) Das __________ meine Freunde.

3 다음 대화를 듣고 빈칸을 채우시오.

A: __________ __________ das? __________ das __________ Freund?

B: Ja, __________ ist __________ Freund.

A: __________ __________ Koreaner?

B: Nein, __________ __________ Chinese.

(국가 명칭, 국민, 언어 등은 3과 자세히 보기 참조)

4 다음 글에서 잘못된 부분을 고치시오.

Anne hat ein Schwester. Das ist ihr Schwester. Es ist schön. Sie ist Schaupieler Beruf. Aber sie ist nicht noch berühmt. Sie heißen Karin Schulz.

5 다음 우리말을 독일어로 옮기시오.

(1) 이 사람이 누구입니까?
- 이 사람은 제 친구입니다.

➡ ______________________________

____

(2) 이것이 무엇입니까?
- 그것은 내 가방입니다. (가방 die Tasche)

➡ ______________________________

____

(3) 오늘 날씨가 어떻습니까?
- 오늘 날씨가 좋지 않습니다.

➡ ______________________________

____

(4) 성함이 어떻게 됩니까?

- 제 이름은 …입니다.

➡ ______________________________

____

(5) 당신의 아버님께서는 직업이 무엇입니까?

- 회사원이십니다.

➡ ______________________________

____

(6) 당신의 어머니께서는 건강하십니까?

- 건강하십니다.

➡ ______________________________

____

(7) 그 영화가 어떻습니까?

- 흥미진진합니다.

➡ ______________________________

____

자세히 들여다보기

01 낱말 익히기

형용사 반대말; -lich는 형용사 접미어, un-은 부정을 뜻하는 접두어

freundlich 친절한 ↔ unfreundlich 불친절한
höflich 공손한 ↔ unhöflich 불손한
nützlich 유용한 ↔ unnützlich 쓸모없는
bequem 편안한 ↔ unbequem 불편한

groß 큰 ↔ klein 작은
teuer 비싼 ↔ billig 싼
schön 아름다운 ↔ hässlich 추한

02 지시대명사 dies-

'이 …'를 의미하며, 명사 앞에 오면 특정관사처럼 어미변화 한다(영어: this).

〈지시대명사 dies-의 형태 변화〉

남성명사 앞	여성명사 앞	중성명사 앞	복수명사 앞
der Zug 기차	die Maschine 기계/비행기	das Fahrrad 자전거	die Autos 자동차들
dieser Zug ['di:zɐ 디-저]	diese Maschine ['di:zə 디-재]	dieses Fahrrad ['di:zəs 디-잿ㅅ]	diese Autos ['di:zə 디-재]

Dieser Zug ist ein ICE. 이 기차는 독일 고속철도(IntercityExpress)이다.
(ICE [itse'|e: 이ㅌ체에-] 약자는 마지막 글자에 강세가 옴)

Diese Maschine ist praktisch. 이 기계는 실용적이다.

(praktisch ['praktɪʃ 프랔팃시] 〈형용사〉 실용적인)

Dieses Fahrrad ist kaputt. 이 자전거는 고장이 났다.

(kaputt [ka'pʊt 카풑ㅌ] 〈형용사〉 고장이 난)

Diese Autos sind sehr schnell. 이 자동차들은 매우 빠르다.

(schnell [ʃnɛl 쉬넬] 〈형용사〉 빠른)

03 형용사를 수식하는 부사 sehr [zeːɐ̯ 제-어] (매우, 영어: very)

Dieser Herr ist sehr nett. 이 남자 분은 매우 친절하다.

(nett [nɛt 넽ㅌ] 〈형용사〉 친절한, (성품이나 행동이) 좋은)

Dieses Wörterbuch ist sehr nützlich. 이 사전은 매우 유용하다.

(nützlich ['nʏt͜slɪç 뉱츨리히] 〈형용사〉 유용한)

Diese Tasche ist sehr teuer. 이 가방은 매우 비싸다.

(teuer ['tɔ͜yɐ 토이어] 〈형용사〉 비싼)

Lektion 05

Ich habe einen Bruder und zwei Schwestern.

01 명사의 격(4격)
02 불규칙동사 haben의 어미변화
03 부정관사 kein-

기본 문법

01 명사의 격(4격)

명사는 문장에서의 역할(주어, 목적어)에 따라 1, 2, 3, 또는 4격을 취한다. 우리말에서 보통 '…이/가'로 표시되는 주격은 1격을, '…을/를'로 표시되는 목적격은 4격을 취한다.
명사의 격 표시는 명사 자체보다 보통 그 앞에 오는 관사, 지시대명사, 형용사 등에 나타난다. 즉, 명사 앞에 오는 관사, 지시대명사, 형용사 등은 명사의 성·수·격에 따라 어미변화 한다.

〈명사 1격과 4격 앞에 오는 관사의 형태〉

	단수 명사			복수명사
격	남성명사	여성명사	중성명사	
1	der ein Stift mein	die eine Tasche meine	das ein Buch mein	die - Bilder meine
4	den einen Stift meinen	die eine Tasche meine	das ein Buch mein	die - Bilder meine

☞ 남성명사 앞에 오는 관사는 1격과 4격의 서로 형태가 다르다. 불특정관사는 복사명사 앞에 올 수 없다.

A: Was ist das? 이것은 무엇이지?
B: - Das ist ein Stift. 이것은 연필이다. (der Bleistift 연필)
- Das ist mein Stift. 이것은 내 연필이다.
Hast du auch einen Stift? 너도 연필이 있니?

A: Was ist das? 이것은 무엇이지?
B: - Das ist eine Tasche. 이것은 가방이다.
- Das ist meine Tasche. 이것은 나의 가방이다.
Hast du auch eine Tasche? 너도 가방이 있니?

02 불규칙동사 haben의 어미변화

〈haben(['ha:bn̩], 영어: have)의 현재시제 어미변화〉

인칭	수	
	단수	복수
1	ich habe *I have*	wir haben *we have*
2	du hast *you have* Sie haben *you have*	ihr habt *you have* Sie haben *you have*
3	er / sie / es hat *he / she / it has*	sie haben *they have*

☞ 단수 2·3인칭의 어간 형태 변화에 유의: du hast, er hat

A: Hast du einen Stift für mich? 연필 하나 (나를 위해 가지고) 있어?
(mich [mɪç 밓히] 〈인칭대명사〉 (ich의 4격) 나를)

B: Ja, hier bitte. 응, 여기 있어.
(der Stift [ʃtɪft 쉩튑ㅍㅌ] 필기구)

A: Haben Sie noch Fragen? 질문이 더 있습니까?
(noch [nɔx 녹ㅎ] 아직, 여전히)

B: Ja, ich habe noch eine Frage. 네, 질문이 하나 더 있습니다.

A: Habt ihr noch Fragen? 너희들 질문이 더 있니?

B: Nein, wir haben keine Fragen mehr. 아니, 이제 더 이상 질문이 없어.
No, we have no more questions.
(kein- ... mehr 영어의 'no more'처럼 '더 이상 …이 아닌/없는'을 뜻함)

03 부정관사 kein- (영어: no)

뒤에 오는 명사를 부정하는 관사. 단수명사 앞에서는 불특정관사(ein-)처럼, 복수명사 앞에서는 특정관사(die)처럼 어미변화 한다.

〈부정(否定)관사 kein-의 어미변화〉

격	남성명사	여성명사 앞	중성명사 앞	복수명사 앞
1	ein Stift kein	eine Tasche keine	ein Buch kein	die Schuhe keine
4	einen Stift keinen	eine Tasche keine	ein Buch kein	die Schuhe keine

☞ 남성명사 1격과 4격 앞에 오는 부정관사 kein-의 형태가 서로 다르다

A: Haben Sie keinen Computer? 컴퓨터가 없으세요?

(주의: 〈불특정관사 + 명사〉를 부정할 때 nicht를 사용하지 않음: nicht einen Computer 〈틀림〉)

B: - Nein, ich habe keinen Computer. 네, 저는 컴퓨터가 없습니다.

- Doch, ich habe einen Computer. 아뇨, 저는 컴퓨터를 한 대 가지고 있습니다.

(부정으로 묻는 말에 긍정으로 답할 때 ja라고 하지 않고, doch라고 한다. 긍정 질문(Haben Sie einen Computer?)에 대해서 부정을 답할 때는 'Nein, ich habe keinen Computer.'라고 말함)

A: Hast du keine Tasche? 너 가방이 없니?

B: - Nein, ich habe keine Tasche. 응, 없어.

- Doch, ich habe eine Tasche. 아니, 있어.

A: Hast du kein Wörterbuch? 너 사전 없니?

B: - Nein, ich habe kein Wörterbuch. 응, 없어.

- Doch, ich habe ein Wörterbuch. 아니, 있어.

기본 대화

Ich habe einen Bruder und zwei Schwestern.

Frau Schmidt Haben Sie Geschwister?
하–밴 지– 개**쉬**빗스터

홀자음 b앞의 a는 장모음 [a: 아-]. 접두어 Ge-에는 강세가 오지 않음

Herr Stern Ja, ich habe einen Bruder und zwei Schwestern.
야– 잎히 **하**–배 **아**이낸 ㅂ**루**–더 운ㅌ ㅌㅊ**바**이 쉬**뱃**스턴

홀자음 d앞의 u는 장모음 [u: 우-]. z는 파찰음 [ts ㅌㅊ]

Und Sie? Haben Sie auch Geschwister?
운ㅌ 지– **하**–밴 지– 아욱ㅎ 개**쉬**빗스터

a, o, u, au 다음의 ch는 마찰음 [x ㄱㅎ]

Frau Schmidt Nein, ich habe keine Geschwister.
나인 잎히 **하**–배 **카**이내 개**쉬**빗스터

ei는 [ai **아**이]로 발음

Ich bin ein Einzelkind.
잎히 빈 아인 **아**인ㅌ챌킨ㅌ

z는 파찰음 [ts ㅌㅊ]. 합성어(Einzel- + Kind)는 첫 번째 낱말(Einzel-)에 강세가 옴

Herr Stern Haben Sie ein Hobby?
하–밴 지– 아인 **호**비

Frau Schmidt Ja, ich spiele gern Tennis und lerne gern Fremdsprachen.
야– 잎히 쉬**필**–래 개른 **태**닛ㅅ 운틀 **래**르내 개른 ㅍ**램**ㅌ쉬ㅍ라–ㄱ핸

해설

① Haben Sie Geschwister? 형제가 있습니까?

- die Geschwister [gəˈʃvɪstɐ 개쉬빗스터] 〈항상 복수〉 형제자매 (영어: brothers and sisters, siblings)

② Ja, ich habe einen Bruder und zwei Schwestern.

예, 남자 형제 한 명과 여자 형제 두 명이 있습니다.

- die Schwester [ˈʃvɛstɐ 쉬뱃스터] -, -n 〈명사〉 여자형제 (영어: sister)

③ Und Sie? Haben Sie auch Geschwister? 당신은요? 역시 형제가 있으세요?

- auch [aux 아욱흐] 〈부사〉 …도, 또한

④ Nein, ich habe keine Geschwister. 아니오, 저는 형제가 없습니다.

- keine Geschwister 〈부정(否定)관사〉 keine가 Geschwister 앞에 와서 이를 부정함 (영어: no brothers and sisters) 복수명사 앞에서 특정관사 die처럼 (die Geschwister) 어미변화하여 kein-e가 되었음

⑤ Ich bin ein Einzelkind. 저는 (형제가 없는) 외아들/무남독녀입니다.

- das Einzelkind [ˈaintsəlkɪnt 아인ㅊ챌킨ㅌ] 〈명사〉 형제가 없는 아이
- einzel (하나의, 개별의) + das Kind [kɪnt 킨ㅌ] 〈-(e)s, -er〉 (아이)

⑥ Haben Sie ein Hobby? 취미를 가지고 계십니까?

- das Hobby [ˈhɔbi 호비] 〈-s, -s〉 취미

⑦ Ja, ich spiele gern Tennis und lerne gern Fremdsprachen.

네, 저는 테니스를 즐겨 치고, 외국어 배우는 것을 좋아합니다.

- spielen [ˈʃpi:lən 쉬피-ㄹ랜] 〈동사〉 (게임/경기)하다, (악기를) 연주하다
- gern [gɛrn 개른] 〈부사〉 즐겨, 기꺼이
- die Fremdsprache [ˈfrɛmtʃpra:xə] 〈-, -n〉 외국어

텍스트 완성하기

대화문의 내용과 일치하도록 빈칸을 채우시오.

Herr Stern ________ ________ Bruder und zwei ____________. Frau Schmidt ________ ________ Geschwister. Sie ist ________ ____________.

유용한 표현

01 소유 여부 묻고 답하기 [Haben Sie ... ? …을 가지고 있습니까? / …이 있습니까?]

A: Haben Sie einen Stift? 필기구 (남성·4격; der Stift [ʃtɪft 쉩팊ㅍㅌ] 〈-(e)s, -e〉)

einen Kugelschreiber? 볼펜
(남성·4격; die Kugel ['ku:gl̩ 쿠-갤] 〈-, -n〉 구슬 + der Schreiber ['ʃraibɐ 쉬라이버] 〈-s, -〉 필기구 → der Kugelschreiber ['ku:gl̩ʃraibɐ 쿠-갤쉬라이버] 〈-s, -〉)

einen Druckbleistift? 샤프펜슬
(남성·4격; der Druckbleibstift ['drʊkblaiʃtɪft 쉩팊ㅍㅌ], der Bleistift ['blaiʃtɪft] 〈-(e)s, -e〉 연필)

einen Hund? 개 한 마리 (남성·4격; der Hund [hʊnt] 〈-(e)s, -e〉 개)

ein Handy / ein Smartphone? 핸드폰/스마트폰 (중성·4격 명사)

ein Auto? 자동차 (중성·4격 명사)

eine Freundin? 여자 친구 (여성·4격 명사)

eine Katze? 고양이 한 마리 (여성·4격; die Katze ['katsə] 〈-, -n〉 고양이)

Zeit? 시간 (추상명사 앞에는 관사를 사용하지 않음 (die Zeit [tsaɪt ㅌ차읻ㅌ] 〈-, -en〉)

Geld? 돈 (물질명사 앞에는 관사를 사용하지 않음)

Fragen? 질문 (die Frage의 복수·4격 명사)

Probleme? 문제 (das Problem([pro'ble:m 프로블레-ㅁ] 〈-s, -e〉)의 복수·4격 명사)

Kopfschmerzen? 두통
(der Kopfschmerz의 복수·4격 명사; der Kopf [kɔpf 콮ㅍ] 〈-(e)s, Köpfe〉 머리 + Schmerz [ʃmɛrts 쉬매릍ㅊ] 〈-es, -en〉 〈보통 복수〉 통증, 고통)

B: - Ja, ich habe einen Kugelschreiber. 네, 볼펜을 가지고 있습니다.

- Nein, ich habe keinen Kugelschreiber. 아뇨, 볼펜이 없습니다.

keine Zeit. 시간 (여성·4격 명사)

keine Freundin. 여자 친구 (여성·4격 명사)

kein Geld. 돈 (중성 · 4격 명사)

kein Handy. 핸드폰 (중성 · 4격 명사)

kein Auto. 자동차 (중성 · 4격 명사)

keine Fragen. 질문 (복수 · 4격 명사)

keine Probleme. 문제 (복수 · 4격 명사)

keine Kopfschmerzen. 두통

(복수 · 4격 명사; 불특정관사 ein-은 '하나'를 의미하여 복수명사 앞에 올 수 없지만, 부정관사 kein-은 '하나' 또는 '여럿'을 부정할 수 있음: Ich habe keine Fragen mehr. 저는 더 이상 질문(들)이 없습니다.)

02 …하기를 좋아하다 [〈동사〉 + gern]

A: Lesen Sie gern Bücher? 책 읽는 것을 좋아하십니까?

B: Ja, ich lese gern Bücher. 예, 저는 책 읽기를 좋아합니다.

A: Hören Sie gern Musik? 음악 듣는 것을 좋아하십니까?

(hören ['hø:rən **회**-랜] 〈동사〉 듣다; die Musik [mu'zi:k 무**지**-ㅋㅋ] 〈-, -en, 보통 단수〉 음악)

B: Ja, ich höre gern Musik. 예, 저는 음악 듣기를 좋아합니다.

A: Spielen Sie gern Fußball? 축구하는 것을 좋아하십니까?

(der Fußball ['fu:sbal **푸**-ㅅㅅ발] 〈-, 항상 단수〉 축구)

B: Nein, ich spiele nicht gern Fußball. 아니오, 축구하는 것을 좋아하지 않습니다.

활용 연습

1 **빈칸에 알맞은 말을 적으시오.**

(1) Haben Sie __________ Bruder?
Ja, ich habe __________ Bruder.
Nein, ich habe __________ Bruder.

(2) Hat Petra __________ Freund?
Ja, sie hat __________ Freund.
Nein, sie hat __________ Freund.

(3) Hast du __________ Computer?
Ja, ich habe __________ Computer.
Nein, ich habe __________ Computer.

(4) Haben Sie __________ Wörterbuch?
Ja, ich habe __________ Wörterbuch.
Nein, ich habe __________ Wörterbuch.

(5) Hast du __________ Frage?
Ja, ich habe __________ Frage.
Nein, ich habe __________ Frage.

(6) Hast du __________ Katze?
Ja, ich habe __________ Katze.
Nein, ich habe __________ Katze.

(7) Haben Sie __________ Hunger? (der Hunger ['hʊŋɐ 훙어] ⟨-s, 항상 단수⟩ 배고픔)
__________, ich habe Hunger.

(8) Haben Sie __________ Durst? (der Durst [dʊrst 두ㄹ슽ㅌ] 〈-(e)s, 항상 단수〉 목마름, 갈증)

__________, ich habe Durst.

2 다음 대화를 듣고 빈칸을 채우시오.

A: __________ du __________ Bruder?

B: Ja, ich __________ __________ Bruder. Und du?

A: Ich __________ __________ Bruder. Aber ich __________ __________ Schwester.

3 다음 글에서 잘못된 부분을 고치시오.

> Herr Stern hat ein Bruder und zwei Schwester. Frau Schmidt haben kein Geschwister. Sie sind ein Einzelkind.

4 다음 우리말을 독일어로 옮기시오.

(1) 질문이 있습니까?

- 네, 질문이 하나 있습니다.

➡ ____

____

(2) 형제가 있습니까?

- 네, 저는 형과 누나가 한 명씩 있습니다.

➡ ____

____

(3) 무엇이 필요합니까?

- 연필이 한 자루 필요합니다.

(brauchen ['brau̯xn̩ ㅂ라욱핸] 〈동사〉 필요하다)

➡ ____________________

____

(4) 무엇을 전공하십니까?

- 음악을 전공합니다.

(studieren [ʃtu'di:rən 쉬투디-랜] 〈동사〉 (무엇을) 대학에서 (전공으로) 공부하다)

➡ ____________________

____

(5) 축구하는 것을 좋아하세요?

- 아뇨, 축구하는 것을 좋아하지 않아요.

➡ ____________________

____

(6) 음악 듣는 것 좋아하세요?

- 네, 아주 좋아합니다.

➡ ____________________

____

자세히 들여다보기

01 현재시제 인칭변화에서 주의해야 할 동사

동사어간이 -d 또는 -t로 끝나면, 자음이 충돌하는 것을 피하기 위하여 (2인칭 단수와 3인칭 단수 및 2인칭 복수에서) 어미 -st, -t 앞에 '-e-'를 삽입한다.

〈reden [ˈreːdn̩ **레-댄**] 말하다〉

인칭	단수	복수
1	ich rede	wir reden
2	du redest Sie reden	ihr redet Sie reden
3	er sie redet es	sie reden

〈arbeiten [ˈarbai̯tn̩ **아ㄹ바잍탠**] 일하다〉

인칭	단수	복수
1	ich arbeite	wir arbeiten
2	du arbeitest Sie arbeiten	ihr arbeitet Sie arbeiten
3	er sie arbeitet es	sie arbeiten

A: Du redest zu viel!

B: Wirklich? Aber du redest auch manchmal zu viel und manchmal auch zu schnell.

(auch [au̯x 아욱ㅎ] …도, 또한; manchmal [ˈmançmaːl 만히마-ㄹ] 때때로, zu [t͡suː ㄸ추-] 너무)

A: Du arbeitest viel. Arbeitet dein Freund auch viel?

B: Nein, er arbeitet nicht viel. Nur ich.

Lektion 06

Ich wohne bei meinen Eltern.

01 명사의 3격
02 3격 목적어를 요구하는 동사
03 3격 목적어를 요구하는 전치사
04 3·4격 요구 전치사

기본 문법

01 명사의 3격

일부 동사나 전치사가 요구하는 목적어 형식. 보통 명사 앞에 오는 관사·형용사 등에 3격 형태가 표시됨.

〈명사 1, 3, 4격 앞에 오는 관사의 형태〉

격	남성명사 앞	여성명사 앞	중성명사 앞	복수명사 앞
1	der (k)ein Stift mein	die (k)eine Tasche meine	das (k)ein Buch mein	die keine Bilder meine
3	dem (k)einem Stift meinem	der (k)einer Tasche meiner	dem (k)einem Buch meinem	den keinen Bildern* meinen
4	den (k)einen Stift meinen	die (k)eine Tasche meine	das (k)ein Wörterbuch mein	die keine Bilder meine

☞ 관사(특정관사, 불특정관사, 부정관사, 소유관사)는 남성·중성명사 3격 앞에서 -em을, 여성명사 3격 앞에서 -er, 복수명사 3격 앞에서 -en을 어미로 취한다.

☞ 복수명사 3격에는 항상 -n이 붙는다: das Bild (단수 1격) - die Bilder (복수 1격) - den Bildern (복수 3격). (예외: 복수형이 -s로 끝나는 외래어의 경우는 제외: Autos, Fotos, Handys)

02 3격 목적어를 요구하는 동사

(1) '…에게'로 번역되는 목적어를 요구하는 동사(수여동사)

jm.³ et.⁴ erzählen 누구에게 무엇을 이야기하다

jm.³ et.⁴ geben 누구에게 무엇을 주다

jm.³ et.⁴ sagen 누구에게 무엇을 말하다

jm.³ et.⁴ schenken 누구에게 무엇을 선물하다

(jm.은 jemandem(누구에게)의 약자. et.는 etwas(영어: something)의 약자. 위첨자 숫자는 격을 의미함)

Was schenkst du **deinem Freund**? 너는 네 (남자)친구에게 무엇을 선물하니?

Ich schenke **meinem Freund** ein Buch. 나는 내 (남자)친구에게 책을 선물한다.

(schenken [ˈʃɛŋkn̩] 〈3·4격 요구 동사〉 선물하다; jm.[3] et.[4] schenken 누구에게 무엇을 선물하다)

(2) '무엇이 …에게 …하다'라는 의미의 동사

et.[1] gefällt jm.[3] 무엇이 누구의 마음에 들다

et.[1] gehört jm.[3] 무엇이 누구에게 속하다

Wem gehört dieser Computer? 이 컴퓨터가 누구에게 속합니까(누구의 것입니까)?

Er gehört **meinem Sohn**. 그것은 제 아들에게 속합니다(제 아들의 것입니다).

(er는 앞 문장의 남성명사인 (dieser) Computer를 지칭하는 인칭대명사, 영어와 달리 사물도 성에 따라서 er, sie, es 등을 사용함. wem [veːm] 〈의문대명사 wer(누구)의 3격〉 누구에게 (3격); gehören [gəˈhøːrən] 〈3격 요구 동사〉 (…에) 속하다, …의 것이다)

(3) helfen 동사

우리말에서는 '…을/를 돕다'라고 말하지만, 독일어 'helfen(돕다)'은 3격 목적어를 요구함

Helfen Sie **Ihrer Mutter** oft? 어머니를 자주 도와드리십니까?

Ja, ich helfe **meiner Mutter** oft. 네, 저는 어머니를 자주 도와드립니다.

(helfen [ˈhɛlfn̩] 〈3격 요구 동사〉 돕다; jm. helfen 누구를 돕다)

03 3격 목적어를 요구하는 전치사

aus ... (출신: …에서)

➡ Ich komme aus der Schweiz. 나는 스위스에서 왔다(출신이다).

bei ... (위치: …에)

➡ Ich wohne bei meinem Freund / bei meiner Freundin. 나는 내 친구 집에서 산다.

von ... (출발점: …로부터)

➡ Ich komme von der Schule. 나는 학교에서 오는 길이다.

nach ... (방향: (국가, 도시) …로)

➡ Ich fliege nach Deutschland. 나는 (비행기를 타고) 독일로 간다.

zu ... (방향: (건물, 사람) …로)

➡ Ich gehe zu meinem Freund / zu meiner Freundin. 나는 내 친구한테 간다.

04 3·4격 요구 전치사

3격 또는 4격 목적어를 요구하는 전치사 in: 3격 목적어를 취하면 '위치'(…(안)에)를 나타내고, 4격 목적어를 취하면 '방향'(…(안)으로)을 나타냄

Ich gehe in **die** Kirche. 나는 교회에 간다.
(4격: 방향)

Ich bin in **der** Kirche. 나는 교회에 있다.
(3격: 위치)

Er reist in **die** USA. 그는 미국으로 여행 간다.
(4격: 방향)

Er studiert in **den** USA. 그는 미국에서 대학에 다니고 있다.
(3격: 위치; die USA는 복수)

Sie geht **ins** Kino. 그녀는 영화를 보러 간다.
(4격: 방향; das Kino 영화관, ins는 in das의 축약형; 4격: 방향; in das Kino는 '그 영화관 안으로'라는 뜻이며, 특정 영화관을 지칭하지 않을 때는 축약형을 사용함)

Sie ist **im** Kino. 그녀는 영화관에 있다.
(3격: 위치; im은 in dem의 축약형; 3격: 위치; 'in dem Kino'라고 하면 '그 영화관에'라는 뜻이 됨)

Er geht **ins** Büro. 그는 사무실에 간다.
(4격: 방향; 특정 사무실을 지칭하지 않기 때문에 'in das Büro'라고 하지 않음)

Er ist **im** Büro. 그는 사무실에 있다.
(3격: 위치; 특정 사무실을 지칭하지 않기 때문에 'in dem Büro'라고 하지 않음)

기본 대화

Woher kommst du gerade?

Anne Hallo, Jens, woher kommst du gerade?
할로 앤ㅅ 보헤-어 콤ㅅㅌ 두- 개라-대

woher는 -her에 강세가 와서 앞의 o는 짧게 발음
gerade는 -ra에 강세가 와서 앞의 e가 약화된 모음 [ə]로 발음

Jens Ich komme von meiner Freundin.
잉히 콤매 폰 마이너 ㅍ로인딘

ei는 [ai], eu는 [ɔy 오이]로 발음

Anne Wohnst du jetzt bei deiner Freundin?
보-ㄴㅅㅌ 두- 얫ㅊㅌ 바이 다이너 ㅍ로인딘

wohnst의 o는 다음에 h가 와서 장모음 [o: 오-]로 발음
tz는 [ㅌ]를 발음할 때처럼 혀를 치아 바로 뒤로 가져가 [ㅊ]를 발음함: [ㅌㅊ]

Jens Nein, ich wohne noch bei meinen Eltern.
나인 잉히 보-내 녹ㅎ 바이 마이낸 앨턴

강세가 오지 않는 낱말 끝의 -er는 [ɐ 어]로 발음

Und du, Anne? Wohin gehst du gerade?
운ㅌ 두- 안내 보힌 게-ㅅㅌ 두- 개라-대

geh-에서처럼 음절 끝의 h는 앞 모음 e를 장모음 [e: 에-]로 발음하라는 표시이지만, wo·hin에서처럼 음절 첫소리의 h는 자음 [h ㅎ]로 발음

Anne Ich gehe zu meinem Freund.
잉히 게-애 ㅌ추- 마이냄 ㅍ로인ㅌ

Freund의 -d처럼 음절 끝의 d는 [t ㅌ]로 발음

Jens Wo wohnt er?
보- 보-ㄴㅌ 에-어

Anne Er wohnt im Studentenwohnheim.
에-어 보-ㄴㅌ 임 쉬투댄탠보-ㄴ하임

Student [ʃtu'dɛnt 쉬투탠ㅌ]는 두 번째 음절 -dent에 강세가 옴

Jens Wo ist das Studentenwohnheim?
보- 잇ㅅㅌ 닷ㅅ 쉬투댄탠보-ㄴ하임

합성어는 첫 번째 낱말에 강세가 옴: Studéntenwohnheim

Anne In der Mozartstraße.
인 데-어 모-ㅌ차ㄹㅌ쉬ㅌ라-ㅅ새

z는 파찰음 [ts ㅌㅊ]로 발음

Jens Wie ist das Wohnheim?
비- 잇ㅅㅌ 닷ㅅ 보-ㄴ하임

Mozartstraße ['mo:tsartʃtra:sə]는 합성어로 첫 번째 낱말에 강세가 옴

Anne Billig und bequem.
빌릭히 운ㅌ 배ㅋ베-ㅁ

-ig는 [ɪç 잌히]로, qu는 [kv]로 발음: bequem [bə'kve:m 배ㅋ베-ㅁ]

해설

① Hallo, Jens, woher kommst du gerade? 안녕, 옌스, 너 지금 어디에서 오는 길이야?

- gerade [gə'ra:də] 〈부사〉 지금, 막

② Ich komme von meiner Freundin. 여자 친구 집에서 오는 길이야.

- von 〈3격 요구 전치사〉 …로부터
- meine Freundin 〈1격〉 - meiner Freundin 〈3격〉

③ Wohnst du jetzt bei deiner Freundin? 너는 이제 네 여자 친구 집에서 사니?

- jetzt [jɛtst] 〈부사〉 지금, 이제
- bei [bai] 〈3격 요구 전치사〉 (누구의) 집에, …에
- deine Freundin 〈1격〉 - deiner Freundin 〈3격〉

④ Nein, ich wohne noch bei meinen Eltern. 아니, 아직 부모님 댁에서 살고 있어.

- noch [nɔx] 〈어조사〉 아직

- bei meinen Eltern 〈3격〉, meine Eltern 〈1격〉, die Eltern은 항상 복수인 명사

⑤ Und du, Anne? Wohin gehst du gerade? 그런데 안네 너는? 지금 어디로 가는 길이야?

⑥ Ich gehe zu meinem Freund. 내 친구 집에 가는 길이야.

- zu [tsu: ㅌ추-] 〈3격 요구 전치사〉 (사람) …에게(로)

⑦ Wo wohnt er? 그가 어디에 사는데?

⑧ Er wohnt im Studentenwohnheim. 그는 기숙사에 살고 있어.

- das Studentenwohnheim [ʃtʊ'dɛntənvo:nhaim] 〈-(e)s, -e〉 대학생 기숙사, der Student 학생 + das Wohnheim ['vo:nhaim] 〈-(e)s, -e〉 기숙사 (합성명사는 첫 번째 낱말에 강세가 옴), wohn- 거주하다 + das Heim 집

⑨ Wo ist das Studentenwohnheim? 기숙사가 어디 있는데?

⑩ In der Mozartstraße. 모차르트 가에.

- die Straße ['ʃtra:sə] 〈-, -n〉 도로, 거리

⑪ Wie ist das Wohnheim? 기숙사는 어때?

⑫ Billig und bequem. 값싸고 편안해.

- billig ['bɪlɪç] 〈형용사〉 (물건이) 싼, ↔ teuer ['tɔyɐ] 〈형용사〉 비싼
- bequem [bə'kve:m] 〈형용사〉 편안한, 안락한, ↔ unbequem 〈형용사〉 불편한

텍스트 완성하기

대화문의 내용과 일치하도록 빈칸을 채우시오.

Jens kommt gerade _______ _________ Freundin. Aber er wohnt _______ _______ ihr. Er wohnt noch _______ _________ Eltern.

Anne geht _______ _______ Freund. Ihr Freund wohnt _______ _________ Studentenwohnheim. Das Wohnheim ist _______ _______ Mozartstraße. _______ ist billig und beqeum.

유용한 표현

01 출발지 묻고 답하기

A: - Woher kommen Sie gerade? 지금 어디서 오시는 길입니까?

- Woher kommst du gerade? 지금 어디에서 오니?

B: Ich komme vom Arzt. 병원에서 오는 길입니다. (vom: von dem의 축약형)

von meinem Freund. 친구 집에서 오는 길입니다.

von zu Hause. 집에서 오는 길입니다.

von / aus der Schule. 학교에서 오는 길입니다.

(von der Schule는 학교가 출발지임을 나타내고, aus der Schule는 수업이 끝나서 하교한다는 의미를 담고 있음)

02 행선지 묻고 답하기

A: - Wohin gehen Sie? 어디로 가십니까?

- Wohin gehst du? 어디 가니?

B: Ich gehe nach Hause. 집에 갑니다.

in die Kirche. 교회에 갑니다.

('건물 안으로'를 나타낼 때 전치사 in 사용; 방향을 나타내므로 in이 4격 목적어를 요구함)

in die Bibliothek. 도서관에 갑니다.

ins Büro. 사무실에 갑니다. (ins는 in das의 축약형)

ins Schwimmbad. 수영장에 갑니다.

zu meinem Freund. 친구에게 갑니다. (사람에게 향하는 것일 때 전치사 zu 사용)

zur Universität. 대학에 갑니다. (zur ← zu der)

zur Arbeit. 일하러/직장에 갑니다.

('무엇을 할 목적으로'를 나타낼 때 전치사 zu 사용)

zum Arzt. 병원에 갑니다.

(zum ← zu dem; '(진료를 받으러) (개인) 병원에 간다.'를 독일어에서는 보통 'zum Arzt gehen (의사에게 간다)'이라고 함)

03 주거지 묻고 답하기(2)

A: - Wo wohnen Sie? 어디에서 사십니까?

- Wo wohnst du?

B: Ich wohne in Seoul. 서울에 삽니다.

in der Goethestraße. 괴테 가에 삽니다.

im Studentenwohnheim. 대학생기숙사에 삽니다. (im ← in dem)

in einem Wohnhochhaus. 고층 아파트에 삽니다.

(das Hochhaus ['ho:xhaus] ⟨-es, -häuser⟩ 고층 아파트)

bei meinen Eltern. 부모님 댁에 삽니다.

bei meinen Großeltern. 조부모님 댁에 삽니다.

in der Nähe. (이/그) 근처에 삽니다. (die Nähe ['nɛ:ə] ⟨-, 항상 단수⟩ 근처)

nah von hier. 여기서 가까운 곳에 삽니다. (nah [na:] ⟨형용사⟩ 가까운)

weit von hier. 여기서 멀리 떨어진 곳에 삽니다. (weit [vait] ⟨형용사⟩ 먼, 멀리 떨어진)

활용 연습

1 **문맥에 맞는 의문부사를 적으시오.**

(1) __________ wohnst du? - Ich wohne in der Goethestraße.

(2) __________ wohnen Ihre Eltern? - (Sie wohnen) in Seoul.

(3) __________ studiert dein Bruder? - (Er studiert) in den USA.

(4) __________ kommst du? - (Ich komme) aus der Schweiz.

(5) __________ bist du am Wochenende? - (Ich bin) zu Hause.

(6) __________ ist Ihr Name? - (Mein Name ist) Hans Meier.

(7) __________ fahren Sie morgen? - (Ich fahre morgen) nach Berlin.

(8) __________ kommst du gerade? - Ich komme von der Universität.

(9) __________ gehst du? - Ich gehe zu meinem Kollegen.

(der Kollege [kɔ'le:gə] 〈-n, -n〉 동료, '단수·1격'을 제외한 모든 경우에 어미 -n이 붙는다. 여성 동료는 die Kollegin 〈-, -nen〉)

	단수	복수
1격	der Kollege	die Kollegen
2격	des Kollegen	der Kollegen
3격	dem Kollegen	den Kollegen
4격	den Kollegen	die Kollegen

이처럼 '단수 · 1격'을 제외한 모든 경우에 -(e)n이 첨가되는 명사를 'n-격변화 명사'라고 한다: der Student - dem Studenten, die Studenten; der Präsident - dem Präsidenten, die Präsidenten

2 다음 빈칸에 알맞은 소유관사(3격)를 적으시오.

(1) A: Wohnst du noch bei deinen Eltern?
B: Ja, ich wohne noch bei __________ Eltern.

(2) A: Kommst du gerade von deinem Freund?
B: Ja, ich komme von __________ Freund.

(3) A: Geht ihr jetzt zu eurem Lehrer?
B: Ja, wir gehen jetzt zu __________ Lehrer.

3 다음 대화를 듣고 빈칸을 채우시오.

(1) A: Wohin __________ du?
B: Ich __________ nach Haus.

(2) A: Wohin __________ __________?
B: __________ __________ zur Schule.

(3) A: __________ __________ er?
B: __________ __________ in die Kirche.

(die Kirche ['kɪrçə] 〈-, -n〉 교회)

(4) A: __________ __________ Petra und Peter?
B: __________ __________ ins Büro.

4 다음 글에서 잘못된 부분을 고치시오.

Jens kommt gerade aus ihrer Freundin. Aber er wohnt nicht bei sie. Er wohnt noch bei seinem Eltern. Anne geht zu seinen Freund. Sein Freund wohnt in ein Studentenwohnheim. Das Wohnheim ist im Mozartstraße. Sie ist billig und bequem.

5 다음 우리말을 독일어로 옮기시오.

(1) 어디에서 오시는 길입니까?

- 병원에서 오는 길입니다.

➡ ______________________________

____

(2) 이 자동차는 누구 것입니까?

- 그것은 저의 아버님 것입니다.

➡ ______________________________

____

(3) 부모님을 잘(자주) 도와드리세요?

- 예, 부모님을 잘(자주) 도와드립니다.

➡ ______________________________

____

(4) 아직 부모님 댁에 살고 있습니까?

- 아뇨, 저는 학생 기숙사에 살고 있습니다.

➡ ______________________________

____

(5) 당신의 아버님께서는 어디에서 일하십니까?

- 은행에서 일하십니다. (은행: die Bank)

➡ ______________________________

____

자세히 들여다보기

01 3·4격 요구 전치사

an, auf, hinter, in, neben, über, unter, vor, zwischen: 3격은 위치를, 4격은 방향을 나타냄

(1) an + 4격: …(옆/가로)으로(방향) / an + 3격: …(옆/가로)에(위치)

Wir fahren jeden Sommer **ans Meer**. 우리는 여름마다 바닷가로 간다.

(der Sommer 여름, jeder 각각의 (영어: every), jeden Sommer (4격 형태) 여름마다. 시간을 나타내는 명사 4격이 종종 부사어로 사용됨; ans: an das의 축약형)

Wir verbringen auch dieses Jahr wieder den Urlaub **am Meer**.
우리는 올해도 다시 바닷가에서 휴가를 보낸다.

(dieses Jahr (4격 형태) 올해에; am: an dem의 축약형)

(2) auf + 4격: …위에/로(방향) / auf + 3격: …위에(위치)

Herr Meyer stellt den Topf **auf den Tisch**.
마이어 씨는 냄비를 테이블 위에 놓는다.

(stellen ['ʃtɛlən] (무엇을) (세워) 놓다; der Topf [tɔpf] ‹-(e)s› Töpfe: 냄비)

Der Topf steht **auf dem Tisch**. 냄비가 테이블 위에 있다.

(stehen ['ʃte:ən] (서) 있다)

(3) in + 4격: …(안)으로(방향) / in + 3격: … 안에(위치)

Herr Meyer geht **in die Küche**. 마이어 씨는 부엌으로 들어간다.

(die Küche ['kʏçə] ‹-, -n› 부엌)

In der Küche kocht er. 부엌에서 요리한다.

(kochen ['kɔxn̩] ‹-, -n› 요리하다)

Frau Meyer geht **ins Wohnzimmer**. 마이어 씨는 거실로 들어간다.

(ins: in das의 축약형)

Im Wohnzimmer hört sie Musik . 거실에서 음악을 듣는다.

(im: in dem의 축약형)

02 방향을 나타내는 전치사 nach와 zu의 차이

(1) nach + 대륙, 국가, 도시 (3격)

Ich fliege nach Europa. 나는 유럽으로 (비행기를 타고) 간다.

Ich reise nach Deutschland. 나는 독일로 여행을 간다.

Ich fahre nach Berlin. 나는 베를린으로 (차를 타고) 간다.

(2) zu + 건물, 사람 (3격)

Ich gehe zur Post. 나는 우체국에 간다.

(zu der Post 그 우체국으로 → zur Post 우체국으로)

Ich gehe zum Bahnhof. 나는 역에 간다.

(zu dem Bahnhof 그 역으로 → zum Bahnhof 역으로)

Ich gehe zum Hotel. 나는 호텔에 간다.

(zu dem Hotel 그 호텔로 → zum Hotel 호텔로)

* '전치사 + 관사'의 축약형: 전치사의 목적어인 명사가 특정한 것을 지칭하지 않을 때 전치사와 특정관사는 축약된다. (bei dem → beim, in dem → im, in das → ins, zu dem → zum, zu der → zur)

Ich fahre zu meiner Großmutter. 나는 할머니 댁에 간다.

Ich fahre nach Busan zu meinen Eltern. 나는 부산(에) 부모님 댁에 간다.

03 장소·위치를 나타내는 전치사 in과 bei의 차이

(1) in + 국가, 도시, 건물, 특정 공간(식당, 사무실) (3격)

Er wohnt in der Schweiz. 그는 스위스에 산다.

(die Schweiz: 스위스; 항상 특정관사 die와 함께 사용됨, die Türkei 터키)

Sie wohnt in Bern. 그녀는 베른에 산다.

Ich wohne in einem Wohnhochhaus. 나는 고층 아파트에 산다.
(das Wohnhochhaus 고층 아파트)

Mein Freund arbeitet in einem Restaurant. 내 친구는 식당에서 일한다.

Mein Vater ist in seinem Büro. 아버지는 (당신) 사무실에 계신다.

(2) bei + 회사, 사람 (3격)

Thomas arbeitet bei Siemens. 토마스는 지멘스 사에서 일한다.

Meine Freundin arbeitet bei der Post. 내 여자 친구는 우체국에서 일한다.

Meine Mutter arbeitet bei einer Bank. 나의 어머니는 은행에서 일하신다.

Ich arbeite beim Fernsehen. 나는 텔레비전 방송국에서 일한다. (beim ← bei dem)

Ich lebe bei meiner Tante. 나는 나의 이모/고모 집에서 산다.

Lektion 07

Helfen Sie mir bitte!

01 인칭대명사의 3·4격

02 비인칭주어 es

03 어순(도치문에서 주어의 위치)

04 명령문

기본 문법

01 인칭대명사의 3·4격

〈인칭대명사의 3·4격 형태〉

	단수			복수		
인칭	1격	3격	4격	1격	3격	4격
1	ich *I*	mir *me*	mich *me*	wir *we*	uns *us*	uns *us*
2	du *you*	dir *you*	dich *you*	ihr *you*	euch *you*	euch *you*
	Sie *you*	Ihnen *you*	Sie *you*	Sie *you*	Ihnen *you*	Sie *you*
3	er *he*	ihm *him*	ihn *him*			
	sie *she*	ihr *her*	sie *her*	sie *they*	ihnen *them*	sie *them*
	es *it*	ihm *it*	es *it*			

☞ 독일어는 영어와 달리 인칭대명사 3격과 4격의 형태가 서로 다르다.

A: Liebst du **mich**? 너는 나를 사랑하니?
인칭대명사 4격

B: Ja, ich liebe **dich**. 나는 너를 사랑한다.
인칭대명사 4격

A: Sagst du **mir** die Wahrheit? 너는 내게 진실을 말하고 있니?
인칭대명사 3격

B: Ja, ich sage **dir** die Wahrheit. 응, 나는 너에게 진실을 말하고 있다.
인칭대명사 3격

Peter liebt seine Eltern. 페터는 자기 부모님을 사랑한다.

Er schreibt **ihnen** oft E-Mails. 그는 그들에게 자주 이메일을 쓴다.
인칭대명사 3격

Aber er besucht **sie** nicht oft. 그러나 그들을 자주 방문하지는 않는다.
인칭대명사 4격

02 비인칭주어 es

인칭대명사 es가 사람을 지칭하지 않고(비인칭), 날씨나 상황 등을 나타내는 문장의 주어로 사용되는 경우

(1) 날씨·기상을 말할 때

Es ist kalt. 춥다.
It is cold.

Es ist warm. 따뜻하다.
It is warm.

Es regnet. 비가 내린다.
It rains. (It is raining.)

Es schneit. 눈이 내린다.
It snows. (It is snowing.)

(2) 상황을 말할 때

Wie geht **es** Ihnen? 어떻게 지내십니까?
How are you?

Danke, **es** geht mir gut. 덕분에 잘 지내고 있습니다.
Thanks, I am fine.

(3) 관용적 표현 es gibt ... : …있다(영어: there is/are ...)

Gibt **es** hier einen Aufzug? 여기 승강기가 있습니까?
Is there an elevator here?
(der Aufzug ['auftsu:k] 엘리베이터)

Nein, **es** gibt hier keinen Aufzug. 아니오, 여기에는 승강기가 없습니다.
No, there is no elevator here.

03 어순(도치문에서 주어의 위치)

서술문에서 동사는 항상 문장의 두 번째 구성성분(2)이 된다. 첫 번째 구성성분(1) 자리에 주어가 아닌 다른 말이 오면 주어는 동사 뒤(3)로 간다.

문장성분 1	문장성분 2	문장성분 3
Es Mir	geht geht	mir gut. **es** gut.
Es Hier	gibt gibt	hier einen Aufzug. **es** einen Aufzug.
Ich Am Wochenende	bleibe bleibe	am Wochenende zu Hause. **ich** zu Hause.

04 명령문

격식칭: 〈동사어간 + -en〉 + Sie (bitte) ...!

친칭 ┌ du에 대한 명령 : 〈동사 어간〉 ...!
　　 └ ihr에 대한 명령 : 〈동사 어간 + t〉 ...!

Bleiben Sie bitte zu Hause! 집에 계세요.

Bleib zu Hause! 집에 있어라.

Bleibt zu Hause! 집에들 있어라.

Fahren Sie bitte langsam! 천천히 운전하세요.

Fahr langsam! 천천히 운전해.

Fahrt langsam! 천천히들 운전해.

Seien Sie bitte ruhig! 조용히 하세요.
(sein동사의 어간 sei-에 -en이 붙어서 seien)

Sei ruhig! 조용히 해.

Seid ruhig! 조용히들 해.
(seit가 아닌 것에 유의; seit는 '…이래로, …부터'를 의미하는 전치사.)

기본 대화

Wie geht es Ihnen, Herr Schulz?

Herr Schulz Guten Tag, Frau Meier. Willkommen in Berlin!
구-탠 타-ㅋㅋ 프라우 마이어 빌콤맨 인 배ㄹ리-ㄴ

Wie geht es Ihnen?
비- 게-ㅌㅌ 앳ㅅ 이-낸

willkommen과 Berlin은 두 번째 음절에 강세가 옴: willkommen [vɪl'kɔmən], Berlin [bɛr'li:n]

Frau Meier Danke, mir geht es gut. Und wie geht es Ihnen, Herr Schulz?
당캐 미어 게-ㅌㅌ 앳ㅅ 구-ㅌㅌ 운ㅌ 비- 게-ㅌㅌ 앳ㅅ 이-낸 해ㄹ 슐ㅌㅊ

z는 [ts]로 발음

Herr Schulz Danke, auch gut. Es ist aber kalt heute.
당캐 아욱ㅎ 구-ㅌㅌ 앳ㅅ 잇ㅅㅌ 아-버 칼ㅌ 호이태

a, o, u, au 다음에 오는 ch는 [x ㄱㅎ]로 발음

Frau Meier Ja, heute ist es wirklich kalt.
야- 호이태 잇ㅅㅌ 앳ㅅ 비ㄹ클맇히 칼ㅌ

Gehen wir doch in das Café dort drüben!
게-앤 비어 독ㅎ 인 닷ㅅ 카페- 도릍ㅌ ㄷ뤼-밴

Café는 두 번째 음절 fé [ka'fe:]에 강세가 옴

Herr Schulz Gute Idee! Ist das Ihr Koffer?
구-태 이데- 잇ㅅㅌ 닷ㅅ 이어 콮퍼

Idee는 두 번째 음절 ee [e:]에 강세가 옴

Frau Meier Ja. Er gehört mir. Aber er ist wirklich schwer.
야- 에-어 개회얼ㅌ 미어 아-버 에-어 잇ㅅㅌ 비ㄹ클맇히 쉬베-어

schwer는 e가 장모음 [e:]로 발음되고, 그 뒤에 오는 r는 모음화됨([ɐ̯])

Herr Schulz Kein Problem. Geben Sie ihn mir. Ich trage ihn gern für Sie!
카인 프로블레-ㅁ 게-밴 지- 이-ㄴ 미어 잌히 ㅌ라-개 이-ㄴ 개른 퓌어 지-

Problem은 두 번째 음절 -blem [pro'ble:m]에 강세가 옴

해설

① Willkommen in Berlin! Wie geht es Ihnen?
베를린에 오신 것을 환영합니다. 어떻게 지내십니까?

- willkommen [vɪl'kɔmən] 〈형용사〉 환영하는, Herzlich willkommen! 진심으로 환영합니다.

② Danke, mir geht es gut. 감사합니다. 잘 지냅니다.

- es geht jemandem(jemand(누군가)의 3격, jm.으로도 표기) + 형용사 누가 어떻게(형용사) 지내다
- mir(3격 목적어)가 동사 앞에 왔기 때문에 문법상 주어인 es가 뒤로 밀림.

③ Danke, auch gut. Es ist aber kalt heute.
감사합니다. 저도 잘 지내요. 그런데 오늘 날씨가 참 춥네요.

- (mir geht es) auch gut. 앞에 나온 ( ) 안의 말을 생략한 것임.
- aber ['a:bɐ] 〈어조사〉 (기대 또는 보통 이상을 뜻함) 참
- kalt 〈형용사〉 추운, ↔ heiß 더운; warm 따뜻한

④ Ja, heute ist es wirklich kalt. 네, 오늘은 정말 춥네요.

- wirklich ['vɪrklɪç] 〈부사〉 정말(로)

⑤ Gehen wir doch in das Café dort drüben! 저 건너편 커피숍으로 갑시다.

- doch : 〈어조사〉 (권유·채근하는 뜻으로) …해요
- das Café [ka'fe:] 〈-s, -s〉 커피숍
- in das Café 전치사 in이 4격 목적어(das Café)를 취하여 방향(… 안으로)을 나타냄
- dort drüben [dɔrt 'dry:bn̩] 〈부사〉 저기 건너편; hier 여기; dort [dɔrt] 저기; da 거기

⑥ Gute Idee! Ist das Ihr Koffer? 좋은 생각입니다! 이것 선생님 가방입니까?

- die Idee [i'de:] -, -n 생각, 아이디어 (영어: good idea)
- (Das ist eine) gute Idee! ( )의 말이 생략되었음.
- Ich habe eine gute Idee. 나는 좋은 생각을 가지고 있다. (내게 좋은 생각이 있어.)
- ideenreich / ideenarm 아이디어가 많은/아이디어가 빈약한
- der Koffer ['kɔfɐ] 〈명사〉 (비교적 크고 표면이 딱딱하며 각이 진) 가방, 트렁크

⑦ Ja. Er gehört mir. Aber er ist wirklich schwer.
예. 그것은 제 것입니다. 그런데 그 가방 정말 무거워요.

- 남성명사 der Koffer를 인칭대명사 er로 지칭함.
- gehören 〈3격 요구 동사〉 (…에) 속하다 (영어: belong to)
- schwer [ʃveːɐ̯] (음절을 이루지 못하는 모음이어서 [ɐ̯ 어]로 표기. 음절을 이루는 경우는 [ɐ 어]로 표기) 〈형용사〉 무거운, 어려운 ↔ leicht 가벼운

⑧ Kein Problem. Geben Sie ihn mir. 괜찮아요. 그것을 제게 주세요.

- Kein Problem. 문제가 안 된다. (영어 No Problem)
- 남성명사 der Koffer의 4격을 인칭대명사 남성 4격 ihn으로 지칭함.
- 인칭대명사가 연달아 나오면, '1격-4격-3격' 순으로 배열한다.

⑨ Ich trage ihn gern für Sie! 기꺼이 들어드리겠습니다.

- tragen ['traːgn̩] 〈타동사〉 들(어 나르)다
- gern [gɛrn] 〈부사〉 기꺼이
- für [fyːɐ̯] 〈4격 요구 전치사〉 … 위하여

텍스트 완성하기

대화문의 내용과 일치하도록 빈칸을 채우시오.

_______ ist Frau Meier. _______ ist jetzt _______ Berlin. In Berlin ist _______ heute _____ kalt. _______ Meier geht _______ _______ Schulz _______ ein Café. _______ hat _______ Koffer. _______ Koffer ist _______ schwer. Herr Schulz hilft _______.

유용한 표현

01 안부 묻고 답하기

A: Wie geht es Ihnen? 어떻게 지내십니까?

B: - Es geht. 그럭저럭 지내요.

- Es geht mir gut. 잘 지내요.

sehr gut. 아주 잘

prima. 아주 잘 (prima ['pri:ma] 아주 좋은)

ausgezeichnet. 아주 잘
(ausgezeichnet ['ausgətsaiçnət/ausgə'tsaiçnət] 뛰어난)

so lala. 그럭저럭 (so lala 그럭저럭)

schlecht 잘 못 (schlecht [ʃlɛçt] 나쁜)

meserabal 아주 잘 못 (miserabel [mizə'ra:bəl] 측은한, 가여운)

02 날씨 묻고 답하기

A: Wie ist das Wetter heute? 오늘 날씨가 어떻습니까?

B: - Das Wetter heute ist schön. 오늘 날씨가 좋습니다.
(명사 뒤의 시간 부사(heute)는 명사를 수식)

- Es ist schön. (날씨가) 좋습니다.

kalt. 날씨가 춥다.

kühl. 날씨(온도)가 서늘하다. (kühl [ky:l] 서늘한)

warm. 날씨(온도)가 따뜻하다.

heiß. 날씨(온도)가 덥다.

schwül. 후텁지근하다. (schwül [ʃvy:l] 후텁지근한)

sonnig. 햇빛이 난다. (die Sonne ['zɔnə] 〈-, -n〉 해)

windig. 바람이 분다. (der Wind [vɪnt] 〈-(e)s, -e〉 바람)

wolkig / bedeckt. 구름이 끼었다.
(die Wolke ['vɔlkə] 〈-, -n〉 구름 / bedeckt : (무엇에) 덮힌)

neblig. 안개가 끼었다. (der Nebel ['ne:bl̩] 〈-s, -〉 안개)

regnerisch. (날씨가) 비가 자주 내린다. (der Regen ['re:gn̩] 〈-s, 항상 단수〉 비)

- Es regnet. 비가 온다.

schneit. 눈이 내린다. (der Schnee [ʃne:] 〈-s, 항상 단수〉 눈)

nebelt. 안개가 낀다.

donnert. 천둥이 친다. (donnern ['dɔnɐn] 천둥치다)

blitzt. 번개가 친다. (blitzen ['blɪtsn̩] 번개치다)

Die Sonne scheint. 해가 비친다. ('Es sonnt.'라고 말하지 않음.)

03 위치 묻고 답하기

Wo ist ... 〈1격〉 ? …이/가 어디에 있습니까?

A: Wo ist die Toilette? 화장실이 어디 있습니까? (die Toilette [to̯a'lɛtə] 〈-, -n〉 화장실 변기, 화장실)

die Information? 안내소가 어디 있습니까?

der Eingang? 입구가 어디 있습니까?

der Ausgang? 출구가 어디 있습니까?

B: - Die Toilette ist dort / da. (비교적 멀리 떨어진) 저기/(비교적 가까운) 저기에 있다.

dort drüben. 저기 건너편

links neben dem Eingang. 입구 왼편에

rechts um die Ecke. 모퉁이 돌아서 오른쪽에

oben im ersten Stock. 위 2층에
(das Erdgeschoss 1층, im Erdgeschoss 1층에; der erste Stock 2층; der zweite Stock 3층; im zweiten Stock 3층에)

- Tut mir leid. Ich weiß es nicht. 유감입니다. 모릅니다.

04 존재 여부를 묻고 답하기

Gibt es hier ... ⟨4격⟩ ? 여기에 … 있습니까?

A: Gibt es hier eine Toilette? 여기 화장실이 있습니까?

einen Aufzug? 여기에 승강기가 있습니까?

(der Aufzug ['auftsu:k] ⟨-(e)s, Aufzüge⟩ 승강기)

ein Restaurant? 여기 식당이 있습니까?

eine Touristeninformation? 여기 관광 안내소가 있습니까?

(die Touristeninformation ← der Tourist [tu'rɪst] 관광객 + die Information [ɪnfɔrma'tsio:n] 안내)

einen Geldautomaten? 여기 현금 자동인출기가 있습니까?

(der Automat [auto'ma:t] ⟨-en, -en⟩ 자동판매기 / ⟨n⟩ 격변화 명사로 4격에서 den Automaten)

B: - Ja, hier gibt es eine Toilette. 네, 여기엔 화장실이 하나 있습니다.

- Nein, hier gibt es keine Toilette. 아니오, 여기에는 화장실이 없습니다.
- Natürlich gibt es hier eine Toilette. 당연히 여기에 화장실이 있습니다.
- Leider gibt es hier keine Toilette. 유감스럽게도 여기에는 화장실이 없습니다.

05 제안하고 응대하기 ⟨청유형 명령문⟩ [···합시다!]

A: Gehen wir nach Hause! (문장 끝에서 억양이 내려감) 집에 가자.

B: Gute Idee. 좋은 생각이다.

C: Nein, jetzt noch nicht. 아니, 아직은 아니야.

A: Lernen wir Deutsch! (문장 끝에서 억양이 내려감) 독일어를 배우자.

B: Ja, warum nicht? 그래, 왜 안 그럴 이유가 없지? → 좋아! (영어: Why not?)

C: Richtig. Deutsch ist wichtig. 맞아. 독일어는 중요해. (wichtig ['vɪçtɪç] ⟨형용사⟩ 중요한)

06 부탁 · 지시하기

Seien Sie bitte leise. 조용히 하세요.

Lesen Sie den Text. 글을 읽으세요.

Sprechen Sie bitte laut. 큰 소리로 말해주세요.

Antworten Sie bitte auf die Frage. 질문에 답하세요.

Schreiben Sie die Antwort. 답을 적으세요.

Wiederholen Sie den Dialog. 대화를 반복하세요.

Helfen Sie Ihrem Nachbarn. 옆 사람을 도와주세요.

Geben Sie mir bitte Ihre Hausaufgabe. 제게 숙제를 주세요.

활용 연습

1 다음 빈칸에 알맞은 4격 인칭대명사를 적으시오.

(1) Kennen Sie Herrn Kim? 김 선생님을 아십니까? (kennen ['kɛnən] (사람을) 알다)

Ja, ich kenne __________. 네 그 사람(남자) 압니다.

Nein, ich kenne __________ nicht. 아뇨, 그 사람 모릅니다.

(2) Treffen Sie heute Frau Müller? 오늘 뮐러 씨를 만나십니까?

Ja, ich treffe __________ heute Abend. 네, 오늘 저녁에 그 사람(여자)을 만납니다.

Nein, ich treffe __________ heute nicht. 아뇨, 오늘 그 사람 만나지 않습니다.

(3) Brauchen Sie dieses Wörterbuch nicht? 이 사전이 필요 없습니까?

Doch, ich brauche __________. 아뇨(왜요), 그것 필요합니다.

Nein, ich brauche __________ nicht mehr. 예, 더 이상 필요 없습니다.

(nicht mehr 더 이상 … 하지 않다)

(4) Kaufen Sie diese Zeitschriften? 이 잡지들을 사십니까?

Ja, ich kaufe __________. 네, 그것들을 삽니다.

Nein, ich kaufe __________ nicht. 아뇨, 그것들을 사지 않습니다.

2 다음 빈칸에 알맞은 3격 인칭대명사를 적으시오.

(1) Helfen Sie Ihrer Frau bei der Hausarbeit? 부인이 집안일 하시는 데 도와주십니까?

Ja, ich helfe __________ manchmal. 네, 이따금씩 도와줍니다.

(manchmal 이따금씩 (=ab und zu, von Zeit zu Zeit))

(2) Helfen Sie gern Ihren Nachbarn? 이웃 사람들을 잘 도와주십니까?

Ja, ich helfe __________ gern. 네, 저는 그들을 기꺼이 도와줍니다.

(der Nachbar 이웃 사람, den Nachbarn (4격) - die Nachbarn (복수))

(3) Erzählen Sie Ihren Kindern gern Geschichten? 자녀들에게 이야기를 잘 해주십니까?

Ja, ich erzähle __________ gern Geschichten.

네, 그들에게 이야기해주는 것을 좋아합니다.

(das Kind ⟨-es, -er⟩ 어린이, 아이; die Geschichte ⟨-, -n⟩ 이야기; jm. et. erzählen 누구에게 무엇을 말해주다)

(4) Schenken Sie Ihrem Sohn ein Smartphone? 아드님께 스마트폰을 선물하십니까?

Nein, ich schenke __________ kein Smartphone.

아뇨, 그에게 스마트폰을 선물하지 않습니다.

(5) Was schenken Sie Ihrer Freundin? 여자 친구에게 무엇을 선물하십니까?

Ich schenke __________ eine Halskette/eine Tasche/ein Armband/Blumen.

(die Halskette, -n 목걸이; die Tasche, -n 가방; das Armband, -bänder 팔찌; die Blume, -n 꽃)

(6) Bringen Sie __________ bitte die Speisekarte! 제게 메뉴판 좀 가져다주세요.

(die Speisekarte 메뉴판)

Ich bringe sie __________ sofort. (그것을 당신에게) 즉시 가져다 드리겠습니다.

(인칭대명사의 어순: 1격 - 4격 - 3격. 따라서 4격 sie가 ______에 들어갈 3격 인칭대명사 앞에 옴)

3 다음 빈칸에 알맞은 불특정관사 ein- 또는 부정관사 kein-을 적으시오.

(1) Gibt es hier __________ Aufzug? 여기 승강기가 있습니까?

Nein, hier gibt es leider __________ Aufzug.

아뇨, 여기에는 유감스럽게도 승강기가 없어요. (leider ['laɪdɐ] ⟨부사⟩ 유감스럽게도)

(2) Gibt es hier __________ Schule? 여기 학교가 있습니까?

Nein, hier gibt es leider __________ Schule.

아뇨, 여기에는 유감스럽게도 학교가 없어요.

(3) Gibt es hier __________ WiFi-Hotspot? 여기 와이파이가 있습니까?

(der Hotspot 핫스팟)

Nein, hier gibt es leider __________ WiFi-Hotspot.

아뇨, 여기에는 유감스럽게도 와이파이가 없어요.

4 다음 대화를 듣고 빈칸을 채우시오.

A: Hallo, Peter. Wie __________ __________ dir?

B: Danke, __________ __________ __________ gut. Und __________?

A: __________ __________ __________ nicht gut.

B: Warum denn?

A: Die Heizung __________ __________. (die Heizung 스팀, 난방)

Mein Zimmer __________ __________ __________. Ich bin erkältet.

(erkältet 감기 걸린)

5 다음 글에서 잘못된 부분을 고치시오.

Es ist Frau Meier. Sie ist jetzt in Berlin. In Berlin es ist heute sehr kalt. Meier geht mit Herr Schulz in einem Café. Sie hat ein Koffer. Ein Koffer ist sehr schwer. Herr Schulz hilft sie.

6 다음 우리말을 독일어로 옮기시오.

(1) 어떻게 지내십니까?

- 저는 아주 잘 지내고 있습니다.

➡ ______________________________

____

(2) 밖에 비가 옵니까?

- 아니오. 구름이 꼈지만, 비는 오지 않습니다.

(draußen ['drausn̩] 〈부사〉 밖에)

➡ ______________________________

____

(3) 이 가방이 매우 무거워요. 저를 좀 도와주세요.

➡ ______________________________

____

(4) 제게 진실을 말해주세요.

- 저는 당신에게 진실을 말하고 있습니다.

➡ ______________________________

____

(5) 여기 와이파이가 있어요?

- 유감입니다만, 여기에는 와이파이가 없어요.

➡ ______________________________

____

(6) 오늘 저녁에 (남자) 친구를 만납니까?

- 아뇨, 오늘 저녁을 그 사람을 만나지 않습니다.

➡ ______________________________

____

(7) 이 가방은 누구 것입니까?

- 제 것입니다.

➡ ______________________________

____

자세히 들여다보기

01 커피숍 및 식당 표현

das Café [ka'fe:] 〈-s, -s〉 커피숍

das Straßencafé (거리에 앉을 수 있는 테이블과 의자를 놓은) 노천카페

das Restaurant [rɛsto'rɑ̃:] 〈-s, -s〉 식당

das Bistro ['bɪstro / bɪs'tro:] 〈-s, -s〉 비스트로, 간이식당

der Imbiss ['ɪmbɪs] 〈-es, -e〉 (분식점 형태의) 간이식당

die Kneipe ['knaipə] 〈-, -n〉 (단란주점 형태의) 술집

02 독일어의 3격은 대체로 '… 에게', 4격은 '… 을'로 번역

Ich schenke **dir** ein Buch. 너에게 책을 선물한다.

Ich gebe **Ihnen** einen Rat. 당신에게 조언 한마디 드립니다.

Ich kaufe **ihr** Blumen. 그녀에게 꽃을 사준다.
(jm. et.⁴ kaufen 누구에게 무엇을 사주다)

Ich zeige **ihm** ein Foto. 그에게 사진을 한 장 보여준다.
(jm. et.⁴ zeigen 누구에게 무엇을 보여주다)

Ich leihe **ihnen** mein Auto. 그들에게 내 자동차를 빌려준다.
(jm. et.⁴ leihen 누구에게 무엇을 빌려주다)

Ich bringe **Ihnen** die Zeitung. 당신에게 신문을 가져다준다.
(jm. et.⁴ bringen 누구에게 무엇을 가져다주다)

Ich schicke **ihr** eine SMS. 그녀에게 문자를 보낸다.
(jm. et.4 schicken누구에게 무엇을 보내다)

Ich erzähle **ihnen** eine Geschichte. 그들에게 이야기를 하나 들려준다.
(jm. et.⁴ erzählen 누구에게 무엇을 이야기하다)

Ich sage **dir** die Wahrheit. 너에게 진실을 말한다.
(jm. et.⁴ sagen 누구에게 무엇을 말하다)

Ich wünsche **Ihnen** viel Erfolg! (당신에게) 성공을 빕니다.
(jm. et.4 wünschen 누구에게 무엇을 기원하다)

Ich wünsche **Ihnen** alles Gute!
(당신에게) 좋은 모든 것을 빕니다. (모든 것이 잘 되기를 빕니다.)

Ich wünsche **euch** viel Glück! 너희들에게 행운을 빈다. (복 많이 받으세요.)

Ich wünsche **dir** eine gute Reise! (너에게) 좋은 여행을 빈다. (여행 잘 해.)

03 3격이 '…을', 4격이 '…에게'로 번역되는 경우

Ich helfe **dir**. 나는 너를 돕는다. (dir : 3격)
I help you

Ich frage **ihn**. 나는 그에게 묻는다. (ihn : 4격; fragen ['fra:gn̩] 〈4격 요구 동사〉 (…에게) 묻다)
I ask him

04 인칭대명사의 어순

일반명사의 경우 보통 3격이 4격보다 먼저 나옴. 인칭대명사와 명사가 연달아 나오면 격에 상관없이 '인칭대명사'가 명사보다 앞에 옴. 인칭대명사끼리는 '1격-4격-3격' 순으로 나옴.

A: Zeigen Sie mir das Buch? 내게 그 책을 보여주시겠어요?

B: - Ja, ich zeige **Ihnen das Buch**. 예, 당신에게 그 책을 보여드리겠습니다.
(Ihnen : 인칭대명사 Sie의 3격; 인칭대명사(3격) – 명사(4격)의 순서로 나옴.)

- Ja, ich zeige **es Ihnen**. 네, 그것을 (당신에게) 보여드리죠.
(es가 4격이지만 인칭대명사이므로 3격인 Ihnen보다 앞에 나옴: 인칭대명사 4격 – 인칭대명사 3격)

A: Kaufst du mir bitte das Kleid? 내게 그 원피스를 사주겠어요?

B: Ja, ich kaufe **es dir**. 그래, 네게 그것을 사주마.
(인칭대명사 4격 – 인칭대명사 3격)

A: Leihst du mir bitte deine Kamera? 내게 너의 카메라를 빌려줄래?

B: Ja, ich leihe **sie dir**. 그래, 너에게 그것을 빌려줄게.
(인칭대명사 4격 – 인칭대명사 3격)

Lektion 08

Liest du gern Bücher?

01 강변화 동사

02 강변화 동사의 du-명령문

기본 문법

01 강변화 동사

주어가 단수 2·3인칭(du, er/sie/es)일 때 어간모음이 변하는 동사

〈강변화 동사 어간모음 변화 유형〉

	e [eː] → ie [iː]		e [eː] → i [ɪ]		e [ɛ] → i [ɪ]		a [aː] → ä [ɛː]		au [au̯] → äu [ɔy̯]
	sehen 보다	**lesen** 읽다	**geben** 주다	**nehmen** 취하다	**helfen** 돕다	**treffen** 만나다	**fahren** 차로 가다	**schlafen** 자다	**laufen** 뛰다
ich	sehe	lese	gebe	nehme	helfe	treffe	fahre	schlafe	laufe
du **Sie**	siehst sehen	liest lesen	gibst geben	nimmst nehmen	hilfst helfen	triffst treffen	fährst fahren	schläfst schlafen	läufst laufen
er **sie** **es**	sieht	liest	gibt	nimmt	hilft	trifft	fährt	schläft	läuft
wir	sehen	lesen	geben	nehmen	helfen	treffen	fahren	schlafen	laufen
ihr **Sie**	seht sehen	lest lesen	gebt geben	nehmt nehmen	helft helfen	trefft treffen	fahrt fahren	schlaft schlafen	lauft laufen
sie	sehen	lesen	geben	nehmen	helfen	treffen	fahren	schlafen	laufen

A: Liest du gern Comics? 만화책 읽는 것 좋아하니?
(liest [liːst] / gern [gɛrn] 〈부사〉 기꺼이; der Comic ['kɔmɪk] 〈-s, -s, 보통복수〉 만화)

B: Nein, ich lese nur Romane. 아니, 나는 소설만 읽어.
Aber mein Bruder liest gern Comics. 내 동생은 만화를 좋아해.
(der Roman [ro'maːn] 〈-s, -e〉 소설)

A: Gibst du den Leuten gern deine Handynummer?
너는 사람들에게 너의 핸드폰 번호를 기꺼이 잘 알려주니?
(die Leute ['lɔy̯tə] 〈-, 항상 복수〉 사람들)

B: Nein, ich gebe ihnen nicht gern meine Handynummer.
아니, 나는 사람들에게 나의 핸드폰 번호를 기꺼이/잘 주지 않아.

Aber, mein Kollege gibt ihnen gern seine Handynummer.
그러나 내 동료는 사람들에게 자기 핸드폰 번호를 기꺼이/잘 줘.

A: Hilfst du deiner Mutter oft? 너는 어머니를 자주 도와드리니? (oft [ɔft] 〈부사〉 자주)

B: Nein, ich helfe ihr nicht oft. 아니, 자주 도와드리지 않아.

Aber meine Schwester hilft ihr oft. 하지만 내 여동생이 자주 도와드려.

A: Fährst du oft in die Stadt? 너는 자주 시내에 가니? (fährst [fɛ:ɐ̯st])

B: Nein, ich fahre nicht oft in die Stadt. 아니, 나는 시내에 자주 가지 않아.

Aber mein Freund fährt oft in die Stadt. 하지만 내 (남자) 친구가 자주 시내에 가.

A: Triffst du heute deine Freunde? 너 오늘 친구들 만나니?

B: Ja, ich treffe sie heute Abend. 응, 나는 오늘 저녁 그들을 만나.

A: Wo triffst du sie? 너 그들을 어디에서 만나니?

B: Ich treffe sie in der Stadtmitte. 나는 그들을 시내 중심에서 만나.

(die Stadtmitte ['ʃtatmɪtə] 시내 중심; die Stadt [ʃtat] 도시 〈-, Städte ['ʃtɛ(:)tə]〉 + die Mitte ['mɪtə] 〈-, -n, 보통 단수〉 가운데, 중심)

02 강변화 동사의 du-명령문

강변화 동사 중 어간모음 e([e:/ɛ])가 i([ɪ]) 또는 ie([i:])로 변하는 동사는 du-명령문에서 변화된 어간모음을 사용함. (du-명령형은 '동사 어간' 사용: Komm schnell! 빨리 와! Sag mal! 말해 봐!)

Lesen Sie viel! 독서를 많이 하세요!

Lies viel. 독서를 많이 해라. (← Du liest viel.)

Helfen Sie mir bitte! 저를 좀 도와주세요!

Hilf mir bitte. 나 좀 도와줘! (← Du hilfst mir.)

Sprechen Sie bitte laut! 큰 소리로 말하세요!

Sprich bitte laut! 큰 소리로 말해! (← Du sprichst laut.)

Treffen Sie ihn heute in der Stadtmitte! 그 사람을 오늘 시내에서 만나세요!

Triff ihn heute in der Stadtmitte! 그를 오늘 시내에서 만나라! (← Du triffst ihn ...)

Nehmen Sie bitte Platz. 자리에 앉으세요.

Nimm doch Platz. 좀 앉아. (← Du nimmst Platz.)

다른 강변화 동사(어간 모음 a가 ä로 변하는 동사, 예: fahren)의 경우는 변모음하지 않은 원래 동사 어간을 사용함.

Fahren Sie bitte vorsichtig! 조심해서 운전하세요!

Fahr bitte vorsichtig! 조심해서 운전해. (← Du fährst vorsichtig.)

Schlafen Sie gut! 안녕히 주무세요!

Schlaf gut! 잘 자. (← Du schläfst gut.)

기본 대화 1

Ich fahre nach Busan zu meinen Eltern.

Yuri Was machen wir am Wochenende?
밧ㅅ 막핸 비어 암 복핸앤대

Treffen wir uns in der Bibliothek?
ㅌ래팬 비어 운ㅅ 인 데어 비블리오테-ㅋㅋ

Minho Das geht leider nicht.
닷ㅅ 게-ㅌㅌ ㄹ라이더 닣힡ㅌ

Yuri Schade. Was machst du denn?
샤-대 밧ㅅ 막ㅎㅅㅌ 두- 댄

Minho Am Samstag fahre ich nach Busan zu meinen Eltern.
암 잠ㅅ타-ㅋㅋ 파-래 잏히 나-ㄱㅎ 부산 ㅌ추- 마이낸 앨턴

Ich helfe ihnen beim Umzug.
잏히 핼패 이-낸 바임 움ㅌ추-ㅋㅋ

Yuri Okay. Dann bleibe ich zu Hause.
오케- 단 블라이배 잏히 ㅌ추- 하우재

Oder ich gehe allein in die Bibliothek.
오-더 잏히 게-애 알라인 인 디- 비블리오테-ㅋㅋ

해설

① Was machen wir am Wochenende? 우리 주말에 뭐 하지?

- was 〈의문대명사〉 무엇
- machen ['maxn̩] 〈타동사〉 하다
- am Wochenende 주말에; am (an dem의 축약형) … (날)에 (am Montag 월요일에)

② Treffen wir uns in der Bibliothek? 우리 도서관에서 만날까?

- treffen ['trɛfn̩] 〈강변화 동사: du triffst, er trifft〉 만나다

- uns 〈인칭대명사 wir의 4격〉 우리를, Wir treffen uns oft. 우리는 (우리를) 자주 만난다.
- in der Bibliothek 도서관에서, in 〈위치〉 + 3격 …(안)에서
- die Biliothek [biblio'te:k] 〈-, -en〉 도서관

③ Das geht leider nicht. 그것은 가능하지 않다.

- Das geht. 가능하다.
- leider ['laidɐ] 〈부사〉 유감스럽게도

④ Schade. Was machst du denn? 유감이다. 너 뭐 하는데?

- denn 〈관심을 표명하는 어감을 주는 어조사〉

⑤ Am Samstag fahre ich nach Busan zu meinen Eltern.

토요일에 나는 부산(으로) 부모님 댁에 가.

- fahren ['fa:rən] 〈강변화 동사: er fährt〉 ① 〈자동사〉 (차를 타고) 가다 ② 〈타동사〉 (차를) 운전하다
- am Samstag 토요일에 (요일 앞에는 전치사 am을 사용함)
- nach Busan 부산으로 (방향: nach + 도시·국가, zu + 사람)
- zu meinen Eltern 부모님에게 (방향: zu + 사람; meine (die Eltern) - meinen(복수 3격: den Eltern)

⑥ Ich helfe ihnen beim Umzug. 나는 그들을 이사하는 데 돕는다.

- helfen ['hɛlfn̩] 〈강변화 동사: du hilfst, er hilft〉 〈3격 요구 동사〉 (…를) 돕다 (목적어 ihnen)
- beim Umzug 이사하는 데; beim은 bei dem의 축약형
- der Umzug ['ʊmtsu:k] 〈-s, -züge〉 이사; umziehen ['ʊmtsi:ən] 이사하다

⑦ Dann bleibe ich zu Hause. 그러면 나는 집에 머무르겠다.

- bleiben ['blaibn̩] 〈자동사〉 머물다
- zu Hause 집에

⑧ Oder ich gehe allein in die Bibliothek. 아니면 나는 혼자 도서관에 가겠다.

- oder ['o:dɐ] 〈접속사〉 혹은
- allein 혼자
- in die Bibliothek 도서관으로; 방향: in + 〈4격 목적어〉 …안으로

기본 대화 2

Triffst du am Wochenende deinen Freund?

Sera Triffst du am Wochenende deinen Freund?
ㅌ륌ㅍㅅㅌ 두- 암 복핸앤대 다이낸 ㅍ로인ㅌ

Yuri Nee, er fährt nach Busan.
네- 에-어 패얼ㅌ 나-ㄱㅎ 부산

Sera Warum? Was macht er dort?
바룸 밧ㅅ 막흐ㅌ 에-어 도릍ㅌ

Yuri Er hilft seinen Eltern beim Umzug.
에-어 힐ㅍㅌ 자이낸 앨턴 바임 움ㅌ추-ㅋㅋ

Sera Was machst du dann?
밧ㅅ 막흣ㅅㅌ 두- 단

Yuri Ich gehe allein in die Bibliothek und lerne Deutsch.
읺히 게-애 알라인 인 디- 비블리오테-ㅋㅋ 운ㅌ ㄹ래ㄹ내 도잍치

Sera Was? Du lernst schon wieder am Wochenende?
밧ㅅ 두- ㄹ래른ㅅㅌ 쇼-ㄴ 비-더 암 복핸앤대

Du sprichst doch schon gut Deutsch! Das Wetter ist so schön.
두- 쉬ㅍ맇힛ㅅㅌ 독ㅎ 쇼-ㄴ 구-ㅌㅌ 도잍치 닷ㅅ 밸터 잇ㅅㅌ 조- 쇠-ㄴ

Machen wir einen Ausflug!
막핸 비어 아이낸 아웃ㅅ플루-ㅋㅋ

Yuri Das geht nicht. In zwei Wochen haben wir doch eine Klausur.
닷ㅅ 게-ㅌㅌ 닣힡ㅌ 인 ㅌ츠바이 복핸 하-밴 비어 독ㅎ 아이내 클라우주어

Sera Streberin!
쉬ㅌ레-버린

해설

① Triffst du am Wochenende deinen Freund? 너 주말에 네 (남자)친구 만나니?

- dein Freund - deinen Freund 〈남성 단수 4격〉

② Nee, er fährt nach Busan. 아니, 그는 부산에 가.

- nee/ne [ne:] 〈어조사〉 아니 (nein의 구어체)
- nach Busan 부산으로 nach 〈방향〉 + 도시

③ Warum? Was macht er dort? 왜? 그가 그곳에서 무엇을 하는데?

- warum [va'rʊm] 〈의문부사〉 왜
- dort [dɔrt] 〈부사〉 그곳, 저기; hier 여기; da 거기

④ Er hilft seinen Eltern beim Umzug. 그는 자기 부모님이 이사하는 데 도와줘.

- die Eltern 〈항상 복수〉 - seine Eltern(1격) - seinen Eltern(3격)

⑤ Was machst du dann? 그러면 너는 뭐 하는데?

- dann [dan] 〈부사〉 그러면, 그렇다면

⑥ Ich gehe allein in die Bibliothek und lerne Deutsch.
나는 혼자 도서관에 가서 독일어를 공부할 거야.

- und (ich) lerne ... : 접속사 und 앞뒤 문장의 주어가 같아서 ich를 생략함

⑦ Was? Du lernst schon wieder am Wochenende? 뭐라고? 또 다시 주말에 공부한다고?

- schon wieder [ʃo:n 'vi:dɐ] 〈부사〉 벌써 또 (다시)

⑧ Du sprichst doch schon gut Deutsch! 너는 벌써 (이미) 독일어 잘 하잖아!

- sprechen ['ʃprɛçn̩] 〈강변화 동사: du sprichst, er spricht〉 말하다
- doch [dɔx] 〈이미 알려진 사실을 환기시켜 이의를 제시하는 어조사〉 …걸, …잖아.

⑨ Das Wetter ist so schön. 날씨가 참 좋다.

- das Wetter ['vɛtɐ] 〈-s, -, 항상 단수〉 날씨
- so [zo:] 〈부사〉 그렇게

⑩ Machen wir einen Ausflug! 소풍 가자!

- der Ausflug ['au̯sflu:k] 〈-(e)s, Ausflüge〉 소풍, 야유회, einen Ausflug machen 소풍가다, (당일코스로) 여행을 하다

⑪ Das geht nicht. 그건 안 돼.

⑫ In zwei Wochen haben wir doch eine Klausur. 2주 있으면 시험이야.

- in zwei Wochen 2주 후에; in 〈시간의 경과를 나타내는 3격 요구 전치사〉 …후에
- die Klausur [klau̯'zu:ɐ̯] 〈-, -en〉 대학에서 강좌와 연관하여 시행하는 필기시험; eine Klausur schreiben 시험을 보다

⑬ Streberin!

- der Streber ['ʃtre:bɐ] 〈-s, -s〉 〈여성: die Streberin〉 (폄하하는 뜻으로) 잘하려고 지나치게 열심히 공부하는 사람 (노력파, 범생)

텍스트 완성하기

대화문의 내용과 일치하도록 빈칸을 채우시오.

_______ Wochenende _______ Yuri Minho nicht. Er _______ nämlich _______ Busan zu _______ Eltern. Er _______ _______ _______ Umzug. Daher _______ Yuri allein _______ _______ Bibliothek und lernt Deutsch. _______ zwei _______ _______ sie _______ Klausur.

(daher 〈부사〉 그래서)

유용한 표현

01 일상생활의 계획 묻고 답하기

A: - Was machen Sie ... …〈시간〉에 무엇을 합니까?

- Was machst du ... …〈시간〉에 뭐하니?

heute? 오늘 너 뭐 하니?

heute Vormittag? 오늘 오전에

heute Abend? 오늘 저녁에

am Vormittag? 오전에

am Nachmittag? 오후에

am Montag? 월요일에

am Samstag? 토요일에

am Sonntagmorgen? 일요일 아침에

am Wochenende? 주말에

B: Am Montag / Wochenende / Vormittag / Nachmittag ...

월요일 / 주말에는 / 오전에는 / 오후에는 …

arbeite ich im Büro. 사무실에서 일한다.

habe ich eine Verabredung mit meinem Kollegen.

동료와 약속이 있다.

(die Verabredung [fɛɐ̯'|apre:dʊŋ] 〈-, -en〉 약속)

gehe ich ins Kino / Theater / Konzert.

영화를 보러/연극을 보러/연주회에 간다.

(das Theater [te'|a:tɐ] 연극; das Konzert [kɔn'tsɛrt] 연주회)

gehe ich schwimmen. 수영하러 간다.

(gehen + 동사 : …하러 가다 [자세히 들여다보기] 참조)

A: - Was machen Sie ...
- Was machst du ...

in den Ferien? 방학에 (die Ferien ['fe:riən] 〈항상 복수〉 방학, 휴가)

im Urlaub? 휴가 때

B: - In den Ferien ... 방학에는 …
- Im Urlaub ... 휴가에는 …

fahre ich nach München. (차로) 뮌헨에 간다.

fahre ich in die Berge / ans Meer. 산으로/바다로 간다.
(ans (← an das) + 중성명사 : … 곁으로)

fliege ich nach Jeju-do/auf die Insel Jeju. (비행기로) 제주도에 간다.

A: - Was machen Sie in Ihrer Freizeit? 여가 시간에는 무엇을 하십니까?
- Was machst du in deiner Freizeit? 여가 시간에는 뭐하니?

B: In meiner Freizeit ... 여가 시간에는 …

reise ich viel. 여행을 많이 다닙니다.

lese ich oft Bücher. 자주 독서를 합니다.
(das Buch [bu:x] 책, die Bücher ['by:çɐ] 책들)

treffe ich manchmal meine Freunde.
이따금씩 친구들을 만납니다.

spiele ich gern Computerspiele. 컴퓨터 게임을 즐깁니다.

treibe ich viel Sport. 운동을 많이 합니다.
(Sport treiben 운동하다)

jogge ich oft. 자주 조깅을 합니다.
(joggen ['ʤɔgn̩] 조깅하다)

활용 연습

1 다음 빈칸에 알맞은 동사의 형태를 적으시오.

(1) Ich schlafe gern lange. __________ du auch gern lange?
(lange 〈부사〉 오랫동안, 〈주의〉 lang 〈형용사〉 긴)

(2) Ich lese gern Comics. __________ du auch gern Comics?

(3) Ich treffe gern neue Leute. __________ du auch gern neue Leute?
(neu 〈형용사〉 새로운, neue Leute 새로운 사람들)

(4) Ich helfe gern meinen Kollegen. Und du? __________ du auch gern deinen Kollegen?

(5) Ich sehe meinen Freund oft. __________ du deinen Freund auch oft?

(6) Ich fahre jetzt nach Hause. __________ du auch nach Hause?

(7) Ich spreche Deutsch. __________ du auch Deutsch?

2 ( ) 안에 다음 동사의 기본형을 적으시오.

(1) Anna sieht (←) ihren Freund oft.
Sie trifft (←) ihn in der Stadt.

(2) Schläft (←) Papa schon?
- Nein, er liest (←) noch Zeitung.

(3) Herr Schmidt fährt (←) seine Nachbarin oft zum Arzt.
(jn. ... fahren : 누구를 차로 …로 데려다주다)

Er hilft (←) ihr gern.

3 빈칸에 알맞은 동사 형태를 적으시오.

Peter __________ (schlafen) gern lange. Morgens __________ (lesen) er zunächst die Zeitung. Nach dem Frühstück __________(fahren) er zur Universität. Vor dem Unterricht __________ (treffen) er seine Freunde. Er __________(helfen) ihnen gern. Im Unterricht __________ (sehen) er oft auf die Uhr. Der Unterricht ist immer langweilig. Nach dem Unterricht __________ (fahren) er schnell wieder nach Hause.

(zunächst [tsu'nɛ:çst] 〈부사〉 맨 먼저, 우선; die Zeitung ['tsaitʊŋ] 신문; das Frühstück ['fry:ʃtʏk] 아침식사; die Uhr [u:ɐ̯] 〈-, -en〉 시계; der Unterricht ['ʊntɐrɪçt] 〈-(e)s, 항상 단수〉 수업; langweilig ['laŋvailɪç] 〈형용사〉 지루한)

4 다음 대화를 듣고 빈칸을 채우시오.

A: Was __________ du gerade?

B: Ich __________ gerade einen Film.

A: __________ du oft Filme?

B: Nein, ich __________ nicht oft Filme. Normalerweise __________ ich Bücher. __________ du auch gern Bücher?

(Normalerweise 〈부사〉 보통)

A: Na ja, manchmal.

(manchmal 〈부사〉 이따금씩(= ab und zu))

5 다음 글에서 잘못된 부분을 고치시오.

Am Wochenende Yuri treffe Minho nicht. Er fahrt nämlich zu Busan nach seinen Eltern. Er helft sie bei Umzug. Daher Yuri gehe allein in der Bibliothek und Deutsch lernen. Nach zwei Woche er habe eine Klausur.

6 다음 우리말을 독일어로 옮기시오.

(1) 그가 독일어를 잘 하니?

- 응, 그는 독일어를 매우 잘 해.

➡ ______________________________

____

(2) 너는 주말에 너의 (남자)친구를 만나니?

- 아니 그는 부산(으로) 자기 부모님한테 가.

➡ ______________________________

____

(3) 너는 여가 시간에 무엇을 하니?

- 여가 시간에 나는 운동을 많이 해.

➡ ______________________________

____

(4) 너는 오늘 언제 (대)학교에 (차를 타고) 가니?

- 오늘 나는 점심 식사 후에 (대)학교에 가.

➡ ______________________________

____

(5) 너는 보통 언제 장을 보러 가니?

- 보통 나는 금요일 저녁에 장을 보러 가.

➡ ______________________________

____

자세히 들여다보기

01 Wochentage 요일

der Montag 월요일

Am Montag habe ich Klavierunterricht. 월요일에 나는 피아노 수업이 있다.

(das Klavier 피아노 + der Unterricht 수업)

der Dienstag 화요일

Am Dienstag gehe ich einkaufen. 화요일에 나는 쇼핑 간다.

(einkaufen gehen 쇼핑가다 / kaufen 사다 ↔ verkaufen 팔다)

der Mittwoch 수요일

Am Mittwoch treffe ich meinen Freund. 수요일에 나는 (남자) 친구를 만난다.

der Donnerstag 목요일

Am Donnerstag spiele ich Fußball. 목요일에 나는 축구한다.

(der Fuß [fu:s] 〈-es, Füße〉 발 (u가 장모음이므로 ß사용) + der Ball [bal] 공)

der Freitag 금요일

Am Freitag lerne ich Deutsch. 금요일에 나는 독일어를 공부한다.

der Samstag 토요일

Am Samstag gehe ich ins Kino. 토요일에 나는 영화보러 간다.

der Sonntag 일요일

Am Sonntag gehe ich in die Kirche. 일요일에 나는 교회에 간다.

(die Kirche ['kɪrçə] 교회)

02 강변화동사

(1) a → ä ([a:] → [ɛ:])

fahren 차로 가다	du fährst, er fährt
schlafen 자다	du schläfst, er schläft
schlagen 때리다	du schlägst, er schlägt
tragen (몸에) 지니다/걸치다	du trägst, er trägt
einladen 초대하다 (분리동사: 동사의 접두어가 분리됨)	du lädst ... ein, er lädt ... ein

(2) a → ä ([a] → [ɛ])

fallen 떨어지다	du fällst, er fällt
fangen 잡다	du fängst, er fängt
gefallen 마음에 들다	du gefällst, er gefällt
lassen … 하게 하다	du lässt, er lässt
wachsen 성장하다	du wächst, er wächst
waschen 씻다	du wäschst, er wäscht
halten 붙잡다	du hältst, er hält (t 중복으로 탈락)

(3) e → i ([ɛ] → [ɪ])

essen 먹다	du isst, er isst
fressen (동물이) 먹다	du frisst, er frisst
helfen 돕다	du hilfst, er hilft
sprechen 말하다	du sprichst, er spricht
sterben 죽다	du stirbst, er stirbt
treffen 만나다	du triffst, er trifft
vergessen 잊다	du vergisst, er vergisst
werfen 던지다	du wirfst, er wirft

(4) e → i ([e:] → [ɪ])

geben 주다 — du gibst, er gibt

nehmen 취하다 — du nimmst, er nimmt

(i가 단모음임을 표시하기 위해서 h을 없애고 m을 추가하여 겹자음 mm으로 표기)

treten 밟다 — du trittst (t첨가), er tritt

(5) e → ie ([e:] → [i:])

befehlen 명령하다 — du befiehlst, er befiehlt

empfehlen 추천하다 — du empfiehlst, er empfiehlt

lesen 읽다 — du liest, er liest

sehen 보다 — du siehst, er sieht

stehlen 훔치다 — du stiehlst, er stiehlt

03 불규칙 변화 동사 wissen (알다)

〈wissen 동사의 현재 인칭변화〉

ich	weiß	wir	wissen
du Sie	weißt wissen	ihr Sie	wisst wissen
er sie es	weiß	sie	wissen

A: Wo wohnt Peter? 페터는 어디 살지?

B: - Das weiß ich nicht. 그것은 몰라. (앞의 내용을 명시적으로 지시할 때 das)

- Ich weiß es nicht. 몰라

(앞의 내용을 명시적으로 지시하지 않는 경우로 우리말에서는 목적어가 생략된다. 목적어 es는 문장 처음에 올 수 없다.)

04 동사 결합 [gehen ... 〈동사〉 …하러 가다]

Ich gehe spazieren. 산책하러 간다

Ich gehe schwimmen. 수영하러 간다.

Ich gehe wandern. 도보여행 간다.

Ich gehe tanzen. 춤추러 간다.

Ich gehe essen. 식사하러 간다.

Ich gehe einkaufen. 쇼핑하러 간다.

Lektion 09

Ich rufe dich an.

01 분리 동사

02 시간 묻고 답하기

기본 문법

01 분리 동사

접두어가 분리되는 동사. 접두어에 강세가 옴.

ánkommen 도착하다 (an + kommen 오다)

A: Wann **kommst** du **an**? 언제 도착하니?

B: Ich **komme** um 12 Uhr **an**. 12시에 도착한다.
(접두어 an-이 동사에서 분리되어 문장 맨 뒤로 감)

ánrufen 전화하다 (an + rufen 부르다, 외치다)

A: Wann **rufst** du mich **an**? 내게 언제 전화할래?

B: Ich **rufe** dich morgen **an**. 내일 네게 전화할게.

ábholen 데려오다 (마중을 나가다) (ab + holen 가져오다, 데려오다)

A: Wer **holt** Herrn Beier vom Bahnhof **ab**? 바이어 씨를 누가 역에서 모셔오지?
(Herr Beier 〈1격〉, Herrn Beier 〈4격〉)

B: Peter **holt** ihn vom Bahnhof **ab**. 페터가 그를 역에서 모셔와.
(vom ← von dem)

lósfahren 출발하다 (los + fahren (차로)가다)

A: Wann **fahren** wir morgen **los**? 내일 우리 언제 출발하지?

B: Wir **fahren** erst um 10 Uhr **los**. 10시에 비로소 출발해.

02 시간 묻고 답하기

A: - **Wie spät** ist es (jetzt)? (지금) 몇 시입니까?

- **Wie viel Uhr** ist es (jetzt)? (지금) 몇 시입니까?

B: Es ist zehn Uhr. 10시입니다.

elf Uhr. 11시입니다.

zwölf Uhr. 12시입니다.

halb zwei. 1시 반입니다. (halb(반)를 먼저 말하고, 다가가는 시간 2시의 수를 말함)

halb drei. 2시 반입니다.

kurz vor vier. 4시 조금 전 입니다. ('…시 전'은 vor를 사용함)

kurz nach fünf. 5시 조금 후 입니다. ('…시 후/지나서'는 nach를 사용함)

Viertel nach drei. 3시 15분 입니다.

('15분'은 Viertel을 사용함; das Viertel ['fɪrtl̩] 〈-s, -〉 4분의 1, 15분)

Viertel vor drei. 3시 15분 전 입니다.

기본 대화

Ich fahre morgen erst um 10 Uhr los.

Susi Hallo, Peter!
할로 페–터

a는 뒤에 겹자음 ll이 오므로 단모음 [a]로, e는 뒤에 단자음 t가 오므로 장모음 e [e:]로 발음

Peter Hallo, Susi. Wo bist du denn?
할로 주–지 보– 빗ㅅㅌ 두– 댄

e는 뒤에 겹자음 nn이 와서 단모음 e [ɛ]로 발음

Susi Noch in Nürnberg. Ich rufe aus Nürnberg an.
녹ㅎ 인 뉘른배를ㅋ 읾히 루–패 아웃ㅅ 뉘른배를ㅋ 안

Ich fahre morgen erst um 10 Uhr los.
읾히 파–래 모ㄹ갠 에엇ㅅㅌ 움 ㅌ체–ㄴ 우–어 ㄹ로–ㅅㅅ

los를 정확하게 발음하기 위해서 Uhr los를 [우얼로-ㅅㅅ]로 발음함

Peter Wann kommst du dann in Stuttgart an?
반 콤ㅅㅌ 두– 단 인 쉽툩ㅌ가ㄹㅌ 안

Susi Kurz nach elf.
쿠릂ㅊ 나–ㄱㅎ 앨ㅍ

Peter Gut. Ich hole dich vom Bahnhof ab.
구–ㅌㅌ 읾히 호–ㄹ래 딣히 폼 바–ㄴ호–ㅍㅍ 앞ㅍ

음절 끝의 b는 [p]로 발음. 우리말 '앞'은 [압]으로 발음되어 소리가 터져 나오지 않지만, 독일어 ab은 [ap]으로 [p]가 터져 나오는 소리로 발음됨

Susi Das ist nett von dir. Bis dann.
닷ㅅ 잇ㅅㅌ 넽ㅌ 폰 디어 빗ㅅ 단

nett [net 넽ㅌ] 역시 끝소리가 터져 나와야 함. 그러나 [넽트]로 발음하면 안됨

해설

① Hallo, Peter! 페터, 안녕!

- Hallo ['halo] 〈구어 인사말〉 안녕!

② Hallo, Susi. Wo bist du denn? 수지, 안녕. 지금 어디야?

- denn [dɛn] 〈어조사〉 (질문에 친밀감과 자연스러움을 줌) Was machst du denn? 뭐 하고 있는데? Wie heißt das denn auf Deutsch? 이것을 독일어로 뭐라고 하는데?

③ Noch in Nürnberg. 아직 뉘른베르크야.

- noch [nɔx] 〈어조사〉 (어떤 상황이 계속되고 있음을 나타냄) 아직
- in Nürnberg ['nʏrnbɛrk] (in은 장소/위치를 나타냄) 뉘른베르크에

④ Ich rufe aus Nürnberg an. 뉘른베르크에서 전화하는 거야.

- anrufen ['anru:fn̩] 〈4격 목적어를 요구하는 분리동사〉 (er ruft ... an) 전화하다, jemanden anrufen 누구에게 전화하다 (jemand 〈1격〉 누가, jemanden 〈4격〉 누구를. 사전이나 문법서에서는 편의상 jn.으로 줄여 쓰기도 함)
- aus Nürnberg 〈전치사〉 (aus는 '…로부터'를 의미함) 뉘른베르크에서

⑤ Ich fahre morgen erst um 10 Uhr los. 내일 10시에서야 출발할 거야.

- losfahren ['lo:sfa:rn̩] 〈분리·자동사〉 (er fährt ... los.) 출발하다
- morgen ['mɔrgn̩] 〈부사〉 내일, der Morgen 아침, morgens 아침에
- erst um 10 Uhr 10시에 비로소; erst [e:ɐ̯st] 〈부사〉 (기대 또는 계획보다 늦은 …에서야) 비로소, ↔ schon 벌써

⑥ Wann kommst du dann in Stuttgart an? 그럼 언제 슈투트가르트에 도착해?

- wann [van] 〈의문부사〉 언제
- ankommen ['ankɔmən] 〈분리·자동사〉 (er kommt ... an) 도착하다
- dann [dan] 〈부사〉 (언급한 상황에서) 그러면
- in Stuttgart ['ʃtʊtgart] 슈투트가르트에서

⑦ Kurz nach elf. 11시 조금 지나서.

- kurz [kʊrts] (시간·길이가) 짧은
- nach [na:x] 〈3격 요구 전치사〉 (시간) ① …후에 ② (방향) …로

⑧ Gut. Ich hole dich vom Bahnhof ab. 좋아. 내가 역으로 마중 나갈게.

- abholen ['apho:lən] 〈분리·타동사〉 (er holt ... ab) ① 무엇을 가져오다 ② 누구를 데려오다
- vom Bahnhof 역에서; vom (← von dem)

⑨ Das ist nett von dir. Bis dann. 고마워. 그때 봐.

- Das ist nett von dir. 너 참 친절하구나. (영어: It is nice of you.)
- nett [nɛt] (행동이나 태도가) 친절하고 호감이 가는
- Bis dann. (헤어질 때 하는 가벼운 인사) 또 보자

- bis [bɪs] 〈4격 목적어를 요구하는 전치사, 부사가 올 수도 있음〉 …까지
- dann [dan] 〈부사〉 그 다음에, 그때, 나중에

텍스트 완성하기

대화문의 내용과 일치하도록 빈칸을 채우시오.

Susi ist jetzt _____ Nürnberg. Morgen früh _______ sie _______ Stuttgart. Sie _______ _______ Freund Peter _______. _______ Telefon fragt _______ Freund: „Wann _________ du morgen _______?“ Susi _____________: „Ich _______ hier erst _______ zehn Uhr _______. Dann _________ ich kurz _______ elf _______ Stuttgart _______.“ Peter schlägt vor: „Ich _______ dich _______ Bahnhof _______.“ Susi ist glücklich.

(früh [fry:] 〈부사〉 아침에(=am Morgen, morgens), morgen früh 내일 아침에; vorschlagen 〈분리 · 강변동사〉 (du schlägst ... vor) (무엇을) 제안하다)

유용한 표현

01 시간 묻고 답하기

(1) 몇 시입니까?

Wie spät ist es?
Wie viel Uhr ist es?
Wie viel Uhr haben wir jetzt?

(2) Es ist ... : …시 (…분)입니다.

Es ist zehn Uhr. 10시입니다.
elf Uhr. 11시
zwölf Uhr. 12시
halb zwei. 1시 반 (zwei로 가는 절반이라는 뜻으로)

Es ist Viertel nach drei. 3시 15분 입니다.
Viertel vor drei. 3시 15분 전 입니다.
kurz vor vier. 4시 조금 전 입니다.
kurz nach fünf. 5시 조금 후 입니다.

02 출발 · 도착 시간 묻고 답하기

abfahren (차량으로) 출발하다 / abfliegen (비행기로) 출발하다
ankommen 도착하다

A: Wann fährt der Zug ab? 그 기차가 언제 출발하지?
B: Der Zug fährt um zehn Uhr ab. 그 기차는 10시에 출발한다.

A: Wann kommt der Zug an? 그 기차가 언제 도착하지?

B: Der Zug kommt um elf Uhr an. 그 기차는 11시에 도착한다.

A: Wann fliegt deine Maschine ab? 네 비행기가 언제 출발하니?

B: Meine Maschine fliegt um Viertel nach drei ab. 3시 15분에 출발해.

(die Maschine [ma'ʃi:nə] ⟨-, -n⟩ 비행기, 기계. Die Maschine aus Frankfurt hat Verspätung. 프랑크푸르트 발 비행기가 연착한다.)

03 감사 표현하고 응대하기

Danke schön / sehr. 대단히 감사합니다.

(Haben Sie) Vielen Dank. / Herzlichen Dank. 감사합니다.

(4격 목적어이기 때문에 vielen, herzlichen이 됨)

Danke, das ist nett von Ihnen. 친절에 감사합니다.

Bitte schön / sehr. 천만에요.

Gern geschehen. 기꺼이 한 일입니다.

Nichts zu danken. 별 거 아닙니다.

04 전화 통화하기

Hier spricht Thomas Schneider. (전화 건 사람) 저는 토마스 슈나이더입니다.

Hier ist Minho Kim. (전화 건 사람) 여기는 김민호입니다.

Meier (am Apparat). (전화 받는 사람) 마이어입니다. (보통 성만 말한다.)

Auf Wiederhören. (전화 통화를 끝내면서) 안녕히 계십시오.

활용 연습

1 **다음 분리동사로 빈칸을 채우시오.**

(1) ab-

abfahren 〈강변화동사: du fährst ... ab〉 출발하다

A: Wann __________ der Zug __________?

B: Der Zug __________ in fünf Minuten __________.

(in + 3격: 시간의 경과를 나타냄, in fünf Minuten 5분후에)

(2) an-

anfangen 〈강변화동사: du fängst ... an〉 시작하다

A: Wann __________ das Fußballspiel __________?

B: Das Fußballspiel __________ um halb acht __________.

anziehen (옷을) 입다

A: Ist es draußen kalt?

(draußen ['drausn̩] 〈부사〉 바깥에, ↔ drinnen 안에)

B: Ja, __________ lieber deinen Mantel __________.

(lieber ['li:bɐ] (…보다 … 하는 것이) 더 좋다; der Mantel 코트; du에 대한 명령문은 동사 어간을 사용)

(3) aus-

ausziehen (옷/신발을) 벗다

A: Kommen Sie bitte herein. Aber __________ Sie bitte Ihre Schuhe __________. (hereinkommen 들어오다 ↔ hinausgehen 밖으로 나가다)

B: In Korea __________ man in der Wohnung die Schuhe __________.

aussteigen ['aus∫taign̩] (차에서) 내리다

A: Wo __________ Sie __________?

B: Ich __________ am Rathaus __________.

(am ← an dem / das Rathaus ['ra:thaus] 시청)

Dann __________ Sie an der übernächsten Haltestelle __________.

(nächst- 다음, übernächst- 다다음; die Haltestelle 정류소, halten 멈추다 + die Stelle 장소)

(4) auf-

aufräumen ['aufrɔymən] 정리정돈하다

A: Wer __________ bei euch die Wohnung __________?

B: An den Wochentagen __________ meine Frau die Wohnung __________.

Am Wochenende __________ ich __________.

(der Wochentag 평일; das Wochenende 주말)

aufstehen ['auf∫te:ən] 일어나다

A: Wann __________ du morgens __________?

(der Morgen 아침, morgens 아침에)

B: Ich __________ um 5 Uhr __________.

A: Um Gottes willen! So früh __________ ich nie __________.

(Um Gottes willen! 〈놀라움〉 아이고 맙소사!)

(5) ein-

einkaufen 구매하다

A: __________ du gern online __________?

B: Nein. Aber mein Mann __________ gern online __________.

einladen 〈강변화동사: du lädst … ein〉 초대하다, jn. zu et.³ einladen 누구를 …에 초대하다

A: Hast du Zeit?

B: Ja, wieso?

A: Dann __________ ich dich zum Essen __________.

B: Danke. Das ist nett. Ich ________ dich dann aber zum Kaffee ________.

einsteigen (차에 올라) 타다

A: Wohin gehst du?

B: Ich gehe in die Stadt.

A: Dann __________ __________. Ich fahre in die Stadt. Ich nehme dich mit.

(jn. mitnehmen 누구를 데리고 가다)

(6) fern-

fernsehen 〈강변화동사: du siehst ... fern〉 텔레비전을 보다

A: __________ Sie oft __________?

B: Nein, ich __________ nur am Wochenende __________.

(7) her-

herkommen (말하는 사람 쪽으로) 이쪽으로 오다

A: Zeig mir doch mal deine Fotos von Deutschland.

(jm. et.⁴ zeigen 누구에게 무엇을 보여주다; doch mal 〈채근하는 뜻으로〉 …해봐)

B: Gern. __________ mal __________. Ich zeige sie dir.

(인칭대명사는 4격-3격의 순으로 나옴)

(8) hin-

hinfahren 〈강변화동사: du fährst ... hin〉 / hingehen (말하는 사람으로부터 떨어진 곳) 그곳으로 가다

A: Am Han-Fluss gibt es ein Feuerwerk-Festival.

(der Fluss [flʊs] 〈-es, Flüsse ['flʏsə]〉 강 (u가 단모음이어서 ß가 아니라 ss를 사용함);
das Feuerwerk ['fɔyɐvɛrk] 〈-, 보통 단수〉 불꽃놀이)

B: Wirklich?! __________ wir zusammen __________.

(9) los-

losfahren 〈강변화동사: du fährst ... los〉 출발하다

A: Wann __________ du __________?

B: In zehn Minuten __________ ich __________.

(10) mit-

mitbringen (누구를) 데리고 오다, (무엇을) 가져오다

A: Kommst du morgen allein zur Party?

B: Nein, ich __________ meine Freundin __________.

mitkommen 함께 가다

A: Ich gehe ins Kino. __________ du __________?

B: Ja, gern. Ich __________ __________.

mitnehmen 〈강변화동사: du nimmst ... mit〉 데리고 가다, (우산 등을) 가지고 가다

A: Gehst du heute Abend ins Theater? (das Theater [te'|a:tɐ] 연극, 연극 공연장)

B: Ja, warum?

A: __________ du mich __________?

B: Ja, gern. Ich __________ dich ins Theater __________.

A: Schön. Aber __________ wir einen Schirm __________!

B: Heute Abend regnet es. (der Schirm [ʃɪrm] 〈-(e)s, -e〉 우산 (der Regenschirm))

(11) statt-

stattfinden 열리다, 개최하다

A: Wann __________ das Konzert __________?

(das Konzert [kɔn'tsɛrt] 〈-(e)s, -e〉 연주회)

B: Das Konzert __________ heute Abend __________.

(12) vor-

vorhaben ['fo:ɐ̯ha:bn̩] 계획하다

A: Was __________ du am Wochenende __________?

B: Ich __________ noch nichts __________. Warum? Hast du einen Vorschlag?

(der Vorschlag ['fo:ɐ̯ʃla:k] 〈-(e)s, -schläge〉 제안)

vorschlagen ['fo:ɐ̯ʃla:gn̩] 〈강변화동사: du schlägst ... vor〉 제안하다

A: Ja, ich __________ __________: Wir gehen ins Theater.

B: Nee, dazu habe ich keine Lust. (die Lust [lʊst] 〈-, 보통 단수〉 흥미, 의욕)

A: Dann __________ du doch etwas __________!

(명령문에서도 주어를 강조하여 사용할 수 있음: "그러면 네가 제안해 봐!")

(13) weh-

wehtun ['ve:tun] 아프(게 하)다

A: Wo __________ es dir __________?

B: Es __________ mir hier __________.

(14) weg-

weglaufen 〈강변화동사〉 (어디론가) 도망가다 / weggehen (어디론가) 떠나가다

Mein Hund __________ __________.

(15) zu-

zuhören (귀 기울여) 듣다

Bitte geh jetzt nicht weg! Bitte __________ mir gut __________!

(16) zurück-

zurückkommen 돌아오다

A: Wann __________ du __________?

B: Ich __________ in einer Stunde __________.

2 주어진 동사의 알맞은 형태를 빈칸에 적으시오.

Peter wohnt in Deutschland. Petra wohnt in Korea. Er __________ sie jeden Tag __________. (anrufen) Er kommt heute nach Korea. Die Maschine __________ erst um neun Uhr abends __________. (abfliegen) In Incheon __________ sie um elf Uhr morgens __________. (ankommen) Petra __________ ihn vom Flughafen __________. (abholen)

(jeden Tag 매일; anrufen 전화하다; abfliegen 비행기가 출발하다; abends 저녁에; morgens 아침에; abholen 데려오다)

3 다음 대화를 듣고 빈칸을 채우시오.

A: Morgen __________ ich __________ Korea.

B: Wann __________ deine Maschine __________?

A: Meine Maschine __________ am Montagabend um ________ Uhr _____.

B: Wann __________ du dann in Incheon __________? Der Flughafen heißt doch Incheon, oder?

A: Richtig. Ich __________ am Dienstag um __________ Uhr in Incheon __________. Meine Freundin __________ mich vom Flughafen _____.

B: Guten Flug!

(der Montagabend 월요일 저녁)

4 다음 글에서 잘못된 부분을 고치시오.

Susi ist jetzt in Nürnberg. Morgen früh fahrt sie nach Stuttgart. Sie anruft ihr Freund Peter. Am Telefon ihr Freund fragt: „Wann du morgen ankommst?“

Susi antwortet: „Ich losfahre hier erst an zehn Uhr. Dann ich ankomme kurz nach elf in Stuttgart.“ Peter schlagt vor: „Ich abhole dich auf dem Bahnhof.“ Susi ist glücklich.

5 **다음 우리말을 독일어로 옮기시오.**

(1) 내가 일요일에 네게 전화할게.

➡ ______________________________

(2) 너는 언제 서울에 도착하니?

➡ ______________________________

(3) 내가 역으로 너를 마중 나갈게.

➡ ______________________________

____

(4) 지금 몇 시지?
- 2시 반이야.

➡ ______________________________

____

(5) 주말에 무슨 계획 있니?
- 아니, 아직 아무런 계획이 없어.

➡ ______________________________

____

자세히 들여다보기

01 기수 0~12까지를 익히기

0	null 눌	1	eins 아인ㅅ	2	zwei ㅌㅊ바이	3	drei ㄷ라이	4	vier 피-어
5	fünf 퓐ㅍ	6	sechs 잭ㅅ	7	sieben 지-밴	8	acht 악흐ㅌ	9	neun 노인
10	zehn ㅌ체-ㄴ	11	elf 앨ㅍ	12	zwölf ㅌㅊ뵐ㅍ				

(1) 전화번호를 독일어로 말해 보기

Die Telefonnummer lautet 089 15932647.
(null acht neun eins fünf neun drei zwei sechs vier sieben)

Die Telefonnummer lautet 03541 942687.
(null drei fünf vier eins neun vier zwei sechs acht sieben)

Die Telefonnummer lautet 0341 9637542.
(null drei vier eins neun sechs drei sieben fünf vier zwei)

(2) 13~19까지는 1자리 수에 -zehn을 붙여서 말한다. (영어와 같은 원리: four + teen)

13	←	3	+	10
dreizehn		drei		zehn
ㄷ라잍체-ㄴ		ㄷ라이		ㅌ체-ㄴ

14	vierzehn 피릍체-ㄴ	15	fünfzehn 퓐픝체-ㄴ	16	sechzehn (sechszehn이 아님) 잭힡체-ㄴ
17	siebzehn (siebenzehn이 아님) 지-ㅍㅌ체-ㄴ	18	achtzehn 악흗체-ㄴ	19	neunzehn 노인ㅌ체-ㄴ

(3) 20은 zwanzig, 30은 dreißig, 40~90은 1자리 수에 '-zig'를 붙여 vierzig ~ neunzig 라고 말한다.

20 = zwan + zig → zwanzig　　30 = drei + ßig → dreißig
ㅌㅊ반　ㅌ치히　ㅌㅊ반ㅌ치히　　ㄷ라이　씽히　ㄷ라잇싱히

40 vierzig　　50 fünfzig　　60 sechzig (sechszig가 아님)
피릍칭히　　퓐픁칭히　　잭힡칭히

70 siebzig (siebenzig가 아님)　　80 achtzig　　90 neunzig
지-ㅍㅌ칭히　　악흩치히　　노인ㅌ칭히

(4) 21~99는 1자리 수에 'und+10자리 수'를 붙여서 말한다. (영어와 다름: twenty+four)

21	←	1	+	und	+	20
einundzwanzig 아인운틑ㅊ반ㅌ치히		ein (eins가 아님) 아인		운ㅌ		zwanzig ㅌㅊ반ㅌ치히

22	zweiundzwanzig ㅌㅊ바이운틑ㅊ반ㅌ치히	23	dreiundzwanzig ㄷ라이운틑ㅊ반ㅌ치히	24	vierundzwanzig 피-어운틑ㅊ반ㅌ치히
25	fünfundzwanzig 퓐ㅍ운틑ㅊ반ㅌ치히	26	sechsundzwanzig 잭ㅅ운틑ㅊ반ㅌ치히	27	siebenundzwanzig 지-밴운틑ㅊ반ㅌ치히
28	achtundzwanzig 악흩운틑ㅊ반ㅌ치히	29	neunundzwanzig 노인운틑ㅊ반ㅌ치히		

(5) 16 (sechzehn), 17 (siebzehn), 21 (einundzwanzig), 60 (sechzig), 70 (siebzig) 에서 1자리 수의 -s 또는 -en이 탈락되는 것에 유의한다.

16 = sechs + zehn → sechzehn (s 탈락)　17 = sieben + zehn → siebzehn (en 탈락)
잭ㅅ　ㅌ체-ㄴ　잭힡체-ㄴ　　지-밴　ㅌ체-ㄴ　지-ㅍㅌ체-ㄴ

21 = eins + und + zwanzig → einundzwanzig (s 탈락)
아인　운ㅌ　ㅌㅊ반ㅌ치히

60 = sechs + zig → sechzig (s 탈락)　　70 = sieben + zig → siebzig (en 탈락)
잭ㅅ　ㅌ칭히　잭힡칭히　　지-밴　ㅌ칭히　지-ㅍㅌ칭히

02 분리동사의 의미 살펴보기

hören 듣다 → zuhören 귀를 기울여 듣다

Sie hören jetzt einen Dialog.
이제 대화를 듣습니다. (대화를 들려드리겠습니다)

Hören Sie gut zu! 잘 들으세요.

sprechen 말하다 → nachsprechen 따라 말하다

Ich spreche den Satz laut und deutlich.
나는 그 문장을 큰 소리로 분명하게 말한다.

Sprechen Sie bitte nach! 따라 말하세요.

lesen 읽다 → vorlesen 소리내어 읽다/읽어주다

Jetzt lesen wir den Text.
이제 우리는 텍스트를 읽습니다.

Ich lese Ihnen den Text einmal vor.
텍스트를 한 번 (소리 내어) 읽겠습니다.

schreiben 쓰다 → abschreiben 베껴 쓰다

Wir schreiben heute einen Aufsatz.
우리는 오늘 작문을 합니다.

Bitte schreiben Sie nicht von Ihrem Nachbarn ab.
옆 사람 것을 베껴 쓰지 마세요.

gehen (걸어서) 가다 → vorgehen 먼저 가다, (시계가) 빠르게 가다, nachgehen 뒤에 따라가다, (시계가) 늦게 가다

Gehen wir ins Haus! 집으로 들어갑시다!

Bitte, gehen Sie vor! 먼저 가세요.

Meine Uhr geht etwa drei Minuten vor / nach.
내 시계가 약 3분 빠르다/늦다.

03 시간 말하기

(1) Es ist ... nach ... : 몇 시 몇 분

Es ist zehn nach eins. 1시 10분이다.

= Es ist ein Uhr zehn. 1시 10분이다.

= Es ist dreizehn Uhr zehn. 13시 10분이다.

Es ist zwanzig nach zwei. 2시 20분이다.

= Es ist zwei Uhr zwanzig. 2시 20분이다.

= Es ist vierzehn Uhr zwanzig. 14시 20분이다.

(2) Es ist ... vor ... : 몇 시 몇 분 전

Es ist fünf vor drei. 3시 5분 전이다.

= Es ist zwei Uhr fünfundfünfzig. 2시 55분이다.

= Es ist vierzehn Uhr fünfundfünfzig. 14시 55분이다.

Es ist fünf vor halb vier. 3시 25분이다.(3시 반 5분 전)

= Es ist drei Uhr fünfundzwanzig. 3시 25분이다.

= Es ist fünfzehn Uhr fünfundzwanzig. 15시 25분이다.

(3) Es ist halb ... : …시 반

Es ist halb sieben. 6시 반이다.

= Es ist sechs Uhr dreißig. 6시 30분이다.

= Es ist achtzehn Uhr dreißig. 18시 30분이다.

(4) Es ist Viertel vor/nach ... : …시 15분 전/후

Es ist Viertel vor fünf. 5시 15분 전이다.

= Es ist vier Uhr fünfundvierzig. 4시 45분이다.

= Es ist sechzehn Uhr fünfundvierzig. 16시 45분이다.

Es ist Viertel nach neun. 9시 15분이다.

= Es ist neun Uhr fünfzehn. 9시 15분이다.

= Es ist einundzwanzig Uhr fünfzehn. 21시 15분이다.

Lektion 10

Können Sie mir bitte helfen?

01 화법조동사 können

02 불특정대명사(1): man

01 화법조동사 können

동사에 가능·의무·의지·허락 등의 의미를 부여하는 조동사로 können, müssen, wollen, dürfen, sollen, mögen 등이 있다.

화법조동사 können ['kœnən 쾬낸]의 현재시제 인칭변화

ich	kann	wir	können
du	kannst	ihr	könnt
Sie	können	Sie	können
er / sie / es	kann	sie	können

☞ 1인칭과 3인칭 주어에 어울리는 동사형태가 같다.

(1) 화법조동사가 나오면 본동사는 부정형이 되어 문장 맨 뒤로 간다(영어와 다름).

Ich schwimme gut. 나는 수영을 잘 한다.

Ich **kann** gut **schwimmen**. 나는 수영을 잘 할 수 있다.
I can swim well.

Kann ich Ihnen **helfen**? 제가 도와드릴 수 있을까요? (의문문에서는 조동사가 문장 맨 앞에 옴)
Can I help you?

(2) 화법조동사 können의 기능

① 〈주어의 능력〉을 표현함

A: **Kannst** du gut kochen? 너는 요리를 잘 할 줄 아니?
B: Ja, ich **kann** gut kochen. 응, 나는 요리를 잘 할 줄 알아.

A: **Können** Sie Auto fahren? 자동차를 운전할 줄 아십니까?

B: Ja, aber ich **kann** nur Autos mit Automatik fahren.
네, 하지만 오토매틱 자동차만 운전할 줄 압니다.
(die Automatik [auto'ma:tik] 〈-, -en〉 자동 장치)

② 〈상황의 허용·가능〉을 표현함

A: **Kann** man hier parken? 여기 주차할 수 있습니까/주차해도 됩니까?
B: Nein, hier **kann** man nicht parken. 아니오, 여기에는 주차할 수 없습니다.
(man : 불특정한 사람(일반사람)을 지칭하는 불특정대명사. 이 경우 우리말에서는 보통 주어가 생략됨)

③ 〈공손한 요청: bitte와 함께〉을 표현함

A: **Können** Sie mir bitte kurz helfen? 저 좀 잠깐 도와주실 수 있습니까?
B: Ja, was kann ich für Sie tun? 네. 제가 무엇을 해드릴 수 있을까요?

④ 〈허락〉을 표현함

A: Kann ich mitkommen? 같이 가도 될까요?
B: Ja, Sie **können** gern mitkommen. 네, 같이 가도 좋습니다.

02 불특정대명사(1): man

특정인을 지칭하지 않는 주어(일반사람, 3인칭 1격)를 나타내는 말(영어: one).

Am Wochenende arbeitet **man** nicht. 주말에는 일하지 않는다.

In Österreich spricht **man** Deutsch. 오스트리아에서는 독일어를 말한다.

Entschuldigung, wie kommt **man** zum Bahnhof? 실례합니다만, 역은 어떻게 갑니까?

Im Winter kann **man** hier Schlittschuh laufen.
겨울에 여기서 스케이트를 탈 수 있다.
(der Schlittschuh ['ʃlɪtʃu:] 스케이트 신발, der Schuh [ʃu:] 〈-s, -e〉 신발; der Schlitten ['ʃlɪtn̩] 썰매, Schlitten fahren 썰매를 타다)

Man kann die Hangeul-Buchstaben sehr schnell lernen.
한글은 매우 빨리 배울 수 있다.
(der Buchstabe ['bu:xʃta:bə] 〈-ns, -n〉 글자)

기본 대화

Kann ich bitte Ihre Telefonnummer haben?

Kim Kann ich bitte Ihre Telefonnummer haben?
칸 읽히 빝태 이–래 텔레포–ㄴ누머 하–밴

Meier Ja, gern. Meine Büronummer lautet
야– 개른 마이내 뷔로–누머 ㄹ라우탵ㅌ

069 865432 (null sechs neun acht sechs fünf vier drei zwei).
눌 잭ㅅ 노인 악ㅎㅌ 잭ㅅ 퓐ㅍ 피어 ㄷ라이 ㅌ츠바이

Ich kann Ihnen aber auch meine Handynummer geben.
읽히 칸 이–낸 아–버 아욱ㅎ 마이내 핸디누머 게–밴

Sie lautet 0170-205-8061(null eins sieben null zwei null fünf acht null sechs eins).
지– ㄹ라우탵ㅌ 눌 아인ㅅ 지–밴 눌 ㅌ츠바이 눌 퓐ㅍ 악ㅎㅌ 눌 잭ㅅ 아인ㅅ

Kim Vielen Dank. Ich habe in Deutschland noch kein Handy.
필–랜 당ㅋ 읽히 하–배 인 도읱칠란ㅌ 녹ㅎ 카인 핸디

Sie können mich aber unter meiner E-Mail-Adresse erreichen.
지– 쾬낸 밀히 아–버 운터 마이너 이 메일 아ㄷ랫새 애어라이핸

Sie lautet: pk018@gmail.com.
지– ㄹ라우탵ㅌ 페–카– 눌 아인ㅅ 악ㅎㅌ 앹ㅌ 지메일 풍ㅌ 콤

Meier Sind Sie vielleicht auf WhatsApp?
진ㅌ 지– 필라잁힡ㅌ 아웊ㅍ 웥ㅊ앺ㅍ

Dann kann ich Ihnen eine SMS schicken.
단 칸 읽히 이–낸 아이내 앳ㅅ앰앳ㅅ 싴캔

Kim Nein, ich habe nur Kakao Talk.
나인 읽히 하–배 누–어 카카오 토–ㅋㅋ

Meier Was ist Kakao Talk?
밧ㅅ 잇ㅅㅌ 카카오 토–ㅋㅋ

Kim Das ist eine Art WhatsApp aus Korea.
닷ㅅ 잇ㅅㅌ 아이내 아릍ㅌ 웥ㅊ앺ㅍ 아웃ㅅ 코레–아

	Kakao Talk können Sie auch in Deutschland leicht herunterladen. 카카오 토-ㅋㅋ 쾬낸 지- 아욱ㅎ 인 도읻칠란트 ㄹ라이힡ㅌ 해룬털라-댄
Meier	Wirklich? Sind Sie auch auf Facebook? 비ㄹ클릭히 진ㅌ 지 아욱ㅎ 아윺ㅍ 패잇ㅅ부-ㅋㅋ
Kim	Ja, ich bin zwar auf Facebook, aber ich gehe nicht so oft auf 야- 잉히 빈 ㅌ츠바- 아윺ㅍ 패잇ㅅ부-ㅋㅋ 아-버 잉히 게-애 닣힡ㅌ 조- 옾ㅍㅌ 아윺ㅍ
	Facebook. 패잇ㅅ부-ㅋㅋ

해설

① Kann ich bitte Ihre Telefonnummer haben? 혹시 전화번호를 받을 수 있을까요?

- die Telefonnummer [tele'fo:nnʊmɐ] 전화번호 (합성어는 첫 번째 낱말에 강세가 온다.). das Telefon [tele'fo:n / 'te:lefo:n] 전화기 + die Nummer ['nʊmɐ] ⟨-, -n⟩ 번호

② Ja, gern. Meine Büronummer lautet 069 865432 (null sechs neun acht sechs fünf vier drei zwei).
그럼요. 제 사무실 전화번호는 069 865432입니다.

- die Büronummer 사무실 전화번호. das Büro [by'ro:] 사무실 + die Nummer 번호
- lauten ['lautn̩] ⟨자동사⟩ (es lautet) (…라고) 하다

③ Ich kann Ihnen aber auch meine Handynummer geben.
제 핸드폰 번호도 드릴 수 있습니다.

④ Sie lautet 0170-205-8061 (null eins sieben null zwei null fünf acht null sechs eins).
번호는 0170-205-8061입니다.

⑤ Ich habe in Deutschland noch kein Handy. 독일에서는 제가 아직 핸드폰이 없습니다.

⑥ Sie können mich aber unter meiner E-Mail-Adresse erreichen.
제 이메일 주소로 연락하셔도 됩니다.

- unter ['ʊntɐ] ⟨3·4격 요구 전치사⟩ ① ⟨3격: 위치⟩ …아래에 ② ⟨4격: 방향⟩ …아래로
- die Adresse [a'drɛsə] ⟨-, -n⟩ 주소
- die/das E-Mail ['i:meɪl] ⟨-/-s, -s⟩ 전자우편
- erreichen [ɛɐ̯'raiçn̩] ⟨타동사⟩ 도달하다. jn. erreichen 누구와 연결이 닿다/통화하다

⑦ Sie lautet: pk018@gmail.com. 그것은 pk018@gmail.com입니다.

⑧ Sind Sie vielleicht auf WhatsApp? 혹시 WhatsApp 사용하세요?

- vielleicht [fi'laiçt] ⟨부사⟩ 혹시, 아마도 (강세가 두 번째 음절에 오면서 첫음절 ie가 짧게 발음됨)

⑨ Dann kann ich Ihnen eine SMS schicken. 그러면 제가 문자를 보내드릴 수 있습니다.

- jm. et.[4] schicken 누구에게 무엇을 보내다

⑩ Nein, ich habe nur Kakao Talk. 아뇨, 카카오 톡밖에 없습니다.

⑪ Was ist Kakao Talk? 카카오 톡이 뭐죠?

⑫ Das ist eine Art WhatsApp aus Korea. 그것은 한국에서 만든 일종의 WhatsApp입니다.

⑬ Kakao Talk können Sie auch in Deutschland leicht herunterladen.
카카오 톡은 독일에서도 쉽게 다운받을 수 있습니다.

- herunterladen [hɛ'rʊntɐla:dn̩] 〈분리동사〉 (ich lade ... herunter) (인터넷에서 자료를) 다운받다

⑭ Wirklich? Sind Sie vielleicht auch auf Facebook? 정말요? 혹시 페이스북도 하세요?

⑮ Ja, ich bin zwar auf Facebook, aber ich gehe nicht so oft auf Facebook.
네, 페이스북에 들어있기는 합니다만(페이스북을 합니다만), 자주 사용하지는 않습니다.

- zwar ..., aber ··· 〈상관접속사〉 이긴 하지만, (그러나) ···

텍스트 완성하기

대화문의 내용과 일치하도록 빈칸을 채우시오.

Herr Kim bittet Frau Meier um ________ Telefonnummer. ______ gibt ______ ______ Büronummer und auch ______ Handynummer. Herr Kim ist noch ________ lange ______ Deutschland und hat noch ________ Handy. Daher gibt ______ Frau Meier ________ E-Mail-Adresse. Frau Meier benutzt WhatsApp. Sie sagt, sie ________ ______ über WhatsApp eine SMS schicken. Aber Herr Kim benutzt ______ Kakao Talk. Frau Meier kennt Kakao Talk ________. Kakao Talk ________ man auch ______ Deutschland herunterladen und benutzen. Frau Meier ist auch ______ Facebook. Herr Kim hat ________ ein Facebook-Konto, aber er benutzt Facebook ________ so oft.

(jn. um et.[4] bitten 누구에게 무엇을 부탁하다; benutzen 사용하다)

유용한 표현

01 능력 묻고 답하기

A: Können Sie ... ? …할 수 있습니까? / …할 줄 압니까?(능력)

Fahrrad fahren? 자전거를 탈 수 있습니까?

Ski/Skateboard fahren? 스키/스케이트보드를 탈 줄 압니까?
(der Ski [ʃi:] 〈-s, -/-er〉 스키)

Tennis spielen? 테니스를 칠 줄 압니까?
(운동 종목 앞에 관사를 사용하지 않음: Ich spiele gern Fußball. 나는 축구하는 것을 좋아한다.)

Flöte spielen? 피리를 불 수 있습니까?
(die Flöte ['flø:tə] 〈명사, -, -n〉 피리; '악기를 연주하다'라고 말할 때 악기 앞에 관사를 사용하지 않음; Er spielt sehr gut Klavier. 그는 피아노를 잘 친다.)

gut tanzen? 춤을 잘 출 수 있습니까?

gut singen? 노래를 잘 부를 수 있습니까?

gut malen? 그림을 잘 그릴 수 있습니까?

B: - Ja, ich kann ... . 네, …할 수 있습니다/할 줄 압니다.

Fahrrad fahren. 자전거를 탈 줄 압니다.

gut singen. 노래를 잘 부를 수 있습니다.

- Nein, ich kann nicht ... . 아니오, …할 수 없습니다/할 줄 모릅니다.

Tennis spielen. 테니스를 칠 줄 모릅니다.

gut tanzen. 춤을 잘 출 줄 모릅니다.

02 상황의 허용 여부 묻고 답하기

A: Können Sie ... ? …할 수 있습니까?

mir helfen? 나를 도와줄 수 있습니까?

morgen kommen? 내일 오실 수 있습니까?
um sieben Uhr hier sein? 7시까지 이곳으로 올 수 있습니까?

B: - Ja, ich kann Ihnen helfen. 도와드릴 수 있습니다.
morgen kommen. 내일 올 수 있습니다.

- Nein, ich kann Ihnen leider nicht helfen. 유감스럽지만 도와드릴 수 없습니다.
(leider ['laidɐ] 유감스럽게도 (영어: unfortunately / I'm afraid ...))

um sieben Uhr leider nicht hier sein.
7시에 여기에 올 수 없습니다.

03 요청하기

Können Sie bitte ... ? …해주실 수 있습니까?

bitte langsam sprechen? 천천히 말씀해주실 수 있겠습니까?
mir bitte helfen? 나를 좀 도와주시겠습니까? (대명사는 앞쪽으로)
morgen bitte kommen? 내일 좀 와주시겠습니까?
das bitte erklären? 그것을 설명해주실 수 있겠습니까? (대명사는 앞쪽으로)

04 전화 통화에 유용한 표현

Kann ich bitte (mit) ... sprechen? …와 통화할 수 있을까요?
Bleiben Sie bitte am Apparat. (전화를 끊지 말고) 기다리세요.
Können Sie ... 〈3격〉 bitte etwas ausrichten? …에게 말을 좀 전달해 줄 수 있습니까?
Kann ich für ... 〈4격〉 eine Nachricht hinterlassen? …에게 메모를 남겨도 될까요?
Kann ich später/in zehn Minuten zurückrufen?
나중에/10분 뒤에 전화 드려도 될까요?
Entschuldigung, ich habe mich verwählt. 죄송합니다. 전화를 잘못 걸었습니다.

활용 연습

1 빈칸에 알맞은 können의 형태를 적으시오.

(1) 주어의 능력

① A: __________ du Klavier spielen?

B: Ja, ich __________ Klavier spielen.

(das Klavier [kla'vi:ɐ̯] 〈-s, -e〉 피아노)

② A: __________ er Go spielen?

B: Ja, er __________ ziemlich gut Go spielen.

(das Go [go] 바둑; ziemlich ['tsi:mlɪç] 〈부사〉 꽤, 제법)

③ A: __________ Sie gut tanzen?

B: Leider nicht. Ich tanze zwar gern, aber ich __________ nicht gut tanzen.

(zwar ...., aber ... …은 사실이지만, …은 아니다)

④ A: __________ das Kind schon lesen?

B: Nein, es __________ noch nicht lesen.

(2) 상황의 허용·가능

① A: __________ ich Ihnen helfen?

B: Ja, bitte. Das ist nett von Ihnen. (영어 : That is nice of you.)

② A: __________ du morgen ins Büro kommen?

B: Nein, morgen __________ ich leider nicht kommen. Ich habe einen Termin. (der Termin [tɛr'mi:n] 〈-s, -e〉 시점, 약속)

③ A: __________ ihr am Wochenende zu uns kommen?

B: Ja, gerne.

④ A: __________ man hier aussteigen?

B: Moment, hier __________ man nicht halten.

(aussteigen ['ausʃtaɪgn̩] 내리다, halten ['haltn̩] 정차하다)

⑤ A: Warum schläfst du noch nicht?

B: Ich __________ einfach nicht einschlafen. Es ist zu laut hier!

(schlafen ['ʃla:fn̩] 잠자다, einschlafen ['ainʃla:fn̩] 잠들다; zu [tsu:] 너무 (영어: too); laut 시끄러운)

⑥ A: __________ ich dich mal kurz sprechen?

B: Tut mir leid, jetzt nicht. Ich habe es eilig.

(es eilig haben 바쁘다; es는 상황을 나타내는 말로 haben의 목적어)

(3) 공손한 요청

① A: Ich verstehe diesen Satz nicht.

B: __________ du mir vielleicht die Grammatik erklären?

(diesen은 dieser의 4격. dieser ['di:zɐ] 이, 이것; verstehen [fɛɐ̯'ʃte:ən] 이해하다; erklären [ɛɐ̯'klɛ:rən] 설명하다)

② A: Fahrt ihr in die Stadt? __________ ihr mich dann bitte mitnehmen?

B: Ja, wir nehmen dich gern mit. (jn. mitnehmen 누구를 데리고 가다)

③ A: __________ Sie mir bitte Ihre Adresse geben?

B: Ja, hier ist meine Adresse.

④ A: __________ ich mal kurz deinen Kugelschreiber haben?

B: Kein Problem. Hier bitte. (der Kugelschreiber ['ku:gl̩ʃraibɐ] ⟨-s, -⟩ 볼펜)

(4) 허락을 말할 때

① A: Hast du vielleicht dein Ladegerät dabei? Mein Handy-Akku ist leer.

B: Nein, leider nicht. Aber du __________ gern mein Handy benutzen.

(das Ladegerät ['la:dəgərɛ:t] ⟨-(e)s, -e⟩ 충전; der Akku ['aku] ⟨-s, -s⟩ 배터리; leer 빈; benutzen [bə'nʊtsn̩] 사용하다

② A: Das Buch ist sehr interessant.

B: Findest du? Du __________ es gern nach Hause mitnehmen und in Ruhe lesen.

(finden ['fɪndn̩] …라고 생각하다; et. mitnehmen 가지고 가다; in Ruhe 차분히; die Ruhe ['ru:ə] ⟨-, 항상 단수⟩ 안정)

2 다음 대화를 듣고 빈칸을 채우시오.

A: __________ ich __________ Ihren Namen und Ihre Adresse __________?

B: Ich __________ Jochen Waldmann. Meine Adresse __________ Beethovenstraße __________, __________ Leipzig.

A: __________ ich __________ auch Ihre Telefonnummer __________?

B: Ja, die Nummer ist __________ __________.

3 다음 글에서 잘못된 부분을 고치시오.

Herr Kim bittet Frau Meier ihr Telefonnummer. Sie gebt ihn ihr Büronummer und auch ihr Handynummer. Herr Kim ist noch nicht lang aus Deutschland und hat schon kein Handy. Daher er gebt Frau Meier sein E-Mail-Adresse. Frau Meier benutzt WatsApp. Sie sagt, sie kann schicken ihn über WhatsApp eine SMS. Aber Herr Kim benutzt nur Kakao Talk. Frau Meier kennt nicht Kakao Talk. Kakao Talk man kann auch aus Deutschland herunterladen und benutzen. Frau Meier ist auch mit Facebook. Herr Kim hat zwar ein Facebook-Konto, und benutzt er Facebook nicht so oft.

4 다음 우리말을 독일어로 옮기시오.

(1) 저 좀 도와주실 수 있을까요?
- 네, 무엇을 도와드릴까요(제게 당신을 위해서 무엇을 할 수 있을까요)?

➡ ______________________________

____

(2) 너 내일 사무실에 올 수 있니?

- 아니, 내일은 유감스럽게도 올 수 없어.

➡ ______________________________

____

(3) 너 혹시 충전기 가지고 있니? 내 핸드폰 배터리가 다 되었어.

- 아니, 유감스럽게도 없어. 하지만 내 핸드폰 사용해도 좋아.

➡ ______________________________

____

(4) 혹시 페이스북도 하세요?

- 예, 그러나 페이스북에 자주 들어가지는 않아요.

➡ ______________________________

____

(5) 내가 잠깐 너하고 이야기 좀 할 수 있을까?

- 미안하지만(유감이지만), 지금은 안 돼. 바빠.

➡ ______________________________

____

자세히 들여다보기

01 낱말 익히기

(1) 합성어 -nummer

die Telefonnummer 전화번호 — das Telefon [tele'fo:n /'te:lefo:n] 전화기
die Handynummer 핸드폰 번호 — das Handy ['hɛndɪ] 핸드폰
die Büronummer 사무실 전화번호 — das Büro [by'ro:] 사무실
die Privatnummer 집 전화번호 — privat [pri'va:t] 사적인
die Vorwahlnummer 지역번호 — die Vorwahl ['fo:ɐ̯va:l] 우선 선택
die Anschlussnummer 내선(연결)번호 — der Anschluss ['anʃlʊs] 연결

(2) 형용사 반대말

billig 싼 ↔ teuer 비싼
breit (폭이) 넓은 ↔ eng (폭이) 좁은, schmal 좁은
groß 큰 ↔ klein 작은
interessant 재미있는 ↔ langweilig 지루한
jung 젊은 ↔ alt 늙은
kalt 차가운 ↔ warm 따뜻한
lang 긴 ↔ kurz 짧은
reich 부유한 ↔ arm 가난한
schön 아름다운 ↔ hässlich 추한

(3) 형용사를 수식하는 부사

sehr 매우
➡ Maria ist sehr schön. 마리아는 매우 예쁘다.

ziemlich 상당히, 꽤
➡ Sie ist ziemlich reich. 그녀는 꽤 부자다.

ein bisschen 약간

➡ Der Film ist ein bisschen langweilig. 그 영화는 약간 지루하다.

zu 너무

➡ Er spricht zu schnell und zu viel. 그는 너무 빨리 그리고 너무 많이 말한다.

(4) 상관접속사(두 개 이상의 말이 연계된 접속사)

zwar ..., aber ... 비록 ~이긴 하지만, …

➡ Er ist zwar klug, aber faul. 그가 비록 영리하긴 하지만, 게으르다.

nicht ..., sondern ... … 아니라, …

➡ Er studiert nicht Anglistik, sondern Germanistik.
그는 영어영문학이 아니라 독어독문학을 전공한다.

nicht nur ..., sondern auch ... …뿐만 아니라, …도

➡ Er spricht nicht nur gut Englisch, sondern auch Deutsch.
그는 영어뿐만 아니라 독일어로 잘 말한다.

sowohl ... als auch ... …은 물론 …도

➡ Er ist sowohl Sänger als auch Schauspieler.
그는 가수일 뿐만 아니라 영화배우이기도 하다

02 전화번호 말하기

숫자를 한 자리씩 말하기도 하고, 두 자리씩 모아서 말하기도 한다.

(1) 한 자리 수로 읽기

234568 ➡ zwei drei vier fünf sechs acht

(2) 두 자리 수로 묶어서 읽기

23 45 68 ➡ dreiundzwanzig fünfundvierzig achtundsechzig

(3) 지역번호(die Vorwahl)는 보통 한 자리씩 말한다.

0251 73 45 87 ➡ (Vorwahl) null zwei fünf eins, dreiundsiebzig fünfundvierzig siebenundachtzig

03 이메일 주소 말하기

이메일 주소는 보통 철자 단위로 말한다. @는 독일어에서도 보통 영어의 at로 발음한다.

f_schneider@gmail.com
f Unterstrich schneider at gmail Punkt com

04 주요 부호 읽기

.	Punkt
,	Komma
:	Doppelpunkt
;	Strichpunkt
-	Bindestrich (t-online). Bindestrich 대신 Minus라고도 함
_	Unterstrich (G_kahn)
/	Schrägstrich (http// ...)
( )	(runde) Klammer
[ ]	eckige Klammer
〈 〉	spitze Klammer
@	Klammeraffe, at (영어)

Lektion 11

Darf ich diesen Mantel einmal anprobieren?

01 화법조동사 dürfen
02 Wie + 〈형용사/부사〉
03 명사를 수식하는 형용사(부가적 용법)의 1·4격 어미변화

01 화법조동사 dürfen

화법조동사 dürfen ['dʏrfn̩ 뒤ㄹ팬]의 현재시제 인칭변화

ich	darf	wir	dürfen
du	darfst	ihr	dürft
Sie	dürfen	Sie	dürfen
er sie es	darf	sie	dürfen

화법조동사 dürfen의 기능 : 〈허락〉 …해도 되다

A: Darf ich Sie etwas fragen? 뭐 좀 여쭤 봐도 될까요?
(fragen ['fra:gn̩] 묻다)

B: Natürlich. Was gibt es denn? 물론이죠. 뭔데요?
(natürlich [na'ty:ɐ̯lɪç] 물론, 당연히)

A: Darf ich dich kurz stören / unterbrechen? 잠깐 방해해도 될까?
(stören ['ʃtø:rən] 방해하다 / unterbrechen [ʊntɐ'brɛçn̩] 중단시키다)

B: Ja, bitte. 그래.

A: Darf ich mal die Toilette benutzen? 화장실 좀 사용해도 될까요?

B: Ja, natürlich. Das dürfen Sie. 네, 물론이죠. 그렇게 하세요.
(문맥상 의미가 분명할 때 화법조동사가 다른 동사 없이 본동사로 사용될 수 있음. 목적어 das는 앞 문장의 일부인 'die Toilette benutzen'을 의미함.)

02 Wie + 〈형용사/부사〉: 얼마나 〈형용사/부사〉 …?

A: Wie alt bist du? 너는 나이가 몇이니?

(alt 오래된, 나이가 …인 ↔ neu 새로운)

B: Ich bin vierundzwanzig Jahre alt. 24살이야.

A: Wie groß bist du? 너는 키가 얼마냐?

(groß 큰, 신장이 …인 ↔ klein 작은)

B: Ich bin 1,65 (eins fünfundsechzig) groß. 165야.

A: Wie schwer bist du? 너는 몸무게가 얼마냐?

(schwer 무거운, 체중이 …인 ↔ leicht 가벼운)

B: Ich bin 63 (dreiundsechzig) Kilo schwer. 63킬로야.

A: Wie teuer ist dieser Wein? 이 와인이 얼마지?

(teuer 비싼 ↔ billig 싼)

B: Eine Flasche kostet 39 (neununddreißig) Euro. 한 병에 39유로야.

(kosten 가격이 …·이다)

A: Wie viel kostet der Flug? 그 비행기 운임이 얼마지?

B: Der Flug kostet nur 100 Euro. 단지 100유로야.

A: Wie oft treibst du Sport? 너는 얼마나 자주 운동을 하니?

(oft 자주; treiben ['traibn̩] 행하다, Sport treiben 운동하다)

B: Ich treibe dreimal pro Woche Sport. 주당 세 번 운동을 한다.

(pro [pro:] 〈4격 요구 전치사〉 매, …마다)

A: Wie schnell ist dieses Auto? 이 자동차는 얼마나 빠르지?

(schnell 빠른 ↔ langsam 느린)

B: Dieses Auto fährt bis zu 300 Stundenkilometer (km/h).

이 자동차는 시속 300km까지 달린다.

(bis zu …까지; der Stundenkilometer ['ʃtʊndn̩kilo'me:tɐ] 시속)

03 명사를 수식하는 형용사(부가적 용법)의 1·4격 어미변화

수식하는 명사의 성·수·격에 따라 어미변화 한다.

(1) 〈형용사 + 명사〉의 경우 강변화

명사 앞에 관사가 오지 않을 경우, 특정관사의 어미가 형용사 어미로 나타남.

〈형용사 + 명사〉의 경우: 강변화

	남성명사	여성명사	중성명사	복수명사
1격	der Mantel schöner Mantel	die Bluse schöne Bluse	das Kleid schönes Kleid	die Schuhe schöne Schuhe
4격	den Mantel schönen Mantel	die Bluse schöne Bluse	das Kleid schönes Kleid	die Schuhe schöne Schuhe

(2) 〈특정관사 + 형용사 + 명사〉의 경우 약변화

형용사 앞에 특정관사가 오면, 명사의 격 표시는 특정관사에 나타난다. 따라서 형용사에는 명사의 격을 표시하는 별도의 표시가 나오지 않고, -e 또는 -en이 어미로 나타남.

〈특정관사 + 형용사 + 명사〉의 경우: 약변화

	남성명사	여성명사	중성명사	복수명사
1격	der schöne Mantel	die schöne Bluse	das schöne Kleid	die schönen Schuhe
4격	den schönen Mantel	die schöne Bluse	das schöne Kleid	die schönen Schuhe

d**er** schön**e** Mantel

1격 표시 약변화 어미

d**en** schön**en** Mantel

4격 표시 약변화 어미

(3) 〈불특정관사/소유관사/부정관사 + 형용사 + 명사〉의 경우 혼합변화

불특정관사(ein-), 소유관사(mein-), 부정관사(kein-) 등에 특정관사(d-)의 어미가 나타나면, 형용사는 약변화 어미인 -e 또는 -en을 취하고(약변화), 특정관사의 어미가 나타나지 않으면(남성 1격, 중성 1, 4격) 강변화 어미(특정관사의 어미)를 취함(강변화). 이처럼 약변화와 강변화가 혼합되어 나타나기 때문에 혼합변화라고 함.

〈불특정관사/소유관사 +형용사 + 명사〉의 경우: 혼합변화

	남성명사	여성명사	중성명사	복수명사
1격	der Mantel ein neuer Mantel mein neuer Mantel	die Bluse eine neue Bluse meine neue Bluse	das Kleid ein neues Kleid mein neues Kleid	die Schuhe neue Schuhe meine neuen Schuhe
4격	den Mantel einen neuen Mantel meinen neuen Mantel	die Bluse eine neue Bluse meine neue Bluse	das Kleid ein neues Kleid mein neues Kleid	die Schuhe neue Schuhe meine neuen Schuhe

ein neu**er** Mantel
1격 표시·강변화 어미

(명사의 격표시가 불특정관사 ein에 나타나지 않았기 때문에 형용사 강변화 어미에 나타남.)

mein neu**er** Mantel
1격 표시·강변화 어미

(명사의 격표시가 소유관사 mein에 나타나지 않았기 때문에 형용사 강변화 어미에 나타남.)

ein neu**es** Kleid
1·4격 표시·강변화 어미

(명사의 격표시가 불특정관사 ein에 나타나지 않았기 때문에 형용사 강변화 어미에 나타남.)

mein neu**es** Kleid
1·4격 표시·강변화 어미

(명사의 격표시가 소유관사 mein에 나타나지 않았기 때문에 형용사 강변화 어미에 나타남.)

mein**e** neu**en** Schuhe
1·4격 표시 약변화 어미

(명사의 격표시가 소유관사 mein-에 나타났기 때문에 형용사 약변화 어미에 나타남.)

기본 대화

Was für einen Mantel suchen Sie denn?

Verkäuferin	Guten Tag. Kann ich Ihnen helfen? 구-탠 타-ㅋㅋ 칸 잉히 이-낸 핼팬
Peter	Ich suche einen Mantel. 잉히 주-ㄱ해 아이낸 만탤
Verkäuferin	Was für einen Mantel suchen Sie denn? 밧-ㅅ 퓌어 아이낸 만탤 주-ㄱ핸 지- 댄
	Einen sportlichen oder einen eleganten Mantel? 아이낸 쉽포ㄹ틀릭핸 오-더 아이낸 엘레간탠 만탤
Peter	Einen sportlichen. 아이낸 쉽포ㄹ틀릭핸
Verkäuferin	Wie finden Sie diesen schwarzen Mantel? 비- 핀댄 지- 디-잰 쉬바릏챈 만탤
Peter	Schön. Der sieht wirklich gut aus. 쇠-ㄴ 데-어 지-ㅌㅌ 비ㄹ클릭히 구-ㅌㅌ 아웃ㅅ
	Darf ich den Mantel einmal anprobieren? 다릎ㅍ 잉히 데-ㄴ 만탤 아인마-ㄹ 안ㅍ로비-랜
Verkäuferin	Natürlich. Aber ich glaube, dieser Mantel ist für Sie zu kurz. 나튀-얼릭히 아-버 잉히 글라우배 디-저 만탤 잇ㅅㅌ 퓌어 지- ㅌ추- 쿠릍ㅊ
	Wie groß sind Sie denn? Eins achtzig? 비- 그로-ㅅㅅ 진ㅌ 지- 댄 아인ㅅ 악흩ㅌ칭히
Peter	Nee, so groß bin ich nicht. Ich bin 1,75 groß. 네- 조- ㄱ로-ㅅㅅ 빈 잉히 닣힡ㅌ 잉히 빈 아인ㅅ 퓐ㅍ운ㅌ지-ㅍㅌ칭히 ㄱ로-ㅅㅅ
Verkäuferin	Dann kann er Ihnen passen. 단 칸 에-어 이-낸 팟샌
	Probieren Sie ihn doch einmal an. ㅍ로비-랜 지- 이-ㄴ 독ㅎ 아인말 안

Peter	Der passt prima. 데-어 팟ㅅㅌ 프리-마
Verkäuferin	Und er steht Ihnen auch prima. 운ㅌ 에-어 쉩테-ㅌㅌ 이-낸 아욱ㅎ 프리-마
Peter	Finden Sie? Ich nehme ihn! 핀댄 지- 잏히 네-매 이-ㄴ

해설

① Guten Tag. Kann ich Ihnen helfen?

안녕하세요. 도와드릴까요(제가 당신을 도와드릴 수 있을까요)?

② Ich suche einen Mantel. 외투를 찾고 있습니다.

- suchen ['zu:xn̩] 〈타동사〉 (누가 또는 무엇이 어디에 있는지) 찾(아보)다
- der Mantel ['mantl̩] 〈-s, Mäntel ['mɛntl̩]〉 외투, 코트

③ Was für einen Mantel suchen Sie denn? 어떤 외투를 찾으시는데요?

- was für ein- [vas fy:ɐ̯ ain] (특질이) 어떤, 무슨 (영어: what kind of)

④ Einen sportlichen oder einen eleganten Mantel?

스포티한 외투인가요 아니면 우아한(점잖은) 외투인가요?

- sportlich ['ʃpɔrtlɪç] 〈형용사〉 스포티한
- elegant [ele'gant] 〈형용사〉 우아한, 점잖은

⑤ Einen sportlichen. 스포티한 것요.

- (Ich suche) Einen sportlichen (Mantel). ( ) 속에 있는 말들이 생략됨.

⑥ Wie finden Sie diesen schwarzen Mantel? 이 검은 색 외투 어때요?

- finden ['fɪndn̩] ① 〈4격 목적어 요구 동사〉 (…을) 발견하다 ② 〈jn./et.[4] irgendwie finden〉 누가/무엇이 어떻다고 생각하다

⑦ Schön. Der sieht wirklich gut aus. 예쁩니다. 정말 좋아 보입니다.

- aussehen ['ausze:ən] 〈분리동사: sieht ... aus〉 … 보이다

⑧ Darf ich den Mantel einmal anprobieren? 이 외투 한번 입어 봐도 돼요?

- einmal ['ainma:l] 〈부사〉 한 번
- anprobieren ['anprobi:rən] 〈분리·타동사: er probiert ... an〉 (옷을) 입어보다, Probieren Sie diese drei Hosen an. 이 바지 3개를 입어보세요.

⑨ Natürlich. Aber ich glaube, dieser Mantel ist für Sie zu kurz.

물론이죠. 그러나 이 외투는 당신에게 너무 짧을 것 같습니다.

• ich glaube …라고 생각한다. glauben ['glaubn̩] 생각하다. 믿다

⑩ Wie groß sind Sie denn? Eins achtzig? 신장이 얼마나 되죠? 180cm?

• Eins achtzig(1,80)는 1m 80cm를 말하는 것임. 독일에서는 소수점(.) 대신에 쉼표(,)를 사용함. Ein Meter achtzig(1,80m)라고도 함. 그러나 180(hundertachtzig)이라고는 하지 않음. 가격을 말할 때도 3,50 Euro를 단위인 Euro를 빼고 drei (Euro) fünfzig라고 말할 수 있음.

⑪ Nee, so groß bin ich nicht. Ich bin 1,75m groß. 아뇨, 그렇게 크지 않습니다. 175cm입니다.

• 1,75m groß = einen Meter fünfundsiebzig = eins fünfundsiebzig (groß)

⑫ Dann kann er Ihnen passen. 그러면 맞을 거예요.

• passen ['pasn̩] (치수가) 맞다

⑬ Probieren Sie ihn doch einmal an. 한번 입어보세요.

• doch [dɔx] 〈어조사〉 (권유하는 뜻) … 해보시죠

⑭ Der passt prima. 아주 잘 맞습니다.

• prima ['pri:ma] 〈형용사, 어미변화 하지 않음〉 매우 좋은 (sehr gut)

⑮ Und er steht Ihnen auch prima. 아주 잘 어울리기도 합니다.

• stehen ['ʃte:ən] 〈동사〉 et. steht jm. gut 무엇이 누구에게 잘 어울리다

⑯ Finden Sie? Ich nehme ihn! 그래요? 이것으로 할게요.

• nehmen ['ne:mən] 〈동사〉 (살 물건으로) 취하다 (영어: take)

텍스트 완성하기

대화문의 내용과 일치하도록 빈칸을 채우시오.

Peter braucht ______ ______ Mantel. Er geht _____ Kaufhaus. In der Männerabteilung fragt _____ eine Verkäuferin: „Kann ich _____ helfen?“ „Ja,“ antwortet Peter, „ich suche ______ __________ Mantel.“ Die Verkäuferin zeigt _____ ______ __________ Mantel. Peter findet _____ schön. Er fragt: „Darf ich _____ anprobieren?“ Natürlich _____ er _____ anprobieren. Er probiert _____ _____. _____ Mantel gefällt _____. _____ steht _____ wirklich _____. Er kauft _____ sofort.

유용한 표현

01 찾는 물건 말하기

Ich suche ... 〈4격 목적어〉 …을 찾습니다

Ich suche einen kurzen / langen Rock. 짧은/긴 치마를
(der Rock [rɔk] 〈-(e)s, Röcke〉 치마)

einen eleganten / leichten Schal. 우아한/가벼운 목도리를
(der Schal [ʃa:l] 〈-s, -s/-e〉 목도리)

einen dunklen / hellen Anzug. 어두운/밝은 색 양복을
(der Anzug ['antsu:k] 〈-(e)s, -züge〉 양복

ein dunkles / helles Kostüm. 어두운/밝은 색 투피스를
(das Kostüm [kɔs'ty:m] 〈-s, -e〉 투피스)

eine dünne / dicke Jacke. 얇은/두꺼운 잠바를
(die Jacke ['jakə] 〈-, -n〉 상의, 잠바, 반코트)

ein weißes / schwarzes Hemd. 흰/검은 색 셔츠를
(das Hemd [hɛmt] 〈-(e)s, -en〉 셔츠)

einen leichten / warmen Pullover 가벼운/따뜻한 스웨터를
(der Pullover [pʊ'lo:vɐ] 〈-s, -〉 (머리 위로 입는) 스웨터)

eine sportliche / bequeme Hose. 스포티한/편안한 바지를
(die Hose ['ho:zə] 〈-, -n〉 바지)

bequeme Turnschuhe. 편안한 운동화를
(der Turnschuh ['tʊrnʃu:] 〈-s, -e〉 운동화)

dicke / dünne Socken. 두꺼운/얇은 양말을
(die Socke ['zɔkə] 〈-, -n〉 양말)

lange Stiefel. 긴 장화/부츠를
(kurze Stiefeletten 목이 짧은 부츠, der Stiefel ['ʃti:fəl] 〈-s, -〉 장화, 부츠)

02 사물의 유형 묻고 말하기

Was für ein- ...? 어떤 …?

A: Was für einen Hut suchen Sie? 어떤 모자를 찾으십니까?
B: Ich suche einen warmen Hut. 따뜻한 모자를 찾습니다.

A: Was für eine Jacke suchen Sie? 어떤 잠바를 찾습니까?
B: Ich suche eine sportliche Jacke. 스포티한 잠바를 찾습니다.

A: Was für ein Hemd suchen Sie? 어떤 셔츠를 찾습니까?
B: Ich suche ein einfarbiges Hemd. 단색 셔츠를 찾습니다.

A: Was für Stiefel suchen Sie? 어떤 부츠를 찾습니까?
B: Ich suche lange Stiefel. 긴 부츠를 찾습니다.

03 허락/양해 구하기

Darf ich ...? … 해도 될까요?

Darf ich mal sehen? 한번 봐도 될까요?
Sie etwas fragen? 무엇을 물어봐도 될까요?
(jn.[4] et.[4] fragen (4격 목적어를 두 개 취함) 누구에게 무엇에 대하여 묻다)
Sie einladen? 초대해도 될까요?
Sie nach Hause bringen? 집으로 모셔다 드려도 될까요?
(jn. irgendwohin bringen 누구를 어디로 데려다 주다)

A: Darf ich diesen Mantel einmal anprobieren? 이 코트 한번 입어 봐도 돼요?
B: Natürlich, probieren Sie ihn ruhig an. 물론이죠. 어서 입어보세요.
(ruhig ['ru:ɪç] ① 차분히, 조용히 ② 〈걱정 말고 무엇을 해도 좋다는 의미로〉 마음 놓고 (어서), Sie können mich ruhig zu Hause anrufen. 제게 집으로 전화해도 좋습니다.)

04 의견 묻고 답하기

(1) Wie finden Sie + 〈4격 목적어〉? : 〈4격 목적어〉를 어떻게 생각하세요?/가 어때요?

Wie finden Sie diese blaue Bluse? 이 파란색 블라우스를 어떻게 생각합니까?
diesen langen Mantel? 이 긴 외투를
dieses Kleid? 이 원피스를

(2) Ich finde + 〈4격 목적어〉 + 〈형용사〉. : 〈4격 목적어〉가 〈형용사〉하다고 생각하다.

Ich finde diese blaue Bluse schön. 이 파란 블라우스가 예쁘다고 생각합니다.
(die Bluse ['blu:zə] 〈-, -n〉 블라우스)

diesen langen Mantel unpraktisch. 이 긴 외투가 비실용적이라고
(praktisch 실용적인 - unpraktisch 비실용적인)

das Kleid schick. 나는 이 원피스가 멋지다고
(schick [ʃɪk] 멋진)

das Buch interessant. 그 책이 재미있다고 생각한다.
den Film spannend. 그 영화가 흥미진진하다고 생각한다.

A: Wie findest du meinen Vorschlag? 내 제안이 어때?
B: Ich finde deinen Vorschlag gut. 너의 제안이 좋다고 생각해.

A: Wie findest du meine Idee? 내 아이디어 어때?
B: Ich finde deine Idee gut. 너의 아이디어가 좋다고 생각해.

A: Wie findest du meinen neuen Freund? 내 새 (남자)친구를 어떻게 생각해?
B: Ich finde ihn nett. 좋은 것 같아.
ihn langweilig. 따분한 것 같아.

05 마음에 드는지 묻고 답하기

(1) Wie gefällt Ihnen / dir + ... ? …가 마음에 듭니까? (…가 어때요?)
3격 목적어 주어

Wie gefällt Ihnen / dir die blaue Bluse? 그 파란 블라우스가
die gelbe Bluse? 그 노란 블라우스가
der lange Mantel? 그 롱코트가
der dicke Mantel? 그 두터운 외투가
das helle Kostüm? 그 밝은 색 투피스가
das dunkle Kostüm? 그 어두운 색 투피스가
der kurze Rock? 그 짧은 치마가
der lange Rock? 그 긴 치마가
das weiße Hemd? 그 흰 셔츠가
das schwarze Hemd? 그 검은 셔츠가
die bunte Krawatte? 그 알록달록한 넥타이가
(die Krawatte [kra'vatə] 〈-, -n〉 넥타이)

die einfarbige Krawatte? 그 단색의 넥타이가

Wie gefallen Ihnen / dir die flachen Schuhe? 그 굽 낮은 신발이
die hochhackigen Schuhe? 그 굽 높은 신발이

(2) Der/Die/Das ... gefällt mir (gut). …이 내 마음에 듭니다.
Der/Die/Das ... gefällt mir sehr (gut). …이 매우 내 마음에 듭니다.
Der/Die/Das ... gefällt mir besonders gut. …이 특히 내 마음에 듭니다.
Der/Die/Das ... gefällt mir nicht (gut). …이 내 마음에 들지 않습니다.
Der/Die/Das ... gefällt mir nicht so/besonders gut. …이 그 다지 내 마음에 듭니다.
Der/Die/Das ... gefällt mir überhaupt nicht. …이 전혀 내 마음에 들지 않습니다.

Die ...〈복수명사〉 gefallen mir gut. …(들)이 내 마음에 듭니다.

06 나이·신장·체중 묻고 답하기

A: Wie alt sind Sie? 나이가 몇 살입니까?

B: Ich bin zweiunddreißig (Jahre alt). 32살입니다.

A: Wie groß sind Sie? 신장이 얼마입니까?

B: Ich bin einen Meter sechsundsiebzig/eins sechsundsiebzig groß.
176센티미터입니다.
(주의: 독일에서는 신장을 cm 단위로 말하지 않음. 형용사 groß 앞에 오는 수치가 부사어이어야 하기 때문에 명사 4격인 einen Meter가 옴.)

A: Wie schwer sind Sie? 몸무게가 얼마나 됩니까?

B: Ich bin achtundsechzig Kilo schwer. 68킬로그램입니다.

활용 연습

1 **다음 빈칸에 화법조동사 dürfen의 알맞은 형태를 적으시오.**

(1) A: __________ ich Sie zum Essen einladen?

B: Ja, das ist aber nett! Sie __________ mich gern zum Essen einladen.

(jn. zum Essen einladen 누구를 식사에 초대하다)

(2) A: __________ wir jetzt nach Hause gehen?

B: Nein, wir sind noch nicht ganz fertig. Ihr __________ noch nicht nach Hause gehen.

(fertig sein 일을 마치다)

(3) A: __________ Markus heute bei uns übernachten?

B: Ja, er __________ bei uns übernachten.

(übernachten [y:bɐ'naxtn̩] (어디에서) 묵다)

(4) A: __________ du schon Bier trinken?

B: Nein, ich __________ noch keinen Alkohol trinken. Ich bin noch minderjährig.

(minderjährig ['mɪndɐjɛ:rɪç] 미성년의 ↔ volljährig ['fɔljɛ:rɪç] 성년의)

(5) A: __________ wir heute nach der Schule ins Kino gehen?

B: Ja, ihr __________ ins Kino gehen.

(6) A: __________ man hier rauchen?

B: Nein, hier __________ man nicht rauchen. Da drüben gibt es eine Raucherzone.

(die Raucherzone ['rauxɐtso:nə] 흡연구역)

(7) A: __________ ich den Anzug anprobieren?

B: Natürlich! Probieren Sie ihn ruhig an. / Sie __________ ihn gern anprobieren.

(anprobieren (옷을) 입어보다, (신을) 신어보다)

(8) Morgen habt ihr keine Schule. Ihr __________ heute spät ins Bett gehen.

(9) Sie haben Fieber. Sie __________ nicht schwimmen gehen.

(das Fieber 열, Fieber haben 열이 있다; schwimmen gehen 수영하러 가다)

(10) Ich weiß, du bist gerade auf Diät. Aber ein Stückchen Kuchen __________ du doch nehmen.

(auf Diät [di'ɛ:t] sein 다이어트 중이다, eine Diät machen 다이어트를 하다; das Stückchen 작은 조각 ← das Stück 조각 + -chen 축소 접미어; der Kuchen 케이크)

2 다음 문맥에 알맞은 형용사를 적으시오.

(1) A: Wie __________ sind Sie?

B: Ich bin 41 Jahre __________.

(2) A: Wie __________ sind Sie?

B: Ich bin 1,65m __________.

(3) A: Wie __________ sind Sie?

B: Ich bin 54kg __________.

3 빈칸에 알맞은 관사 또는 형용사의 어미를 적으시오.

(was für ein- 어떤 유형의, ein-의 어미는 뒤에 오는 명사의 성·수·격에 따라서 결정됨)

(1) A: Was für ein_____ Hut suchen Sie?

B: Ich suche ein_____ warm_____, schwarz_____ Hut.

(2) A: Was für ein_____ Hose suchen Sie?

B: Ich suche ein_____ dünn_____, sportlich_____ Hose.

(3) A: Was für ein_____ Kleid suchen Sie?

B: Ich suche ein_____ bequem_____, lang_____ Kleid.

(4) A: Was für Schuhe suchen Sie?

B: Ich suche schick_____, flach_____ Schuhe.

(der Schuh [ʃu:] -, -e 신발, 복수명사 앞에서는 ein- 없이 was für …라고 한다, flach [flax] 굽이 없는/낮은 ↔ hochhackig ['ho:xhakɪç] 굽이 높은, hochhackige Schuhe, Schuhe mit hohen Absätzen 굽이 높은 신발

4 빈칸에 알맞은 형용사 어미를 적으시오.

(1) Der blau_____ Pulli ist schön.

(der Pulli ⟨der Pullover의 약칭⟩ (앞 단추가 없고 머리 위로 입는) 스웨터)

(2) Das ist mein neu_____ Wagen.

(der Wagen 자동차)

(3) Der groß_____ Herr ist ein berühmt_____ Schauspieler.

(4) Ich gebe dir meine neu_____ Handynummer.

(5) Er hat eine lang_____ Nase.

(die Nase 코)

(6) Morgen kommen meine alt_____ Freunde.

(7) A: Heute ist ein schön_____ Tag. Gehen wir spazieren?

B: Ja, das ist eine gut_____ Idee!

(8) A: Heute ist unser Hochzeitstag.

(der Hochzeitstag 결혼식 날, 기념일, die Hochzeit 결혼식)

B: Ach ja? Schenkst du deiner Frau rot_____ Rosen?

(die Rose 장미꽃)

A: Nein, ich schenke ihr einen schön_____ Ring.

(der Ring 반지)

5 다음 대화를 듣고 빈칸에 알맞은 말을 적으시오.

A: Guten Tag. __________ ich __________ helfen?

B: Ich __________ einen Pullover.

A: __________ __________ __________ Pullover suchen Sie denn?

B: Einen __________, aber __________ Pullover.

A: __________ __________ Ihnen dieser __________ Pullover?

Der ist sehr __________ und auch __________.

B: Gut. Der __________ wirklich __________ __________.

__________ ich __________ einmal anprobieren?

A: Gern(e). __________ Sie ihn ruhig __________.

6 다음 글에서 잘못된 부분을 고치시오.

Peter brauchen einen neu Mantel. Er geht im Kaufhaus. In der Männerabteilung fragt ihm eine Verkäuferin: „Könne ich Sie helfen?" „Ja," Peter antwortet, „ich suche einen sportlich Mantel." Die Verkäuferin zeigt ihn einen schwarz Mantel. Peter findet er schön. Er fragt: „Darf ich probieren ihn an?" Natürlich darft er probieren ihn an. Er probiert ihn an. Der Mantel gefällt ihn. Er steht ihn wirklich gut. Er kauft ihn sofort.

7 다음 우리말을 독일어로 옮기시오.

(1) 뭘 좀 여쭤 봐도 될까요?

➡ ____

(2) 화장실 좀 사용해도 될까요?

➡ ____

(3) 어떤 셔츠를 찾습니까?

- 흰 색 셔츠를 찾습니다.

➡ ____

____

(4) 이 파란색 블라우스 어때요?
- 그것은 그렇게 예쁘지는 않은 것 같아요.

➡ ______________________________

____

(5) 그 회색 모자가 당신에게 잘 어울립니다.

➡ ______________________________

(6) 이 코트 한 번 입어봐도 될까요?
- 물론이죠, 어서 입어보세요.

➡ ______________________________

____

(7) 얼마나 자주 운동을 하십니까?
- 일주일에 세 번 운동합니다.

➡ ______________________________

____

(8) 이 원피스 어때?
- 내 마음에 들어. 내게 잘 맞기도 해.

➡ ______________________________

____

(9) 너 저기 키가 큰 남자 분 알아?
- 응, 유명한 배우야.

➡ ______________________________

____

자세히 들여다보기

01 낱말 익히기

(1) 형용사 색채어 (Farbwörter)

weiß 흰색의
schwarz 검은색의
blau 파란색의
braun 갈색의
violett 자주색의
rosa 분홍색의
grau 회색의
gelb 노란색의
grün 초록색의
rot 빨간색의
lila 보라색의

(2) 의복 및 신발

der Anzug ['antsu:k] 〈-s, Anzüge〉 (남성용) 양복 (정장)
das Kostüm [kɔs'ty:m] 〈-s, -e〉 투피스
das Kleid [klait] 〈-(e)s, Kleider〉 원피스
die Jacke ['jakə] 〈-, -n〉 상의, 잠바, 반코트
das Jackett [ʒa'kɛt] 〈-s, -s〉 재킷
das / der Sakko ['zako] 〈-s, -s〉 콤비(양복) 상의, 마이
der Pullover [pʊ'lo:vɐ] 〈-s, -〉 (머리 위로 입는) 스웨터
die Hose ['ho:zə] 〈-, -n〉 바지
der Rock [rɔk] 〈-(e)s, Röcke〉 치마
das Hemd [hɛmt] 〈-(e)s, -en〉 셔츠
der Schal [ʃa:l] 〈-s, -s/-e〉 목도리

der Schuh [ʃu:] 〈-s, -e〉 신발
der Lederschuh ['le:dɐʃu:] 〈-s, -e〉 가죽 신발
der Turnschuh ['tʊrnʃu:] 〈-s, -e〉 운동화
der Handschuh ['hantʃu:] 〈-s, -e〉 장갑

die Socke ['zɔkə] 〈-, -n〉 양말

der Stiefel ['ʃti:fl̩] 〈-s, -〉 장화, 부츠

02 was für ein- 과 welch-의 차이

'was für (ein-)'은 '어떤 유형 또는 종류'를 물을 때 사용하고, 'welch-'는 '문제가 되는 몇 가지 중에서 어떤 것'을 물을 때 사용한다.

A: Was für ein Auto fährst du? 어떤 차를 타십니까?

B: Ich fahre einen Mercedes / Hyundai / VW.
저는 메르체데스/현대차/VW를 탑니다.
(자동차를 상표로 표현할 때는 남성 명사 취급: der Mercedes, der Hyungdai)

A: Welches Auto ist dein Auto? 어떤 차가 네 차이냐?

B: - Das rote Auto ist mein Auto. 빨간 차가 내 차야.
- Der rote Kia / Hyundai ist mein Auto. 빨간 기아/현대 차가 내 차야.

A: Welche Note hast du in Mathematik? 너는 수학에서 어떤 점수를 받았니?

B: In Mathematik habe ich eine Eins. 수학에서는 성적 1을 받았어.
(독일에서는 보통 Note 1-6를 사용하는데, Note 1(Eins)가 최고 점수임. 불특정관사 eine가 온 것은 die Note (평점)가 여성명사이기 때문)

A: Und was hast du in Chemie? 화학에서는 무엇을 받았니?

B: Eine Drei. Ich bin nicht gut in Chemie. 성적 3. 화학은 잘 못해.

03 passen과 stehen의 차이

passen은 '치수가 몸에 맞다'는 뜻이고, stehen은 '어울리다'는 뜻이다.

A: Passt Ihnen der Rock? 치마가 (치수가) 맞습니까?

B: Der Rock passt mir sehr gut. 치마가 제게 잘 맞습니다.

A: Schön. Er steht Ihnen auch sehr gut. 좋습니다. 잘 어울리기도 합니다.

Lektion 12

Ich möchte meinem deutschen Gast die Stadt zeigen.

01 화법조동사 möchten

02 3격 명사를 수식하는 형용사의 어미변화

기본 문법

01 화법조동사 möchten [···하고 싶다(mögen 동사의 접속법 2식 형태)]

〈möchten의 인칭변화〉

<table>
<tr><td>ich</td><td>möchte</td><td>wir</td><td>möchten</td></tr>
<tr><td>du</td><td>möchtest</td><td>ihr</td><td>möchtet</td></tr>
<tr><td>Sie</td><td>möchten</td><td>Sie</td><td>möchten</td></tr>
<tr><td>er</td><td rowspan="3">möchte</td><td rowspan="3">sie</td><td rowspan="3">möchten</td></tr>
<tr><td>sie</td></tr>
<tr><td>es</td></tr>
</table>

화법조동사 möchten의 기능 : 희망

A: Was möchten Sie trinken? 무엇을 마시고 싶습니까?
B: Ich möchte eine Tasse Tee trinken. 차 한 잔 마시고 싶습니다.

A: Was möchtest du essen? 무엇을 먹고 싶어?
B: Ich möchte nur einen kleinen Salat essen. 작은 샐러드 하나만 먹고 싶어.

A: Was möchtet ihr in den Ferien machen?
너희들은 방학 때 무엇을 하고 싶니?
B: Wir möchten jobben und Geld für eine Europareise verdienen.
우리는 아르바이트를 해서 유럽여행을 위한 돈을 벌고 싶다.

A: Was möchte sie nach dem Studium machen?
그녀는 대학 졸업 후 무엇을 하고 싶어하니?
B: Sie möchte bei der UNO arbeiten.
그녀는 유엔에서 일하고 싶어 한다.

02 3격 명사를 수식하는 형용사의 어미변화

관사를 취하지 않는 명사 앞에 오는 형용사에는 특정관사 3격의 어미가 붙고(강변화), 관사를 취하는 명사 앞에 오는 형용사에는 항상 -en이 나타난다(약변화). 관사에 3격 표시가 나타나기 때문이다.

	남성명사	여성명사	중성명사	복수명사
강변화	(dem Mann) jungem Mann	(der Frau) schöner Frau	(dem Kind) kleinem Kind	(den Freunden) guten Freunden
약변화	dem jungen Mann einem jungen Mann meinem jungen Mann	der schönen Frau einer schönen Frau meiner schönen Frau	dem kleinen Kind einem kleinen Kind meinem kleinen Kind	den guten Freunden - meinen guten Freunden

A: Wem möchtest du helfen? 너는 누구를 돕고 싶니?

B: Ich möchte **einem** arm**en** Kind helfen. 나는 한 불쌍한 아이를 돕고 싶다.
3격

A: Wem möchtest du diese Blumen schenken?
누구에게 이 꽃들을 선물하고 싶니?
(jm. et.[4] schenken 누구에게 무엇을 선물하다)

B: Ich möchte sie **der** neu**en** Lehrerin schenken.
3격
그것들을 새 여선생님께 선물하고 싶다.
(4격 목적어 sie가 인칭대명사여서 일반 명사인 3격 목적어 Lehrerin 앞에 옴)

A: Mit wem möchtest du nach Deutschland reisen?
너 누구하고 독일로 여행하고 싶니?

B: Ich möchte mit **meinen** best**en** Schulfreunden nach Deutschland reisen.
3격
나는 가장 친한 학교 친구들과 독일로 여행하고 싶다.

기본 대화

Ich zeige ausländischen Besuchern die Stadt.

Julia Was machen Sie beruflich, Herr Kim?
밧ㅅ 막핸 지– 배루–플릭히 해ㄹ 김

Dongsu Ich bin Touristenführer.
잌히 빈 투–릿ㅅ탠퓌–러

Ich zeige ausländischen Besuchern die Stadt.
잌히 ㅌ차이개 아웃슬랜디섄 배주–ㄱ허른 디– 쉍탙ㅌ

Julia Ach ja? Ich möchte auch gern Touristenführerin werden.
악ㅎ 야– 잌히 뫽히태 아웈ㅎ 개른 투–릿ㅅ탠퓌–러린 베–어댄

Was zeigen Sie den Touristen denn?
밧ㅅ ㅌ차이갠 지– 데–ㄴ 투–릿ㅅ탠 댄

Dongsu Ich zeige ihnen die Sehenswürdigkeiten in der Stadt wie
잌히 ㅌ차이개 이–낸 디– 제–앤ㅅ뷔ㄹ딕히카이탠 인 데어 쉍탙ㅌ 비–

die alten Königspaläste mit den schönen Gärten,
디– 알탠 쾨–닠히ㅅ팔랫ㅅ태 밑ㅌ 데–ㄴ 쇠–낸 개ㄹ탠

den Namsan-Berg mit dem großen
데–ㄴ 남산 배륵ㅋ 밑ㅌ 데–ㅁ ㄱ로–샌

Fernsehturm oder alte Stadtviertel wie Bukchon usw.
패른제–투름 오–더 알태 쉬탙ㅌ피르텔 비– 북촌 운ㅌ조–바이터

Julia Das kann man aber nur bei schönem Wetter machen,
닷ㅅ 칸 만 아–버 누어 바이 쇠–냄 밸터 막핸

oder?
오–더

Dongsu Richtig. Bei schlechtem Wetter führe ich die Touristen ins
릭힡팈히 바이 쉴랙힡탬 밸터 퓌–래 잌히 디– 투–릿ㅅ탠 인ㅅ

Nationalmuseum
낱치오날무제–움

	oder zu interessanten Ausstellungen. 오-더 ㅌ추- 인태랫산탠 아웃ㅅ쉬탤룽앤
Julia	Was interessiert die Touristen besonders? 밧ㅅ 인태랫시얼ㅌ 디- 투-릿ㅅ탠 배존더러ㅅ
Dongsu	Das ist unterschiedlich. 닷ㅅ 잇ㅅㅌ 운터시-틀맆히
	Junge Leute möchten gern Trendviertel wie Hongdae-ap 융애 ㄹ로이태 뫨히탠 개른 ㅌ랜ㅌ피르탤 비- 홍대앞
	sehen und das Nachtleben dort erleben. 제-앤 운ㅌ 닷ㅅ 낙ㅎ틀레-밴 도릍ㅌ 애얼레-밴
	Ältere Leute möchten gern zu traditionsreichen Orten wie 앨터래 ㄹ로잍태 뫨히탠 개른 ㅌ추- ㅌ라딭치온ㅅ라잎핸 오릍탠 비-
	dem Namdaemun-Markt oder zu historischen Orten wie 데-ㅁ 남대문 마릌ㅌ 오-더 ㅌ추- 힛ㅅ토-리섄 오릍탠 비-
	Jeoldusan gehen. 절두산 게-앤

해설

① Was machen Sie beruflich? 직업상 하시는 일이 무엇입니까?

- beruflich [bə'ru:flıç] 〈형용사〉 직업상 ← der Beruf [bə'ru:f] 〈-(e)s, -e〉 직업

② Ich bin Touristenführer. 저는 여행 가이드입니다.

- der Touristenführer [tu'rıstn̩fy:rɐ] 〈명사〉 관광안내원 ← der Tourist 관광객 + der Führer 안내자
- der Reiseleiter 여행안내원 (der Reiseführer), der Reiseführer ① 여행안내서, ② 여행안내원 (der Reiseleiter), die Reisebroschüre 여행안내 팸플릿

③ Ich zeige ausländischen Besuchern die Stadt.
외국인 방문객들에게 이 도시를 보여주고 있습니다.

- zeigen ['tsaign̩] 〈3·4격 목적어 요구 동사〉 (…에게 …을/를) 보여주다,
  jm. et.⁴ zeigen 누구에게 무엇을 보여주다
- ausländisch ['auslɛndıʃ] 〈형용사〉 외국의
- der Besucher [bə'zu:xɐ] 〈-s, -〉 방문자
- die Stadt [ʃtat] 〈-, Städte〉 도시

④ Ach ja? Ich möchte auch gern Touristenführerin werden.
아 그래요? 저도 여행 가이드가 되고 싶어요.

- der Touristenführer 관광안내원 → die Touristenführerin 여성 관광안내원
- werden ['veːɐ̯dn̩] ⟨du wirst, er wird⟩ 되다

⑤ Was zeigen Sie den Touristen denn? 여행객들에게 무엇을 보여주시는데요?

- der Tourist (단수 1격) → die Touristen (복수 1격) → den Touristen (복수 3격)

⑥ Ich zeige ihnen die Sehenswürdigkeiten in der Stadt wie die alten Königspaläste mit den schönen Gärten, den Namsan-Berg mit dem großen Fernsehturm oder alte Stadtviertel wie Bukchon usw. 아름다운 정원이 딸린 옛 왕궁, 높은 텔레비전 송신탑이 있는 남산, 북촌 같은 오래된 지역 등 시내의 명소들을 보여줍니다.

- die Sehenswürdigkeit ['zeːənsvʏrdɪçkai̯t] ⟨-, -en⟩ 볼거리, 관광명소
- der Königspalast ['køːnɪçspalast] ⟨-(e)s, -paläste⟩ 왕궁
- der Palast [pa'last] ⟨-(e)s, Paläste⟩ 궁
- das Schloss [ʃlɔs] ⟨-es, Schlösser⟩ 성
- der Garten ['gartn̩] ⟨-s, Gärten⟩ 정원
- der Fernsehturm ['fɛrnzeːtʊrm] ⟨-(e)s, -türme⟩ 텔레비전 송신탑
- Stadtviertel ['ʃtatfɪrtl̩] ⟨-s, -s⟩ 도시의 한 지역
- die Stadt + das Viertel ['fɪrtl̩] ⟨-s, -⟩ (도시 내의) 지역/지구, Bahnhofsviertel 역 지역, das Hafenviertel 항구 지역, das Geschäftsviertel 상업 지구
- usw. [ʊnt zo 'vai̯tɐ] ⟨'und so weiter'의 축약형⟩ 등등

⑦ Das kann man aber nur bei schönem Wetter machen, oder?
그것은 하지만 날씨가 좋아야만 할 수 있지 않습니까?

- bei [bai̯] ⟨3격 요구 전치사⟩ …할 때, …경우에
- das Wetter ['vɛtɐ] ⟨-s, 항상 단수⟩ 날씨

⑧ Richtig. Bei schlechtem Wetter führe ich die Touristen ins Nationalmuseum oder zu interessanten Ausstellungen. 맞아요. 날씨가 나쁘면 저는 관광객들을 국립박물관이나 흥미로운 전시회로 데리고 갑니다.

- schlecht [ʃlɛçt] ⟨형용사⟩ 나쁜 ↔ gut, schön
- das Nationalmuseum [natsi̯o'naːlmuzeːʊm] ⟨-s, Nationalmuseen⟩ 국립박물관 ← national + das Museum [mu'zeːʊm] ⟨-s, Museen⟩ 박물관
- interessant [intərɛ'sant] ⟨형용사⟩ 흥미로운
- die Ausstellung ['au̯sʃtɛlʊŋ] ⟨-, -en⟩ 전시회

⑨ Was interessiert die Touristen besonders?
무엇이 관광객들에게 특히 흥미를 불러일으키나요?

- interessieren 흥미롭게 하다; das Interesse [intə'rɛsə] → interessant, interessieren
- besonders [bə'zɔndɐs] ⟨부사⟩ 특히; nicht besonders 그다지 좋지 않은(nicht gut, eher schlecht

좋지 않고 오히려 나쁜 편인)

⑩ Das ist unterschiedlich. 경우에 따라서 다릅니다.

- unterschiedlich ['ʊntɐʃi:tlɪç] 〈형용사〉 서로 다른, 상이한
- der Unterschied ['ʊntɐʃi:t] 〈-(e)s, -e〉 차이 → unterschiedlich, unterscheiden [ʊntɐ'ʃaidn̩] 구분하다

⑪ Junge Leute möchten gern Trendviertel wie Hongdae-ap sehen und das Nachtleben dort erleben. 젊은 사람들은 홍대 앞과 같이 뜨는 지역을 보고 그곳의 밤 문화를 경험하고 싶어 합니다.

- das Trendviertel ['trɛntfɪrtl̩] 〈-s, -〉 뜨는 지역, 새로이 주목 받고 있는 지역 ← der Trend [trɛnt] 〈-s, -s〉 경향 + das Viertel ['fɪrtl̩] 〈-s, -〉 지역, 구역
- das Nachtleben ['naxtle:bn̩] 〈-s, -〉 밤 문화
- erleben [ɛɐ̯'le:bn̩] 경험하다

⑫ Ältere Leute möchten gern zu traditionsreichen Orten wie dem Namdaemun-Markt oder zu historischen Orten wie Jeoldusan gehen. 나이가 좀 드신 분들은 남대문 시장과 같은 전통 있는 지역이나 절두산과 같은 역사가 있는 지역들을 가고 싶어 합니다.

- zu 〈3격 요구 전치사〉 (방향) …로
- älter- ['ɛltɐ] 〈형용사 alt(나이 든)의 비교급 형태〉 비교적 나이가 든 (형용사 비교급이 비교 대상 없이 사용되면 '비교적 …'의 의미임). 형용사 비교급은 14과 참조.
- traditionsreich 전통 있는 ← die Tradition [tradi'tsi̯o:n] 〈-, -en〉 전통 + -reich 〈접미어〉 …이 풍부한
- das Fett 기름, 지방 + -reich 기름기가 많은
- der Ort [ɔrt] 〈-s, -e〉 곳, 장소
- historisch [hɪs'to:rɪʃ] 〈형용사〉 역사적인

텍스트 완성하기

대화문의 내용과 일치하도록 빈칸을 채우시오.

Dongsu ______ Touristenführer. Er zeigt ______ Besuchern ______ ______ Welt ______ Stadt Seoul. Er zeigt ______ Sehenswürdigkeiten ______ die ______ Königspaläste ______ den ______ Gärten, den Namsan-Berg mit ______ ______ Fernsehturm oder alte Stadtviertel wie Bukchon usw. Das ist aber nur ______ ______ Wetter möglich. ______ ______ Wetter führt er die Touristen ______ Nationalmuseum oder ______ ______ Ausstellungen. Viele junge Touristen ______ ______ Trendviertel ______ Hongdae-ap sehen und das Nachtleben ______ ______. ______ Touristen ______ oft ______ ______ Namdaemun-Markt gehen und ______ einkaufen.

유용한 표현

01 직업 묻고 답하기

A: - Was sind Sie von Beruf? 직업이 무엇입니까?
- Was machen Sie beruflich? 하시는 일이 무엇입니까?

B: - Ich bin Informatiker. 정보처리사입니다.
- Ich arbeite bei einem internationalen IT-Unternehmen.
국제적인 정보통신회사에서 일합니다.
(das Unternehmen [ʊntɐˈne:mən] 〈-s, -〉 회사, 기업; IT [i:ˈte:])
- Ich arbeite als Manager bei einer PR-Agentur.
홍보 에이전시에서 매니저로 일하고 있습니다.
(als ... …으로서(신분, 자격); PR-Agentur [pe:ˈɛr] 홍보에이전시)

02 누구에게〈3격: jemandem〉 무엇을〈4격: etwas〉 보여주다

(1) Ich zeige 〈3격 목적어〉 + 〈4격 목적어〉 : 나는 〈3격 목적어〉에게 〈4격 목적어〉를 보여준다.

Ich zeige dir ein Foto. 너에게 사진을 보여줄게.
Ihnen die Firma. 당신(들)에게 회사를 보여드리겠습니다.
euch meine neue Wohnung. 너희들에게 내 새 집을 보여줄게.
ihr mein Büro. 그녀에게 내 사무실을 구경시켜 준다.
ihm meinen neuen Computer. 그에게 내 새 컴퓨터를 보여준다.
ihnen mein Haus. 그들에게 내 집을 보여준다.

(2) Zeigen Sie mir / uns bitte 〈4격 목적어〉 : 제게/우리에게 〈4격 목적어〉를 보여 주세요

Zeigen Sie mir / uns bitte Ihren Pass. 여권을 보여주세요.
das Institut. 연구소를 구경시켜 주세요.
(das Institut [instiˈtu:t] 〈-s, -e〉 연구소)

(3) Können Sie mir / uns (bitte) 〈4격 목적어〉 zeigen?
저/우리에게 〈4격 목적어〉를 (좀) 보여주실 수 있습니까?

Können Sie mir / uns (bitte) den Weg zeigen? 길을
das Haus 집을
die Wohnung 집을
das Zimmer 방을

03 …이 딸린/있는/포함된 : mit …

Haben Sie ein Zimmer mit Bad? 욕실이 있는 방이 있습니까?

Haben Sie ein Zimmer mit Balkon und schönem Ausblick?
발코니가 딸려 있고 아름다운 전경을 볼 수 있는 방이 있습니까?

Die Übernachtung mit Frühstück kostet 80 Euro.
숙박비는 조식을 포함하여 80유로입니다.

04 …할 경우에 : bei + 명사 (관사를 사용하지 않음)

Bei Regen bleiben wir zu Hause. 비가 오면 우리는 집에 머무른다.
Nebel fahre ich langsam. 안개가 끼면 나는 천천히 운전한다.
Schnee nehme ich die U-Bahn. 눈이 오면 나는 지하철을 탄다.

05 …하면서/할 때 : beim + 동사의 명사형 (중성명사 취급)

Beim Essen lese ich Zeitung. 나는 식사를 하면서 신문을 읽는다.
Joggen höre ich Musik. 나는 조깅을 하면서 음악을 듣는다.
Duschen singt er immer. 그는 샤워하면서 항상 노래를 부른다.

활용 연습

1 다음 빈칸에 화법조동사 möchten의 알맞은 형태를 적으시오.

(1) A: Was ________ Sie essen?

B: Ich ________ die Gemüsesuppe probieren.

(die Gemüsesuppe 야채수프 ← das Gemüse 야채 + die Suppe 수프; probieren 맛을 보기 위해 무엇을 조금 먹거나 마시다, 시식/시음하다)

(2) A: Wohin ________ du gehen?

B: Ich ________ in den Park gehen.

(3) A: Was ________ ihr euren Eltern zum 40. Hochzeitstag schenken?

(der Hochzeitstag 결혼식 날, 결혼기념일, zum 40. (vierzigsten) Hochzeitstag 40번째 결혼기념일 (서수 13과 참조))

B: Wir ________ ihnen eine Reise nach Europa schenken.

2 빈칸에 알맞은 형용사의 어미를 적으시오.

(1) Kennst du den Mann mit dem lang_____ Mantel?

(2) Ich schenke meinem klein_____ Bruder ein Spielzeug.

(das Spielzeug ['ʃpi:ltsɔyk] 장난감)

(3) Bei diesem schlecht_____ Wetter bleibe ich lieber zu Hause.

(lieber 〈gern '기꺼이'의 비교급〉 더 기꺼이, 차라리)

(4) Heute geht er zu seiner neu_____ Schule.

(5) Ich wohne bei meinem deutsch_____ Freund.

(6) Ich schreibe meinem alt_____ Schulfreund eine E-Mail.

(7) A: Hier sind die Fotos von meiner letzt_____ Deutschlandreise.

B: Oh! Das sind aber interessant_____ Fotos!

A: Findest du? Das hier ist Nürnberg. Nürnberg ist eine mittelgroß_____, romantisch_____ Stadt. (mittelgroß 중간 크기의; romantisch 낭만적인)

B: Wer ist die Frau hier?
Die Frau in dem rot_____ Kleid und der schwarz_____ Jacke?

A: Das ist eine alt_____ Freundin von mir.

B: Sie ist aber hübsch. (hübsch [hʏpʃ] 예쁜)

3 빈칸에 알맞은 전치사를 적으시오.

(1) Am Wochenende gehe ich __________ meinen Freunden ins Kino. (동반)

(2) Ich komme __________ Korea. Ich bin Koreaner. (출신지)

(3) Wann fährst du __________ Düsseldorf? (방향: 도시)

(4) Was sind Sie __________ Beruf? (관용적 표현)

(5) Ich wohne __________ Seoul. (장소: 도시)

(6) Ich bleibe __________ Hause. (관용적 표현)

(7) Ich gehe __________ Bahnhof. (방향: 구체적 장소)

(8) Ich hole dich __________ Flughafen ab. (출발점: 구체적 장소)

4 다음 대화를 듣고 빈칸을 채우시오.

A: Was __________ Sie beruflich?

B: Ich bin _______________ Ich __________ und erkläre _______________ Touristen die Sehenswürdigkeiten ________ __________.

A: Ach ja? Was __________ Sie __________ denn?

B: _______ ____________ Wetter zeige ich __________ Sehenswürdigkeiten wie das Schloss mit dem _____________ Garten, die __________ Kirche, _______________ Plätze usw. Und ________ _______________ Wetter zeige ich den Touristen die __________. Dort __________ es immer viele _______________ Ausstellungen.

5 다음 글에서 잘못된 부분을 고치시오.

Dongsu ist Touristenführer. Er zeigt ausländische Besucher aus alle Welt die Stadt Seoul. Er zeigt ihnen Sehenswürdigkeiten wie die alte Königspaläste mit den schöne Garten, den Namsan-Berg mit den große Fernsehturm oder alte Stadtviertel wie Bukchon usw. Das ist nur aber bei schönes Wetter möglich. Bei schlechtes Wetter führt er die Touristen in Nationalmuseum oder zu interessantem Ausstellungen. Viele jungen Touristen möchten gern Trendviertel wie Hongdae-ap sehen und das Nachtleben dort erleben. Ältere Touristen möchten oft gern zu Namdaemun-Markt gehen und dort einkaufen.

6 다음 우리말을 독일어로 옮기시오.

(1) 나는 부모님께 도시를 보여드리고 싶다.

➡ ______________________________

(2) 무엇을 먹고 싶어?
- 작은 샐러드 하나만 먹고 싶어.

➡ ______________________________

____

(3) 너는 이 꽃들을 누구에게 선물하고 싶니?
- 나는 그것들을 내 새 여자 친구에게 선물하고 싶어.

➡ ______________________________

____

(4) 눈이 오면 나는 자동차를 운전하지 않고 지하철을 탄다.

➡ ______________________________

(5) 발코니와 아름다운 전경이 있는 방이 있습니까?

➡ ______________________________

(6) 너는 주말에 뭘 하고 싶니?

- 날씨가 좋으면 올림픽 공원으로 소풍가고 싶다.

➡ ______________________________

____

(7) 항상 자동차로 출근하세요?

- 아뇨, 비가 오면 자동차를 타고 가지 않고, 버스를 탑니다.

➡ ______________________________

____

(8) 외국인 관광객들에게 무엇을 보여주시는데요?

- 저는 그들에게 아름다운 정원이 있는 옛 고궁과 같은 서울의 명소들을 보여줍니다.

➡ ______________________________

____

자세히 들여다보기

01 낱말 익히기

(1) 파생어

① 〈명사〉 + -lich …(《명사》)와 같은, …(《명사》)의

der Vater → väterlich 아버지와 같은, 아버지의
die Mutter → mütterlich 어머니와 같은, 어머니의
das Kind → kindlich 어린아이와 같은, 어린아이의; kindisch 어린애 같이 유치한
der Freund → freundlich (친구와 같은 →) 친절한

② 〈명사〉 + -lich 〈명사〉와 관련하여

der Beruf 직업 → beruflich 직업상
das Geschäft 업무, 사업 → geschäftlich 업무상, 사업상

③ 〈명사〉 + -lich 〈명사〉로 채워진

das Glück 행운, 행복 → glücklich 행복한
der Ärger 화 → ärgerlich 화난, 화가 나는
die Leidenschaft 열정 → leidenschaftlich 열정적인

④ 〈명사〉 + -isch 〈명사〉에 속하는

das Ausland 외국 → ausländisch 외국의
Korea 한국 → koreanisch 한국의
der Student 대학생 → studentisch 대학생의
die Demokratie 민주주의 → demokratisch 민주주의의

(2) 합성어(강세는 앞 낱말에 오고, 명사의 성은 뒷 낱말에 따름)

das Schloss + der Garten → der Schlossgarten 성에 딸린 정원
der Regen + das Wetter → das Regenwetter 비가 내리는 날씨

der Tourist + der Führer → der Touristenführer 여행 안내자
die Vergnügung + die Anlage → die Vergnügungsanlage 위락시설
das Fernsehen + der Turm → der Fernsehturm 텔레비전 송신탑
national + das Museum → das Nationalmuseum 국립 박물관

02 3격 요구 전치사

(1) aus ... : 〈장소〉 …로부터

Er kommt aus den USA. 그는 미국에서 왔다.

Die Kinder kommen bald aus der Schule.
아이들이 곧 학교에서 (수업을 마치고) 올 거야.

Er trinkt Bier immer aus der Flasche.
그는 맥주를 항상 병으로(→ 병맥주만) 마신다.

(2) bei ... : … (누구 집)에, …(회사)에

Ich möchte nicht mehr bei meinen Eltern wohnen.
나는 더 이상 부모님 댁에서 살고 싶지 않다.

Ich möchte bei einer großen Firma arbeiten.
나는 큰 회사에서 일하고 싶다.

(3) bei ... : … (할) 경우에, …하면

Bei schönem Wetter möchten wir einen Ausflug machen.
날씨가 좋으면 우리는 소풍을 가고 싶다.

Bei Nebel fahre ich vorsichtig. 안개가 끼면 나는 조심해서 운전한다.

(4) beim ... : 〈동사의 명사화 3격〉 … 하면서

Beim Lernen höre ich immer klassische Musik.
공부하면서 나는 항상 클래식 음악을 듣는다.

Viele Leute schauen auch beim Essen immer aufs Handy.
많은 사람들이 식사하면서도 핸드폰을 들여다본다.

(5) ... gegenüber : (전치사가 목적어 뒤에 옴) …에게는

Mir gegenüber ist er immer freundlich. 내게는 그가 항상 친절하다.

(6) gegenüber ... : … 건너편에

Das Hotel liegt gegenüber dem Rathaus. 그 호텔은 시청 건너편에 있다.

Wir treffen uns in einem Café gegenüber dem Eingang der Universität.
우리는 대학 입구에 건너편에 있는 한 커피숍에서 만난다.

(7) mit ... : …와 함께

In den Ferien möchte ich mit meiner Familie nach Deutschland fliegen.
방학에 나는 가족과 함께 독일에 가고 싶다.

(8) mit ... : …이 (딸려) 있는, 포함된

Ich möchte ein Zimmer mit Bad. 나는 욕조가 있는 방을 원합니다.

Ich möchte ein Haus mit einem großen Garten haben.
나는 큰 정원이 있는 집을 가지고 싶다.

(9) mit ... : 〈수단/도구〉…로

Er möchte nicht jeden Tag mit dem Fahrrad zur Schule fahren.
그는 매일같이 자전거를 타고 학교에 가고 싶지는 않다.

Ich möchte mit Kreditkarte zahlen. Geht das?
신용카드로 지불하고 싶습니다. 가능합니까?

(10) nach ... : … 후에

Nach dem Essen möchte ich einen Spaziergang machen.
식사 후에 산책을 하고 싶다.

Nach der Prüfung darfst du am Wochenende wieder deine Freunde treffen. 시험 후에는 주말에 다시 네 친구들을 만나도 좋다.

Nach der Schule kannst du gern zu mir kommen.
학교 다녀온 후에는 내게 와도 좋다.

(11) seit ... : 〈시점〉 …부터 (지금까지)

Ich lerne seit einem Monat Deutsch. 나는 한 달 전부터 독일어를 배우고 있다.

Ich lebe seit meiner Geburt in Seoul. 나는 태어날 때부터 서울에서 살고 있다.

(12) von ... : 〈사람〉 …로부터/한테서

Von wem hast du diesen Ring? 이 반지 누구한테서 받았니?

Diesen Ring habe ich von meiner Großmutter.
이 반지를 나는 나의 할머니로부터 받았다.

Von wem hast du das gelernt? - Von meinem Freund.
누구한테서 그것을 배웠니? - 내 친구한테서.

Lektion 13

Ich will jetzt nicht nach Hause gehen, aber ich muss.

01 화법조동사 wollen

02 화법조동사 müssen

03 미래시제 조동사 werden

04 서수

기본 문법

01 화법조동사 wollen ... 〈동사 부정형〉

〈화법조동사 wollen의 현재시제 인칭변화〉

<table>
<tr><td>ich</td><td>will</td><td>wir</td><td>wollen</td></tr>
<tr><td>du</td><td>willst</td><td>ihr</td><td>wollt</td></tr>
<tr><td>Sie</td><td>wollen</td><td>Sie</td><td>wollen</td></tr>
<tr><td>er</td><td rowspan="3">will</td><td rowspan="3">sie</td><td rowspan="3">wollen</td></tr>
<tr><td>sie</td></tr>
<tr><td>es</td></tr>
</table>

wollen의 기능 : 〈주어의 의지〉 …하려고 하다

A: Was willst du nach dem Studium machen? 대학을 졸업하고 무엇을 하려고 하니?

B: Ich will in Deutschland studieren. 나는 독일에서 수학하고자 한다.

A: Was wollen Sie im Urlaub machen? 휴가 때 무엇을 하려고 하십니까?

B: Wir wollen unsere Tochter in Berlin besuchen.
우리는 베를린에 있는 딸을 방문하려고 합니다.

A: Frau Meier, haben Sie einen Moment Zeit für mich?
마이어씨, 제게 잠깐 시간 좀 내줄 수 있어요?

B: Ja, was gibt es denn? 네, 무슨 일인데요?

A: Ich will Sie nicht stören, aber es gibt etwas Wichtiges.
방해하려는 것은 아닌데, 중요한 일이 있어요.
(etwas Wichtiges 뭔가 중요한 것(형용사를 대문자로 씀))

02 화법조동사 müssen ... 〈동사 부정형〉

〈화법조동사 müssen의 현재시제 인칭변화〉

ich	muss	wir	müssen
du	musst	ihr	müsst
Sie	müssen	Sie	müssen
er			
sie	muss	sie	müssen
es			

화법조동사 müssen의 기능 : 〈의무〉 …해야 하다

Ich will in Deutschland studieren. 나는 독일에서 수학하고자 한다.
Deshalb muss ich fleißig Deutsch lernen. 그래서 독일어를 열심히 공부해야 한다.

Ich will eine große Reise machen. 나는 큰 여행을 하려고 한다.
Dafür muss ich Geld sparen. 이를 위해서 나는 돈을 모아야 한다.

03 미래시제 조동사 werden ... 〈동사 부정형〉

〈미래시제 조동사 werden의 인칭변화〉

ich	werde	wir	werden
du	wirst	ihr	werdet
Sie	werden	Sie	werden
er			
sie	wird	sie	werden
es			

현재시제 : Ich **rufe** ihn **an**. 나는 그에게 전화한다.

미래시제 : Ich **werde** ihn **anrufen**. 나는 그에게 전화할 것이다.

현재시제 : Er **schreibt** ihr. 그가 그녀에게 편지를 쓴다.

미래시제 : Er **wird** ihr bald **schreiben**. 그가 그녀에게 곧 편지를 쓸 것이다.

04 서수

"…번째"를 표현하는 말로 숫자 뒤에 구두점을 찍는다(1., 2., 3., ...).

(1) 서수 1-19는 기수에 -t를 붙인다. 서수에 -ens를 붙이면 '…번째로'라는 부사어가 된다.

	기수	서수	부사어		기수	서수
1	eins	erst- 첫 번째의 [애엇ㅅㅌ]	erstens 첫째로 [애엇ㅅ탠ㅅ]	11	elf	elft- [앨ㅍㅌ]
2	zwei	zweit- 두 번째의 [ㅌㅊ바잍ㅌ]	zweitens 둘째로 [ㅌㅊ바이탠ㅅ]	12	zwölf	zwölft- [ㅌㅊ뵐ㅍㅌ]
3	drei	dritt- 세 번째의 [ㄷ맅ㅌ]	drittens 셋째로 [ㄷ맅탠ㅅ]	13	dreizehn	dreizehnt- [ㄷ라잍체-ㄴㅌ]
4	vier	viert- [피-얼ㅌ]	viertens [피-어탠ㅅ]	14	vierzehn	vierzehnt- [피릍체-ㄴㅌ]
5	fünf	fünft- [퓐ㅍㅌ]	fünftens [퓐ㅍ탠ㅅ]	15	fünfzehn	fünfzehnt- [퓐ㅍ체-ㄴㅌ]
6	sechs	sechst- [잭ㅅㅌ]	sechstens [잭ㅅ탠ㅅ]	16	sechzehn	sechzehnt- [잭힡체-ㄴㅌ]
7	sieben	siebt- [지-ㅍㅌ]	siebtens [지-ㅍ탠ㅅ]	17	siebzehn	siebzehnt- [지-ㅍㅌ체-ㄴㅌ]
8	acht	acht- [악ㅎㅌ]	achtens [악ㅎ탠ㅅ]	18	achtzehn	achtzehnt- [악흩체-ㄴㅌ]
9	neun	neunt- [노인ㅌ]	neuntens [노인탠ㅅ]	19	neunzehn	neunzehnt- [노인ㅌ체-ㄴㅌ]
10	zehn	zehnt- [체-ㄴㅌ]	zehntens [체-ㄴ탠ㅅ]	20	zwanzig	zwanzigst- [ㅌㅊ반치힛ㅅㅌ]

☞ erst-, dritt-, siebt-, acht-는 형태에 유의해야 함

(2) 서수 20-100은 기수에 -st를 붙인다.

	기수	서수		기수	서수
20	zwanzig	zwanzigst-	30	dreißig	dreißigst-
21	einundzwanzig	einundzwanzigst-	41	einundvierzig	einundvierzigst-
22	zweiundzwanzig	zweiundzwanzigst-	52	zweiundfünfzig	zweiundfünfzigst-
23	dreiundzwanzig	dreiundzwanzigst-	63	dreiundsechzig	dreiundsechzigst-
24	vierundzwanzig	vierundzwanzigst-	74	vierundsiebzig	vierundsiebzigst-
25	fünfundzwanzig	fünfundzwanzigst-	85	fünfundachtzig	fünfundachtzigst-
26	sechsundzwanzig	sechsundzwanzigst-	96	sechsundneunzig	sechsundneunzigst-
27	siebenundzwanzig	siebenundzwanzigst-	100	hundert	hundertst-
28	achtundzwanzig	achtundzwanzigst-	101	hunderteins	hunderterst-
29	neunundzwanzig	neunundzwanzigst-			

(3) 서수가 명사 앞에 오면 형용사처럼 어미변화 한다.

A: Der Wievielte ist heute? 오늘은 며칠입니까?

(wie viel 얼마나 많은 → wievielt- 몇 번째, der wievielte Tag 몇 번째 날. der wievielte는 wievielt-가 명사화된 것으로, 특정관사 der가 왔으므로 약변화 어미 -e가 옴)

B: Heute ist der neunte Zwölfte (der neunte Dezember). 오늘은 12월 9일입니다.

(der neunte Tag 9일 (1격 약변화); der Zwölfte (Monat) 12월 (1격 약변화))

A: Den Wievielten haben wir heute? 오늘이 며칠이지?

(den Wievielten (Tag)은 haben의 4격 목적어)

B: Heute haben wir den neunten Zwölften. 오늘은 12월 9일이야.

(den neunten (Tag): 4격; den Zwölften (Monat): 4격

A: Wann fliegst du nach Deutschland? 너는 언제 독일에 가니?

B: Ich fliege am 24. Juli nach Deutschland. 7월 24일에 독일에 가.

(am vierundzwanzigsten Juli: am은 an dem의 축약형, am vierundzwanzigsten (Tag) 남성·3격이며, 특정관사 다음이어서 약변화 어미 -en이 옴)

기본 대화

Der Wievielte ist denn das?

Monika Hast du am nächsten Samstag schon etwas vor?
핫ㅅㅌ 두– 암 내–힡ㅅ탠 잠ㅅ타–ㅋㅋ 쇼–ㄴ 앨ㅌ받ㅅ 포–어

Florian Am nächsten Samstag? Der Wievielte ist denn das?
암 내–힡ㅅ탠 잠ㅅ타–ㅋㅋ 데–어 비필–태 잇ㅅㅌ 댄 닷ㅅ

Monika Das ist der fünfzehnte Februar. Da habe ich Geburtstag.
닷ㅅ 잇ㅅㅌ 데–어 퓐픁체–ㄴ태 페–ㅂ루아– 다– 하–배 잉히 개부–엍ㅊ타–ㅋㅋ

Ich will eine Party geben. Ich möchte dich gern einladen.
잉히 빌 아이내 파–티 게–밴 잉히 뫸힡태 딩히 개른 아인ㄹ라–댄

Florian Am Fünfzehnten kann ich leider nicht.
암 퓐픁체–ㄴ탠 칸 잉히 ㄹ라이더 닣힡ㅌ

Ich habe da Besuch aus Deutschland.
잉히 하–배 다– 배주–ㄱㅎ 아웃ㅅ 도잍칠란ㅌ

Monika Du kannst deinen Besuch ruhig mitbringen.
두– 칸슽ㅌ 다이낸 배주–ㄱㅎ 루–잉히 밑ㅌㅂ링앤

Florian Das geht leider nicht.
닷ㅅ 게–ㅌㅌ ㄹ라이더 닣힡ㅌ

Für den Fünfzehnten haben wir nämlich schon Pläne.
퓌–어 데–ㄴ 퓐픁체–ㄴ탠 하–밴 비–어 내–ㅁㄹ맇히 쇼–ㄴ 플래–내

Wir wollen ins Seorak-Gebirge fahren.
비–어 볼랜 인ㅅ 설악 개비ㄹ개 파–랜

Wir müssen morgens sehr früh losfahren.
비–어 뮛샌 모ㄹ갠ㅅ 제–어 ㅍ뤼– ㄹ로–ㅅㅅ파–랜

Ansonsten geraten wir in einen Stau.
안존ㅅ탠 개라–탠 비–어 인 아이낸 쉬타우

Monika Das kenne ich.
닷ㅅ 캔내 잉히

Dann komm doch nach der Reise mal zusammen mit deinem
단 콤 독ㅎ 나-ㄱㅎ 데-어 라이재 마-ㄹ ㅌ추잠맨 밑ㅌ 다이낸

Besuch zu mir.
배주-ㄱㅎ ㅌ추- 미-어

해설

① Hast du am nächsten Samstag schon etwas vor?

너 다음 토요일에 벌써 뭔가 계획했니?

- vorhaben ['fo:ɐ̯ha:bn̩] 〈분리·타동사〉 …의도/계획하다. Hast du heute Abend schon etwas vor? 너 오늘 저녁 벌써 무슨 계획 있니?
- nächst- [nɛ:çst] 〈형용사〉 다음 (부가적으로만 사용되기에 항상 어미가 동반된다는 것을 표기하기 위하여 표제어에 '-'를 붙였음
- am nächsten Samstag 다음 토요일에. der Samstag ['zamsta:k] 〈-s, -e〉 토요일
- der Montag 월요일; der Dienstag 화요일; der Mittwoch 수요일; der Donnerstag 목요일; der Freitag 금요일; der Samstag 토요일; der Sonntag 일요일

② Am nächsten Samstag? Der Wievielte ist denn das?

다음 토요일? 며칠인데?

- Wievielt- [vi'fi:lt / 'vi:fi:lt] 몇 번째의. Der Wievielte ist heute? 오늘이 며칠이지?
- Den Wievielten haben wir heute? 오늘이 며칠이지?

③ Das ist der fünfzehnte Februar. Da habe ich Geburtstag.

2월 15일. 내 생일이야.

- der Februar ['fe:brua:ɐ̯] 〈-s, 항상 단수〉 2월
- der Januar 1월; der Februar 2월; der März 3월; der April 4월; der Mai 5월; der Juni 6월; der Juli 7월; der August 8월; der September 9월; der Oktober 10월: der November 11월; der Dezember 12월

④ Ich will eine Party geben. 나는 파티를 할 거야.

- eine Party geben 파티를 열다

⑤ Ich möchte dich gern einladen. 너를 초대하고 싶어.

- einladen ['ainla:dn̩] 〈분리·타동사〉 … 초대하다. Darf ich Sie zum Essen einladen? 식사에 초대해도 될까요?

⑥ Am Fünfzehnten kann ich leider nicht. 15일은 아쉽지만 안 돼.

- leider ['laidɐ] 〈부사〉 (nicht 등과 함께) 유감스럽게도 (… 아니다)

• kann이 본동사로 사용되었음

⑦ Ich habe da Besuch aus Deutschland. 그때 독일에서 손님이 와.

• da 〈부사〉 (구어) 그때
• Besuch [bə'zu:x] 〈-(e)s, -e〉 방문, 〈항상 단수〉 손님, Besuch haben 손님이 있다, Besuch bekommen 손님을 맞이하다

⑧ Du kannst deinen Besuch ruhig mitbringen. 네 손님을 데려와도 돼.

• mitbringen 〈분리·타동사〉 (bringt ... mit) (누구를) 데리고 가다, (무엇을) 가져가다

⑨ Das geht leider nicht. 유감스럽게도 그건 안 돼.

⑩ Für den Fünfzehnten haben wir nämlich schon Pläne.
15일에는 우리가 벌써 계획이 있거든.

• nämlich 〈부사〉 …거든
• der Plan 〈-(e)s, Pläne〉 계획

⑪ Wir wollen ins Seorak-Gebirge fahren. 우리는 설악산에 가려고 해.

• das Gebirge 〈집합명사〉 높은 산 무리, ins Gebirge(=in die Berge) fahren 산 속으로 가다. 〈주의〉 in den Berg fahren은 틀린 표현(산들 사이로 들어가는 것이지, 산의 땅속으로 들어가는 것이 아니므로)

⑫ Wir müssen morgens sehr früh losfahren. 아침 매우 일찍 출발해야 해.

• morgens 〈부사〉 아침(에)
• losfahren 〈분리동사〉 (fährt ... los) 출발하다

⑬ Ansonsten geraten wir in einen Stau. 그렇지 않으면 차량 정체에 빠지게 돼.

• geraten [gə'ra:tn̩] 〈in et.^{4} geraten〉 …에 빠지다, 처하게 되다
• der Stau [ʃtau̯] 〈-s, -s〉 차량 정체

⑭ Das kenne ich. 나도 알아.

• kennen (체험을 통하여) 알다, Ich weiß zwar seinen Namen, aber ich kenne ihn nicht. 나는 그의 이름은 알지만, 그는 모른다. (wissen (어떤 사실을) 알다)

⑮ Dann komm doch nach der Reise mal zusammen mit deinem Besuch zu mir.
그러면 여행 다녀와서 네 손님과 함께 내게 와라.

• nach der Reise 여행 후, nach 〈전치사〉 (시간) …후에, die Reise 여행
• zusammen mit ... …와 함께

텍스트 완성하기

대화문의 내용과 일치하도록 빈칸을 채우시오.

________ __________ Samstag ________ Monika Geburtstag. Das ist ________ ______________ Februar. Sie __________ __________ ihre Freunde einladen. Sie ________ auch Florian einladen. ________ hat Florian ________ Fünfzehnten __________ Zeit. Er hat da __________ Besuch ________ Deutschland. Monika schlägt ________: Er ________ seinen Besuch ruhig ______________. Leider ist ________ ________ möglich. ________ ________ Fünfzehnten hat Florian schon Pläne: Er ________ ________ seinem Besuch ________ Seorak-Gebirge __________. Sie __________ __________ früh ______________. ______________ kommen sie ________ einen Stau. Monika ________ ________ verstehen. Florian ________ sie ________ der Reise ______________ ________ seinem Besuch ________ Deutschland besuchen.

유용한 표현

01 날짜 묻고 답하기

A: Der Wievielte ist heute? 오늘은 며칠입니까?

B: Heute ist der 1. (erste) März. 오늘은 3월 1일입니다.

A: Den Wievielten haben wir heute? 오늘은 며칠입니까?

B: Heute haben wir den 1. (ersten) März / den 1. (ersten) Dritten.
오늘은 3월 1일입니다.

A: Welches Datum ist heute? 오늘이 며칠이지? (das Datum 날짜)

B: Heute ist der neunte Zwölfte. 오늘은 12월 9일이야.

A: Welches Datum haben wir am Sonntag? 일요일은 며칠입니까?

B: Sonntag ist der 7. (siebte) Juli / Siebte. 일요일은 7월 7일입니다.

A: Am Wievielten fliegen Sie nach Hause? 며칠날 댁에 가십니까?

B: Ich fliege am 10. (zehnten) Juni / Sechsten nach Hause.
6월 10일에 귀국합니다.

02 요일 묻고 답하기

A: Welcher Tag ist heute? 오늘은 무슨 요일입니까?

B: Heute ist Montag. 오늘은 월요일입니다.

A: Was für ein Wochentag ist der 8. (achte) Juli (Siebte)?
7월 8일은 무슨 요일입니까?

B: Der 8. (achte) Juli / (Siebte) ist ein Montag.
7월 8일은 월요일입니다.

03 월/계절 말하기

A: Wann hast du Ferien? 방학이 언제이니?

B: Erst im Juli. 7월에서야. (erst [eːɐ̯st] (생각보다 늦다는 뜻으로) …에서야)

A: Fahren Sie im Sommer in Urlaub? 여름에 휴가 가십니까?

B: Nein, ich mache nicht im Sommer Urlaub, sondern im Winter.
아뇨. 저는 여름에 휴가 가지 않고 겨울에 갑니다.

A: In welchem Monat gehen Sie in Urlaub? 몇 월에 휴가 가십니까?

B: Ich gehe im August in Urlaub. 저는 8월에 휴가 갑니다.

04 주어의 의지를 표현하기

A: Was willst du nach dem Studium machen? 졸업 후에 무엇을 하려고 하니?

B: Ich will nach Deutschland gehen und dort weiter studieren.
독일에 가서 그곳에서 더 공부하려고 해.

A: Wann wollt ihr euch morgen treffen? 너희들 내일 언제 만날 거니?

B: Wir wollen uns schon vormittags treffen. 우리는 내일 오전부터 만나려고 해.

05 주어의 의무를 표현하기

A: Was musst du heute noch machen? 오늘 또 무엇을 해야 하니?

B: Ich muss nur noch eine E-Mail schreiben. Dann bin ich fertig für heute.
전자 메일 하나만 쓰면 돼. 그러면 오늘 할 일은 다 한 거야.

A: Bis wann müssen wir die Hausaufgaben abgeben?
우리가 언제까지 숙제를 제출해야 합니까?

B: Sie müssen die Hausaufgaben bis Montag abgeben.
월요일까지 숙제를 제출해야 합니다.

활용 연습

1 화법조동사 wollen을 4번, müssen을 1번 사용하여 대화를 완성하시오.

A: Was __________ du in den Ferien machen?

B: Ich __________ nach Deutschland reisen. Aber ich __________ zuerst arbeiten und Geld verdienen. (zuerst [tsu'|eːɐ̯st] 〈부사〉 우선, 맨 먼저)

A: Wie lange __________ du denn arbeiten?

B: Ich __________ vier Wochen arbeiten.

2 다음 생일 날짜를 바탕으로 대화를 완성하시오.

(1) 7월 14일

Mein Geburtstag ist der ____________________ __________.

Ich habe am ____________________ ____________________ Geburtstag.

(2) 10월 18일

Mein Geburtstag ist der ____________________ __________.

Ich habe am ____________________ ____________________ Geburtstag.

(3) 11월 6일

Mein Geburtstag ist der ____________________ __________.

Ich habe am ____________________ ____________________ Geburtstag.

3 다음 대화를 완성하시오.

(1) A: Der Wievielte ist der Tag der deutschen Einheit?

B: Der Tag der deutschen Einheit ist __________ __________ __________.

(2) A: Der Wievielte ist der Tag des koreanischen Alphabets?

B: Der Hangeulnal-Tag ist __________ __________ __________.

(3) A: __________ __________ __________ __________?

B: Heute ist der einundzwanzigste Januar.

(4) A: Am Wievielten ist Kindertag?

B: Kindertag ist __________ __________ __________.

(5) A: __________ __________ __________ nach Deutschland?

B: Ich fliege am 13. (Dreizehnten) nach Deutschland.

(6) A: Den Wievielten haben wir heute?

B: Heute haben wir __________ __________ __________.

4 다음 대화를 듣고 빈칸에 해당하는 말을 적으시오.

A: Hast du vielleicht __________ __________ Zeit?

B: __________ __________ __________ __________ ist denn das?

A: Das ist ein __________.

B: Da __________ ich arbeiten.

A: Nein, ________ __________ __________ ist doch Wahltag, also ein Feiertag.

(Wahltag 선거일; der Feiertag 휴일)

B: Was? __________ __________ so was? In Deutschland wählt __________

(wählen 선택하다, 선거하다)

immer __________ __________. Dann __________ wir also wirklich __________?

A: Genau! __________ wir dann endlich mal die Picasso-Ausstellung __________?

B: Nein, ich __________ nicht schon wieder __________ __________ Ausstellung! Ich __________ __________ eine Radtour __________.

(die Radtour 자전거 여행)

5 다음 글에서 잘못된 부분을 고치시오.

An nächstem Samstag hat Monika Geburtstag. Das ist das fünfzehnte Februar. Sie möchte gern ihre Freunden einladen. Sie will einladen auch Florian. Leider Florian hat an Fünfzehnten keine Zeit. Nämlich hat er dann Besuch aus Deutschland. Monika vorschlägt: Er kann sein Besuch ruhig mitnehmen. Leider das ist nicht möglich. Für dem Fünfzehnte hat Florian schon nämlich Pläne. Er will mit seinem Besuch nach Seorak-Gebirge fahren. Sie können Morgen früh losfahren. Ansonsten kommt sie in einem Stau. Monika will das verstehen. Florian kann sie nach der Reise zusammen mit seinem Besuch von Deutschland besuchen.

6 다음 우리말을 독일어로 옮기시오.

(1) 나는 독일에서 대학에 다니려고 한다.
그래서 독일어를 열심히 배워야 한다.

➡ ______________________________

____

(2) 오늘이 며칠이지?
- 오늘은 6월 19일이야.

➡ ______________________________

____

(3) 너 언제 독일에 가니?

- 7월 24일에 독일에 가.

➡ ______________________________

____

(4) 너는 언제가 생일이니?

- 11월 18일이 생일이야.

➡ ______________________________

____

(5) 너 아직 오래 일해야 해?

- 아냐, 곧 바로 끝나.

➡ ______________________________

____

(6) 왜 우리가 내일 6시에 벌써 출발해야 해?

- 안 그러면 우리는 차량 정체에 빠지게 돼.

➡ ______________________________

____

(7) 우리 오늘 영화 보러 갈까?

- 아니, 나 시험공부 해야 해.

➡ ______________________________

____

자세히 들여다보기

01 낱말 익히기

(1) 요일 (die Wochentage)

der Sonntag 일요일
der Montag 월요일
der Dienstag 화요일
der Mittwoch 수요일
der Donnerstag 목요일
der Freitag 금요일
der Samstag 토요일

am Sonntag 일요일에
am Montag 월요일에
am Dienstag 화요일에
am Mittwoch 수요일에
am Donnerstag 목요일에
am Freitag 금요일에
am Samstag 토요일에

sonntags 일요일마다
montags 월요일마다
dienstags 화요일마다
mittwochs 수요일마다
donnerstags 목요일마다
freitags 금요일마다
samstags 토요일마다

(2) 월 (die Monate)

der Januar 1월
der Februar 2월
der März 3월
der April 4월
der Mai 5월
der Juni 6월
der Juli 7월
der August 8월
der September 9월
der Oktober 10월
der November 11월
der Dezember 12월

im Januar 1월에
im Februar 2월에
im März 3월에
im April 4월에
im Mai 5월에
im Juni 6월에
im Juli 7월에
im August 8월에
im September 9월에
im Oktober 10월에
im November 11월에
im Dezember 12월

(3) 계절 (die Jahreszeiten)

der Frühling 봄
der Sommer 여름
der Herbst 가을
der Winter 겨울

im Frühling 봄에
im Sommer 여름에
im Herbst 가을에
im Winter 겨울에

02 연도 말하기

1980	19hundert80 (neunzehnhundertachtzig)
1997	19hundert97 (neunzehnhundertsiebenundneunzig)
2009	2tausend9 (zweitausendneun)
2018	2tausend18 (zweitausendachtzehn)

Heute ist der 19. (neunzehnte) Dezember (Zwölfte) zweitausendsiebzehn.
오늘은 2017년 12월 19일이다.

03 몇 명이서

zu wievielt- 몇 명이서

A: Zu wievielt wart ihr in Berlin? 너희는 몇 명이서 베를린에 갔었니?
B: Wir waren zu fünft. 우리는 다섯 명이었습니다.

A: Haben Sie noch einen Tisch frei? 빈 자리(테이블) 있습니까?
B: Für wie viele Personen? 몇 사람이죠?
A: Wir sind zu viert. 우리는 4명입니다.

04 본동사로 사용되는 화법조동사

문맥상 의미가 분명할 때 화법조동사만 사용할 수 있다.

Ich möchte diese Medikamente nicht nehmen, aber ich muss.
나는 이 약을 먹고 싶지 않지만 먹어야 해.
(das Medikament [medika'mɛnt] 〈-(e)s, -e〉 약)

Ich möchte dir wirklich helfen, aber ich kann leider nicht.
나는 정말로 너를 돕고 싶지만, 아쉽게도 그럴 수 없어.

Ich darf eigentlich keinen Alkohol mehr trinken, aber jetzt möchte ich doch gern ein Glas Bier. 나는 사실 더 이상 술을 먹으면 안 되지만, 지금은 그래도 맥주 한 잔 마시고 싶다.
(eigentlich ['aigntlıç] 〈부사〉 원칙적으로는, 엄밀히 말해서 (= im Grunde, genau genommen))

A: Willst du schon nach Hause (gehen)? 벌써 집에 가려고?
B: Ich möchte nicht, aber ich muss. 나는 지금 집에 가야한다.

A: Kann er Deutsch (sprechen)? 그 남자가 독일어를 할 줄 아니?
B: Ja, er kann sehr gut Deutsch. 응, 그는 독일어를 아주 잘 해.

A: Kannst du heute zu mir kommen? 너 오늘 내게 올 수 있니?
B: Tut mir leid, heute kann ich nicht. Aber morgen kann ich.
미안하지만, 오늘은 안 돼. 그러나 내일을 갈 수 있어.

Lektion 14

Dann bist du ja zwei Jahre älter als ich!

01 형용사 비교급

01 형용사 비교급

(1) 형용사의 비교급 형태 : 형용사 + -er

원급	비교급
schön 아름다운	schöner 더 아름다운
schnell 빠른	schneller 더 빠른
interessant 흥미로운	interessanter 더 흥미로운
breit 넓은	breiter 더 넓은

Die Vorstellung ist oft schön**er als** die Realität. 상상이 자주 현실보다 더 아름답다.

Diese rote Krawatte ist schön**er als** die blaue (Krawatte).
이 빨간 넥타이가 그 파란 것보다 더 예쁘다. (동일한 명사가 비교될 때 뒤에 오는 명사를 생략할 수 있음)

Das Flugzeug ist schnell**er als** der Zug. 비행기가 기차보다 더 빠르다.
(der Flugzeug ['flu:ktsɔyk] 〈-(e)s, -e〉 비행기)

Das Buch ist interessant**er als** der Film. 그 책이 영화보다 더 재미있다.

Der neue Bildschirm ist 10cm breit**er als** der alte (Bildschirm).
새 모니터가 옛 것보다 10cm 더 넓다.

(2) 1음절 형용사의 a, o, u는 ä, ö, ü로 변모음 한다.

원급	비교급
alt 오래된, 늙은	älter 더 오래된, 더 늙은
kalt 추운, 차가운	kälter 더 추운, 더 차가운
lang 긴	länger 더 긴
groß 큰	größer 더 큰
jung 젊은	jünger 더 젊은
oft 〈부사〉 자주	öfter 더 자주 (일부 부사도 비교급이 사용됨)

Ich bin **<u>größer als</u>** mein Vater. 나는 나의 아버지보다 키가 더 크다.

Ich bin ein Jahr **<u>älter als</u>** du. 나는 너보다 한 살 더 나이가 많다.

Nach unserem ersten Treffen ruft er mich noch **<u>öfter</u>** an (als davor).
첫 만남 이후 그는 내게 (그 전보다) 더 자주 전화한다.

(3) 형태상 주의해야 할 경우

원급	비교급
hoch	höher (c 탈락) 더 높은
teuer	teurer (e 탈락) 더 비싼

Der Hallasan-Berg ist hoch. Aber der Baekdusan-Berg ist noch **<u>höher als</u>** der Hallasan-Berg. 한라산은 높다. 그러나 백두산은 한라산보다 더 높다.
(noch는 '(한층) 더'라는 뜻으로 비교급을 더욱 강조함)

Meine jetzige Wohnung ist **<u>teurer als</u>** meine frühere Wohnung.
지금 내 집이 그 전 집보다 더 비싸다. (früher- ['fry:ɐ] 〈형용사〉 이전의, 과거의)

Die Mieten steigen **<u>höher und höher</u>** (= immer höher).
집세가 점점 더 오르고 있다. (비교급 und 비교급 : 점점 더 …)

(4) 불규칙 변화

원급	비교급
gut 〈형용사〉 좋은	besser 더 좋은
gern 〈부사〉 기꺼이	lieber (…보다) 더 기꺼이
viel 〈부정대명사〉 많은	mehr 더 많은

Dein Vorschlag ist zwar gut, aber sein Vorschlag ist noch besser.
너의 제안도 좋지만, 그의 제안이 더 좋다.

Ich trinke auch gern Bier, aber noch lieber trinke ich Wein.
나는 맥주도 좋아하지만, 와인을 더 즐겨 마신다.

기본 대화

Dann bist du ja zwei Jahre älter als ich!

Petra Wie alt bist du eigentlich, Yumi?
비- 알ㅌ 빗ㅅㅌ 두- 아이갠틀맇히 유미

Yumi Ich bin 24 Jahre alt.
잏히 빈 퓌-어운ㅌㅌㅊ반ㅌ칠히 야-래 알ㅌ

Petra Was? So alt? Das kann doch nicht sein!
밧ㅅ 조- 알ㅌ 닷ㅅ 칸 독ㅎ 닣힡ㅌ 자인

Dann bist du ja zwei Jahre älter als ich!
단 빗ㅅㅌ 두- 야- ㅌ츠바이 야-래 앨터 알ㅅ 잏히

Yumi Wahrscheinlich nicht. Ich bin nämlich im Dezember
바-샤인ㄹ맇히 닣힡ㅌ 잏히 빈 내-ㅁㄹ맇히 임 뎉쳄버

1995 geboren.
노인ㅌ체-ㄴ훈뎉ㅌ 퓐ㅍ운ㅌ노인ㅌ칠히 개보-랜

In Korea ist man bei der Geburt schon ein Jahr alt.
인 코레-아 잇ㅅㅌ 만 바이 데-어 개부-얼ㅌ 쇼-ㄴ 아인 야- 알ㅌ

장모음 [a:] 다음의 r는 모음화되어 거의 발음하지 않음 [ja:(ɐ)]

Nach dem Jahreswechsel wird man wieder ein Jahr älter.
나-ㄱㅎ 데-ㅁ 야-랫ㅅ백샐 비릍ㅌ 만 비-더 아인 야- 앨터

Also, an Neujahr 1996 war ich schon zwei Jahre alt.
알조 안 노이야- 노인ㅌ체-ㄴ훈뎉ㅌ 잭ㅅ운ㅌ노인ㅌ칠히 바- 잏히 쇼-ㄴ ㅌ츠바이 야-래 알ㅌ

Petra Ach so! Dann bist du nach deutschem Alter eigentlich nur
악ㅎ 조- 단 빗ㅅㅌ 두- 나-ㄱㅎ 도잍챔 알터 아이갠틀맇히 누-어

22 Jahre alt, oder?
ㅌ츠바이운ㅌㅊ반ㅌ칠히 야-래 알ㅌ 오-더

Yumi Stimmt. Nach deutschem Alter bin ich noch 22 Jahre alt,
쉩팀ㅌ 나-ㄱㅎ 도잍챔 알터 빈 잏히 녹ㅎ ㅌ츠바이운ㅌㅊ반ㅌ칠히 야-래 알ㅌ

aber nach koreanischem Alter schon 24.
아-버 나-ㄱㅎ 코레아-니샘 알터 쇼-ㄴ 피-어운ㄷㄷㅊ반ㄷ칠히

Petra Dann bin ich ein Jahr älter als du. Ich bin wie du zwar auch
단 빈 잉히 아인 야- 앨터 알ㅅ 두- 잉히 빈 비- 두- ㄷㅊ바- 아욱ㅎ

1995 geboren, aber mein Geburtstag ist in diesem Jahr schon
노인ㄷ체-ㄴ훈덭ㄷ 퓐ㅍ운ㄷ노인ㄷ칠히 개보-랜 아-버 마인 개부-얼ㅊ타-ㅋㅋ 잇ㅅㄷ 인 디-잼 야- 쇼-ㄴ

vorbei. In Korea sind wir zwar noch gleichaltrig, aber in
포-어바이 인 코레-아 진ㄷ 비어 ㄷㅊ바- 녹ㅎ 글라잉히알ㄷ릻히 아-버 인

Deutschland bin ich schon ein Jahr älter als du. Verstehst du?
도잍칠란ㄷ 빈 잉히 쇼-ㄴ 아인 야- 앨터 알ㅅ 두- 패어쉬테-ㅅㄷ 두-

Yumi Natürlich, ich bin doch Koreanerin.
나튀-얼릻히 잉히 빈 독ㅎ 코레아-너린

해설

① Wie alt bist du eigentlich, Yumi? 유미야, 그런데 너 몇 살이니?

- eigentlich ['aɪgn̩tlɪç] 〈어조사〉 (새로운 내용을 대화에 도입하면서) 그런데; 사실상, 실제로 (영어: actually)

② Ich bin 24 Jahre alt. 나는 24살이야.

- 24 ['fiːɐ̯ʊnt'tsvantsɪç]

③ Was? So alt? Das kann doch nicht sein! 뭐라고? 그렇게 나이가 많아? 그럴 리가 없을 걸.

- Das kann doch nicht sein. 그럴 리가/수가 없다. können이 가능성을 바탕으로 추측을 나타냄

④ Dann bist du ja zwei Jahre älter als ich. 그러면 네가 나보다 2살 더 많구나.

- dann [dan] (따져보면) 그러면 (영어: then), Dann bist du älter als ich. 그러면 너는 나보다 나이가 더 많다.
- ja [jaː] 〈어조사〉 명백한 사실을 강조하는 의미로 사용하는 어조사

⑤ Wahrscheinlich nicht. 아마 안 그럴 거야.

- wahrscheinlich [vaːɐ̯'ʃainlɪç] 〈부사〉 아마도

⑥ Ich bin nämlich im Dezember 1994 geboren. 나는 1994년 12월에 태어났어.

- nämlich 〈앞의 말에 대한 근거를 제시할 때 사용하는 부사〉 …·거든, 때문(이다)
- der Dezember [de'tsɛmbɐ] 〈-(e)s, -〉 12월
- geboren [gə'boːrən] 〈gebären의 과거분사〉 태어난, Er ist in Korea geboren. 그는 한국에서 태어났다.

⑦ In Korea ist man bei der Geburt schon ein Jahr alt.

한국에서는 태어나면 벌써 한 살이야.

- die Geburt [gəˈbuːɐ̯t] ⟨-, -en⟩ 출생, 탄생

⑧ Nach dem Jahreswechsel wird man wieder ein Jahr älter.

해가 바뀌면 다시 한 살이 더 많아져.

- der Jahreswechsel [ˈjaːrəsvɛksl̩] ⟨-s, -⟩ 해 바뀜, der Wechsel [ˈvɛksl̩] ⟨-s, -⟩ 바뀜, 교환

⑨ Also, an Neujahr 1995 war ich schon zwei Jahre alt.

그러니까 1995년 1월에는 나는 벌써 두 살이었어.

- das Neujahr [ˈnɔyjaːɐ̯] ⟨-(e)s, -e⟩ 새해 첫날

⑩ Ach so! Dann bist du nach deutschem Alter eigentlich nur 22 Jahre alt, oder?

아 그래! 그러면 너는 독일 나이로 사실은 22살밖에 안 되잖아, 그렇지?

- nur [nuːɐ̯] 오직, 단지
- ... oder? [ˈoːdɐ] ⟨상대방의 동의를 구하면서⟩ 안 그래?

⑪ Stimmt. Nach deutschem Alter bin ich noch 22 Jahre alt, aber nach koreanischem Alter schon 24.

맞아. 독일 나이로는 아직 22살이지. 그러나 한국 나이로는 벌써 24살이야.

- Stimmt! 맞아. ← stimmen [ˈʃtɪmən] 맞다, etwas stimmt 무엇이 맞다
- nach [naːx] ⟨3격 요구 전치사: 기준⟩ nach deutschem Alter 독일 나이에 따르면

⑫ Dann bin ich ein Jahr älter als du. 그러면 나는 너보다 한 살 더 많다.

⑬ Ich bin wie du zwar auch 1994 geboren, aber mein Geburtstag ist in diesem Jahr schon vorbei.

나는 너처럼 1994년에 태어났지만, 내 생일은 올해 벌써 지났어.

- wie du 너처럼
- vorbei [foːɐ̯ˈbai̯] ⟨부사⟩ (= zu Ende, vorüber) 끝난, 지나간, Der Sommer ist vorbei. 여름이 끝났다. Die Gefahr ist vorbei. 위험은 지나갔다.

⑭ In Korea sind wir zwar noch gleichaltrig, aber in Deutschland bin ich schon ein Jahr älter als du. Verstehst du?

한국에서는 우리가 비록 동갑이지만, 독일에서는 내가 너보다 벌써 한 살 더 많아. 알겠니?

- zwar ..., aber ... 비록 …이긴 하지만, (그러나) …, Er ist zwar klein, aber sehr stark. 그가 키는 비록 작지만, 힘은 매우 세다.
- gleichaltrig [ˈglai̯çˈ|altrɪç] ⟨형용사⟩ 동갑의 gleich 같은
- verstehen [fɛɐ̯ˈʃteːən] 이해하다

⑮ Natürlich, ich bin doch Koreanerin. 물론이지, 내가 한국사람이잖아.

- Ko'rea [ko're:a] 한국, Kore'aner [kore'|a:nɐ] (남자) 한국인, Kore'anerin [kore'|a:nərɪn] 여자 한국인, Kore'anisch [kore'|a:nɪʃ] 한국어

텍스트 완성하기

대화문의 내용과 일치하도록 빈칸을 채우시오.

Petra fragt Yumi ______ ______ Alter. Yumi antwortet: „Ich bin 24 ______ ______.“ Petra ist erstaunt. Sie ______ das ______ ______ und sagt: „Dann bist du ja zwei ______ ______ ______ ich.“ Yumi verneint das. Sie ist ______ ______ Dezember 1995 ______. In Korea ist man ______ ______ Geburt ______ ein Jahr ______. ______ ______ Jahreswechsel wird ______ wieder ______ ______ ______. Daher war Yumi ______ Neujahr 1996 schon ______ ______ ______. Petra ______ ______ sofort und meint: „Dann bist du ______ ______ Alter eigentlich ______ 22 Jahre ______, oder?“ Yumi stimmt ______: ______ ______ Alter ist sie ______ 22 Jahre ______. Petra ist ______ ______ Alter schon ______ Jahre ______. Sie ist ______ Yumi ______ auch 1995 geboren, ______ ihr Geburtstag ist ______ März. Jetzt ist ______ Mai. Petras Geburtstag ______ schon ______. Petra ist ______ nach ______ Alter ______ 23 Jahre alt. Yumi und Petra sind ______ in Korea ______, aber in Deutschland ist Yumi bis ______ ein Jahr ______ ______ Petra.

유용한 표현

01 출생지 묻고 답하기

A: Wo sind Sie geboren? 어디에서 태어났습니까?

B: - Ich bin in Deutschland geboren. 독일에서 태어났습니다.

- Ich bin in Köln geboren. 쾰른에서 태어났습니다.

02 생년월일 묻고 답하기

A: Wann sind Sie geboren? 언제 태어났습니까?

B: - Ich bin 1986(= neunzehnhundertsechsundachtzig) geboren.
1986년에 태어났습니다.
(영어와는 달리 연도 앞에 in을 쓰지 않음. 단, 연도에 강조할 때는 im Jahr 1986라고 함)

- Ich bin im Mai geboren. 5월에 태어났습니다.
- Ich bin am 25. Mai(= fünfundzwanzigsten Mai) geboren.
5월 25일에 태어났습니다.
- Ich bin am 6. September(= sechsten September) 1995(= neunzehnhundertfünfundneunzig) geboren. 나는 1995년 9월 6일에 태어났다.

03 비교하기 [···보다 ···〈이/가〉 더 ···하다 : ... 〈비교급〉 als ...]

Meine Freundin ist zwei Jahre **älter als** ich. 내 여자 친구가 나보다 2살 더 많다.
Ich bin also zwei Jahre **jünger als** meine Freundin.
내가 나의 여자 친구보다 2살 더 어리다.

Mein Freund ist 10cm **größer als** ich. 내 친구는 나보다 10cm가 더 크다.
Ich bin also 10cm **kleiner als** mein Freund. 나는 내 친구보다 10cm가 더 작다.

04 … (한층) 더 …하다 : noch + 형용사 비교급
… 훨씬 더 …하다 : (noch) viel + 형용사 비교급

Dieser Sommer ist **(noch) viel heißer als** der letzte Sommer.
이번 여름이 작년 여름보다 훨씬 더 덥다. (viel : 비교급 heißer를 강조함)

Im Dezember ist es in Korea kalt. Aber im Januar ist es oft **noch kälter**.
한국의 12월은 춥다. 그러나 1월은 더 춥다. (noch : 비교급 kälter를 강조)

Seine Idee ist schon gut. Aber deine Idee ist **noch besser**.
그의 아이디어도 좋다. 그러나 네 아이디어가 더 좋다. (schon '그 정도면 …다'라는 의미)

Die Leipziger Nikolaikirche ist berühmt, aber der Kölner Dom ist **noch berühmter**. 라이프치히 니콜라이 교회가 유명하지만, 쾰른 대성당이 더 유명하다.
(명사를 수식할 때 도시명에 -er를 붙임: der Kölner Dom 쾰른 대성당. -er 다음에는 격변화 어미가 오지 않음)

Ich esse zwar gern Pizza, aber **noch lieber** esse ich Spaghetti.
내가 피자를 즐겨 먹는 것은 사실이지만, 더 좋아하는 것은 스파게티이다.
(zwar ...., aber ... …은 사실이지만, …)

Frankfurter Würstchen schmecken zwar gut, aber Nürnberger Würstchen schmecken **noch besser**.
프랑크푸르트 소시지가 맛있는 것은 사실이지만, 뉘른베르크 소시시가 더 맛있다.
(도시명 + -er : Frankfurter 프랑크푸르트의, Nürnberger 뉘른베르크의; schmecken 맛이 …하다)

05 기준 제시하기 : …에 따르면, …의하면 : nach + 3격 또는 3격 + nach

Nach meiner Meinung / Meiner Meinung nach ist Deutsch wichtig.
내 생각에는 독일어가 중요하다.

Nach koreanischem Alter bin ich ein Jahr älter als nach westlichem Alter.
나는 한국 나이로는 서양 나이보다 한 살 더 많다.

Nach dem neuen Gesetz ist Rauchen in diesem Gebäude verboten.
새 법에 의하면 이 건물 안에서는 흡연이 금지되어 있다.

활용 연습

1 **다음 문맥에 알맞은 형용사를 적으시오.**

(1) A: Wie __________ bist du?

B: Ich bin neunundzwanzig.

A: Dann bist du ein Jahr __________ als ich. Ich bin achtundzwanzig.

(2) A: Wie __________ bist du?

B: Ich bin einen Meter achtzig (1,80m) __________.

(ein Meter의 4격이 사용됨)

A: Dann bist du 2cm __________ als ich. Ich bin einen Meter achtundsiebzig (eins achtundsiebzig) __________.

2 **다음 빈칸에 적합한 형용사 비교급 형태를 적으시오.**

(1) München ist schon groß, aber Berlin ist noch __________ als München.

(schon (그 정도면) 벌써; noch + 비교급: 더욱 …한)

(2) Der Film ist zwar interessant, aber das Buch ist noch _______________.

(3) Im Winter ist es in Südkorea schon ziemlich kalt, aber in Nordkorea ist es noch _______________.

(4) Mein Notebook ist zwar schon recht schnell, aber mein Desktop ist noch _______________ als mein Notebook.

(5) Mein Haus in Seoul ist zwar schon groß, aber sein Haus auf dem Land ist noch viel _______________.

(원급을 강조할 때는 sehr, 비교급을 강조할 때 viel을 사용함)

(6) Er ist zwar schon ziemlich reich, aber sein Bruder ist noch viel _______________ als er.

(7) Mein Auto fährt schon ziemlich schnell, aber sein neues Auto fährt noch viel ______________ als mein Auto.

(8) Das Leben in Seoul ist schon teuer, aber das Leben in London ist noch viel ______________.

(9) Sie spricht schon gut Deutsch, aber ihr Bruder spricht noch ______________ Deutsch.

(형용사 gut이 Deutsch sprechen을 수식하는 부사어로 사용됨)

(10) Ich trinke zwar gern Wein, aber noch ______________ trinke ich Sekt.

(der Sekt [zɛkt] (탄산이 함유된) 와인, 샴페인)

(11) Der Käsekuchen schmeckt zwar schon lecker, aber der Schokoladenkuchen schmeckt noch viel ______________.

(der Käsekuchen 치즈케이크, der Käse ['kɛ:zə] 〈-s, 항상 단수〉 치즈 + der Kuchen ['ku:xn̩] 〈-s, -〉 케이크; et. schmeckt jm. gut. 무엇이 누구에게 맛있다)

3 다음 대화를 듣고 빈칸에 해당하는 말을 적으시오.

A: ____________ Sprachen ____________ du?

B: Ich spreche Koreanisch und Deutsch.

A: ____________ Sprache ____________ du denn ____________?

B: Ich spreche ____________ Koreanisch ____________ Deutsch.

Ich ____________ ja ____________ Korea ____________.

Koreanisch ist meine ______________.

A: Sprechen Sie Englisch ____________ ____________ Deutsch?

B: Nein, ich spreche ____________ Deutsch ____________ Englisch.

Deutsch ist mein ______________. Daher ____________ ich jeden Tag ____________ Deutsch.

A: Ach so! Deshalb sprechen Sie ____________ ____________ Deutsch!

Sie sprechen ____________ Deutsch ____________ manche Deutsche.

4 다음 글에서 잘못된 부분을 고치시오.

Petra fragt Yumi nach den Alter. Yumi antwortet: „Ich bin 24 Jahr alt." Petra ist erstaunt. Sie kann nicht das glauben und sagt: „Dann bist du ja zwei Jahr alt wie ich." Yumi verneint das. Nämlich ist sie in Dezember in 1995 geboren. In Korea ist mann von der Geburt schon ein Jahr alt. Nach dem Jahreswechsel wird man wider ein Jahr alt. Daher war Yumi am Neujahr in 1996 schon zwei Jahr älter. Petra versteht das sofort und meint: „Dann bist du nach deutsches Alter eigentlich nur 22 Jahre alt, oder?" Yumi stimmt zu: Nach deutschem Alter ist sie schon 22 Jahr älter. Petra ist nach deutschen Alter schon 23 Jahr älter. Sie ist wie Yumi zwar auch in 1995 geboren, und ihr Geburtstag ist März. Jetzt ist es schon im Mai. Petras Geburtstag ist schön vor bei. Petra ist daher nach deutsches Alter schon 23 Jahr älter. Yumi und Petra ist zwar in Korea gleichalt, und in Deutschland ist Yumi bis Dezember ein Jahr jung als Petra.

5 다음 우리말을 독일어로 옮기시오.

(1) 이제 그는 더 열심히 독일어를 공부한다.

➡ ______________________________

(2) 이 파란 셔츠(das Hemd)가 그 하얀 셔츠보다 더 예쁘다.

➡ ______________________________

(3) 그는 나보다 4살이 더 많다.

➡ ______________________________

(4) 그 책도 재미있긴 하지만, 그 영화는 더 재미있다.

➡ ______________________________

(5) 나는 1995년 9월 6일 서울에서 태어났다.

➡ ______________________________

(6) 내 지금 집이 그 전 집보다 더 비싸다.

➡ ______________________________

(7) 한국에서는 태어나면 벌써 한 살이다. 해가 바뀌면 다시 한 살이 더 많아진다.

➡ ______________________________

(8) 이번 여름은 지난 여름보다 훨씬 더 덥다.

➡ ______________________________

(9) 나이가 들면 들수록, 시간이 그만큼 더 빨리 지나간다.

➡ ______________________________

자세히 들여다보기

01 형용사 비교급의 어미변화

	1격	4격
원급	ein dicker Mantel 두꺼운 코트	einen dicken Mantel
비교급	ein dickerer Mantel 더 두꺼운 코트	einen dickeren Mantel
원급	eine warme Jacke 따뜻한 겉옷 상의	eine warme Jacke
비교급	eine wärmere Jacke 더 따뜻한 겉옷 상의	eine wärmere Jacke
원급	ein teures Kleid 비싼 원피스	ein teures Kleid
비교급	ein teureres Kleid 더 비싼 원피스	ein teureres Kleid

02 상대비교(…보다 더 …)와 절대비교(비교적 …)

Meine Wohnung ist größer als deine (Wohnung). 내 집이 네 집보다 더 크다.

Er fährt ein größeres Auto. 그는 큼지막한 (비교적 큰) 자동차를 타고 다닌다.

(= Er fährt ein relativ großes Auto.; relativ 비교적)

Eine ältere Dame ist jünger als eine alte Dame.

중년 부인은 노부인보다 더 젊다.

(= Eine relativ alte Dame ist jünger als eine wirklich alte Dame. 비교적 나이든 부인은 정말로 나이든 부인보다 더 젊다.; wirklich 정말로)

03 je + 비교급 …, desto + 비교급 : …하면 할수록, (그만큼) 더 …

Je mehr, desto besser. 많으면 많을수록 (그만큼) 더 좋다.

Je früher, desto besser. 이르면 이를수록 (그만큼) 더 좋다.

Je älter man wird, desto schneller geht die Zeit vorbei.
나이가 더 먹을수록 시간이 (그만큼) 더 빨리 지나간다.
(Je älter가 종속접속사로 부문장을 이끄므로 동사는 문장 맨 뒤로감.)

04 수량 단위를 말할 때 주의할 점

(1) 신장을 말할 때 cm를 사용하지 않는다.

Ich bin 1,72m (einen Meter zweiundsiebzig/eins zweiundsiebzig) groß.
나는 키가 1미터 72센티이다.
(groß 앞의 수치가 부사어임으로 4격 형태(einen ...)를 취함)

(2) 길이나 거리를 말할 때 cm와 km를 Zenti와 Kilo로 줄여서 말하지 않는다.

Von Seoul bis Busan sind es 430km (vierhundertdreißig Kilometer).
서울에서 부산까지는 430킬로미터이다.

(3) 무게를 말할 때는 kg (Kilogramm)을 Kilo로 줄여서 말할 수 있다.

Er ist 70kg (siebzig Kilogramm/Kilo) schwer. 그는 몸무게가 70킬로그램이다.

(4) 가격을 말할 때 Euro와 Cent를 사용하며, Euro가 나오면 Cent는 사용하지 않아도 된다.

Das kostet 1,10€ (einen Euro zehn (Cent)). 가격이 1유로 10센트이다.

Das kostet 0,30€ (dreißig Cent). 가격이 30센트이다.

(5) 시간을 말할 때 Uhr를 사용하며, Uhr가 나오면 Minute는 사용하지 않는 것이 보통이다.

Es ist 2.25 (zwei Uhr fünfundzwanzig) Uhr. 2시 25분이다.

Lektion 15

Wie kommt man am besten zum Flughafen?

01 불특정대명사(2)
02 형용사 최상급

기본 문법

01 불특정대명사(2)

불특정한 대상을 지칭하는 대명사

(1) man [man] (불특정한) 사람 (영어: one)
jemand ['je:mant] 누군가 (영어: someone, somebody, anyone, anybody)
niemand ['ni:mant] 아무도 (안) (영어: nobody, no one)

A: Ist hier jemand? 여기 누구 있습니까?

B: Nein, ich glaube, hier ist niemand. 아뇨, 여기에는 아무도 없는 것 같아.
(glauben ['glaubn̩] 〈동사〉 …라고 생각하다, 믿다)

A: Spricht hier jemand Deutsch? 여기 누가 독일어를 합니까?

B: Ja, ich spreche etwas Deutsch. Außer mir spricht sonst niemand Deutsch.
예, 제가 독일어를 조금 합니다. 저 말고는 아무도 독일어를 하지 못합니다.
(여기서 사용된 etwas는 '조금(=ein wenig, ein bisschen)'이라는 뜻으로 사용된 불특정대명사; sonst 그밖에)

A: Arbeitet man in Korea auch am Samstag? 한국에서는 토요일에도 일합니까?

B: Nein, am Samstag arbeitet man normalerweise nicht.
아뇨, 토요일에는 보통 일하지 않습니다.
(불특정대명사 man이 주어로 사용된 문장을 한국어로 옮길 때 보통 주어가 생략된다.)

(2) etwas 어떤 것 (영어: something)

A: Darf ich Sie etwas fragen? 뭘 좀 여쭤봐도 될까요?

B: Was gibt es denn? 뭔데요?

(3) all- 모든 것 (영어: everything) - nichts 아무것도 아닌 것 (영어: nothing)

A: Möchten Sie noch etwas? 또 뭔가를 원하십니까?

B: Nein, das ist alles. 아니오, 그것이 전부입니다.

A: Ich verstehe diesen Ausdruck nicht. Kannst du mir helfen?
나는 이 표현을 이해하지 못해. 도와줄 수 있니?

B: Ich kenne diesen Ausdruck auch nicht. Frag Peter. Er weiß immer alles.
나도 이 표현을 모르겠어. 페터에게 물어봐. 그는 항상 모든 것을 알고 있어.

02 형용사 최상급

형용사 기본형(원급)에 -st를 추가하면 '가장 …한'이라는 최상급이 된다.

원급	비교급	최상급
schön	schöner	schönst-/am schönsten
schnell	schneller	schnellst-/schnellsten

(1) 명사를 수식하는(부가적 용법) 경우 : 특정관사 + 형용사(-st-약변화) + 명사

Du bist **die schönste Frau** auf der Welt. 너는 세상에서 가장 예쁜 여자이다.

Usain Bolt ist **der schnellste Mann** der Welt. 볼트가 세상에서 가장 빠른 남자이다.

Die Umweltzerstörung ist heutzutage **das größte Problem**.
환경 파괴가 오늘날 가장 큰 문제이다.

(2) 주어를 서술하거나(서술적 용법) 동사를 수식하는(부사어적 용법) 경우 : am + 형용사-sten

Der See ist an dieser Stelle **am tiefsten**. 이 호수는 이곳이 가장 깊다.
(서술적 용법: der See를 서술함)

In Korea ist es im Januar **am kältesten**. 한국은 1월이 가장 춥다.
(서술적 용법: 날씨를 서술함)

Florian rennt **am schnellsten**. 플로리안이 가장 빨리 달린다.
(부사어적 용법: rennt를 수식)

Du sprichst in dieser Gruppe **am besten** Deutsch.
네가 이 그룹에서 독일어를 제일 잘 한다.
(부사어적 용법: am besten이 (Deutsch) spricht를 수식)

(3) 형용사가 -d, -t, -s, -ss, -ß, -sch, -z, -tz, -x로 끝나면 자음 충돌을 피하기 위해서 최상급 어미 -st 앞에 e를 삽입한다.

alt → ält + e + st → ältest-

원급	비교급	최상급
alt [alt 알ㅌ] 나이든	älter ['ɛltɐ 앨터]	ältest- ['ɛltəst 앨탯ㅅㅌ]
kalt [kalt 칼ㅌ] 차가운	kälter ['kɛltɐ 캘터]	kältest- ['kɛltəst 캘탯ㅅㅌ]
heiß [hais 하잇ㅅ] 뜨거운	heißer ['haisɐ 하잇서]	heißest- ['haisəst 하잇샛ㅅㅌ]

A: Wie heißt das älteste Königreich auf der koreanischen Halbinsel?
한반도에서 가장 오래된 왕국이 무엇이지?

B: Es heißt Gojoseon. 고조선이야.
(der Königreich 왕국; die Halbinsel 반도 ← halb- 절반의 + die Insel 섬)

A: Heute ist es aber sehr heiß. 오늘 참 덥다.

B: Ja, heute ist der heißeste Tag seit 10 Jahren.
그래 오늘이 10년 이래로 가장 더운 날이야.

A: Wo liegt der kälteste Ort der Welt? 세계에서 가장 추운 곳이 어디에 있지?

B: Er liegt in der Antarktis. 남극에 있어.
(liegen ['li:gn̩] 〈동사〉 …에 놓여있다; der Ort 곳, 장소' die Antarktis [ant'|arktɪs] 남극 ↔ die Arktis ['arktɪs] 북극)

기본 대화

Wo ist denn die nächste U-Bahn-Station?

Herr Kim Entschuldigung, wie komme ich zum Nationalmuseum?
앤ㅌ**슐**디궁 비– **콤**매 잌히 ㅌ춤 낱치오**나**–ㄹ무**제**–움

Passantin Da nehmen Sie am besten die U-Bahn.
다– **네**–맨 지– 암 **뱃**ㅅ탠 디– **우**–바–ㄴ

Herr Kim Kann man denn nicht bis dahin laufen?
칸 만 댄 닠힡ㅌ 빗ㅅ 다**힌** ㄹ**라**우팬

Passantin Oh nein! Das Nationalmuseum ist ziemlich weit von hier.
오– **나**인 닷ㅅ 낱치오**나**–ㄹ무**제**–움 잇ㅅㅌ ㅌ**치**–ㅁㄹ맇히 **바**잍ㅌ 폰 히–어

Herr Kim Ach ja! Wo ist denn die nächste U-Bahn-Station?
악ㅎ 야– 보– 잇ㅅㅌ 댄 디– **내**–ㅎ힡ㅅ태 **우**–바–ㄴ 쉬탙치**오**–ㄴ

Passantin Gehen Sie diese Straße entlang bis zur Kirche da vorne.
게–앤 지– **디**–재 쉬ㅌ**라**–ㅅ새 **앤**틀랑 빗ㅅ ㅌ추어 **키**릏해 다– **포**ㄹ내

Dort gehen Sie rechts um die Ecke.
도릍ㅌ **게**–앤 지– 랰힡ㅊ 움 디– **액**캐

Dann sehen Sie schon die U-Bahn-Station.
단 **제**–앤 지– 쇼–ㄴ 디– **우** 바–ㄴ 쉬탙치**오**–ㄴ

Herr Kim Vielen Dank für die Auskunft!
피–ㄹ랜 당ㅋ 퓌–어 디– **아**웃ㅅ쿤ㅍㅌ

Passantin Keine Ursache!
카이내 **우**어작해

해설

① **Entschuldigung, wie komme ich zum Nationalmuseum?**
실례합니다만, 국립박물관은 어떻게 갑니까?

- die Entschuldigung [ɛntˈʃʊldɪgʊŋ] ⟨-, -en⟩ 사과, 용서; Entschuldigung! 실례합니다! (=Verzeihung! 실례합니다!; die Verzeihung [fɛɐ̯ˈtsaiʊŋ] ⟨-, 항상 단수⟩ 누구를 용서하는 행위, Verzeihung? 죄송합니다, 다시 한번 말씀해주세요; Wie bitte? 뭐라고 하셨죠?
- das Nationalmuseum [natsioˈna:lmuze:um] ⟨-s, -museen [muˈze:(ə)n]⟩ 국립박물관; das Museum [muˈze:um] ⟨-s, museen [muˈze:(ə)n]⟩ 박물관

② **Da nehmen Sie am besten die U-Bahn.** 지하철을 타는 것이 제일 좋습니다.

- da [da:] ⟨부사⟩ (말을 시작할 때 사용하는 말) 그러면
- nehmen [ˈne:mən] ⟨타동사·강변화동사⟩ (du nimmst, er nimmt) 타다
  die U-Bahn nehmen 지하철을 타다
  den Bus nehmen 버스를 타다
  den Zug nehmen 기차를 타다
  ein Taxi nehmen 택시를 타다 (Taxi는 불특정관사를 취함)
- am besten ⟨gut의 최상급⟩ 가장 잘, 좋은

③ **Kann man denn nicht bis dahin laufen?** 그곳까지 걸어갈 수는 없습니까?

- dahin [daˈhin] ⟨부사⟩ 그곳으로, 거기로
- laufen [ˈlaufn̩] ⟨자동사·강변화동사⟩ (du läufst, er läuft) 달리다, (zu Fuß gehen) 걸어가다

④ **Oh nein! Das Nationalmuseum ist ziemlich weit von hier.**
오 아니오! 국립박물관은 여기서 꽤 멀어요.

- ziemlich [tsˈi:mlɪç] ⟨부사⟩ 꽤
- weit [vait] ⟨형용사⟩ 먼 ↔ nah 가까운

⑤ **Ach ja! Wo ist denn die nächste U-Bahn-Station?**
아 예, 가장 가까운 지하철 역이 어디에 있지요?

- nächst- [nɛ:çst] ⟨nah의 최상급, 부가적으로만 사용됨⟩ 가장 가까운, 다음의

⑥ **Gehen Sie diese Straße entlang bis zur Kirche da vorne.**
이 길을 따라서 저 앞에 있는 교회까지 가세요.

- entlang [ɛntˈlaŋ] ⟨3격 요구 전치사·4격 요구 후치사⟩ …을 따라서, den Fluss entlang 강을 따라서 (4격 목적어 den Fluss 뒤에 온 후치사), entlang dem Fluss 강을 따라서 (3격 목적어 dem Fluss 앞에 온 전치사)
- bis zu + ⟨3격 목적어⟩ …까지, bis zur Kirche 교회까지 (die Kirche의 3격 der Kirche의 der가 zu와 축약하여 zur가 됨)
- da vorne ⟨부사 + 부사⟩ 저기 앞에; da hinten 저 뒤에; da drüben 저 건너편에

⑦ **Dort gehen Sie rechts um die Ecke.** 거기서 오른쪽으로 모퉁이를 돌아가세요.

- gleich rechts 바로 오른쪽에; gleich links 바로 왼쪽에

- um die Ecke 모퉁이를 돌아서, die Ecke ['ɛkə] 〈-, -n〉 모퉁이, 구석
- um 〈4격 요구 전치사〉 (위치) 둘레에, 돌아서

⑧ Dann sehen Sie schon die U-Bahn-Station. 그러면 벌써 지하철역이 보입니다.

- et. sehen 무엇이 보이다, sich et. ansehen 무엇을 (의식적으로) 보다
- die U-Bahn-Station 지하철 역

⑨ Vielen Dank für die Auskunft! 알려주셔서 감사합니다.

- die Auskunft ['au̯skʊnft] 〈-, -künfte〉 정보, 안내(소)

⑩ Keine Ursache! 뭘요! 천만에요!

- die Ursache ['uːɐ̯zaxə] 〈-, -n〉 원인 ↔ die Wirkung 효과, 결과

텍스트 완성하기

대화문의 내용과 일치하도록 빈칸을 채우시오.

Herr Kim ist fremd ______ ______ Stadt. Er ______ ______ Nationalmuseum ______. Er fragt ______ Passantin ______ ______ Weg: „Entschuldigung, ______ ______ ich ______ Nationalmuseum?“ Die Passantin antwortet: „Da ______ Sie ______ ______ die U-Bahn.“ Herr Kim will wissen: „______ ______ denn nicht ______ ______ ______?“ Die Passantin sagt: „Nein!“ ______ ______ Nationalmuseum ist ______ nämlich ______ weit. Herr Kim ______ die U-Bahn ______ und fragt ______ ______ ______ U-Bahn-Station. Die Passantin ______ ______ Weg und erklärt: „Gehen Sie die Straße ______ ______ ______ Kirche ______ ______. Die nächste U-Bahn-Station ist dann gleich rechts ______ ______ Ecke.“ Herr Kim dankt ______ Passantin und geht ______ U-Bahn-Station.

유용한 표현

01 길 묻고 안내하기

A: Wie komme ich zum Bahnhof? 역으로 가려면 어떻게 가야 합니까?
zum Flughafen? 공항으로 가려면
zum Museum? 박물관으로 가려면
zum Marien-Krankenhaus? 마리엔 병원으로 가려면
zur Post? 우체국으로 가려면
zur Mozartstraße? 모차르트 가로 가려면

B: - Gehen Sie geradeaus. 똑바로
nach links. 왼쪽으로
nach rechts. 오른쪽으로
um die Ecke. 모퉁이를 돌아서
an der nächsten Kreuzung nach rechts 다음 교차로에서 오른쪽으로
bis zur Kreuzung und dann nach links. 교차로까지 간 다음 왼쪽으로
über die Straße und dann nach rechts. 길을 건너서 오른쪽으로

- Tut mir leid, ich bin auch fremd hier. 유감입니다만, 저도 이곳 사람이 아닙니다.
ich bin nicht von hier. 저는 이곳 사람이 아닙니다.

- Nehmen Sie am besten die U-Bahn. 지하철을 타는 것이 가장 좋습니다.
den Flughafenbus. 공항버스를
Bus Nummer 7. 7번 버스를
die Straßenbahn. 전철을
ein Taxi. 택시를

A: Wie fährt man am besten nach Bremen? 브레멘은 어떻게 가는 것이 가장 좋습니까?
zum Flughafen? 공항은
auf den Berg Namsan? 남산은
in die Innenstadt? 시내는
(die Innenstadt 시내)

B: - Nehmen Sie die Autobahn. Die A1 ist am schnellsten.
고속도로를 타세요. 1번 고속도로가 가장 빠릅니다. (nehmen 취하다; die Autobahn 고속도로)

die Umgehungsstraße. In der Innenstadt staut es um diese Zeit. 외각도로를 이용하세요. 시내는 이 시간에 차가 막힙니다.
(die Umgehungsstraße 우회도로; um 〈4격 요구 전치사〉 (시간) …에, um 〈시간〉 (herum) …(시간) 대에)

- Fahren Sie über die Friedrich-Straße. Die Hauptstraße ist zurzeit gesperrt.
프리드리히 슈트라세로 가세요. 중앙 도로는 지금 폐쇄되었습니다.
(über 〈전치사〉 (통과) …로 (를 통과하여); die Hauptstraße 중앙도로, 간선도로; zurzeit [tsʊrˈtsait] 〈부사〉 지금, 이 시간 (= im Moment, jetzt); sperren 막다, 폐쇄하다, ist gesperrt 막혀있다 (sein + 과거분사 상태수동))

02 허용 여부 묻기

Darf man hier halten? 여기에 정차해도 됩니까?
parken? 주차해도
rauchen? 흡연해도
zelten? 텐트를 쳐도
picknicken? (야외 소풍을 나와) 음식을 먹어도

Entschuldigung, darf ich mal vorbei? 실례하지만, 지나가도 되겠습니까?
darf ich einmal sehen? 한번 봐도 되겠습니까?
darf ich Sie kurz stören? 잠깐 방해해도 되겠습니까?

03 최상급을 사용하여 표현하기

A: Welche Sprache sprichst du am besten? 너는 어떤 언어를 가장 잘 하니?

B: Ich spreche Koreanisch am besten. 한국어를 가장 잘 해.

A: Welche Sprache ist am einfachsten? 어떤 언어가 가장 간단해?

B: Für mich ist Spanisch am einfachsten. 내게는 스페인어가 가장 간단해.

A: Was schmeckt dir am besten? 너는 뭐가 가장 맛있니?

B: Mir schmeckt Galbi am besten. 나는 갈비가 가장 맛있어.

A: Was trinkst du am liebsten? 무엇을 가장 즐겨 마시니?

B: Ich trinke am liebsten Wein. 와인을 가장 즐겨 마셔.

A: Wie komme ich am schnellsten zum Flughafen?
공항에는 어떻게 가는 것이 가장 빠릅니까?

B: Nehmen Sie am besten die U-Bahn. 지하철을 타는 것이 가장 좋습니다.

A: Was ist die beste Lösung? 가장 좋은 해결책이 무엇인가?

B: Die einfachste Lösung ist oft die beste Lösung.
가장 간단한 해결책이 가장 좋은 해결책이다.
(die Lösung ['lø:zʊŋ] ⟨-, -en⟩ 해결책)

A: Diese Methode ist am praktischsten. 이 방법이 가장 실용적이다.

B: Ja, es ist zwar die praktischste Methode, aber nicht die beste (Methode).
그래, 가장 실용적인 방법이긴 하지만, 가장 좋은 방법은 아니다.
(die Methode [me'to:də] ⟨-, -n⟩ 방법)

활용 연습

1 **다음 빈칸에 어울리는 부정대명사(man, jemand, niemand)를 적으시오.**

(1) A: Kann hier ________ Deutsch sprechen?

B: Ja, ich kann Deutsch. Außer mir kann sonst ________ Deutsch sprechen.

(2) A: Darf ________ hier rauchen?

B: Nein, hier darf ________ nicht rauchen.

(3) A: Ist am Samstag ________ im Büro?

B: Nein, am Samstag ist ________ im Büro.

(4) A: Ist am Wochenende ________ zu Hause?

B: Nein, am Wochenende ist ________ zu Hause.

(5) A: Was macht ________ in Korea an Neujahr?

(das Neujahr ['nɔyja:ɐ̯ /nɔy'ja:ɐ̯] 설날, 1월 1일)

B: ________ trifft seine Verwandten.

(verwandt 〈형용사〉 친척관계인 → 〈형용사의 명사화〉 der/die Verwandte 친척)

(6) A: Feiert ________ in Korea Weihnachten?

(feiern 경축하다; das Weihnachten ['vainaxtn̩] 〈-, -, 보통 단수〉 크리스마스)

B: Das kommt darauf an. Die Christen gehen in die Kirche.
Sonst trifft ________ seine Freunde.

(das kommt darauf an. 그것은 경우에 따라서 다르다; der Christ 기독교인)

(7) A: Was macht ________ in Deutschland am Valentinstag?

B: Am Valentinstag schenken die Männer ihren Frauen oder Freundinnen Blumen.

(der Valentinstag 밸런타인데이; die Blume 꽃)

2 주어진 형용사의 알맞은 형태를 적으시오.

(1) Heute ist der __________ (kalt) Tag in diesem Winter.

(2) Der Hallasan-Berg ist der __________ (hoch) Berg in Südkorea.

(3) Seoul ist die __________ (groß) Stadt in Korea. Welche Stadt ist die __________ (groß) Stadt in Deutschland? - Berlin.

(4) Er ist der __________ (jung) Schüler in seiner Klasse.

(5) Der König hat drei Töchter. Die dritte Tochter ist die __________ (schön).

(6) In unserer Familie schläft er immer am __________ (lang).

(7) Das ist der __________ (kurz) Weg nach Hause.

(8) Bei Aldi kann man noch am __________ (billig/günstig) einkaufen.

(billig ['bɪlɪç] 싼; günstig ['gʏnstɪç] 유리한)

(9) Heute ist der __________ (warm) Tag in diesem Monat.

(10) Sie malt am __________ (schön).

(malen ['ma:lən] (그림을) 그리다)

(11) Die __________ (dumm) Bauern haben die __________ (dick) Kartoffeln.

(dumm [dʊm] ‹dümmer, dümmst-› 어리석은; der Bauer ['baʊ̯ɐ] ‹-n (드물게 -s), -n› 농부; die Kartoffel [kar'tɔfl̩] ‹-, -n› 감자)

3 다음 빈칸에 알맞은 형용사를 적으시오.

(1) Das Fahrrad ist schnell.

Das Auto ist __________ als das Fahrrad.

Aber das Flugzeug ist ______________________________.

(2) Ich bin 1,75m groß. Mein Bruder ist 1,80m groß.

Mein Bruder ist __________ __________ __________ ich.

Er ist __________ __________ in unserer Familie.

(3) Trinkst du gern Saft?

Ja, aber __________ __________ trinke ich Cola.

4 다음 대화를 듣고 빈칸을 채우시오. 🎧

A: Entschuldigung, wie __________ ich __________ __________ __________ Flughafen?

B: __________ Sie __________ __________ den Flughafen-Express.

A: Wo ist denn der __________ Bahnhof?

B: Der ist __________ __________ __________ __________.

5 다음 글에서 잘못된 부분을 고치시오.

Herr Kim ist fremd in die Stadt. Er möchte Nationalmuseum besuchen. Er fragen einer Passantin den Weg: „Entschuldigung, wie komme ich zu Nationalmuseum?“ Die Passantin antwortet: „Da nehmen Sie best U-Bahn.“ Herr Kim wollt wissen: „Kann man nicht denn da hin laufen?“ Die Passantin sagt: „Nein!“ Bis zu Nationalmuseum ist ziemlich weit nämlich. Herr Kim wollt nehmen die U-Bahn und fragt die nächste U-Bahn-Station. Die Passantin weiß Weg und erklärt: „Gehen Sie der Straße entlang bis zu da vorne Kirche. Die nächste U-Bahn-Station ist dann gleich recht in der Ecke.“ Herr Kim dankt dem Passantin und geht zum U-Bahn-Station.

6 다음 우리말을 독일어로 옮기시오.

(1) 실례합니다만, 공항으로 가려면 어떻게 가야합니까?

➡ ____

____

(2) 공항버스를 타는 것이 가장 좋습니다.

➡ ____

(3) 가장 가까운 지하철이 어디에 있습니까?

- 이 길을 따라서 교차로까지 가신 후 오른쪽으로 가세요.

➡ ____

(4) 알려주셔서 대단히 감사합니다.

- 천만에요.

➡ ____

(5) 여기 어디에서 가장 저렴하게 쇼핑할 수 있습니까?

- 여기 시내에서는 시청 옆에 있는 쇼핑센터에서 가장 저렴하게 쇼핑할 수 있습니다.

➡ ____

자세히 들여다보기

01 낱말 익히기

die Kirche 교회
die katholische Kirche 가톨릭교회, 천주교회
die evangelische / protestantische Kirche 기독교 개신교회

das Museum 박물관
das Nationalmuseum 국립박물관
das Landesmuseum 주립박물관
das Stadtmuseum 시립박물관
das Kunstmuseum 미술박물관

die Post 우편, 우체국
das Postamt 우체국

der Bahnhof 역
der Hauptbahnhof 중앙역

die U-Bahn 지하철
der U-Bahnhof / die U-Bahn-Station 지하철역
die U-Bahn-Haltestelle 지하철 정류장
die U-Bahn-Linie 지하철 노선

die Information 정보, 안내소 (die Auskunft)
die Touristeninformation 여행자 안내소

das Theater 연극공연장
das Stadttheater 시립극장
das Nationaltheater 국립극장

die Oper 오페라
die Nationaloper 국립오페라
das Opernhaus 오페라 극장

das Kino 영화관
der Kinofilm 극장 영화
der Kinobesucher 영화 관람객

der Park 공원
der Nationalpark 국립공원
der Naturpark 자연공원
der Vergnügungspark 놀이공원

das Rathaus 시청
das Parlament 국회

der Bürgermeister 시장
der / die Abgeordnete 국회의원

02 불특정대명사 man, jemand, niemand의 3·4격

1격	man	jemand	niemand
3격	einem	jemand(em)	niemand(em)
4격	einen	jemand(en)	niemand(en)

Der Lärm macht einen ja verrückt! 이 소음이 사람을 미치게 하는구나!
(《4격 목적어》 …〈형용사〉 machen 누구를 …하게 만들다)

Das ist ein Geheimnis. Du darfst es **niemandem** sagen / verraten.
이건 비밀이야. 아무에게도 말하면/폭로하면 안 돼.
(sagen + 3격 목적어 + 4격 목적어 : jm. et.[4] sagen : 누구에게 무엇을 말하다. es가 4격 목적어이지만 인칭대명사이기 때문에 3격 목적어 niemandem 앞에 옴; verraten [fɛɐ̯'ra:tn̩] (남에게 비밀을) 폭로하다)

A: Kennst du **jemanden** in Deutschland? 독일에 아는 사람 (누구) 있니?
B: Nein, ich kenne **niemanden** in Deutschland.
아니, 독일에 아는 사람이 (아무도) 없어.

03 형용사의 비교급·최상급 형태 정리

	원급	비교급	최상급	주의
서술적/부사어적	klein 작은	kleiner	am kleinsten	
부가적	klein-	kleiner-	특정관사 + kleinst-	
서술적/부사어적	kurz 짧은	kürzer	am kürzesten	1음절 형용사의 a, o, u는 ä, ö, ü로 변모음
부가적	kurz-	kürzer-	특정관사 + kürzest-	
서술적/부사어적	teuer 비싼	teurer	am teuersten	-er로 끝나는 형용사의 비교급은 -rer로 (e생략)
부가적	teu(e)r-	teurer-	특정관사 + teuerst-	

Ausländische Wagen sind immer noch **teurer** als inländische Wagen.
외제 자동차가 여전히 국산 자동차보다 더 비싸다.

Arnis ist mit weniger als 300 Einwohnern die **kleinste** Stadt in Deutschland. 아르니스는 300명이 못되는 주민으로 독일에서 가장 작은 도시이다.

Am 21. Dezember ist der Tag am **kürzesten**. 12월 21일에 낮이 가장 짧다.

〈주의해야 할 비교급·최상급 형태〉

원급	비교급	최상급
gut [gu:t 구-ㄷㅌ] 좋은	besser ['bɛsɐ 뱃서]	best- [bɛst 뱃ㅅㅌ]
hoch [ho:x 호-ㄱㅎ] 높은	höher ['hø:ɐ 회-어]	höchst- [hø:çst 회-힛ㅅㅌ]
nah [na: 나-] 가까운	näher ['nɛ:ɐ 내-어]	nächst- [nɛ:çst 내-힛ㅅㅌ]
gern [gɛrn 개른] 기꺼이	lieber ['li:bɐ ㄹ리-버]	liebst- [li:pst ㄹ리-ㅍㅅㅌ]

Ich spreche **besser** Deutsch als Englisch. 나는 영어보다 독일어를 더 잘한다.

Die Bushaltestelle ist von hier aus **näher** als die U-Bahn-Station.
여기서 버스 정류장이 지하철역보다 더 가깝다.

Lektion 16

Es ist die Spezialität unseres Hauses.

01 명사의 2격
02 2격 명사를 수식하는 형용사의 어미변화
03 화법조동사 sollen
04 hätten gern

01 명사의 2격

'…의'라는 소유 관계를 나타냄

	남성	여성	중성	복수
1격	der Vater ein Vater mein Vater	die Mutter eine Mutter meine Mutter	das Kind ein Kind mein Kind	die Freunde - Freunde meine Freunde
2격	des Vaters eines Vaters meines Vaters	der Mutter einer Mutter meiner Mutter	des Kindes eines Kindes meines Kindes	der Freunde - Freunde meiner Freunde

2격에서는 특정관사, 불특정관사, 소유관사의 어미가 동일함.
여성명사와 복수명사 자체에는 2격 표시가 나타나지 않으나, 남성·중성명사에는 2격 어미가 나타남. 보통의 경우: -(e)s, n-격변화 명사의 경우: -n, 〈일부 예외적으로〉 -ns

das Hobby mein**es** Vater**s** (der Vater) 나의 아버지의 취미
mein**er** Mutter (die Mutter) 나의 어머니의 취미
mein**es** Kind**es** (das Kind) 내 아이의 취미
mein**er** Freunde (die Freunde) 내 친구들의 취미

die Bedeutung mein**es** Name**ns** (der Name) 내 이름의 의미
die Schmerzen mein**es** Herze**ns** (das Herz) 내 마음의 고통

02 2격 명사를 수식하는 형용사의 어미변화

관사가 2격을 표시할 경우 형용사 어미는 항상 -en이다(약변화). 관사를 취하지 않는 여성명사와 복수명사를 수식하는 형용사에는 특정관사의 2격 어미 형태 -er가 온다(강변화). 그런데 단수 남성·중성명사 앞에 오는 형용사는 2격 어미로 -en을 취한다. 명사에 이미 2격 표시가 있기 때문이다. 결국 여성명사와 복수명사를 제외하면 2격 명사 앞에 오는 형용사는 항상 -en을 어미로 취한다.

	남성명사	여성명사	중성명사	복수명사
강변화	(des Mannes) jung**en** Mannes	(der Frau) schöner Frau	(des Kindes) klein**en** Kindes	(der Freunde) guter Freunde
약변화	des jungen Mannes eines jungen Mannes meines jungen Mannes	der schönen Frau einer schönen Frau meiner schönen Frau	des kleinen Kindes eines kleinen Kindes meines kleinen Kindes	der guten Freunde - meiner guten Freunde

Das ist die Tasche d**es** jungen Mann**es**. 이것은 그 젊은 남자의 가방이다.

Kennst du den Namen d**es** kleinen Kind**es**? 너는 그 어린 아이의 이름을 아니?

Wegen schlecht**en** Wetter**s** fährt der Bus nicht. 나쁜 날씨 때문에 버스가 다니지 않는다.
(wegen 〈2격 요구 전치사〉 …때문에)

03 화법조동사 sollen

〈화법조동사 sollen의 현재시제 인칭변화〉

ich	soll	wir	sollen
du	sollst	ihr	sollt
Sie	sollen	Sie	sollen
er sie es	soll	sie	sollen

화법조동사 sollen의 기능

① 상대방의 의견을 물을 때

'Soll ich ...?' '…할까요/해드릴까요?' (상대방의 허락을 구할 때는 'darf ich ...' '…해도 될까요?')

Soll ich das Licht anmachen? 불을 켤까?
(das Licht 불, 등; anmachen 켜다 ↔ ausmachen 끄다)

Soll ich Ihnen eine Tasse Kaffee bringen? 커피 한 잔 가져다 드릴까요?

Soll ich dir etwas aus dem Supermarkt mitbringen?
슈퍼에서 네게 뭘 가져다(= 사다)줄까?

② 주어가 아닌 제3자의 의견

〈다른 사람이 주어에게〉 …하라고 하다

Du sollst schnell nach Hause kommen. 너 빨리 집에 오래.

Mein Arzt sagt, ich soll mehr Sport treiben.
병원에서(내 의사가) 나보고 운동을 더 많이 하래.

③ 소문(주어가 아닌 다른 사람이 하는 말)

Er soll reich sein. (사람들 말에) 그는 부자라고 한다.
(Er will reich sein. 그는 자기가 부자라고 주장한다. (wollen은 주어의 주장))

Berlin soll sehr interessant sein. 베를린은 매우 흥미롭다고 한다.

④ 도덕적 의무

Du sollst nicht lügen. 너는 거짓말을 하면 안 된다.

04 hätten gern (= möchte)

'hätten'은 haben의 접속법 2식 형태로, gern과 함께 '공손한 희망'을 표현함

A: Was hätten Sie denn gern? (무엇을 원하십니까? →) 무엇을 드릴까요?
B: Ich hätte gern eine Tasse Tee. (차 한 잔을 원합니다. →) 차 한 잔 주십시오.

A: Haben Sie noch Fragen? 아직 질문 있습니까? (질문이 아직 남았습니까?)
B: Ja, ich hätte da noch eine kleine Frage. 예, 작은 아직 작은 질문이 하나 있습니다.

A: Hättest du heute Abend Zeit für mich? 오늘 저녁 내게 시간 좀 내줄 수 있어?
B: Tut mir leid. Ich habe schon eine Verabredung. 미안해. 벌써 약속이 있어.

기본 대화

Es ist die Spezialität unseres Hauses.

Verkäufer	Guten Tag, was wünschen Sie, bitte?
Anja	Ich hätte gern ein großes Roggenbrot.
Verkäufer	Dann probieren Sie doch einmal dieses Brot.
	Es ist die Spezialität unseres Hauses.
Anja	Gut, das nehme ich.
Verkäufer	Soll ich es in Scheiben schneiden?
Anja	Das wäre nett.
Verkäufer	Sonst noch etwas?
Anja	Nein, danke. Das wär's.

해설

① Guten Tag, was wünschen Sie, bitte? 안녕하세요. 무엇을 드릴까요?

- wünschen ['vʏnʃn̩] 〈타동사〉 원하다

② Ich hätte gern ein großes Roggenbrot. 호밀 빵 큰 것 하나 주세요.

- ein großes Roggenbrot 큰 호밀 빵, das Brot [bro:t] 〈-(e)s, -e〉 빵, das Roggenbrot ['rɔgn̩bro:t] 〈-(e)s, -e〉 호밀 빵

③ Dann probieren Sie doch einmal dieses Brot. 그러면 이 빵 한 번 드셔보시죠.

- Dann [dan] 〈부사〉 그렇다면
- probieren [pro'bi:rən] 〈타동사〉 시험/시식해보다
- doch [dɔx] 〈어조사: 권유의 의미〉 …해 보시죠
- einmal ['ainma:l] 〈부사〉 한 번

④ Es ist die Spezialität unseres Hauses. 이것이 우리 (집, 업소, 회사)의 특별한 것입니다.

- die Spezialität unseres Hauses 우리 (집, 업소, 회사)의 특별품, die Spezialität [ʃpetsiali'tɛ:t] ⟨-, -en⟩ 특별품, 특산품

⑤ Gut, das nehme ich. 좋아요, 그것으로 주세요.

- Das nehme ich. 나는 그것을 택하다, nehmen ['ne:mən] ⟨강변화·타동사⟩ (du nimmst, er nimmt) 취하다, 택하다

⑥ Soll ich es in Scheiben schneiden? 얇게 썰어드릴까요?

- die Scheibe ['ʃaibə] ⟨-, -n⟩ 얇고 넓적하게 썰어진 조각 (영: slice)
- schneiden ['ʃnaidn̩] ⟨타동사⟩ 썰다

⑦ Das wäre nett. 그러면 고맙겠습니다.

- Das wäre nett. (그렇게 해주시면) 고맙겠습니다. wäre는 sein동사의 접속법 2식 형태로 완곡한 표현.

⑧ Sonst noch etwas? 그밖에 또 뭘 드릴까요?

- Sonst noch etwas? 그밖에 또 무엇?, sonst [sɔnst] ⟨부사⟩ 그밖에도, noch [nɔx] ⟨어조사⟩ 또, Brauchen Sie sonst noch etwas? 그밖에 또 무엇이 필요합니까? Möchten Sie sonst noch etwas? 그밖에 또 무엇을 원하십니까?

⑨ Nein, danke. Das wär's. 아닙니다. 그것이 전부입니다.

- das wär's. 그것이 전부입니다. wär's는 wäre es가 축약된 말.

텍스트 완성하기

대화문의 내용과 일치하도록 빈칸을 채우시오.

Anja ______ einkaufen. Sie braucht ______ Brot. Sie geht ______ ______ Bäckerei. Der Verkäufer begrüßt ______ und fragt: „Was ________ Sie, ______?“ Anja ______ ______ ein ________ Roggenbrot. Der Verkäufer __________ ______ ein Brot. Es ______ ______ Spezialität ______ Hauses sein. Anja ______ ______ Brot. Der Verkäufer fragt: „______ ich ______ ______ Scheiben schneiden?“ Anja ist damit __________ und antwortet: „Das ______ nett.“ Anja will ______ ______ Brot kaufen. Deshalb antwortet sie ______ ______ Frage ______ Verkäufers „Sonst ______ ______?“ mit „Nein, ______. Das ______.“

유용한 표현

01 수량표현 명사

eine **Scheibe** Brot 빵 한 슬라이스.
eine **Tasse** Tee / Kaffee 차/커피 한 잔
ein **Glas** Wasser / Milch / Bier 물/우유/맥주 한 잔
eine **Flasche** Limonade / Wein / Bier 레몬에이드/와인/맥주 한 병
ein **Stück** Käse / Kuchen 치즈/케이크 한 조각
eine **Packung** Milch / Saft 우유/주스 한 곽
eine **Dose** Bier / Cola 맥주/콜라 한 캔
eine **Schachtel** Zigaretten / Pralinen 담배/초콜릿 한 갑
eine **Tafel** Schokolade 초콜릿 한 판
500g **(Gramm)** Rindfleisch 소고기 500g

02 주문하고 주문받기

hätten gern ... …을 원하다. (hätten gern이 möchten보다 좀 더 공손하게 여겨짐)

A: Was möchten Sie? 무엇을 원하십니까?
B: Ich möchte Menü eins. 메뉴 1번을 원합니다.

A: Was hätten Sie gern? 무엇을 원하십니까(드릴까요)?
B: Ich hätte gern eine Scheibe Brot / zwei Scheiben Brot.
빵 한/두 조각(슬라이스) 주세요.
eine Tasse / zwei Tassen grünen Tee. 녹차 한/두 잔
eine Tasse Kaffee. 커피 한 잔
ein Kännchen Kaffee. 커피 한 (작은) 주전자
eine Flasche / zwei Flaschen Rotwein. 적포도주 한/두 병

eine Packung / drei Packungen Milch. 우유 한/세 팩

eine Dose / fünf Dosen Bier. 맥주 한/다섯 캔

eine Stange / zwei Stangen Zigaretten. 담배 한/두 줄(포)

eine Tafel Schokolade / sechs Tafeln Schokolade.
초콜릿 한/여섯 판

ein Pfund / zwei Pfund Schweinefleisch.
돼지고기 500/1,000그램

500 Gramm Käse. 치즈 500그램

03 사람에 대해서 묻고 답하기

A: Wer ist das? 이 사람이 누구입니까?

B: Das ist der Vater meines Freundes. 제 친구 아버지입니다.

die Freundin meiner Mutter. 제 어머니의 (여자) 친구

der Sohn meines Onkels, also mein Cousin.
큰/작은아버지/외삼촌의 아들, 즉 제 사촌

die Tochter meiner Tante, also meine Cousine.
고모/이모의 딸, 즉 제 사촌

04 소유자 묻고 답하기

A: Wessen ... ist das? 이것이 누구의 …입니까? (wessen 누구의; 의문대명사 wer의 2격)

Hut 모자

Tasche 가방

Haus 집

Brille 안경

Büro 사무실

Platz 자리

B: Das ist der Hut meines Vaters. 나의 아버지의 모자
die Tasche meiner Mutter. 나의 어머니의 가방
das Haus meiner Großeltern. 나의 조부모님의 집
die Brille meiner Freundin. 내 여자 친구의 안경
das Büro des Präsidenten. 대통령의 사무실
der Platz meines Kollegen. 내 동료의 자리

05 상대방의 의향 묻기

Soll ich dir helfen? 도와줄까?
dir ein Glas Wasser bringen? 물 한 잔 가져다줄까?
dich nach Hause bringen? 집에 데려다 줄까?
das Fenster öffnen? 창문을 열까?
Brot kaufen? 빵을 살까?
den Müll rausbringen? 쓰레기를 내다버릴까?
(schon) Frühstück machen? 아침식사를 준비할까?

활용 연습

1 **다음 두 문장의 의미가 서로 일치하도록 빈칸에 알맞은 말을 적으시오.**

(1) Wem gehört das Zimmer?

_________ _________ gehört meinem Bruder.

= Das ist das Zimmer _________ Bruders.

(gehören [gə'hø:rən] 〈3격 요구동사: et. gehört jm.〉 (무엇이) (누구에게) 속하다)

(2) Wem gehört das Handy?

_________ _________ gehört meinem Sohn.

= Das ist das Handy _________ Sohnes.

(3) Wem gehören diese Bücher?

_________ _________ gehören meiner Freundin.

= Das sind die Bücher _________ Freundin.

(4) Wem gehört diese Kette?

_________ _________ gehört meiner Mutter.

= Das ist die Kette _________ Mutter. (die Kette ['kɛtə] 〈-, -n〉 목걸이)

(5) Wem gehört diese Wohnung?

_________ _________ gehört meinen Eltern.

= Das ist die Wohnung _________ Eltern.

(6) Wem gehören diese Puppen?

_________ _________ gehören meinem Kind.

= Das sind die Puppen _________ Kindes.

2 알맞은 2격 형태를 적으시오.

(1) A: Ist das deine Uhr?

B: Nein, das ist nicht meine Uhr, sondern die Uhr __________ __________ (mein Vater).

(2) A: Wessen Handtasche ist das?

B: Das ist die Handtasche __________ __________ (meine Mutter).

(die Handtasche 핸드백 ← die Hand 손 + die Tasche 가방)

(3) A: Gefällt dir die Wohnung?

B: Ja, die Wohnung an sich gefällt mir, aber die Lage __________ __________ (die Wohnung) gefällt mir nicht.

(die Wohnung an sich 그 집 자체; die Lage 위치)

(4) A: Was ist die Spezialität __________ __________ (Ihr Haus)?

B: Spargel ist die Spezialität __________ __________ (unser Haus).

(der Spargel 〈-s, -〉 아스파라거스)

3 sollen의 알맞은 형태를 적으시오.

(1) A: Es ist stickig hier.

B: __________ ich das Fenster öffnen?

A: Ja, bitte.

(stickig [ˈʃtɪkɪç] 〈형용사〉 (공기가 숨이 막히게) 탁한; das Fenster 창문; öffnen 열다 ↔ schließen 닫다)

(2) A: Wohin __________ ich die Blumen stellen?

B: Auf den Tisch, bitte.

(wohin 어디로, 어디에; auf den Tisch (동작의 방향 전치사: auf + 4격 목적어) 테이블 위에; 위치 전치사: auf + 3격 목적어: Die Blumen stehen auf dem Tisch. 꽃이 테이블 위에 있다.)

(3) A: Dein Handy ist wohl ausgeschaltet.

B: Ja, die Batterie ist leer.

A: Deine Mutter hat nämlich bei mir angerufen.

Du __________ sie schnell anrufen.

(ausgeschaltet ['ausgəʃaltət] 〈ausschalten의 과거분사〉 전원이 꺼진 ← ausschalten ['ausʃaltn̩] 전원을 끄다 ↔ einschalten ['ainʃaltn̩] 전원을 켜다

(4) A: Was? Du willst nicht mehr trinken? Nicht mehr rauchen? Geht es dir nicht gut? Bist du krank?

B: Nein, richtig krank bin ich nicht. Aber der Arzt sagt, ich __________ nicht mehr rauchen und nicht viel trinken.

4 다음 빈칸에 haben의 알맞은 형태를 적으시오.

(1) A: Was __________ Sie gern?

B: Ich __________ gern ein Glas Wein.

(2) A: Was __________ du gern zu deinem Geburtstag?

B: Ich __________ gern ein neues Smartphone.

(3) A: Was __________ ihr gern zur Wohnungseinweihungsfeier?

B: Wir __________ gern eine neue Kaffeemaschine / einen neuen Staubsauger / einen Luftreiniger.

(die Wohnungseinweihungsfeier 집들이; die Kaffeemaschine 커피 메이커; der Staubsauger 진공청소기; der Luftreiniger 공기청정기)

5 다음 대화를 듣고 빈칸에 알맞은 말을 적으시오.

A: Am Samstag ist der __________ Geburtstag __________ Sohnes.

Ich __________ Sie gern zu uns nach Hause __________.

B: Das ist nett. Ich komme __________. Wann __________ ich denn kommen?

A: Kommen Sie __________ __________ __________.

6 다음 글에서 잘못된 부분을 고치시오.

Anja einkaufen geht. Sie braucht einen Brot. Sie geht in der Bäckerei. Der Verkäufer begrüßt ihr und fragt: „Was wünschen sie, denn?“ Anja hatte gern ein großen Roggenbrot. Der Verkäufer empfehlt ihr einen Brot. Es will die Spezialität des Hauses sein. Anja nehmt ein Brot. Der Verkäufer fragt: „Soll ich im Scheiben schneiden?“ Anja ist mit dem einverstanden und antwortet: „Das war nett.“ Anja will kaufen nur ein Brot. Deshalb sie antwortet auf der Frage der Verkäufer „Noch etwas sonst?“ mit „Ja, danke. Das wars.“

7 다음 우리말을 독일어로 옮기시오.

(1) 무엇을 원하십니까(드릴까요)?

➡ ______________________________

(2) 커피 한 잔과 치즈 케이크 한 조각을 원합니다.

➡ ______________________________

____

(3) 그밖에 또 원하시는 것이 있습니까?
- 아뇨, 감사합니다. 그것뿐입니다.

➡ ______________________________

____

(4) 이 집의 특별 메뉴가 무엇입니까?

➡ ______________________________

(5) 내일 식당에 우리 자리를 예약할까?

➡ ______________________________

(6) 이것은 누구의 집이지?

- 우리 할아버지의 집이야.

➡ ______________________________

____

(7) 너 오늘 왜 더 이상 술을 안 마시려고 하니?

- 오늘 병원에 갔었어. 나보고 술을 마시지 마래. 운동을 많이 하래.

➡ ______________________________

____

____

자세히 들여다보기

01 n격변화 명사

〈격변화 어미로 -(e)n을 취하는 명사〉

격	단수	복수
1	der Student	die Studenten
2	des Studenten	der Studenten
3	dem Studenten	den Studenten
4	den Studenten	die Studenten

der Kollege 동료 / der Polizist 경찰
der Präsident 대통령, 회장 / der Demonstrant 시위자
der Passant 행인

Der Reporter stellt dem Passant**en** Fragen.
기자가 행인에게 질문한다.

Der Polizist verhaftet den Demonstrant**en**.
경찰이 그 시위자를 체포한다.

Herr Meyer, ich möchte Ihnen meinen neuen Kolleg**en** vorstellen.
마이어 씨, 제 새 동료를 소개해드리고 싶습니다.

Meine Damen und Herren, wir wollen jetzt den Präsident**en** der Republik Korea/der Vereinigten Staaten von Amerika begrüßen.
여러분, 이제 대한민국/미합중국 대통령을 맞이하겠습니다.

02 Herr의 격변화

〈단수에서는 -n, 복수에서는 -en〉

격	단수	복수
1	der Herr	die Herren
2	des Herrn	der Herren
3	dem Herrn	den Herren
4	den Herrn	die Herren

☞ Herr가 단독으로 사용되면 '성인 남성'이라는 의미임

Kennen Sie den Herr**n** am Tisch gegenüber?
건너편 테이블에 앉아 있는 신사 분을 아십니까?
(gegenüber가 여기서는 위치를 나타내는 부사로 명사 Tisch를 뒤에서 수식함)

Nein, ich kenne den Herr**n** nicht.
아니오, 저 신사 분을 모릅니다.
(Herrn은 남성·단수 4격으로 kennen의 목적어)

Meine Damen und Herr**en**, ich begrüße Sie ganz herzlich.
내외 귀빈 여러분, 진심으로 환영합니다.
(Herren은 복수 1격)

Herr가 남성의 성이나 남성명사 앞에 오면 존중하는 말이 됨

Herr Professor, ich habe eine Frage. 교수님, 질문이 하나 있습니다.

Kennen Sie **Herrn** Altmeyer? 알트마이어 씨를 아십니까?
Ja, **Herr** Altmeyer ist mein Kollege. 네, 알트마이어 씨는 제 동료입니다.

Kennst du **Herrn** Professor Neumann? 노이만 교수님을 아니?
Ja, **Herr** Professor Neumann ist sehr streng.
응, 노이만 교수님은 매우 엄격하셔.

03 수량명사의 복수형

수량의 단위는 보통 단수 형태를 사용하지만, 특히 -e로 끝나는 여성명사일 경우에는 복수형을 취할 수 있다.

zwei Scheiben Brot (die Scheibe) 빵 두 조각
drei Flaschen Wein (die Flasche) 와인 세 병
vier Tassen Kaffee (die Tasse) 커피 네 잔
〈예외〉 zwei Glas / Gläser Bier (das Glas) 맥주 두 잔

04 3·4격 요구 전치사의 기능 (반복)

(1) in

Wo ist Peter? - Er schläft **in seinem Zimmer**. 그는 자기 방에서 자고 있다.
Wohin geht Peter? - Er geht **in sein Zimmer**. 그는 자기 방으로 들어간다.

(2) auf

A: Wo ist mein Schlüssel? 내 열쇠가 어디 있죠?
B: Er liegt in der Küche **auf dem Tisch**. 부엌 식탁 위에 있습니다.

A: Wohin soll ich die Blumen stellen? 꽃을 어디에 둘까요?
B: Stellen Sie sie im Wohnzimmer **auf den Tisch**. 거실 테이블 위에 두세요.

Die Blumen stehen jetzt **auf dem Tisch**. 그 꽃이 이제 테이블 위에 있다.

(3) unter

A: Wo ist meine Tasche? 내 가방이 어디 있죠?
B: Sie steht **unter dem Schreibtisch**. 책상 아래에 있어요.

A: Wohin soll ich meinen Koffer stellen? 내 가방을 어디에 둘까요?

B: Schieb ihn einfach **unter das Bett**. 침대 밑으로 그냥 밀어 넣으세요.

(schieben (무엇을 어디로) 밀다)

(4) an

Oben **an der Wand** hängen Fotos seiner Eltern und Geschwister.
벽 위쪽에 그의 부모와 형제들 사진이 걸려있다.

A: Wohin soll ich das Poster kleben? 포스터를 어디에 붙일까요?

B: Kleb es einfach **an die Tür**. 그것을 그냥 문에 붙여라.

(5) 관사를 취하지 않는 2격 명사를 수식하는 형용사의 어미

Dieses Buch erklärt die Geschichte deutsch**en** Wein**es** gut.
이 책은 독일 와인의 역사를 잘 설명하고 있다.

Wie sieht es in diesem Jahr mit der Produktion deutsch**en** Wein**es** aus?
올해 독일 와인 생산은 (전망이) 어떤가요?
(der Wein 와인, wie sieht es mit et. aus? 무엇이 (상황/전망)이 어떤가?)

Der Absatz deutsch**en** Bier**es** ist seit Jahren rückläufig.
독일 맥주 판매량이 몇 년 전부터 뒷걸음질 치고 있다.
(das Bier 맥주, rückläufig 뒷걸음질 치는, 후퇴하는)

Sie wollen trotz schlechten Wetters spazieren gehen.
그들은 나쁜 날씨에도 불구하고 산책을 가려고 한다.
(trotz 〈2격 요구 전치사〉 …에도 불구하고)

Lektion 17

Es ist schön, wieder von dir zu hören.

01 zu-Infinitiv (zu+부정사)

02 동사 sein과 haben의 과거시제

기본 문법

01 zu-Infinitiv (zu+부정사)

동사(구)를 다른 문장 성분에 연결할 때 사용하는 방식으로 영어의 'to+부정사'에 해당함

(1) zu-Infinitiv의 위치

영어에서는 'to-부정사'가 동반하는 말 앞에 오지만, 독일어에서는 'zu-부정사'가 그 뒤에 온다. 주절과 'zu-부정사' 사이에 다른 낱말이 있으면 주절 다음에 쉼표(,)를 사용한다.

Es ist schön, wieder in Korea **zu sein**. 다시 한국에 있게 되어 좋다.
It is nice to be in Korea again.

분리동사의 경우에는 접두어와 기본 동사 사이에 zu가 온다.

Es ist schön, dich wieder**zu**sehen. 너를 다시 보는 것이 좋다.
Ich habe keine Zeit, sie an**zu**rufen. 나는 그녀에게 전화할 시간이 없다.

(2) zu-부정사구의 용법

① 명사적 용법 : 명사처럼 주어나 목적어로 사용됨.

Regelmäßig Sport zu treiben ist gesund. 정기적으로 운동하는 것이 건강에 좋다.
주어

Es ist gesund, **regelmäßig Sport zu treiben**.
가주어 주어
(비교적 긴 주어인 'zu-부정사구' 자리에 es(가주어)를 두고, 'zu-부정사구'를 뒤로 보내는 것이 일반적임. regelmäßig 규칙적인; der Sport 스포츠; Sport treiben 운동하다)

Ich versuche, **regelmäßig Sport zu treiben**. 나는 정기적으로 운동을 하려고 한다.
목적어
(versuchen, etwas zu tun 무엇을 하려고 시도하다)

Ich finde **es** wichtig, **regelmäßig Sport zu treiben**.

가목적어 목적어

나는 정기적으로 운동하는 것을 중요하게 생각한다.

(finden 동사의 4격 목적어인 'zu-부정사구' 'regelmäßig Sport zu treiben'이 길어서 finde와 wichtig를 너무 멀게 하므로 목적어 자리에 es(가목적어)를 두고, 'zu-부정사구는 뒤로 보냈음.)

② 형용사적 용법 : 형용사처럼 명사를 수식함

Ich habe Lust, **einen Tanzkurs zu machen**. 나는 댄스 강습을 받고 싶다.

Lust를 수식·설명하는 형용사구

(die Lust 의욕; der Tanzkurs 댄스 강좌)

Ich habe große Lust, **noch eine Fremdsprache zu lernen**.

Lust를 수식·설명하는 형용사구

나는 외국어를 하나 더 배우고 싶은 생각이 많다.

Ich habe kein besonderes Interesse, **ihn wiederzusehen**.

Interesse를 수식·설명하는 형용사구

나는 그 남자를 다시 보고 싶은 생각/관심이 별로 없다. (besonder- 특별한)

Ich habe gar keine Lust, **mit ihm auszugehen**.

Lust를 수식·설명하는 형용사구

나는 그와 데이트하고 싶은 생각이 전혀 없다. (mit jemandem ausgehen 누구와 데이트하다)

③ 부사적 용법 : 부사처럼 동사나 문장 전체를 수식함

um ... zu + 부정사 : … 하기 위하여 (영어: in order to ...)

Ich gehe in die Stadt, **um einzukaufen**. 나는 쇼핑하러 시내에 간다.

목적을 나타내는 부사구

Ich komme gleich, **um** dir **zu helfen**. 너를 돕기 위해서 내가 곧 갈게.

Er muss gleich los, **um** den Zug noch **zu erreichen**.

기차를 타기 위해서 그는 곧 출발해야 한다.

(gleich 지금, 이제 곧; los(gehen/fahren) müssen 〈구어〉 출발해야 하다; erreichen 도달하다; den Zug erreichen 기차에 도달하다)

Ich gehe nach Deutschland, **um Land und Leute besser kennenzulernen**.

목적을 나타내는 부사구

나는 그 나라와 사람들을 더 잘 알기 위해서 독일에 간다.

(jn. kennenlernen 누구를 (처음 만나) 알게 되다; etwas kennenlernen 무엇을 경험하여 알게 되다)

Wir haben genug Geld, **um** dein Studium **zu finanzieren**.
우리에게는 너의 학업을 지원할 수 있는 충분한 돈이 있다.
(genug 충분히; finanzieren 재정부담 하다)

... 〈형용사〉 genug, um ... zu + 부정사:
…할 (수 있을) 만큼 (충분히) …하다 (영어: ...〈형용사〉 enough to ...)

(gesund genug 충분히 건강한 (= healthy enough), genug은 형용사를 뒤에서 수식)

Ich bin wieder **gesund genug**, um eine Europareise **zu machen**.
나는 유럽 여행을 할 수 있을 만큼 다시 (충분히) 건강하다

Du bist **alt genug**, **um** das **zu verstehen**.
너는 그것을 이해할 수 있을 만큼 충분히 나이를 먹었다.

Heute ist es **warm genug**, **um** ins Freibad **zu gehen**.
오늘은 야외수영장에 갈 수 있을 만큼 날씨가 따뜻하다.

... (noch) zu 〈형용사〉, um ... zu + 부정사:
… 하기에는 (아직) 너무 …하다 (영어: too ... to ...)

Ich bin noch **zu schwach**, **um** wieder ins Büro **zu gehen**.
다시 사무실에 나가기에는 내가 아직 너무 몸이 약하다.
(schwach (체력이) 약한)

Die Kinder sind noch **zu klein**, **um** allein zu Hause **zu bleiben**.
아이들이 혼자 집에 있기에는 아직 너무 어리다.

Es ist noch **zu früh**, **um** die Hoffnung **aufzugeben**.
희망을 포기하기에는 아직 너무 이르다.
(die Hoffnung 희망; aufgeben 포기하다)

02 동사 sein과 haben의 과거시제

지나간 시점에 있었던 일을 이야기를 할 때 동사의 과거시제형을 사용함

〈sein, haben 동사의 과거시제 인칭변화〉

단수	ich	war [vaːɐ̯]	hatte ['hatə]
	du Sie	warst waren	hattest hatten
	er/sie/es	war	hatte
복수	wir	waren	hatten
	ihr Sie	wart waren	hattet hatten
	sie	waren	hatten

현재시제 : Jetzt **bin** ich reich und **habe** viel Geld.
지금은 내가 부유하고, 돈이 많다.

과거시제 : Früher **war** ich arm und **hatte** kein Geld.
예전에는 내가 가난했고, 돈이 없었다.

현재시제 : Jetzt **ist** er alt und **hat** viel Geduld.
지금은 그가 나이가 들었고, 인내심이 많다.

과거시제 : Früher **war** er jung und **hatte** keine Geduld.
전에는 그가 젊었고, 인내심이 없었다.
(die Geduld 인내심)

기본 대화

Es ist toll, dich wiederzusehen.

Biggi	Endlich bin ich wieder in Korea! Es ist schön, wieder hier zu sein.
Yuna	Und es ist toll, dich wiederzusehen. Wie lange warst du eigentlich nicht mehr in Korea?
Biggi	Sieben Jahre.
Yuna	Wirklich? So lange nicht!
Biggi	Ja. Die Zeit vergeht so schnell.
Yuna	Was möchtest du denn jetzt zuerst machen? Wozu hast du Lust?
Biggi	Ich habe Lust, unsere alten Freunde zu treffen. Hast du noch Kontakt zu Chris?
Yuna	Ja. Sie war einige Jahre in den USA. Da hatten wir keinen Kontakt zueinander. Aber seit einem Jahr ist sie wieder hier und wir sehen uns ab und zu.

해설

① Endlich bin ich wieder in Korea! 마침내 나는 다시 한국에 왔다!

- endlich ['ɛntlɪç] 〈부사〉 (고대하던 일이 실현되어) 마침내
- wieder ['vi:dɐ] 〈부사〉 다시

② Es ist schön, wieder hier zu sein. 여기에 다시 있는 것이(=와서) 좋다.

③ Und es ist toll, dich wiederzusehen. 너를 다시 보아서 좋다.

- wiedersehen ['vi:dɐze:ən] 다시 보다

④ Wie lange warst du eigentlich nicht mehr in Korea? 얼마나 오랫동안 한국에 없었지?

- wie lange [vi: 'laŋə] 얼마나 오랫동안
- eigentlich ['ai̯gn̩tlɪç] 〈어조사〉 도대체
- nicht mehr [nɪçt me:ɐ̯] 더 이상 … 아닌

⑤ Sieben Jahre 〈4격 부사어〉 7년 동안.

⑥ Wirklich? So lange nicht! 정말로? 그렇게 오랫동안 떠나 있었다고!

⑦ Ja. Die Zeit vergeht so schnell. 응. 시간이 참 빨리 지나간다.

- vergehen [fɛɐ̯'ge:ən] 지나가다

⑧ Was möchtest du denn jetzt zuerst machen? 이제 무엇을 맨 먼저 하고 싶은데?

- zuerst [tsu'|e:ɐ̯st] 〈부사〉 우선, 맨 먼저

⑨ Wozu hast du Lust? 무엇하고 싶어?

- wozu [vo'tsu:] 무엇에, zu + was → wozu (전치사 + 의문사 → wo+(r)전치사), wofür 무엇을 위해서
- die Lust [lʊst] 〈-, Lüste〉 흥미, …하고 싶은 생각

⑩ Ich habe Lust, unsere alten Freunde zu treffen. 우리 옛 친구들을 만나고 싶어.

- treffen 〈강변화 동사〉 (du triffst, er trifft) 만나다

⑪ Hast du noch Kontakt zu Chris? 너 아직도 크리스와 연락하니?

- der Kontakt [kɔn'takt] 〈-(e)s, -e〉 연락, 관계, 접촉, Kontakt mit/zu jm. haben 누구와 연락을 가지다/교류하다
- Chris (이름) Christina (여성), Christian (남성), Christoph (남성) 등등의 약칭

⑫ Ja. Sie war einige Jahre in den USA. 응. 그녀가 몇 년 동안 미국에 있었어.

- die USA [u:|ɛs'|a:] 〈항상 복수〉 미국, Er lebt in den USA. 그는 미국에 산다.
- war [va:ɐ̯] sein 동사의 과거형

⑬ Da hatten wir keinen Kontakt zueinander. 그때 서로 연락이 없었지.

- hatten ['hatn̩] haben의 과거형
- zueinander 〈부사〉 서로에게

⑭ Aber seit einem Jahr ist sie wieder hier und wir sehen uns ab und zu.

그녀가 일 년 전부터는 다시 여기 있고, 우리는 가끔씩 봐.

- ab und zu 가끔

텍스트 완성하기

대화문의 내용과 일치하도록 빈칸을 채우시오.

Biggi ist froh, endlich wieder in Korea _____ sein. Ihre Freundin Yuna findet _____ schön, sie _______________. Sie fragt Biggi: „Wie lange ________ du eigentlich ________ ________ in Korea?“ Biggi _____ sieben Jahre ________ ________ in Korea. Yuna ist erstaunt. Die Zeit __________ so __________! Sie fragt Biggi: „Was __________ du ________ jetzt __________ machen?“ Biggi hat ________, die alten Freunde _____ __________. Daher fragt sie Yuna: „Hast du noch Kontakt _____ Chris?“ Chris war _______ einige Jahre _____ _____ USA, aber ________ __________ Jahr lebt sie __________ _____ Korea. Yuna sieht _____ ab und zu.

유용한 표현

01 …하는 것이 좋다

Es ist schön / gut / toll, ... zu + 부정사

Es ist schön / gut / toll, in Korea mit dir zu leben.
한국에서 너와 함께 사는 것이 좋다. (toll 〈구어〉 아주 좋은 (= sehr gut))

viele gute Freunde zu haben.
좋은 친구를 많이 가지고 있는 것이

viele Sprachen sprechen zu können.
많은 언어를 말할 수 있는 것이 (die Sprache 언어)

(조동사가 있는 구문의 zu-부정사: 일반동사와 조동사 사이에 zu가 옴)

02 …하는 것이 어렵다/쉽다

Es ist schwer / leicht, ... zu + 부정사

Es ist schwer / leicht, dich in dieser Angelegenheit zu verstehen.
이 사안에서 너를 이해하기가 어렵다/쉽다.

auf diese Frage klar zu antworten.
이 질문에 명확하게 답하기가

die Prüfung beim ersten Mal zu bestehen.
그 시험을 첫 번째에 합격하기가

(schwer 어려운 ↔ leicht 쉬운; die Angelegenheit 일, 사안; verstehen 이해하다; die Frage 질문 ↔ die Antwort 대답, auf et. antworten 무엇에 대답하다; die Prüfung 시험, die Prüfung bestehen 시험에 합격하다; beim ersten Mal 첫 번째에)

03 …할 생각이 있는지 묻고 답하기

(1) Hast du Lust, ... zu + 부정사 : …하고 싶니?

Hast du Lust, Tennis zu spielen? 테니스 치고 싶은 생각이 있니?
mit mir in die Stadt zu fahren? 나와 함께 시내에 갈
mit uns auf den Flohmarkt zu gehen? 우리와 함께 벼룩시장에 갈

(der Flohmarkt 벼룩시장 ← der Floh [flo:] 〈-(e)s, Flöhe〉 벼룩 + der Markt 〈-(e)s, Märkte〉 시장)

(2) Ich habe Lust/keine Lust, ... zu + 부정사 : …하고 싶은 생각이 있다/없다

Ich habe (keine) Lust, ihn wiederzusehen. 그를 다시 보고 싶은 생각이 있다(없다).
den ganzen Tag zu lernen. 하루 종일 공부할
am Sonntag früh aufzustehen. 일요일에 일찍 일어날

(wiedersehen 다시보다; den ganzen Tag 하루 종일 (4격 명사구가 부사어로 사용); früh 일찍 ↔ spät 늦게; aufstehen 일어나다)

(3) Wozu hast du Lust? 무엇이 하고 싶니?

Ich habe Lust, Eis essen zu gehen. 아이스크림을 먹으러 갈 생각이다.
mit dir spazieren zu gehen. 나와 산책하러 갈
schwimmen zu gehen. 수영하러 갈
ins Theater zu gehen. 연극 보러 갈
die Picasso-Ausstellung zu besuchen. 피카소 전시회에 갈
einen Ausflug in die Berge / ans Meer zu machen.
산으로 바다로 야유회 갈
den Tempel zu besichtigen. 그 절을 구경할
tanzen zu lernen. 춤추는 것을 배울

(das Eis 〈-es, 항상 단수〉 아이스크림; schwimmen 수영하다; das Theater 〈-s, -〉 연극 공연장; die Ausstellung 〈-, -en〉 전시회; der Ausflug 〈-(e)s, Ausflüge〉 소풍; der Berg 〈-(e)s, e〉 산; das Meer 〈-(e)s, -e〉 바다; der Tempel 〈-s, -〉 사원, 절; besichtigen 구경하다)

04 시간의 경과를 묻고 답하기

(1) Wie lange ... schon ...? …한 지 얼마나 되었습니까?

Wie lange sind Sie schon in Korea? 한국에 오신/사신 지 얼마나 되었습니까?
wohnen Sie schon hier? 이곳에 사신 지
lernen Sie schon Deutsch? 독일어를 배운 지
kennen Sie ihn schon? 그를 안 지
arbeiten Sie schon bei dieser Firma? 이 회사에서 일한 지

(2) Wie lange waren Sie schon nicht mehr ...? …가보지 못한 지가 얼마나 되었습니까?

Wie lange waren Sie schon nicht mehr beim Arzt?
병원에 가지 못한 지가 얼마나 되었습니까?
in Deutschland? 독일에
im Theater? 연극을 보러
am Meer? 바닷가에
auf der Insel Jejudo? 제주도에

05 어디에 있었는지 묻고 답하기 : Wo warst du?

A: Wo warst du den ganzen Tag? 하루 종일 어디에 있었니?
den ganzen Nachmittag? 오후 내내

B: Ich war das ganze Wochenende zu Hause. 주말 내내 집에 있었다.
die ganze Zeit in der Schule / der Bibliothek. 그 시간 내내 학교/도서관에
die ganze Woche im Krankenhaus. 그 주 내내 병원에

(4격 명사구가 부사어로 사용됨: den ganzen Tag 하루 종일; den ganzen Nachmittag 오후 내내; das ganze Wochenende 주말 내내; die ganze Woche 그 주 내내)

06 평가 의견 묻고 답하기

Wie war / waren ...? …이 어땠어요?

Wie war das Essen? 그 식사 어땠어요?
die Reise? 그 여행
der Urlaub? 그 휴가 (der Urlaub ['u:ɐ̯laup] 〈-(e)s, -e〉 휴가)
die Prüfung? 그 시험
(die Prüfung ['pry:fʊŋ] 〈-, -en〉 시험, auf/für eine Prüfung lernen 시험공부하다)
der Film? 그 영화
das Treffen? 그 만남/모임
Wie waren die Leute? 그 사람들
die Vorträge? 그 강연들 (der Vortrag ['fo:ɐ̯tra:k] 〈-(e)s, Vorträge〉 강연)
die Interview-Fragen? 그 인터뷰 질문들 (das Interview 〈-s, -s〉 인터뷰)
die Ferien 그 방학
(die Ferien ['fe:riən] 〈항상 복수〉 방학, Ferien haben 방학을 맞이하다, in den Ferien sein 방학 중이다)

Das Essen war super / lecker / schlecht.
(super 아주 좋은; lecker 맛있는; schlecht 나쁜)

Die Reise war toll / interessant / anstrengend / lehrreich.
(anstrengend 힘든; lehrreich 교훈적인, 배울 점이 많은)

Der Urlaub war schön / erholsam / zu kurz.
(erholsam 휴식을 주는)

Die Prüfung war sehr leicht / schwer.

Der Film war spannend / langweilig / beeindruckend.
(spannend 흥미진진한; langweilig 지루한; beeindruckend 인상적인)

Das Treffen war erfolgreich / langweilig.
(erfolgreich 성공적인)

활용 연습

1 두 문장이 같은 의미가 되도록 zu-Infinitiv를 사용하여 빈칸을 채우시오.

(1) Ich bin wieder hier. Das ist schön. (지시대명사 das는 앞 문장 전체를 가리킴)

Es ist schön, ______________________________. (인칭대명사 es는 가주어 역할을 함)

(2) Ich sehe dich bald wieder. Das ist schön.

Es ist schön, ______________________________.

(3) Ich bin endlich wieder zu Hause. Das ist gut. (endlich 마침내)

Es ist gut, ______________________________.

(4) Ich mache jeden Tag Sport. Das ist wichtig. (wichtig 중요한 ↔ unwichtig 중요하지 않은)

Es ist wichtig, ______________________________.

(5) Ich lerne Fremdsprachen. Das ist wichtig.

Es ist wichtig, ______________________________.

(6) Ich lerne Arabisch. Das ist schwer. (Arabisch [a'ra:biʃ] 아랍어)

Es ist schwer, ______________________________.

(7) Ich möchte nicht ins Theater gehen.

Ich habe ______ Lust, ______________________________.

(8) Sie möchte ihre alten Freunde wiedersehen.

Sie hat Lust, ______________________________.

(9) Ich möchte ihn nicht anrufen.

Ich habe keine Lust, ______________________________.

(10) Mach den Computer aus. Vergiss das nicht.

(ausmachen 끄다 ↔ anmachen 켜다; vergessen 잊다)

Vergiss nicht, ______________________________.

(11) Ich will morgen früh aufstehen. Das versuche ich.

Ich versuche, ______________________________.

(12) Dieses Jahr will er sein Studium abschließen. Das hat er vor.

(dieses Jahr 〈4격 명사구 부사어〉 올해에; das Studium 대학 공부; abschließen 끝내다; vorhaben 〈분리동사〉 …을 계획하다, 의도하다)

Er hat vor, ______________________________.

(13) Sie will einen Sprachkurs in Leipzig machen. Das plant sie.

Sie plant, ______________________________.

(14) Ich gehe in die Stadt. Kommst du mit? Hast du Zeit?

Hast du Zeit, ______________________________.

(15) Ich will in Deutschland studieren. Dafür lerne ich Deutsch. (dafür 그것을 위해서)

Ich lerne Deutsch, ______________________________.

(16) Ich will Musik studieren. Dafür gehe ich nach München.

Ich gehe nach München, ______________________________.

2 시제에 유의하여 빈칸을 채우고, ( ) 속에 형용사가 제시된 경우는 최상급으로 채우시오.

(1) Früher waren die Winter sehr kalt, aber heute __________ sie eher mild.

(aber 〈대등접속사〉 그러나; mild 온순한 (weder sehr kalt, noch sehr heiß 춥지도 덥지도 않은)

(2) Früher __________ Professor Müller sehr streng, aber jetzt ist er sehr locker.

(streng 엄격한 ↔ locker 느슨한)

(3) Früher _________ die Familie sehr arm, aber jetzt _________ sie sehr reich.

(4) Früher _________ ihr fleißiger als wir, aber jetzt _________ ihr fauler als wir.

(5) Früher _________ du immer nett und freundlich zu mir, aber jetzt _________ du unfreundlich zu mir.

(6) Der Juli 2016 _________ bisher weltweit der _________ (heiß) Juli.
(bisher 지금까지 (= bis jetzt, bislang); weltweit 전 세계적으로)

(7) Bill Gates war 2016 der _________ (reich) Mensch der Welt.

(8) Gestern _________ der _________ (heiß) Tag in diesem Sommer.

(9) Noch vor einem Jahr _________ die Kinder kleiner als ich, aber jetzt _________ sie größer als ich. Jetzt _________ ich die _________ (klein) in der Familie.

(10) Als Kind _________ ich viele Freunde. Jetzt _________ ich wenige Freunde.

(11) Im Semester _________ ich kaum Zeit, Freunde zu treffen. Jetzt in den Ferien _________ ich mehr Zeit, Freunde zu treffen.

3 다음 대화를 듣고 빈칸을 채우시오.

A: Kannst du _________ _________ _________ helfen?
B: Tut mir leid, ich habe _________ Moment _________ Zeit.
A: Doch, du hast schon Zeit, _________ _________ _________.
Du hast nur _________ Lust, _________ _________ _________.
B: Das _________ nicht. Ich _________ _________ die Prüfung lernen.
Auch gestern _________ ich _________ _________ Tag in der Bibliothek.

4 다음 글에서 잘못된 부분을 고치시오.

Biggi ist froh, endlich wieder in Korea sein. Ihre Freundin Yuna findet schön, sie zu wiedersehen. Sie fragt Biggi: „Wie lange bist du eigentlich nicht mehr in Korea?“ Biggi ist sieben Jahr mehr nicht in Korea. Yuna ist erstaunt. Die Zeit geht so schnell ver! Sie fragt Biggi: „Was möchtest du machen denn jetzt zuerst?“ Biggi hat Lust, zu treffen die alte Freunde. Daher fragt sie Yuna: „Hast du noch Kontakt mit Chris?“ Chris ist zwar einige Jahre aus der U.S.A., aber seit ein Jahr lebt sie aus Korea wieder. Yuna seht sie auf und zu.

5 다음 우리말을 독일어로 옮기시오.

(1) 너 어제 하루 종일 어디에 있었니?

➡ ______________________________

(2) 너로부터 다시 소식을 들으니 좋다.

➡ ______________________________

(3) 너 토요일에 나와 연극 보러 갈 맘 있니?

➡ ______________________________

(4) 내년에 철학을 공부하러 독일에 가려고 해.

➡ ______________________________

(5) 불을 끄는 것을 잊지 마라./잊지 말고 불 꺼라.

➡ ______________________________

자세히 들여다보기

01 Lust(의욕, 흥미)의 용법

(1) Lust auf 〈음식을 나타내는 4격 목적어〉 haben

A: Hast du **Lust auf** ein Eis?

B: Ja, ich habe **Lust auf** ein Schokoladeneis.

(die Schokolade 초콜릿 + das Eis 아이스크림)

(2) Lust zu 〈행위를 나타내는 3격 목적어〉 haben

A: Hast du **Lust zu** einem Spaziergang?

(der Spaziergang 산책, spazieren gehen 산책하다)

B: Nein, im Moment habe ich keine **Lust dazu**.

(dazu ← zu + dem; im Moment 지금)

(3) die Lust an 〈주제 영역을 나타내는 3격 목적어〉 haben / gewinnen / verlieren

In letzter Zeit verliert sie **die Lust am** Medizinstudium.

= In letzter Zeit verliert sie die Lust, noch weiter Medizin zu studieren.

(in letzter Zeit 요즘, 최근에; verlieren 잃다)

02 고유명사의 2격

die Geschichte Deutschland**s** 독일의 역사

die Wiedervereinigung Korea**s** 한국의 통일

Goethe**s** Faust 괴테의 파우스트

Die Leiden **des** jungen Werther

(특정관사 des가 2격을 표시하기 때문에 고유명사 Werther에는 별도의 2격 표시를 할 필요가 없어 -s가 붙지 않음)

Lektion 18

Er freut sich sicher, wenn du dich meldest.

01 재귀동사와 재귀대명사

02 소유 3격 목적어

03 종속접속사 dass와 wenn

01 재귀동사와 재귀대명사

주어를 지칭하는 대명사(재귀대명사)를 사용하여 주어에게 되돌아오는 행위를 나타내는 동사를 재귀동사라고 한다. 재귀대명사는 3격 또는 4격 목적어 형태를 취한다.

〈재귀대명사 3·4격의 형태〉

단수	3격	4격	복수	3격	4격
ich	mir	mich	wir	uns	uns
du Sie	dir sich	dich sich	ihr Sie	euch sich	euch sich
er/sie/es	sich	sich	sie	sich	sich

☞ 2인칭 격식칭(Sie)과 3인칭(er/sie/es, sie)의 재귀대명사는 모두 sich이고, 나머지 재귀대명사는 해당 인칭대명사의 3·4격과 같음

(1) 4격 재귀대명사

Ich dusche **mich** jeden Morgen. 나는 매일 아침에 샤워한다.
(sich[4] duschen 샤워하다)

Kleine Kinder erkälten **sich** oft. 어린 아이들은 감기에 자주 걸린다.
(sich[4] erkälten 감기에 걸리다)

Er freut **sich** über das Geschenk. 그는 그 선물을 받고 기뻐한다.
(sich[4] über et.[4] freuen 무엇에 대해서 기뻐하다; das Geschenk 선물)

Ich freue **mich**, Sie kennenzulernen. 당신을 알게 되어 기쁩니다.
(sich[4] freuen 기뻐하다)

Sie ärgert **sich** über seine Bemerkung. 그녀는 그의 말에 화가 난다.
(sich[4] über jn./et.[4] ärgern 누구/무엇에 대해서 화가 나다; die Bemerkung 언급, 말)

(2) 3격 재귀대명사

Vor dem Essen wäscht man **sich** die Hände. 식사 전에 (자기) 손을 씻는다.
(sich³ die Hände waschen 손을 씻다)

Ich kann **mir** keinen Luxuswagen leisten. 나는 고급차를 몰 형편이 못 된다.
(sich³ et.⁴ leisten (자신에게) 무엇을 베풀다, 누리다; der Luxuswagen 고급자동차)

02 소유 3격 목적어

'4격 목적어'의 소유자를 나타내는 '3격 목적어'

jm. / sich³ + 특정관사 + 신체의 일부, 의복 등
3격 목적어 / 4격 목적어

jm. die Hände waschen 누구의 손을 씻어주다
sich³ die Hände waschen (자신의) 손을 씻다

Ich wasche **dem Baby** **die Hände**. 나는 아이의 손을 씻어준다.
(dem Baby: 3격 목적어 / die Hände: 4격 목적어: 특정관사 + 신체의 일부)

Vor dem Essen wasche ich **mir** immer **die Hände**. 식사 전에 나는 항상 손을 씻는다.
(mir: 3격 목적어: 재귀대명사 / die Hände: 4격 목적어: 특정관사 + 신체의 일부)

jm. die Nase putzen 누구의 코를 닦아주다 (die Nase 코; putzen 닦다)
sich³ die Nase putzen (자신의) 코를 닦다/풀다

Ich putze **dem Kind** **die Nase**. 나는 아이의 코를 닦아준다.
(dem Kind: 3격 목적어 / die Nase: 4격 목적어: 특정관사 + 신체의 일부)

Ich bin erkältet. Ich muss **mir** ständig **die Nase** putzen.
(mir: 3격 목적어: 재귀대명사 / die Nase: 4격 목적어: 특정관사 + 신체의 일부)
나는 감기에 걸렸다. 줄곧 코를 풀어야 한다.

03 종속접속사 dass(…것, 영어: that)와 wenn(…면, 영어: if)

(주어와 동사로 구성된) 절이 다른 문장(주절)의 구성성분(문장성분)이 될 때, 이를 종속절이라고 하고, 종속절을 주절에 연결(접속)하는 말을 종속접속사라고 한다. 종속절의 동사는 종속절 맨 뒤에 온다.

(1) 종속절을 사용하면 두 문장을 하나로 묶을 수 있다

Du bist ehrlich. Das weiß ich. (ehrlich 정직한)

Ich weiß, **dass du ehrlich bist**. 나는 네가 정직하다는 것을 안다.

dass: weiß의 목적어인 종속절(목적절)을 주절에 연결하는 종속접속사. 동사 bist가 종속절의 맨 뒤에 옴

Du hast recht. Das glaube ich. (recht haben 옳다)

Ich glaube, **dass du recht hast**. 나는 네가 옳다고 생각한다.

dass: glaube의 목적어인 종속절(목적절)을 주절에 연결하는 종속접속사. 동사 hast가 종속절의 맨 뒤에 옴

(2) 종속절이 주절보다 앞에 올 수 있다

Wir wissen alle, **dass du sehr fleißig bist**.

dass: wissen의 목적어인 종속절(목적절)을 주절에 연결하는 종속접속사.

우리 모두는 네가 매우 부지런하다는 것을 안다.

Dass du sehr fleißig bist, **wissen** wir alle.

종속절: 첫 번째 문장성분 주절의 동사: 두 번째 문장성분:

네가 매우 부지런하다는 것을 우리 모두가 알고 있다.

Wir machen einen Ausflug, **wenn das Wetter schön ist**.

wenn: 주절을 수식하는 부사어인 종속절(조건 부사절: bei schönem Wetter)을 주절에 연결하는 종속접속사

날씨가 좋으면 우리는 소풍을 간다.

Wenn das Wetter schön ist, **machen** wir einen Ausflug.

종속절: 첫 번째 문장성분 주절의 동사: 두 번째 문장성분

(종속절이 주절 앞에 오면 주절은 동사로 시작한다. 동사가 문장의 두 번째 문장성분이 되어야 하기 때문이다.)

(3) 종속절의 의미가 전치사 + 명사로 표현될 수 있다

Bei schönem Wetter machen wir einen Ausflug.

날씨가 좋으면 우리는 소풍을 간다.

기본 대화

Ich bedanke mich ganz herzlich für die Einladung.

Herr Kim	Guten Abend, Frau Schmidt.
Frau Schmidt	Guten Abend, Herr Kim. Kommen Sie bitte herein. Ich freue mich, Sie wiederzusehen.
Herr Kim	Ganz meinerseits. Ich bedanke mich ganz herzlich für die Einladung.
Frau Schmidt	Es ist mir ein Vergnügen.

Frau Schmidt	Ich hoffe, dass Ihnen das Essen schmeckt.
Herr Kim	Da bin ich sicher. Ich weiß doch, dass Sie eine gute Köchin sind.
Frau Schmidt	Na ja, wenn man Hunger hat, schmeckt einem alles gut.
Herr Kim	Ach, ich erinnere mich an meinen Deutschunterricht. Man sagt doch: Hunger ist der beste Koch.
Frau Schmidt	Richtig. Ich glaube, dass Sie der beste Schüler in der Schule waren.
Herr Kim	Vielen Dank für das Kompliment. Ich war zwar nicht der beste, aber vielleicht der fleißigste.
Frau Schmidt	Ohne Fleiß, kein Preis! Dieses deutsche Sprichwort kennen Sie sicher auch, nicht wahr?
Herr Kim	Aber natürlich. Die Deutschen sind doch für ihren Fleiß berühmt.
Frau Schmidt	Das stimmt. Herr Kim, darf ich Ihnen noch etwas anbieten?
Herr Kim	Nein, danke. Ich bin schon satt. Ich kann wirklich nicht mehr, Frau Schmidt.

해설

① Guten Abend, Frau Schmidt. 슈미트 씨, 안녕하세요.

② Kommen Sie bitte herein. 어서 들어오세요.

- hereinkommen [hɛ'rainkɔmən] (밖에서 안으로) 들어오다

③ Ich freue mich, Sie wiederzusehen. 다시 뵙게 되어서 반갑습니다.

- sich^4 über et.^{4} freuen 무엇을 기뻐하다, sich^4 auf et.^{4} freuen (앞으로 있을 무엇에 대해 기쁜 마음으로) 기대하다

④ Ganz meinerseits. Ich bedanke mich ganz herzlich für die Einladung.
제가 드릴 말씀입니다. 초대해 주셔서 대단히 감사합니다.

- ganz meinerseits 제가 드릴 말씀입니다.
- sich^4 für et.^{4} bedanken 무엇에 대하여 감사하다
- herzlich 진심으로, Herzlichen Dank! 진심으로 감사합니다! Herzlichen Glückwunsch! 진심으로 축하합니다!
- die Einladung 초대, jn. zum Essen/ins Kino einladen. 누구를 식사에/영화에 초대하다

⑤ Es ist mir ein Vergnügen. 제겐 즐거움입니다.

- das Vergnügen [fɛɐ̯'gny:gn̩] 즐거움, Viel Vergnügen! 즐거운 시간 가지세요!

⑥ Ich hoffe, dass Ihnen das Essen schmeckt. 음식이 입에 맞았으면 좋겠습니다.

- schmecken ['ʃmɛkn̩] 〈3격 요구 동사〉 (et.^{1} schmeckt jm.) (무엇이) (누구에게) 맛있다

⑦ Da bin ich sicher. Ich weiß doch, dass Sie eine gute Köchin sind.
그럴 것이라고 확신합니다. 훌륭한 요리사이시라는 것을 알고 있습니다

- da bin ich sicher 그와 관련하여 나는 확신한다. da 그것에 관해서, 그곳에, 그때; sicher 확신하는, die Sicherheit 확신, 안전
- Ich weiß doch, dass ... …라는 것을 알고 있거든요. wissen ['vɪsn̩] 〈weiß, wusste, hat ... gewusst〉 알다
- der Koch [kɔx] 〈-(e)s, Köche〉 요리사, die Köchin 〈-, -nen〉 여자 요리사

⑧ Na ja, wenn man Hunger hat, schmeckt einem alles gut.
글쎄요. 시장하면 모든 게 맛있죠.

- Na ja 글쎄요, 그렇죠 뭐.
- der Hunger ['hʊŋɐ] 〈-s, 항상 단수〉 배고픔, hungrig 배고픈
- ...., schmeckt einem alles gut. 사람에게 모든 것이 맛있다. einem은 일반사람 man의 3격 형태로 schmecken의 목적어로 사용됨. alles는 모든 것(영어: everything)을 의미하며 문장의 주어임. 사람을 의미하는 불특정대명사 einem이 주어 alles 앞에 왔음

⑨ Ach, ich erinnere mich an meinen Deutschunterricht.
아, 독일어 수업 생각이 나는데요.

- sich[4] an et.[4] erinnern 무엇을 기억하다
- der Deutschunterricht 독일어수업, der Unterricht ['ʊntɐrɪçt] 〈-(e)s, 항상 단수〉 수업, unterrichten [ʊntɐ'rɪçtn̩] 수업하다

⑩ Man sagt doch: Hunger ist der beste Koch. 배고픔이 최고의 요리사는 말이 있잖아요.

- gut 좋은 - besser 더 좋은 - best-/am besten 가장 좋은

⑪ Richtig. Ich glaube, dass Sie der beste Schüler in der Schule waren.

맞아요. 학교에서 가장 잘 하는 학생이었을 것 같습니다.

- 종속접속사 dass-절은 주절의 동사 glaube의 4격 목적어. 종속절 속의 동사 waren이 문장 맨 뒤로 왔음

⑫ Vielen Dank für das Kompliment. 칭찬해 주셔서 감사합니다.

- das Kompliment [kɔmpli'mɛnt] 〈-(e)s, -e〉 칭찬

⑬ Ich war zwar nicht der beste, aber vielleicht der fleißigste.

제가 가장 잘 하는 학생은 아니었지만, 아마도 가장 열심히 하는 학생이었을 거예요.

- ... war zwar nicht ..., aber ... 비록 …아니었지만, …이었다.
- der beste (Schüler), der fleißigste (Schüler). Schüler가 생략된 것이 아니라면 형용사가 명사화된 것으로 보아서 대문자로 씀: der Beste, der Fleißigste

⑭ Ohne Fleiß, kein Preis! 노력 없이는 대가도 없지요.

- der Fleiß [flais] 〈-es, 항상 단수〉 노력, 열심, → fleißig ['flaisɪç] 〈형용사〉 열심히 하는, 부지런한
- der Preis [prais] 〈-es, -e〉 대가, 상, 가격

⑮ Dieses deutsche Sprichwort kennen Sie sicher auch, nicht wahr?

- das Sprichwort ['ʃprɪçvɔrt] 〈-(e), -wörter〉 속담
- ..., nicht wahr? 〈부가적 질문〉 그렇지 않아요?

⑯ Aber natürlich. Die Deutschen sind doch für ihren Fleiß berühmt.

물론이죠. 독일 사람들이 부지런한 것으로 유명하잖아요.

- berühmt [bə'ry:mt] 〈형용사〉 유명한, für et. berühmt sein 무엇으로 유명하다 (영어: be famous for)

⑰ Das stimmt. Herr Kim, darf ich Ihnen noch etwas anbieten?

맞아요. 김 선생님, 뭘 좀 더 드릴까요?

- anbieten ['anbi:tn̩] 〈분리동사〉 (bietet ... an, bot ... an, hat ... angeboten) 제안하다, 제공하다, jm. et.[4] anbieten 누구에게 무엇을 제공하다/제안하다

⑱ Nein, danke. Ich bin schon satt. Ich kann wirklich nicht mehr, Frau Schmidt.

아뇨, 고맙습니다. 이미 배가 불러요. 정말 더 먹을 수 없어요, 슈미트 씨.

- Ich kann wirklich nicht mehr (essen). 문맥상 알 수 있는 동사 essen이 생략되어 화법조동사 kann이 일반동사처럼 사용됨.
- satt 배가 부른

텍스트 완성하기

대화문의 내용과 일치하도록 빈칸을 채우시오.

Herr Kim besucht Frau Schmidt. Sie bittet _____, _______________. Sie freut _______, __________ Kim _____________________. Er bedankt ________ _____ _____ Einladung. Frau Schmidt sagt, _______ es _____ ein Vergnügen _____. Frau Schmidt hofft, _______ das Essen _________ Kim schmeckt. Herr Kim ist _________, _______ das Essen gut _____. Er weiß _________, _______ Frau Schmidt _______ gute Köchin _____. Frau Schmidt meint: „_______ man Hunger _____, schmeckt _________ _________ gut." Da erinnert _______ Herr Kim _____ _________ Deutschunterricht. Er sagt, _______ Hunger _____ _________ Koch _____. Daraufhin meint Frau Schmidt, _______ Herr Kim wohl _____ _________ Schüler _____ _____ Schule _____. Herr Kim bedankt _______ _____ das Kompliment und sagt, _______ er nicht _____ beste, aber vielleicht _____ _______________ Schüler _____. Darauf antwortet Frau Schmidt wieder _____ _________ _______________ Sprichwort: „_______ _________, _______ Preis!" Sie fragt _________ Kim: „Darf ich _________ noch _________ _______________?" Herr Kim sagt, _______ er wirklich _________ _______ essen _______.

유용한 표현

01 기쁨 표현하기

Ich freue mich, ... zu + 부정사 : …해서 기쁘다

Ich freue mich, Sie kennenzulernen. (제가) 선생님을 알게 되어 기쁩니다.
Sie wiederzusehen. 선생님을 다시 뵙게 되어
Sie heute bei uns zu haben. 오늘 선생님을 저희 집에 모시게 되어서
Sie bei uns begrüßen zu dürfen.
선생님을 저희 집에서 맞이할 수 있게 되어서
(jn. begrüßen 누구를 인사하며 맞이하다)

('zu 부정사'의 의미상의 주어가 주절의 주어와 일치할 때 'zu 부정사구'를 사용할 수 있음)

Ich freue mich, dass Sie heute hier sind. 오늘 여기에 와주셔서 기쁩니다.
dass Ihnen das Essen schmeckt. 음식이 맛이 있다니
dass Sie sich bei mir melden. 제게 연락을 주셔서

('dass 절'의 주어가 주절의 주어와 다를 때는 'zu 부정사구'를 사용할 수 없음. 'dass 절'의 주어가 주절의 주어와 일치할 때는 'dass 절' 대신 'zu 부정사구'를 사용할 수 있음)

dass ich Sie bei uns begrüßen darf. 당신 우리 집에서 맞이하게 되어서
(= Sie bei uns begrüßen zu dürfen.)

dass ich Ihnen helfen kann. 당신을 도와드릴 수 있어서
(= Ihnen helfen zu können.)

02 확신 표현하기

Ich bin sicher, dass ... : …라고 확신합니다

Ich bin sicher, dass Ihnen das Konzert gefällt.
연주회가 당신의 마음에 들 것이라고 확신합니다.
(Ihnen이 인칭대명사여서 일반명사인 주어 das Konzert보다 앞에 왔음)

dass er rechtzeitig kommt. 그가 제 때에 올 것이라고
dass du die Prüfung bestehst. 네가 시험에 합격할 것이라고
dass wir eine Lösung finden. 우리가 해결책을 찾을 것이라고

03 조건 말하기

wenn ... : …면

Wenn man müde ist, ruht man sich aus. 피곤하면 휴식을 취한다.

(müde ['my:də] 〈형용사〉 피곤한 → die Müdigkeit ['my:dıçkait] 〈-, 항상 단수〉 피곤, sich ausruhen ['ausru:ən] 〈분리동사: ruhe ... aus〉 (피로를 풀기 위해서) 휴식을 취하다)

Wenn man hungrig ist, isst man etwas. 배가 고프면 무엇을 먹는다.

Wenn man durstig ist, trinkt man etwas. 목이 마르면 무엇을 마신다.

(durstig ['dʊrstıç] 〈형용사〉 목이 마른, ← der Durst [dʊrst] 〈-(e)s, 항상 단수〉 갈증)

Wenn man krank ist, geht man zum Arzt. 아프면 병원에 간다.

Wenn es regnet, bleibe ich lieber zu Hause. 비가 오면 나는 집에 머문다.

Wenn es schneit, fahre ich lieber mit der U-Bahn. 눈이 오면 나는 지하철을 탄다.

Wenn es neblig ist, mache ich das Licht an. 안개가 끼면 불을 켠다.

Wenn es windig ist, mache ich das Fenster zu. 바람이 불면 창문을 닫는다.

(날씨를 나타낼 때 비인칭주어 es를 사용함 (neblig ['ne:blıç] 〈형용사〉 안개 낀 ← der Nebel ['ne:bl̩] 〈-s, -〉 안개; das Licht [lıçt] 〈-(e)s, Lichter〉 불, 빛; windig ['vındıç] 〈형용사〉 바람이 부는 ← der Wind [vınt] 〈-(e)s, -e〉 바람)

Wenn du nicht bald kommst, gehe ich nach Hause.
네가 곧 안 오면, 나는 집에 간다.

Wenn du nicht fleißig bist, bestehst du die Prüfung nicht.
열심히 하지 않으면, 너는 그 시험에 합격할 수 없다.

Wenn du nicht mitkommst, gehe ich auch nicht hin/bleibe ich auch zu Hause.
네가 함께 가지 않으면, 나도 가지 않겠다/집에 머물겠다.

(mitkommen 함께 가다; hingehen (저기로) 가다)

활용 연습

1 다음 빈칸에 알맞은 3격 재귀대명사를 적으시오.

(1) Ich kaufe __________ einen neuen Anzug.

(sich³ et.⁴ kaufen 무엇을 (자기를 위해서) 구입하다)

(2) A: Suchst du __________ eine Stelle?

B: Ja, ich suche __________ eine Stelle.

(sich³ eine Stelle suchen 일자리를 구하다)

(3) Ich wasche __________ die Hände.

(sich³ die Hände waschen 손을 씻다)

(4) A: Wie oft wäschst du __________ die Haare?

B: Ich wasche __________ jeden Tag die Haare.

(sich³ die Haare waschen 머리(카락)를 감다; jeden Tag 매일(4격 명사구가 부사어로 사용됨))

(5) Die Eltern machen __________ immer Sorgen um die Kinder.

(sich³ Sorgen um jn. machen 누구를 걱정하다)

(6) Ich kann __________ keinen Luxuswagen leisten.

(sich³ et.⁴ leisten 무엇을 자신에게 베풀다/누리다)

(7) Ich kann __________ leider keinen Studienaufenthalt im Ausland leisten.

(der Studienaufenthalt im Ausland 해외 학업체류/유학)

2 다음 빈칸에 알맞은 재귀대명사를 적으시오.

(1) A: Freuen Sie __________ schon auf den Urlaub?

B: Natürlich, ich freue __________ schon darauf.

Ich möchte __________ am Strand erholen.

(sich⁴ auf et.⁴ freuen 기대하는 일로 기뻐하다; darauf ← auf das (틀림) 전치사의 목적어가 사물을 가리키는 대명사일 경우 반드시 축약형을 사용해야 함. sich⁴ erholen (기운을) 회복하다)

(2) A: Freust du __________ über das Ergebnis der Prüfung?

B: Ja, ich freue __________ sehr darüber.

(sich[4] über et.[4] freuen 일어난 일에 대하여 기뻐하다; darüber ← über das 그것에 대해서: 사물을 가리키는 대명사가 전치사의 목적어로 오면 'da- + 전치사' 형태로 축약됨: für das → dafür, gegen das → dagegen; darüber는 da-의 a모음과 über의 ü모음이 충돌하는 것을 막기 위해서 r가 삽입된 것임)

(3) A: Wir müssen los. Beeilt __________, sonst kommen wir zu spät.

B: Schon gut, wir beeilen __________ ja schon.

(sich[4] beeilen 서두르다)

(4) A: Ich mache __________ Sorgen um meinen Sohn.

B: Machen Sie __________ doch keine Sorgen um ihn. Er schafft es schon.

('전치사 + 사람을 지칭하는 인칭대명사'는 darum와 같은 축약이 될 수 없음. 목적어가 사물이 때만 축약형 사용. schaffen 해내다)

(5) A: Wofür interessieren Sie __________?

B: Ich interessiere __________ für die Geschichte Deutschlands.

(wofür ← für was: 사물을 지칭하는 의문대명사가 전치사의 목적어로 오면, 'wo- + 전치사' 형태로 축약됨: mit was → womit, über was → worüber ...)

(6) A: Worüber ärgerst du __________?

B: Ich ärgere __________ über die Dummheit meines Chefs.

(7) A: Kennt ihr __________ mit der Studienordnung aus?

B: Ja, klar. Wir kennen __________ gut damit aus. Wir sind schon im fünften Semester.

(sich[4] irgendwo 어딘가; mit et.[3] auskennen 무엇에 대하여 자세히 알다. Kennst du dich in Seoul aus? 서울을 (속속들이) 잘 아니? Kennst du dich mit Autos aus? 자동차에 대해서 잘 아니?; die Studienordnung 학사규정)

3 종속접속사 dass를 사용하여 문장을 완성하시오.

(1) Du kannst zu meiner Geburtstagsfeier kommen. Das ist schön.

Es ____

Ich finde ______________________________

(die Geburtstagsfeier 생일 파티; die Feier 〈-, -n〉 잔치, 파티; die Abschiedsfeier 작별파티; die Familienfeier 가족 파티; die Hochzeitsfeier 결혼 파티; die Silvesterfeier 망년회 파티)

(2) Er will mir helfen. Das freut mich. (et.^{1} freut jn. 무엇이 누구를 기쁘게 하다.)

Es ______________________________

Ich ______________________________

(3) Wir können uns nicht mehr sehen. Das ist schade.

Es ______________________________

Ich finde ______________________________

(sich^4 sehen 서로 보다: 주어가 복수이고 재귀대명사 형태의 목적어가 '서로'를 의미할 때는 이를 특히 '상호대명사'라고 함)

(4) Er kommt immer zu spät zu unserem Date. Das ärgert mich.

Es ______________________________

Ich ärgere ______________________________

(et.^{1} ärgert jn. 무엇이 누구를 화나게 하다.)

4 종속접속사 wenn을 사용하여 문장을 완성하시오.

(1) Er ist noch nicht gesund. Daher kann er noch nicht arbeiten.

Wenn ______________________________

(daher ['da:he:ɐ̯, da'he:ɐ̯] 〈부사〉 그래서 (= deshalb))

(2) Du bist noch nicht 18 Jahre alt. Daher kannst du den Führerschein noch nicht machen.

Wenn ______________________________

(der Führerschein 운전면허증, den Führerschein machen 운전면허증을 취득하다)

(3) Sie ist noch nicht da. Daher können wir noch nicht anfangen.

Wenn ______________________________

(anfangen 시작하다)

5 다음 대화를 듣고 빈칸을 채우시오.

A: __________ __________ du denn so __________?

B: Meine Freundin __________ __________ noch __________ __________ Hause.

A: __________ __________ du, __________ sie noch __________ __________ Hause __________?

B: Normalerweise __________ sie __________ __________, __________ sie __________ Hause __________. Deshalb __________ ich __________ Sorgen __________ __________.

A: __________ du __________ denn nicht __________ __________ Handy erreichen?

B: Nein. Sie __________ auch nicht __________ meine SMS.

A: __________ __________ __________ Sorgen. Es ist __________ __________ __________ so spät. Ich __________ __________, __________ __________ __________ bald __________ dir meldet.

6 다음 글에서 잘못된 부분을 고치시오.

> Herr Kim besucht Frau Schmidt. Sie bittet ihm, herein zu kommen. Sie freut, Herr Kim zu wiedersehen. Er bedankt für die Einladung. Frau Schmidt sagt, dass es ist ihr ein Vergnügen.
>
> Frau Schmidt hofft, das das Essen Herr Kim schmeckt. Herr Kim ist sicher dass das Essen gut ist. Nämlich weiß er, dass Frau Schmidt gute Köchin ist. Frau Schmidt meint: „Wenn man Hunger hat, alles schmeckt einem gut." Da erinnert sich Herr Kim an seinem Deutschunterricht. Er sagt, dass Hunger beste Koch ist. Daraufhin Frau Schmidt meint, dass Herr Kim war wohl beste

Schüler in die Schule. Herr Kim bedankt das Kompliment und sagt, dass er war nicht beste, aber vielleicht fleißigste Schüler. Dann Frau Schmidt antwortet wieder mit einem deutschem Sprichwort: „Ohne Fleiß, kein Preis!“ Sie fragt Herr Kim: „Darf ich Sie noch etwas bieten?“ Herr Kim sagt, dass er wirklich mehr nicht essen kann.

7 **다음 우리말을 독일어로 옮기시오.**

(1) (초면 인사) 만나서 반갑습니다.

➡ ______________________________

(2) 걱정하지 마세요. 도와드리겠습니다.

➡ ______________________________

(3) 초대해주셔서 감사합니다.

➡ ______________________________

(4) 내일 날씨가 좋으면 우리는 야유회를 간다.

➡ ______________________________

(5) 나는 네가 그 시험에 합격할 것으로 확신한다.

➡ ______________________________

(6) 나는 아직도 그(남자)를 잘 기억하고 있다.

➡ ______________________________

자세히 들여다보기

01 낱말 익히기

(1) 명사에 -ig를 붙여서 형용사가 되는 낱말

der Dreck 더러움 - dreckig 더러운
der Durst 갈증 - durstig 목마른
das Fett 기름, 지방 - fettig 기름진
der Fleiß 부지런함 - fleißig 부지런한
der Hunger 배고픔 - hungrig 배고픈
die Lang(e)weile 지루함 - langweilig 지루한
die Lust 흥미 - lustig 우스운, 웃기는
das Eis 얼음 - eisig 얼음처럼 차가운
der Nebel 안개 - neblig 안개가 낀
der Schmutz 더러움 - schmutzig 더러운
die Sonne 해 - sonnig 해가 비치는
der Wind 바람 - windig 바람이 부는

(2) 명사에 -lich를 붙여서 형용사가 되는 낱말

der Ärger 화 - ärgerlich 화가 나는
das Ende 끝 - endlich (기다리던 일이) 마침내
der Freund 친구 - freundlich 친절한
die Gefahr 위험 - gefährlich 위험스러운
das Glück 행운/행복 - glücklich 행복한, 다행스러운
das Kind 어린이 - kindlich 어린아이의 / kindisch 어린애 같은, 유치한
der Mann 남자 - männlich 남자의
der Schaden 손상 - schädlich 손상시키는
der Schmerz 통증 - schmerzlich (심리적으로) 통증을 느끼는, 아픈 /
schmerzhaft (육체적·심리적으로) 아픈

die Schrift 글자 - schriftlich 문자로

der Tag 하루 - täglich 하루의, 매일

hoffen 〈동사〉 희망하다 - hoffentlich 〈부사〉 희망하건대

zart 〈형용사〉 예민한, 섬세한, 부드러운 - zärtlich 〈형용사〉 사랑스러운, 애정어린

(3) 형용사에 -heit/keit를 붙여서 명사가 되는 낱말

gesund 건강한 - die Gesundheit 건강

krank 병이 난 - die Krankheit 병

pünktlich 정각의, 시간을 잘 지키는 - die Pünktlichkeit 시간을 잘 지키는 것

schön 아름다운 - die Schönheit 아름다움

wirklich 실제의 - die Wirklichkeit 실제

〈주의〉 müde 피곤한 - die Müdi**g**keit 피로

(4) grüßen과 begrüßen의 차이

grüßen 인사하다 - begrüßen 맞이하다, 환영하다

Er grüßt mich nie. Trotzdem grüße ich ihn immer.
그는 내게 인사하는 법이 없다. 그럼에도 불구하고 나는 그에게 항상 인사하다.

Ich begrüße Sie ganz herzlich zu unserer Sendung.
우리 프로그램에 여러분을 진심으로 환영합니다.

02 3격 목적어 요구동사 : helfen, schmecken, gefallen, gehören

A: Können Sie **mir** bitte helfen? 저 좀 도와주실 수 있겠습니까?

B: Ja, ich helfe **Ihnen** gern. 네, 기꺼이 도와드리겠습니다.

A: Schmeckt **Ihnen** dieser Kuchen? 이 케이크가 (당신에게) 맛있습니까?
(인칭대명사는 일반명사보다 먼저 온다)

B: Ja, er schmeckt **mir** gut. 네, (저게) 맛있습니다.

A: Gefällt **dir** dieser Ring? 이 반지가 마음에 드니?

B: Ja, er gefällt **mir**. 응, 마음에 들어.

A: **Wem** gehört diese Tasche? 이 가방이 누구 거지?

(wer 누가 - wessen 누구의 - wem 누구에게 - wen 누구를)

B: Sie gehört **meiner Freundin**. 그건 내 (여자)친구 거야.

03 '전치사 + 대명사'의 결합형

전치사 다음에 사물을 가리키는 대명사가 오면 'da(r) + 전치사' 형태를 취한다. 전치사가 모음으로 시작하면 dar-형태를 취한다. (darauf, darüber)

Ich warte auf den Anruf. 나는 전화를 기다린다.

Ich warte **darauf**. (← auf den)

Ich suche nach dem Schlüssel. 나는 열쇠를 찾고 있다.

Ich suche **danach**. (← nach dem)

Er lacht über den Witz. 그는 그 유머를 듣고 웃는다.

Er lacht **darüber**. (← über den)

전치사 다음에 오는 대명사가 사람을 가리키는 인칭대명사일 경우에는 'da(r) + 전치사' 결합형을 사용하지 않는다.

Ich warte auf meinen Freund. 나는 내 친구를 기다린다.

Ich warte **auf ihn**. (틀림 : darauf)

Ich fahre mit meinem Kollegen. 나는 내 동료와 함께 간다.

Ich fahre **mit ihm**. (틀림 : damit)

Er lacht über seinen Chef. 그는 자기 보스를 비웃는다.

Er lacht **<u>über ihn</u>**. (틀림 : darüber)

04 '전치사 + 의문사'의 결합형

사물을 묻는 의문사 앞에 전치사가 오면 'wo(r) + 전치사' 형태를 취한다.

A: Worauf wartest du? 무엇을 기다리니?

B: Ich warte auf seinen Anruf. Darauf warte ich schon lange.
나는 그의 전화를 기다린다. 그것을 벌써 오래 전부터 기다리고 있다.

A: Wonach suchst du? 무엇을 찾고 있니?

B: Ich suche nach meinem Schlüssel. Danach suche ich schon die ganze Zeit. 나는 열쇠를 찾고 있다. 벌써 한참 동안 그것을 찾고 있다.

A: Worüber lachst du? 무엇에 대해서 웃니?

B: Ich lache über den Witz. Darüber lache ich.
나는 그 유머에 대해서 웃는다. 그것에 대해서 웃는다.

'da(r) + 전치사' 결합형의 경우와 마찬가지로, 의문사가 사람을 가리킬 때는 'wo(r) + 전치사' 형태를 취할 수 없다.

A: Auf wen wartest du? 누구를 기다리니? (틀림 : Worauf)

B: Ich warte auf meinen Freund. 나는 내 친구를 기다린다.

05 어순

인칭대명사와 일반명사가 잇따라 나오면 보통 인칭대명사가 먼저 온다.

Ich hoffe, dass **<u>Ihnen</u>** das Essen schmeckt. 음식이 입에 맞았으면 합니다.

Ich hoffe, dass **dir** das Geschenk gefällt. 선물이 맘에 들었으면 좋겠어.

Ich bin sicher, dass **mich** meine Eltern unterstützen.
나는 나의 부모님께서 나를 밀어줄 것으로 확신해.

06 재귀동사

재귀대명사와 함께 사용되는 동사. 반드시 재귀대명사를 동반해야 하는 '순수 재귀동사'는 많지 않으며, 일반동사가 재귀대명사와 함께 사용되는 경우가 많다.

재귀동사 : Ich wasche mich. 나는 씻는다.
(sich waschen (자신을) 씻다 / mich가 주어 ich를 가리켜 동사 waschen의 행위가 주어로 귀착되므로 waschen이 재귀동사로 사용됨)

일반동사 : Ich wasche mein Baby. 나는 나의 아기를 씻겨준다.
(jn. waschen 누구를 씻겨주다, waschen은 4격 목적어 mein Baby를 취하는 타동사)

(1) 4격 재귀대명사와 함께

Zieh dir einen Mantel an. Sonst **erkältest** du **dich**.
코트를 입어라. 그렇지 않으면 감기 걸린다. (sich erkälten 감기에 걸리다)

Hier kann ich **mich** immer gut **erholen**.
여기서 나는 항상 휴식을 잘 취할 수 있다. (sich erholen 기운을 회복하다, 휴식을 취하다)

Er rasiert **sich** am Wochenende nie. 그는 주말에는 결코 면도를 하지 않는다.
(sich rasieren 면도하다)

(2) 3격 재귀대명사와 함께

Sie wäscht **sich** das Gesicht. 그녀는 얼굴을 씻는다.
($sich^3$ das Gesicht waschen 얼굴을 씻다)

Sie föhnt **sich** die Haare. 그녀는 머리를 드라이기로 말린다.
($sich^3$ die Haare föhnen 드라이기로 머리를 말리다, der Föhn 〈-(e)s, -e〉 헤어드라이기)

07 재귀동사가 요구하는 전치사

sich^4 **an** jn. / et.^{4} erinnern 누구/무엇을 기억하다

Erinnern Sie sich noch an mich? 저를 아직도 기억하세요?

sich^4 **auf** et.^{4} vorbereiten 무엇을 준비하다

Ich muss mich auf die Prüfung vorbereiten. 나는 시험 준비를 해야 한다.

sich^4 **bei** jm. **für** et.^{4} bedanken 누구에게 무엇에 대해서 감사하다

Ich bedanke mich noch einmal ganz herzlich bei Ihnen für Ihre Hilfe.
제게 도움을 주셔서 다시 한번 진심으로 감사드립니다.

sich^4 **für** et.^{4} interessieren 무엇에 관심이/흥미가 있다

Ich interessiere mich für Musik. 나는 음악에 관심이 있다.

sich^4 **in** jn. verlieben 누구를 사랑하게 되다

Im Märchen verliebt sich die Prinzessin in den Frosch.
동화에서 공주가 개구리를 사랑하게 된다.

sich^4 **mit** jm. **über** et.^{4} unterhalten 누구와 무엇에 대하여 이야기를 나누다

Ich unterhalte mich oft lange mit ihm über die Geschichte Koreas.
나는 그와 자주 한국 역사에 대해 오래 이야기를 나눈다.

sich^4 **um** et.^{4} bemühen 무엇을 얻기 위해서 노력하다

Ich bemühe mich um eine neue Stelle. 새 일자리를 구하려고 노력하고 있다.

sich^4 **über** et.^{4} informieren 무엇에 대해서 정보를 얻다

Wenn du dich um / für das Stipendium bewerben willst, musst du dich über die Bedingungen informieren. 장학금을 신청하려면 조건을 알아봐야 한다.

sich^4 **über** jemanden / et.^{4} beschweren 누구/무엇에 대해서 불평하다

Meine Frau beschwert sich über ihre Kollegen.
나의 아내가 자기 동료에 대해 불평한다.

sich^4 **um / für** et.^{4} bewerben 무엇을 얻기 지원하다

Ich möchte mich für / um diese Stelle bewerben. 이 자리에 지원하고 싶다.

sich^4 **von** et.^{3} erholen 무엇으로부터 회복하다

Im Urlaub erhole ich mich vom Alltag. 휴가 중에 나는 일상으로부터 회복한다.

08 상호대명사

주어가 복수일 때 '서로(einander)'라는 의미로 사용되는 재귀대명사를 '상호대명사'라고 한다.

Wir lieben uns. = Wir lieben einander. 우리는 서로 사랑한다.

Wir sehen uns häufig. = Wir sehen einander häufig. 우리는 서로 자주 본다.

Sie kennen sich gut. = Sie kennen einander gut. 그들은 서로 잘 안다.

09 무생물 주어를 취하는 동사

et.^{1} interessiert jn. 무엇이 누구의 흥미를 유발하다

Koreanische Filme interessieren mich. 한국 영화가 나의 흥미를 유발한다.

= sich^4 für et.^{4} interessieren 무엇에 관심이 있다

Ich interessiere mich für koreanische Filme. 나는 한국 영화에 관심이 있다.

= an et.^{3} interessiert sein 무엇에 관심이 있다

Ich bin an koreanischen Filmen interessiert. 나는 한국 영화에 관심이 있다.

= an et.^{3} Interesse haben 무엇에 관심이 있다

Ich habe Interesse an koreanischen Filmen. 나는 한국 영화에 관심이 있다.

et.^{1} ärgert jn. 무엇이 누구를 화나게 하다

Sein Verhalten ärgert mich. 그의 태도가 나를 화나게 한다.

= sich^4 über et.^{4} ärgern 무엇에 대해서 화가 나다

Ich ärgere mich über sein Verhalten. 나는 그의 태도에 대해서 화가 난다.

et.^{1} freut jn. 무엇이 누구를 기쁘게 하다

Die Nachricht freut mich sehr. 그 소식이 나를 매우 기쁘게 한다.

= sich^4 über et.^{4} freuen 무엇에 대해서 기뻐하다

Ich freue mich über die Nachricht. 나는 그 소식을 들어서 기쁘다.

et.^{1} erinnert jn. an et.^{4} 무엇이 누구에게 무엇이 생각나게 하다

Das Foto erinnert mich an meine Kindheit.
그 사진이 내게 어린시절이 생각나게 한다.

= sich^4 an et.^{4} erinnern 무엇을 기억하다

Ich erinnere mich noch gut an meine Kindheit.
나는 아직도 어린시절을 잘 기억한다.

Lektion 19

Ich weiß nicht, ob ich dir helfen kann.

01 간접의문문의 의문사가 이끄는 종속절

02 간접의문문의 ob-종속절

03 brauchen ... nicht ... zu + Infinitiv

brauchen ... nur / bloß ... zu + Infinitiv

기본 문법

01 간접의문문의 의문사가 이끄는 종속절

단도직입적으로 묻지 않고, '…인지 아느냐?'와 같이 우회적으로 표현하는 질문을 간접의문문이라고 하며, 의문사로 시작하는 의문문(W-Frage)이 간접의문문의 종속절이 될 때, 의문사가 접속사 역할을 한다.

A: - Wo wohnt er? Wissen Sie das? 그는 어디에 살죠? 아십니까?

- Wissen Sie, **wo er wohnt**? 그가 어디에 사는지 아십니까?

의문사 wo가 이끄는 종속절로 wissen의 목적절, 동사 wohnt는 후치

B: Ich weiß nicht, **wo er wohnt**. 저는 그가 어디에 사는지 모릅니다.

A: - Wie funktioniert das Gerät? Wissen Sie das? 이 기기가 어떻게 작동하죠? 아십니까?

- Wissen Sie, **wie das Gerät funktioniert**? 이 기기가 어떻게 작동하는지 아십니까?

의문사 wie가 이끄는 종속절로 wissen의 목적절, 동사 funktioniert는 후치

B: Ich weiß nicht, **wie das Gerät funktioniert**. 그 기기가 어떻게 작동하는지 모릅니다.

A: Wissen Sie, **wie ich mich jetzt fühle**? 지금 제 기분이 어떤지 아세요?

의문사 wie가 이끄는 종속절로 wissen의 목적절, 동사 fühle는 후치

(sich irgendwie fühlen 기분이 어떻다, irgendwie ['ɪrgn̩tvi:] 〈부사〉 어떤 방식으로, 어떻게)

B: Ja, ich weiß schon, **wie Sie sich jetzt fühlen**.

네, 지금 어떤 기분이신지 이미(물론) 압니다.

02 간접의문문의 ob-종속절

의문사가 없는 의문문(Ja/Nein(을 묻는)-Frage)을 주절의 한 부분으로 연결할 때 종속접속사 ob를 사용한다.

A: - Kommt er morgen? Wissen Sie das? 그가 내일 옵니까? 아세요?

- Wissen Sie, **ob er morgen kommt**? 그가 내일 오는지 (안 오는지) 아십니까?

  ob가 이끄는 종속절로 wissen의 목적절, 동사 kommt는 후치

B: Ich weiß nicht, **ob er morgen kommt**. 그가 내일 오는지 (안 오는지) 모릅니다.

A: - Ist sie verheiratet? Wissen Sie das? 그녀가 결혼했습니까? 그것 아세요?

(verheiratet [fɛɐ̯'haira:tət] 〈형용사〉 결혼한; jn. verheiraten 누구를 결혼시키다, jn. heiraten 누구와 결혼하다)

- Wissen Sie, **ob sie verheiratet ist**? 그녀가 결혼했는지 (안 했는지) 아세요?

  ob가 이끄는 종속절로 wissen의 목적절, 동사 ist는 후치

B: Ich weiß nicht, **ob sie verheiratet ist**. 나는 그녀가 결혼했는지 (안 했는지) 모른다.

ob가 이끄는 종속절로 weiß의 목적절, 동사 ist는 후치

03 brauchen ... nicht ... zu + Infinitiv …할 필요가 없다. (müssen의 반대 의미) brauchen ... nur / bloß ... zu + Infinitiv …만 하면 된다. (제한)

'brauchen .... zu 부정사'은 반드시 부정이나 제한적으로만 사용됨. 긍정은 müssen으로 표현.

A: Musst du auch am Samstag arbeiten? 너는 토요일에도 일해야 하니?

B: Nein, am Samstag **brauche** ich **nicht zu arbeiten**.
아니, 토요일엔 일할 필요가 없어.

A: Soll ich auf dich warten? 너를 기다릴까?

B: Nein, du **brauchst nicht** auf mich **zu warten**. 아니, 넌 나를 기다릴 필요 없어.
(auf jn. warten 누구를 기다리다)

A: Was muss ich noch tun? 제가 또 뭘 해야죠?

B: Sie **brauchen** jetzt **nur** noch hier **zu unterschreiben**.
이제 여기에 서명만 하시면 됩니다.
(unterschreiben [ʊntɐ'ʃraibn̩] 〈비분리동사〉 (unterschrieb, hat ... unterschrieben) 서명하다)

A: Was soll ich jetzt machen? 내가 이제 뭘 할까?

B: Du **brauchst nur** auf den roten Knopf hier **zu drücken**.
여기 빨간 단추만 누르면 돼. (rot 빨간; der Knopf 단추; drücken 누르다)

기본 대화

Weißt du, wie man die Tastaturtöne ausschalten kann?

Yuna Markus, kannst du mir mal helfen?

Markus Was gibt es denn?

Yuna Ich habe ein neues Smartphone.
Aber ich weiß nicht, wie ich es sperren kann.

Markus Mal sehen, ob ich dir da helfen kann. Aha!
Du musst zuerst auf „Einstellungen“ drücken.

Yuna Gut. Und was muss ich dann machen?

Markus Dann brauchst du nur auf „Sperrbildschirm“ zu gehen.

Yuna Okay! Alles klar. Jetzt ist mein Handy gesperrt.

Markus Weißt du auch, wie man die Tastaturtöne ausschalten kann?
Die nerven doch immer beim Tippen, besonders wenn man leise sein muss.

Yuna Danke, aber das brauchst du mir nicht zu erklären.
Da weiß ich schon Bescheid.

해설

① Markus, kannst du mir mal helfen? 마르쿠스, 나 좀 도와줄 수 있니?

- helfen 〈hilft, half, hat ... geholfen〉 : 〈3격 요구 동사〉 jm. helfen 누구를 돕다

② Was gibt es denn? 무슨 일인데?

- es gibt + ... 〈4격 목적어〉 : 〈4격 목적어〉가 있다. 이 문장에서는 was가 4격임.
- denn [dɛn] 〈어조사〉 (질문을 부드럽고 자연스럽게 해줌) (···)데?

③ Ich habe ein neues Smartphone. 새 스마트폰이 생겼어.

- das Smartphone ['sma:tfon] 〈-s, -s〉 스마트폰
- ein neues Smartphone은 중성 명사 4격으로 haben 동사의 목적어이며, 불특정관사 ein에 격표지가 없으므로 형용사 neu에 -es가 붙음

④ Aber ich weiß nicht, wie ich es sperren kann. 그런데 그것을 어떻게 잠그는지를 모르겠어.

- wie 〈의문사〉 어떻게; weiß의 목적절을 이끌며 종속절에서 동사는 후치되기 때문에 화법조동사 kann이 후치됨.
- sperren ['ʃpɛrən] 〈타동사〉 차단하다

⑤ Mal sehen, ob ich dir da helfen kann. 내가 너를 도와줄 수 있는지 어디 한 번 보자.

- Mal sehen은 '어디 한번 보자'라는 뜻
- 'ob ich dir da helfen kann.'는 'Kann ich dir da helfen? (내가 너를 도울 수 있을까?)'이라는 의문문이 종속접속사 ob을 통하여 sehen의 목적절이 됨. 종속절 속에서 화법조동사 kann은 후치되었음.

⑥ Aha! Du musst zuerst auf „Einstellungen" drücken.

아하! 너는 우선 "설정"을 눌러야 해.

- zuerst [tsu'|e:ɐ̯st] 〈부사〉 맨 먼저, 우선, ↔ zuletzt [tsu'|lɛtst] 〈부사〉 맨 마지막
- die Einstellung ['ainʃtɛlʊŋ] 〈-, -en〉 (기능) 설정, ← einstellen ['ainʃtɛlən] 설정하다

⑦ Gut. Und was muss ich dann machen? 좋아. 그 다음에 무엇을 해야지?

- dann [dan] 〈겹자음 앞의 모음은 단모음〉 그런 다음에

⑧ Dann brauchst du nur auf „Sperrbildschirm" zu gehen.

그런 다음 "잠금 화면"으로 가기만 하면 돼.

- brauchen ... nur zu ... (단지) …만 하면 되다
- auf „Sperrbildschirm" gehen "잠금 화면"으로 이동하다, auf 〈이동〉 + 4격 : …위로, der Sperrbildschirm 잠금 화면, der Bildschirm ['bɪltʃɪrm] 〈-(e)s, -e〉 (TV 또는 컴퓨터의) 화면 ← das Bild 〈-(e)s, -er〉 (음절 끝의 -d는 [t]로 발음) 그림 + der Schirm 〈-(e)s, -e〉 화면, 우산

⑨ Okay! Alles klar. Jetzt ist mein Handy gesperrt.

오케이! 알았어. 이제 내 핸드폰이 잠겼어.

- Alles klar. '모든 것이 명확하다'라는 뜻으로 '알겠다'는 뜻임, klar [kla:] 〈형용사〉 명확한 ↔ unklar 불명확한, die Klarheit 명확함
- das Handy ['hɛndɪ] 〈-s, -s〉 핸드폰

⑩ Weißt du auch, wie man die Tastaturtöne ausschalten kann?

자판 소리를 차단하는 법도 아니?

- der Tastaturton 〈-(e)s, -töne〉 자판 (두드리는) 소리 ← die Tastatur 자판 + der Ton 〈-(e)s, Töne〉 소리, 톤
- ausschalten ['ausʃaltn̩] 차단하다, 차단기(der Schalter)를 사용하여 작동을 멈추게 하다, ↔ einschalten (전원 따위를) 켜다

⑪ Die nerven doch immer beim Tippen, besonders wenn man leise sein muss.

자판 두드릴 때 자판 소리가 항상 신경이 쓰여, 특히 조용히 해야 할 때 말이야.

- Die는 die Tastaturtöne 〈복수명사〉를 가리키는 지시대명사로 사용됨
- nerven ['nɛrfn̩] (누구의 신경을) 거슬리다, 방해하다
- beim Tippen 타이핑할 때, Tippen은 동사 tippen(자판을 두드리다)을 명사화한 것으로 중성명사 취급. bei와 결합하여 '…할 때'를 나타냄(beim Essen 식사할 때, 식사하면서, beim Schlafen 수면 중, beim Duschen 샤워할 때)
- besonders 특히
- leise 소리가 작은, 낮은, eine leise Stimme 낮은 목소리 ↔ laut 소리가 큰, Kannst du bitte die Musik etwas leiser stellen? 음악 볼륨을 좀 낮출 수 있겠니?

⑫ Danke, aber das brauchst du mir nicht zu erklären.

고마워. 하지만 내게 그것을 설명할 필요는 없어.

- brauchst ... nicht zu ... …할 필요 없다
- erklären 설명하다, jm. et.[4] erklären 누구에게 무엇을 설명하다

⑬ Da weiß ich schon Bescheid. 그것에 관해서는 이미 알고 있어.

- Bescheid wissen (무엇에 대해서) 알다, der Bescheid [bəˈʃait] 〈-(e)s, -e〉 (기대한) 정보, jm. über et. Bescheid geben 누구에게 (기다리는 정보를) 알려주다, Sag mir bitte Bescheid, ob du morgen zu mir kommen kannst. 내일 내게 올 수 있는지 알려줘.

텍스트 완성하기

대화문의 내용과 일치하도록 빈칸을 채우시오.

Yuna fragt Markus, _____ er _____ helfen _________. Markus möchte _________, _______ es gibt. Yuna erklärt, _______ sie ein _______ Smartphone _____, aber nicht weiß, _____ sie _____ sperren _______. Zunächst _____ Markus _______ sicher, _____ _____ Yuna helfen _______. Aber er versteht schnell, _______ _______ das Smartphone sperren _______. Man muss zuerst _______ „Einstellungen" drücken und _________ danach _______ auf „Sperrbildschirm" _____ gehen. Yuna versteht _______ sofort.

Markus fragt weiter, _____ Yuna auch _______, _______ man die Tastaturtöne ausschalten _______. Die Tastaturtöne nerven _________ _______ Tippen, besonders _______ man leise sein _______. Yuna weiß _______ schon, _______ man die Töne ausschaltet. Daher _________ Markus _____ _____ nicht _____ erklären.

유용한 표현

01 화자가 모르는 사실을 물을 때

Wissen Sie/Weißt du, ob ...? : …인지/아닌지 아느냐?

Wissen Sie / Weißt du, ob sie morgen kommt? 그녀가 내일 오는지 (안 오는지) 아십니까?
ob sie gern Spaghetti isst? 그녀가 스파게티를 좋아하는지
ob sie einen Freund hat? 그녀에게 남자 친구가 있는지
ob sie dich liebt? 그녀가 너를 사랑하는지

02 화자가 아는 사실을 청자도 아는지 물을 때

Wissen Sie/Weißt du schon, dass ... : …(라는 사실)을 아느냐?

Wissen Sie schon, dass wir morgen einen Ausflug machen?
우리가 내일 소풍 가는 것 알고 있어요?
(der Ausflug ['au̯sflu:k] 〈음절 마지막 -g는 [k]로 발음〉 소풍)

Weißt du schon, dass die Vorlesung nächste Woche ausfällt?
다음 주 휴강인 것 알아?
(die Vorlesung ['fo:ɐ̯le:zʊŋ] (교수가 주로 설명하는 방식으로 하는) 강의 ← vorlesen 소리내어 읽다, den Kindern Märchen vorlesen 아이들에게 동화를 읽어주다; das Seminar (토론 발표식 강의) 세미나)

03 … 모르다

(1) nicht wissen, + 〈의문사로 시작하는 종속절〉 : …을 모르다

Ich weiß nicht, wer er ist. 그가 누구인지
wie er heißt. 그의 이름이 무엇인지

wie alt er ist. 그가 몇 살인지

wo er wohnt. 그가 어디에 사는지

was er beruflich macht. 그가 직업상 무엇을 하는지

wann er abreist. 그가 언제 여행을 떠나는지

(abreisen ['apraizn̩] 여행을 떠나다, 여행을 시작하다)

warum er nicht kommt. 그가 왜 안 오는지

woher er kommt. 그가 어디에서 왔는지

wohin er geht. 그가 어디로 가는지

(2) nicht wissen, ob ... : (주어가 모르는 내용) …인지 (아닌지) 모르다

Ich weiß nicht, ob das eine gute Idee ist. 나는 그것이 좋은 생각인지 (아닌지) 모른다.

ob er koreanisches Essen mag. 그가 한국음식을 좋아하는지

ob sie am Wochenende zu Hause ist. 그녀가 주말에 집에 있는지

(3) nicht wissen, dass ... : (화자는 알고, 주어는 모르는 내용) …이라는 것을 모르다

Er weiß (noch) nicht, dass ich ihn liebe. 그는 (아직) 내가 자기를 사랑하는지를 모른다.

dass sein Großvater tot ist.

그는 (아직) 자기 할아버지가 돌아가신 것을 모른다.

04 …고 확신하다 : Ich bin sicher, dass ...

Ich bin sicher, dass sie morgen kommt. 나는 그녀가 내일 온다고 확신한다.

dass sie gern Spaghetti isst. 그녀가 스파게티를 좋아한다고

(die Spaghetti [ʃpa'gɛti] 〈항상 복수〉 스파게티)

dass sie einen Freund hat. 그녀에게 남자친구가 있다고

dass sie mich liebt. 그녀가 나를 사랑한다고

05 … 인지 (아닌지) 확신하지 못하다 : Ich bin nicht sicher, ob …

Ich bin nicht sicher, ob sie morgen kommt. 그녀가 내일 오는지 확신하지 못해
ob sie gern Spaghetti isst. 그녀가 스파게티를 좋아하는지
ob sie einen Freund hat. 그녀에게 남자친구가 있는지
ob sie mich liebt. 그녀가 나를 사랑하는지

06 …할 필요가 없다 : brauchen … nicht … zu + Infinitiv

Am Wochenende braucht man nicht früh aufzustehen.
주말에 일찍 일어날 필요가 없다.
nicht früh ins Bett zu gehen.
일찍 잠자리에 들 필요가 없다.
nicht zur Arbeit zu gehen.
출근할 필요가 없다.

07 …만 하면 되다 : brauchen … nur … zu + Infinitiv

Du brauchst nur dieses Buch zu lesen. 너는 이 책만 읽으면 된다.
nur zum Arzt zu gehen. 병원에 가기만 하면 된다.
nur früh aufzustehen. 일찍 일어나기만 하면 된다.

Du brauchst mir nur zuzuhören. 너는 그저 내 말만 들어주면 돼.
Du brauchst nur auf mich zu hören. 너는 그저 내 말만 따르면 돼.
(jm. zuhören 누구의 말을 (의식적으로) 듣다. auf jn. hören 누구의 말을 따르다. Hör auf deine Eltern. 부모님 말을 따라라. Hör auf dein Herz. 네 마음(의 소리)에 따라라. → 내 마음이 원하는 대로 하여라.)

활용 연습

1 다음 의문문을 의문사나 종속접속사 ob이 포함된 간접의문문으로 바꾸시오.

(1) Wer wohnt hier?

Wissen Sie, ______________________________?

(2) Wem gehört diese Tasche?

Wissen Sie, ______________________________?

(3) Wann beginnt das Semester?

Wissen Sie, ______________________________?

(beginnen [bə'gɪnən] ⟨begann, hat ... begonnen⟩ 시작하다; das Semester [ze'mɛstɐ] ⟨-s, -⟩ 학기)

(4) Wie alt ist sie?

Wissen Sie, ______________________________?

(5) Was will sie in Korea machen?

Weißt du, ______________________________?

(6) Wie lange will sie in Korea bleiben?

Weißt du, ______________________________?

(7) Kommt er aus Korea?

Wissen Sie, ______________________________?

(8) Kann er Deutsch?

Wissen Sie, ______________________________?

(9) Ist er noch im Krankenhaus?

Weißt du, ______________________________?

(das Krankenhaus ['kraŋkn̩haus] ⟨-es, -häuser⟩ 병원)

(10) Hat sie schon einen Freund?

Weißt du, ______________________________?

(11) Wie funktioniert das Gerät?

Hast du eine Ahnung, ______________________________?

(das Gerät [gəˈrɛːt] 〈-(e)s, -e〉 기기; eine Ahnung haben 알다)

(12) Weshalb kommt er nicht?

Hast du eine Ahnung, ______________________________?

2 의문사나 종속접속사 ob으로 시작하는 종속절로 답을 완성하시오.

(1) Wo wohnt er?

Ich weiß nicht, ______________________________.

(2) Wie alt ist er?

Ich habe keine Ahnung, ______________________________.

(keine Ahnung haben 모르다)

(3) Was studiert er?

Ich habe keine Ahnung, ______________________________.

(4) Wie viel verdient er?

Ich weiß nicht, ______________________________.

(verdienen [fɛɐ̯ˈdiːnən] (돈을) 벌다)

(5) Hat er Geschwister?

Ich habe keine Ahnung, ______________________________.

(die Geschwister 〈항상 복수〉 형제자매)

(6) Ist er schon verheiratet?

Keine Ahnung! Frag ihn doch selbst, ______________________________.

(verheiratet 결혼한, ↔ unverheiratet, ledig 미혼인)

(7) Kann er viel trinken?

Keine Ahnung! Frag ihn doch einfach, ______________________.

(einfach 그냥, 간단한)

3 문맥에 맞게 문장을 완성하시오.

(1) Warum willst du dich bei ihm entschuldigen?

Du brauchst ______________________________________

(sich bei jm. entschuldigen 누구에게 사과하다)

(2) Warum willst du morgen früh aufstehen?

Du brauchst ______________________________________

(3) Warum wollen Sie ihm unbedingt helfen?

Sie brauchen ______________________________________

4 다음 질문에 brauchen 동사를 사용하여 답하시오.

(1) A: Muss ich jeden Tag kommen?

B: Nein, Sie ________ ________ jeden Tag ________ ________.

Sie __________ nur dreimal in der Woche ________ ________.

(2) A: Muss ich das alles auswendig lernen?

B: Nein, das ________ du ________ alles auswendig ________

________. Du ________ ________ diesen Teil ______________

________ ________.

(3) A: Musst du heute wieder früh nach Hause gehen?

B: Nein, ich __________ heute nicht früh nach Hause ________

________. Ich ________ ________ vor Mitternacht zu Hause

________ ________.

5 다음 대화를 듣고 빈칸을 채우시오.

A: Weißt du ________, ________ du ________ dem Studium machen ________?

B: Nein, ich weiß ________ ________, ________ ich ________.

A: Mein Vater ________ ________ einen Webdesigner.
Vielleicht ________ du ________ ihm ______ der Firma ________.

B: Wirklich? Aber ich ________ nicht, ________ ich gut ________ ________.

A: Ich ______ ________, ________ du die Arbeit machen ________!
Ich kenne deine Webdesigns ________ gut. ________ sind toll!
Du ________ ______ gar ________ Sorgen über deine Qualifikation ______ ________.

(sich Sorgen über et. machen 무엇에 대해서 걱정하다)

6 다음 글에서 잘못된 부분을 고치시오.

Yuna fragt Markus, dass er sie helfen kann. Markus möchte wissen, was gibt es. Yuna erklärt, ob sie ein neue Smartphone hat, aber nicht weiß, wie kann sie es sperren. Zunächst Markus ist nicht sicher, dass er Yuna helfen kann. Aber er versteht schnell, dass man das Smartphone sperren kann. Man muss zuerst auf „Einstellungen" drücken und braucht danach nur auf „Sperrbildschirm" gehen. Yuna versteht sofort das.

Markus fragt weiter, dass Yuna auch weiß, wie kann man die Tastaturtöne ausschalten. Nämlich nerven die Tastaturtöne bei Tippen, besonders dass man leise sein muss. Yuna kennt schon aber, dass man die Töne ausschaltet. Daher braucht Markus das ihr nicht erklären.

7 다음 우리말을 독일어로 옮기시오.

(1) 그가 내일 올지 안 올지 아세요?

- 아뇨, 저도 그가 내일 올지 안 올지 모릅니다.

➡ ______________________________

____

(2) 그가 어디에 사는지 아세요?

- 아뇨, 저도 그가 어디 사는지 몰라요.

➡ ______________________________

____

(3) 그가 독일에서 무엇을 공부하려는지 아세요?

- 아뇨, 저도 그가 독일에서 무엇을 공부하려는지 모릅니다.

➡ ______________________________

____

(4) 얼마나 더 자주 와야 합니까?

- 한번만 더 오시면 됩니다.

➡ ______________________________

____

(5) 이것을 전부 다 외워야 합니까?

- 아뇨, 전부 다 외우실 필요는 없습니다.

➡ ______________________________

____

자세히 들여다보기

01 brauchen 동사

(1) brauchen ['brauxn̩] : 〈타동사〉 …이 필요하다

A: Was ich brauche? 내가 무엇이 필요하냐고?

B: Ich sage dir, was ich brauche: 내가 무엇이 필요한지 네게 말해주마.

Ich brauche Erholung. 나는 휴식이 필요해.

Ich brauche endlich Urlaub. 나는 이제 정말로 휴가가 필요하다.

Ich brauche mehr Zeit für mich und meine Hobbys.
나는 내 자신과 취미생활을 위한 시간이 더 많이 필요해.

Aber dafür brauche ich auch Geld. 그러나 그것을 위해서 돈도 필요해.

Deshalb brauche ich eine bessere Stelle.
그래서 나는 더 좋은 일자리가 필요해.

(2) brauchen ... nur/bloß ... zu + 부정사 : …하기만 하면 되다

Wenn Sie Hilfe brauchen, brauchen Sie es mir nur/bloß zu sagen.
도움이 필요하시면 제게 말씀만 하시면 됩니다.

A: Muss ich alle Wörter im Wörterbuch nachschlagen?
모든 낱말을 사전에서 찾아봐야 해?

B: Nein, du brauchst nur/bloß die Verben nachzuschlagen.
아니, 동사만 찾아보면 돼.

(3) brauchen ... nicht ... zu 부정사 : …할 필요가 없다

A: Soll ich dir helfen? 도와줄까?

B: Nein, du brauchst mir im Moment nicht zu helfen.
아니, 지금은 네가 나를 도와줄 필요가 없다.

Ich sage dir Bescheid, wenn ich deine Hilfe brauche.
네 도움이 필요하면 말할게.

02 종속접속사 dass와 ob의 차이

말하는 사람이 알고 있는 내용은 dass-절을, 알지 못하고 묻는 내용은 ob-절을 사용한다.

Weißt du schon, **dass** Peter morgen zu uns kommt?
너 내일 Peter가 우리 집에 오는 것 알고 있어?
(화자는 Peter가 내일 오는 것을 이미 알고 있으며, du가 그것을 알고 있는지 묻고 있음)

Weißt du schon, **ob** Peter morgen zu uns kommt?
너 Peter가 내일 우리 집에 오는지 (안 오는지) 알고 있어?
(화자는 Peter가 내일 오는지 안 오는지를 몰라서 묻고 있음)

• *dass* oder *ob*?

A: Ich weiß, **dass** er die Wahrheit sagt. Aber ich weiß nicht, **ob** du die Wahrheit sagst.

B: Ich sage dir die Wahrheit. Du kannst mir glauben.

A: Glaubst du, **dass** er dich liebt?

B: Ja, ich bin sicher, **dass** er mich liebt.

A: Aber ich bin mir nicht so sicher, **ob** du ihn liebst.

Lektion 20

Am Samstag habe ich meine Freunde getroffen.

01 현재완료시제
02 과거분사 형태

기본 문법

01 현재완료시제

지난 일에 대하여 말할 때 사용하는 시제 형식으로 haben 또는 sein을 (시제) 조동사로 사용한다. 본동사는 과거분사 형태를 취하여 문장 맨 뒤로 간다(haben/sein ... p.p.(후치)).

(1) haben ... 〈과거분사(후치)〉

타동사와 일부 자동사는 haben을 조동사로 취한다.

현재 : Ich lerne in der Schule Deutsch. 나는 학교에서 독일어를 배운다.
현재완료 : Ich **habe** in der Schule Deutsch **gelernt**. 나는 학교에서 독일어를 배웠다.

(2) sein ... 〈과거분사(후치)〉

① '장소 이동' 자동사, ② '상태 변화' 자동사, ③ sein, bleiben, begegnen(…와 마주치다), geschehen(…이 일어나다), passieren(…이 발생하다) 등이 sein을 조동사로 취한다.

현재 : Er geht nach Deutschland. 그는 독일에 간다.
현재완료 : Er **ist** nach Deutschland **gegangen**. 그는 독일에 갔다. (장소 이동)

① 장소의 이동을 나타내는 자동사 : kommen, gehen, fahren, fliegen ...

Er **ist** schon nach Hause **gefahren**. 그는 벌써 집으로 갔다.

② 상태의 변화를 나타내는 자동사 : werden(…되다), sterben(죽다), einschlafen(잠들다), aufwachen(잠에서 깨다), ...

Es **ist** kalt **geworden**. 날이 추워졌다.
Der Patient **ist** gestern **gestorben**. 그 환자가 어제 죽었다.
Er **ist** gleich **eingeschlafen**. 그는 금방 잠이 들었다.

③ sein, bleiben, begegnen, geschehen, passieren

Ich bin noch länger auf der Party geblieben. 나는 더 오래 파티에 머물렀다.
Wie ist der Unfall passiert? 그 사고가 어떻게 일어났지?
(der Unfall ['ʊnfal] 〈-(e)s, Unfälle〉 사고, der Verkehrsunfall 교통사고)

02 과거분사 형태

(1) 규칙동사

① ge + 〈동사어간〉 + -(e)t

wohnen 거주하다	**ge**wohn**t**
lernen 배우다	**ge**lern**t**
arbeiten 일하다	**ge**arbeit**et**

(어간이 -d, -t, -fn, -gn로 끝나면 -t앞에 e를 삽입함)

landen 비행기가 착륙하다	**ge**land**et**
warten 기다리다	**ge**wart**et**
öffnen 열다	**ge**öffn**et**
regnen 비가 내리다	**ge**regn**et**

② -ieren으로 끝나는 동사는 ge- 없이 -t만 붙임

studieren 대학에서 공부하다	studier**t**
telefonieren 통화하다	telefonier**t**

(2) 불규칙(강변화) 동사

① ge + 〈동사어간(모음변화)〉 + t

bringen 가져가다	**ge**brach**t**
denken 생각하다	**ge**dach**t**

② ge + 〈동사어간〉 + en

sehen 보다	**ge**seh**en**
lesen 읽다	**ge**les**en**

③ ge + 〈동사어간(모음변화)〉 + en

gehen 가다	**ge**gang**en**
schreiben 쓰다	**ge**schrieb**en**
singen 노래하다	**ge**sung**en**

(3) 분리동사 : -ge-가 접두어와 동사 사이에 옴

anrufen 전화하다	an**ge**rufen
abholen 데려오다	ab**ge**holt

(4) 비분리동사(접두어 be-, emp-, ent-, er-, ge-, miss-, ver-, zer-)

접두어와 동사 사이에 ge가 나타나지 않음

bekommen 받다	bekommen
verstehen 이해하다	verstanden

기본 대화 1

Wir haben uns für heute Abend verabredet.

Susi	Hallo, Eva. Wie war dein Wochenende?
Eva	Hallo, Susi. Mein Wochenende war toll.
	Am Samstag habe ich meine Freunde getroffen.
	Abends sind wir in einen Club gegangen.
Susi	In welchem Club seid ihr denn gewesen?
Eva	Zuerst sind wir in den *Blue Moon* gegangen, danach in den *Starlight*-Club. Ich habe die ganze Nacht getanzt.
Susi	Was? Die ganze Nacht!
Eva	Ja, ohne Pause.
	Ich habe nämlich einen tollen Typen kennengelernt.
Susi	Wie denn?
Eva	Er hat mich einfach angesprochen und zum Tanzen aufgefordert.
	Er sieht prima aus und kann auch prima tanzen.
Susi	Seht ihr euch wieder?
Eva	Ja, er hat mich heute morgen schon angerufen.
	Wir haben uns für heute Abend verabredet, zum Tanzen.

해설

① Hallo, Eva. Wie war dein Wochenende? 안녕, 에파. 주말 어땠어(주말 잘 보냈어)?

- Eva ['e:fa] 〈고유명사〉 여성이 사용하는 이름의 하나
- war: sein 동사의 과거형
- das Wochenende 주말 (die Woche + das Ende)

② Hallo, Susi. Mein Wochenende war toll. 안녕, 수지. (나의) 주말은 좋았어.

- toll 멋진, 대단한

③ Am Samstag habe ich meine Freunde getroffen. 토요일에는 친구들을 만났어.

- treffen 〈trifft, traf, hat ... getroffen〉 만나다

④ Abends sind wir in einen Club gegangen. 저녁에 우리는 클럽에 갔었어.

- abends (= am Abend) 저녁에, morgens 아침에, nachts 밤에
- gehen - ging 〈과거〉 - gegangen 〈과거분사〉 가다

⑤ In welchem Club seid ihr denn gewesen? 어떤 클럽에 갔었는데?

- welch- [vɛlç] 〈의문사: 특정관사처럼 어미변화〉 어떤
- sein - war 〈과거〉 - gewesen 〈과거분사〉 이다, 있다

⑥ Zuerst sind wir in den Blue Moon gegangen, danach in den Starlight-Club.
처음에는 Blue Moon에 갔었고, 그 다음에 Starlight-클럽에 갔어.

- zuerst [tsu'|e:ɐ̯st] 〈부사〉 우선 (zuerst ... dann... 우선…, 그 다음 …)
- danach 그 다음에

⑦ Ich habe die ganze Nacht getanzt. 나는 밤새 춤을 추었어.

- die ganze Nacht 〈부사어로 사용된 4격 명사구〉 밤새, den ganzen Tag 하루 종일, die ganze Woche 한 주 내내

⑧ Was? Die ganze Nacht! 뭐라고? 밤새!

⑨ Ja, ohne Pause. Ich habe nämlich einen tollen Typen kennengelernt.
응, 쉬지도 않고. 아주 멋진 사람을 알게 되었거든.

- die Pause ['pau̯zə] 〈-, -n〉 휴식 시간
- nämlich ['nɛ:mlɪç] 〈부사〉 (앞에 한 말의 이유를 설명할 때) … 이거든
- der Typ [ty:p] 〈-s, -en〉 〈구어에서〉 남자, (사람이나 사물의) 유형,

⑩ Wie denn? 어떻게?

⑪ Er hat mich einfach angesprochen und zum Tanzen aufgefordert.
그가 그냥 내게 말을 걸고 춤을 추자고 했어.

- ansprechen ['anʃprɛçn̩] 〈spricht ... an, sprach ... an, hat ... angesprochen〉 jn. ansprechen (누구에게) 말을 걸다

• auffordern ['auffɔrdɐn] (fordert ... auf, forderte ... auf, hat ... aufgefordert) jn. (zu et.) auffordern 누구에게 무엇을 요청하다, 요구하다. Er forderte mich auf, mich zu setzen. 그는 내게 앉으라고 했다.

⑫ Er sieht prima aus und kann auch prima tanzen. 그는 아주 잘 생겼고 춤도 아주 잘 춰.

• aussehen ['ausze:ən] 〈sieht ... aus, sah ... aus, hat ... ausgesehen〉 …처럼 보이다, … 생기다
• prima ['pri:ma] 〈형용사, 격변화 하지 않음〉 매우 좋은

⑬ Seht ihr euch wieder? 너희들 또 만나니?

• euch: ihr의 재귀대명사 형태로, '서로'라는 의미의 상호대명사로 사용됨

⑭ Ja, er hat mich heute morgen schon angerufen. 응, 그가 오늘 아침에 벌써 전화했어.

• anrufen ['anru:fn̩] 〈ruft ... an, rief ... an, hat ... angerufen〉 jn. anrufen 누구에게 전화하다

⑮ Wir haben uns für heute Abend verabredet, zum Tanzen.

오늘 저녁에 만나기로 약속했어, 춤추자고.

• sich verabreden 약속하다
• für heute Abend 오늘 저녁에 (만나자고). '만나기로 한 약속 시간'은 전치사 für로 표현. 시간 앞에 für를 사용하지 않으면, 약속 행위를 한 시점을 의미하게 됨: Wir haben gestern verabredet, uns nächste Woche wieder zu treffen. 우리는 다음 주에 다시 만나기로 어제 약속했다.

기본 대화 2

Beim Tanzen bin ich gestürzt.

Felix	Hallo, Markus! Du kommst aber spät!
Markus	Tut mir leid, Felix. Du hast sicher lange gewartet. Ich komme gerade vom Arzt.
Felix	Was? Warum denn das? Ist etwas passiert?
Markus	Ich hatte einen kleinen Unfall. Beim Tanzen im Club bin ich gestürzt.
Felix	Hast du dich schwer verletzt?
Markus	Nein, es ist nicht so schlimm. Ich habe mir nur den Arm verstaucht. Gott sei Dank ist er nicht gebrochen.
Felix	Da hast du aber noch mal Schwein gehabt!

해설

① Du kommst aber spät! 너 참 늦게 오는구나!

- aber는 어떤 사실이 기대 이상이어서 놀라움을 나타낼 때 사용하는 말. Das ist aber kalt! 참 차갑네! Du hast aber viele Ideen! 너는 아이디어가 참 많구나!

② Du hast sicher lange gewartet. 너 분명히 오래 기다렸구나.

③ Ich komme gerade vom Arzt. 병원에 갔다 오는 길이야.

- der Arzt는 의사. 그러나 우리말에서는 이럴 때 보통 병원에 갔다 왔다고 함

④ Warum denn das? 왜 그랬는데?

- denn 〈어조사〉 관심표명과 자연스러움을 담아주는 기능을 하는 말. Wie heißt du denn? 이름이 어떻게 되는데? Wie geht es dir denn? 어떻게 지내는데?

⑤ Ist etwas passiert? 무슨 일 있었어?

- passieren [pa'si:rən] 〈-씨-를 발음할 때 혀를 앞니 바로 뒤로 밀착하고, 입을 양쪽 끝으로 당겨야 함〉 (어떤 일이) 일어나다. -ieren으로 끝나는 동사여서 과거분사는 -t가 됨

⑥ Ich hatte einen kleinen Unfall. 작은 사고를 당했어.

- der Unfall 사고. einen Unfall haben 사고를 당하다

⑦ Beim Tanzen im Club bin ich gestürzt. 클럽에서 춤추다가 넘어졌어.

- beim Tanzen 춤을 추면서, 추다가. beim + 〈동사의 명사화〉 …하면서. Auch beim Essen schauen die Kinder aufs Handy. 밥을 먹을 때도 아이들은 핸드폰을 본다.
- stürzen (넘어져 아래로) 떨어지다. bewusstlos zu Boden stürzen 의식을 잃고 바닥으로 쓰러지다.

⑧ Hast du dich schwer verletzt? 많이 다쳤니?

- schwer 심하게 ↔ leicht 가볍게
- sich verletzen 다치다, 부상당하다

⑨ Nein, ich habe mir nur den Arm verstaucht. 팔만 좀 삐었어.

- verstauchen [fɛɐ̯'ʃtau͜xn̩] 삐다. sich^3 et.^{4} verstauchen 어디를 삐다

⑩ Gott sei Dank ist er nicht gebrochen. 다행이도 팔이 부러지지는 않았어.

- Gott sei Dank! 참 다행이다!
- brechen ['brɛçn̩] 〈bricht, brach, hat ... gebrochen〉 부러뜨리다. sich^3 et.^{4} brechen 무엇을 부러뜨리다

⑪ Da hast du aber noch mal Schwein gehabt! 너 또 한 번 운 좋았구나!

- das Schwein [ʃva͜in] 〈-(e)s, -e〉 돼지. Schwein haben 운이 좋다

텍스트 완성하기

대화문의 내용과 일치하도록 빈칸을 채우시오.

Susi fragt _______ Freundin Eva, _______ ihr Wochenende _______. Eva _______ ein _________ Wochenende. Am Samstag _______ sie ihre Freunde _______________ und _______ mit _______ clubben ______________. _________ _______ sie in den Blue Moon _______________, danach in den Starlight-Club. Eva sagt, _______ sie _______ _______ Nacht getanzt _______, _______ zwar _______ Pause. Sie _______ _________ einen _________ _______ _________________. Susi möchte wissen, _______ sie _______ _________________ _______. Der _______ Typ _______ Eva einfach ______________ und _______ Tanzen _______________. Eva sagt, _______ er gut _______________ und auch prima _________ _______. Susi _______ neugierig und fragt, _______ Eva _______ wieder _________ _______. Eva erzählt, _______ er _______ schon _______________ _______ und _______ sie _______ _______ heute Abend _______ Tanzen _______________ haben.

Felix beschwert _______, _______ Markus spät _________. Markus entschuldigt _______, _______ Felix hat lange _______ ihn _________. Markus erklärt, _______ er gerade _______ Arzt _________. Felix möchte wissen, _______ passiert _______. Markus _______ _______ _________ Unfall. Er _______ nämlich _______ Tanzen gestürzt. Felix fragt, _______ er _______ schwer _________ _______. Zum Glück _______ _______ Markus nicht schwer _________, _________ _______ nur den Arm _______________. Gott sei Dank _______ _________ gebrochen. Darauf sagt Felix, _______ Markus noch mal Schwein _________ _______.

유용한 표현

01 시간·기상·기온 등의 변화 말하기

Es ist spät geworden. 시간이 늦었다.
dunkel 어두워졌다.
heiß 더워졌다.
kälter 더 추워졌다.

02 일상생활 기술하기

(1) 〈sein ... 과거분사〉를 사용하여

Ich bin spät nach Hause gekommen. 나는 늦게 집에 왔다.
spät eingeschlafen. 늦게 잠들었다.
erst nach Mitternacht eingeschlafen. 자정이 넘어서야 잠들었다.
in der Nacht mehrmals aufgewacht. 밤에 여러 번 깼다.
(aufwachen 잠에서 깨다)
früh aufgewacht. 일찍 깼다.
lange im Bett geblieben. 오랫동안 잠자리에 누워있었다.
spät aufgestanden. 늦게 일어났다. (aufstehen 일어나다)
mit dem Hund in den Park gegangen. 개와 공원에서 산책했다.
mit dem Bus in die Stadt gefahren. 버스를 타고 시내에 갔다.
auf den Namsan-Berg gestiegen. 남산에 올랐다.

Ich bin heute in der Stadt einem Freund begegnet. 오늘 시내에서 친구와 마주쳤다
(jm. begegnen 누구와 마주치다 / jn. treffen 누구를 만나다)

Auf dem Weg zur Arbeit sind wir uns häufig begegnet.
출근길에 우리는 자주 본다. (häufig 자주 (= oft))

Auf der Straße ist ein Verkehrsunfall passiert. 길에 교통사고가 발생했다.
(der Verkehrsunfall 교통사고, der Verkehr ⟨-(e)s, 항상 단수⟩ 교통)

Ein Wunder ist geschehen. 기적이 일어났다.
(das Wunder ⟨-s, -⟩ 기적)

(2) ⟨haben ... 과거분사⟩를 사용하여

A: Was hast du gestern gemacht? 너 어제 뭐 했니?

B: Ich habe lange geschlafen. 나는 오래 잤다.

Sport gemacht. 운동했다.

Freunde getroffen. 친구들 만났다.

meine Freundin besucht. 내 여자 친구를 방문했다.
(besuchen ⟨besuchte, besucht⟩ 방문하다)

ein Buch gelesen. 책을 읽었다. (lesen ⟨liest, las, hat ... gelesen⟩ 읽다)

mir einen Film angeschaut. 영화를 보았다. (sich et^4. anschauen 무엇을 보다)

mit meinen Eltern telefoniert. 부모님과 전화했다.

meinem Bruder bei den Hausaufgaben geholfen.
동생 숙제를 도와주었다. (die Hausaufgabe ⟨-, -n; 보통 복수⟩ 숙제)

eine E-Mail an meinen Professor geschrieben.
교수님께 전자메일을 보냈다.
(schreiben - schrieb - geschrieben 쓰다, jm. eine E-Mail schreiben/eine E-Mail an jn. schreiben 누구에게 전자메일을 쓰다)

mir eine Bluse gekauft. 블라우스를 샀다.

mein Zimmer aufgeräumt. 방을 정리했다. (aufräumen 정리정돈하다)

das Badezimmer geputzt. 욕실을 청소했다.
(das Badezimmer 욕실; putzen 닦다, die Brille/das Fenster putzen 안경/창문을 닦다)

ein Referat geschrieben. 발표문을 작성했다.
(das Referat [refe'ra:t] ⟨-(e)s, -e⟩ (회의·수업에서의) 발표문, ein Referat halten 발표하다)

03 어디에 있었는지 묻고 답하기

A: Wo warst du gestern? 너 어제 어디에 있었니?
(sein 동사는 현재완료보다 과거형을 더 자주 사용함)

B: Ich war in der Schule. 학교에 있었다.
in der Universität. 대학에
bei meinem Freund. 친구 집에
bei meinen Eltern. 부모님 댁에
im Kino. 영화관에
in der Bibliothek. 도서관에
im Kaufhaus. 백화점에
in der Firma. 회사에
zu Hause. 집에

04 …이 어땠는지 묻고 답하기 <17과 유용한 표현 6 평가 의견 묻고 답하기 참조>

A: Wie war der Film? 그 영화 어땠어?
das Buch? 그 책
der Vortrag? 그 강연
die Party? 그 파티
der Urlaub? 그 휴가
dein Tag? 오늘 하루

B: - Der Film war spannend. 흥미진진했다.
interessant. 재밌었다.
langweilig. 지루했다.
- Der Film hat mir (nicht) gut gefallen. 마음에 (안) 들었다.

05 부상 표현하기 〈17과 2. 재귀동사 참조〉

(1) sich + 특정관사 + 〈신체의 일부〉 ...

sich^{3} den Finger verbrennen (자기) 손가락을 데다

Ich habe mir den Finger verbrannt. 손을 데었다.

die Zunge 혀를

sich^{3} das Bein brechen (자기) 발을 부러뜨리다

Ich habe mir das linke Bein gebrochen. 왼쪽 다리를 부러뜨렸다. → 왼쪽 다리가 부러졌다.

den Arm 팔을 → 팔이

die Nase 코를 → 코가

sich^{3} den Finger verstauchen / verrenken 손가락을 삐다.

Ich habe mir den Finger verstaucht. 손가락을 삐었다.

das rechte Handgelenk 오른쪽 손목을

das linke Handgelenk 왼쪽 손목을

den rechten Arm 오른팔을

den linken Arm 왼팔을

die Wirbelsäule 허리(척추)를

den Hals 목을

den Rücken 허리를

(der Rücken ['rʏkn̩] 〈-s, -〉 등, 허리, auf dem Rücken liegen 등을 바닥에 대고 눕다)

sich^{3} den Kopf über et. zerbrechen 무엇에 대해서 고민하다

Ich habe mir lange den Kopf über das Thema zerbrochen.
나는 오랫동안 그 주제에 대해서 고민하였다.

über eine Lösung 해결책에 대하여

über meine Zukunft 나의 미래에 대해서

sich^3 das Bein brechen (자기) 다리를 부러뜨리다
jemandem das Bein brechen 누구의 다리를 부러뜨리다

Ich habe mir das Bein gebrochen. 나는 (내) 다리를 부러뜨렸다 (다리가 부러졌다)
Er hat mir das Bein gebrochen. 그가 내 다리를 부러뜨렸다.

06 …을 입다 / 벗다 : sich^3 et.^{4} anziehen/ausziehen (3격 재귀대명사 사용)

A: Zieh (dir) einen dicken Pullover an. 두터운 스웨터를 입어라.
ein langes Kleid 긴 원피스를 입어라.
die neuen Schuhe 새 신발을 신어라.
(die) dünne(n) Socken (그) 얇은 양말을 신어라.
(die) warme(n) Handschuhe (그) 따뜻한 장갑을 껴라.
B: Ich habe (mir) einen dicken Pullover angezogen. 나는 두터운 스웨터를 입었다.
ein langes Kleid 긴 원피스를 입었다.

A: Zieh (dir) den dicken Pullover aus. 그 두터운 스웨터를 벗어라.
den langen Mantel 그 긴 코트를
die dünnen Socken 그 얇은 양말을
die neuen Schuhe 그 새 신발을
die warmen Handschuhe 그 따뜻한 장갑을
B: Ich habe (mir) den dicken Pullover ausgezogen. 나는 두터운 스웨터를 벗었다.
den langen Mantel 그 긴 코트를

활용 연습

1 다음 문장을 현재완료 시제로 고치시오.

(1) In den Ferien lese ich viele Romane.

➡ ____

(2) Am Wochenende treffe ich meine Freunde.

➡ ____

(3) In Deutschland besuche ich meine alten Freunde.

➡ ____

(4) Samstags fahre ich oft in die Berge.

➡ ____

(5) An den Wochentagen gehe ich früh ins Bett.

➡ ____

(6) Am Wochenende stehe ich spät auf.

➡ ____

2 괄호 안에 주어진 동사를 사용하여 다음 글을 완성하시오.

(1) Heute habe ich lange ____________(schlafen). Ich habe erst um zehn Uhr ______________(frühstücken). Danach habe ich mein Zimmer ______________ (aufräumen) und Wäsche ______________(waschen). Gegen Mittag hat mich meine Freundin ______________(anrufen).

Sie hat mir _________(erzählen), dass sie gestern einen netten Mann _____________(kennenlernen) hat. Nachmittags haben wir uns in einem Café _____________(treffen). Sie hat mir ein Foto von ihm _________ (zeigen). Ich habe _________(sagen), dass er gut aussieht. Sie hat sich darüber _________(freuen).

(2) Als Kind _______ ich auf dem Land _____________(wohnen). Ich _______ meinen Freund in der Schule _____________(kennenlernen). Er war ehrgeizig. Er _______ immer fleißig _____________(lernen/arbeiten).
Nach der Oberschule _______ er in die Hauptstadt _________(ziehen). Wir _________ uns lange nicht mehr _________(sehen). Ich _______ oft an ihn _________(denken). Eines Tages _______ er mir _____________ (schreiben). Danach _________ wir oft miteinander _____________ (telefonieren).
Er _______ dann nach Deutschland _____________(gehen). Dort _______ er Musik und Philosophie ___________(studieren). Er _______ mir oft E-Mails _____________(schreiben) und Karten _____________ (schicken).
Vor einer Woche _______ er aus Deutschland __________________ (zurückkommen). Ich _________ ihn vom Flughafen _____________ (abholen). Er _______ mir ein Geschenk _____________ (mitbringen). Er hat mich _________ (fragen), ob ich ihn heiraten will. Ich _________ mich darüber sehr _________(freuen).

(3) Heute war ich mit Markus _____________(verabreden). Er _______ sehr spät _____________(kommen). Ich _________ ihn _________(fragen), wo er war. Er _________ _________(sagen), dass er beim Arzt war. Er hatte einen Unfall. Er _______ beim Taekwondo-Training _____________ (stürzen). Aber Gott sei Dank _______ er sich nicht schwer _________ (verletzen). Er _______ sich nur den Arm _____________(verstauchen).

3 다음 빈칸에 알맞은 재귀대명사를 적으시오.

(1) Vor dem Essen waschen wir __________ immer die Hände.

(2) Nach dem Essen putzt man __________ die Zähne.

(3) Putz __________ endlich die Nase!

(4) Vor dem Wandern creme ich __________ das Gesicht und die Arme ein.

(5) Nach dem Schwimmen trocknen __________ die Kinder die Haare.

4 다음 빈칸에 알맞은 전치사를 적으시오.

(1) Gestern war ich __________ meinem Freund.

(2) Im Sommer war ich __________ Meer.

(3) In den Ferien war ich __________ den USA.

(4) Am Wochenende war ich __________ Hause.

(5) Im Urlaub war ich __________ der Insel Jejudo.

(6) Er hat ihr __________ die Schulter geklopft.

(7) Sie hat ihm __________ die Haare gestreichelt.

(8) Das Kind hat seinem Bruder __________ Gesicht geschlagen.

5 다음 대화를 듣고 빈칸을 채우시오.

(1) A: Ich habe __________, dass du __________ Deutschland __________.
Wie hat __________ Deutschland __________?

B: Wunderbar! Ich __________ __________ Berlin.

A: __________ Berlin __________ __________ sicher viel __________ sehen.

B: Ja, gleich __________ __________ Tag __________ ich eine Stadtrundfahrt __________. Ich __________ viele Sehenswürdigkeiten __________, __________ das Brandenburger Tor, Schloss Charlottenburg, usw.

A: Was __________ dir __________ besten __________?

B: Das ist __________ ________ sagen. Viele Dinge __________ __________

sehr _________. Vielleicht der Reichstag oder die Gedächtniskirche.
_________ _________ Fall _________ du einmal _________ Berlin.

(2) A: Hallo, Eva! Endlich _________ du! Wo ________ du denn _________?
B: Zu Hause. Ich _________ verschlafen. Gestern Abend _________ ich ziemlich lange _________ Susis Party _________. Ich _________ erst _________ drei Uhr _________ nach Hause _________.
A: Und heute morgen ________ du dann wohl nicht ________ ________ Bett _________, nicht wahr?!
B: Richtig! Tut mir leid, _________ du so lange _________ _________. Ich _________ extra mit dem Taxi _________.
A: Schon okay. Aber warum _________ du _________ denn nicht _________?
B: Mein Handy _________ verschwunden.

6 다음 글에서 잘못된 부분을 고치시오.

Susi fragt ihrem Freund Eva, wie war Ihr Wochenende. Eva hat ein tolle Wochenende. Am Samstag ist sie ihre Freunde getrefft und hat mit ihnen clubben gegangen. Zuerst sie haben in den Blue Moon gegangen, danach in den Starlight-Club. Eva sagt, dass sie ganze Nacht getanzt ist, und zwar ohne Pause. Sie hat nämlich einen tollen Typ kennenlernt. Susi möchte wissen, wie sie ihn kennenlernt hat. Der tolle Typ ist Eva einfach ansprochen und zum Tanzen auffordert. Eva sagt, dass er gut aussieht und kann auch prima tanzen. Susi ist neugierig und fragt, ob Eva ihn wird wieder sehen. Susi erzählt, dass er sie schon anrufen hat und dass sie sich heute Abend zum Tanzen verabredet sind.

Felix beschwert, dass Markus spät kommt. Markus entschuldigt, denn Felix lange auf ihn gewartet hat. Markus erklärt, weil er gerade vom Arzt kommt. Felix möchte wissen, was passiert hat. Markus hat ein kleiner Unfall. Nämlich er hat bei Tanzen gestürzt. Felix fragt, dass er schwer verletzt ist. Zum Glück ist Markus sich nicht schwer verletzt, sondern sich nur den Arm verstauchen. Gott sei Dank ist nicht gebrochen. Darauf sagt Felix, dass Markus noch mal Schwein hat.

7 다음 우리말을 독일어로 옮기시오.

(1) 무슨 일이 있었어?
- 다쳤어. 팔을 부러뜨렸어.

➡ ______________________________

____

(2) 너 어제 언제 잠들었니?
- 난 자정에야 잠들었어.

➡ ______________________________

____

(3) 너 감기 걸렸니?
- 응, 유감스럽게도 심하게 감기에 걸렸어.

➡ ______________________________

____

(4) 잘 주무셨습니까?

- 네, 오랫동안 잤고, 잘 휴식을 취했습니다.

➡ ______________________________

____

(5) 핸드폰을 잃어버렸어요. 그냥 사라져 버렸어요.

➡ ______________________________

____

(6) 너희들은 어디에서 만났니(알게 되었니)?

- 우리는 학교에서 만났어.

➡ ______________________________

____

(7) 어디에서 수학했습니까(대학에 다녔습니까)?

- 튀빙엔에서 수학했습니다(대학에 다녔습니다.)

➡ ______________________________

____

(8) 무엇을 전공했습니까?

- 독어독문학과 예술사(Kunstgeschichte)를 전공했습니다.

➡ ______________________________

____

(9) 영화 어땠어?

- 아주 재미있었어. 아주 맘에 들었어.

➡ ______________________________

____

(10) 너희들 다시 만날 거니?

- 응, 우린 내일 저녁에 만나기로 약속했어.

➡ ______________________________________

____

자세히 들여다보기

01 낱말 익히기

(1) 접두어 un-으로 파생되는 반대말

angenehm (마음이) 편안한	unangenehm (마음이) 불편한
bequem (무엇이 누구에게) 편한	unbequem
bekannt 알려진	unbekannt
echt 진짜의	unecht
freiwillig 자발적으로	unfreiwillig
genau 정확한	ungenau
gesund 건강한	ungesund
glücklich 행복한	unglücklich
gültig 유효한	ungültig
günstig 유리한	ungünstig
pünktlich 정각의, 시간을 잘 지키는	unpünktlich
sympathisch 호감이 가는	unsympathisch
zufrieden 만족한	unzufrieden

(2) 형태가 다른 반대말

aktiv 적극적인	passiv 수동적인
besetzt 사용자가 있는	frei 비어 있는
draußen 밖에	drinnen 안에
dumm 어리석은	klug 명석한
dunkel 어두운	hell 밝은
einfach 간단한, 단순한	schwer 어려운 / komplex 복잡한
leer 빈	voll 가득찬
leicht 가벼운, 쉬운	schwer 무거운, 어려운

männlich 남성의 | weiblich 여성의
nervös 신경이 예민해진 | ruhig 안정된
offen 열린 | geschlossen 닫힌
richtig 옳은 | falsch 틀린
rund 둥근 | eckig 각진
schwierig 어려운 | leicht, einfach 쉬운, 단순한
warm 따뜻한 | kalt 차가운
traurig 슬픈 | froh 기쁜

(3) 〈명사〉에 -s를 붙여 부사가 되는 낱말

der Morgen ➡ morgens (am Morgen) 아침에
der Vormittag ➡ vormittags (am Vormittag) 오전에
der Mittag ➡ mittags (am Mittag) 낮에
der Nachmittag ➡ nachmittags (am Nachmittag) 오후에
der Abend ➡ abends (am Abend) 저녁에
die Nacht ➡ nachts (in der Nacht, während der Nacht) 밤에
die Mitternacht ➡ mitternachts (um Mitternacht (herum)) 자정에

Montag ➡ montags 월요일에/월요일마다
Dienstag ➡ dienstags 화요일에/화요일마다

(4) 시간 명사 + -lang

die Stunde ➡ stundenlang 여러 시간 동안
der Tag ➡ tagelang 여러 날 동안
die Nacht ➡ nächtelang 며칠 밤 동안
die Woche ➡ wochenlang 여러 주 동안
der Monat ➡ monatelang 여러 달 동안
das Jahr ➡ jahrelang 여러 해 동안
das Jahrhundert ➡ jahrhundertelang 수 세기 동안

(5) ohne ... ➡ -los

ohne Pause ➡ pausenlos 쉼 없는

ohne Kraft ➡ kraftlos 힘 없는

ohne Ausnahme ➡ ausnahmslos 예외 없는

ohne Farbe ➡ farblos 색이 없는

ohne Worte ➡ wortlos 말 없는

ohne Spur ➡ spurlos 흔적 없는

ohne Wolken ➡ wolkenlos 구름 없는

ohne Gedanken ➡ gedankenlos 생각 없는

ohne Sorge ➡ sorglos 걱정 없는

ohne Lust ➡ lustlos 흥미가/의욕이 없는

02 부사어로 사용되는 4격 명사구

den ganzen Tag 하루 종일

➡ Ich habe **den ganzen Tag** auf dich gewartet. 하루 종일 너를 기다렸다.

die ganze Nacht 밤새

➡ Sie hat **die ganze Nacht** geweint. 그녀는 밤새 울었다. (weinen ['vainən] 울다)

... Stunden … 시간 동안

➡ Ich habe **acht Stunden** geschlafen. 8시간 동안 잤다.

sein ganzes Leben lang 평생 동안

➡ Er hat **sein ganzes Leben lang** Gedichte geschrieben.
그는 평생 동안 시를 썼다.

➡ Meine Mutter hat **ihr ganzes Leben lang** schwer gearbeitet.
나의 어머니는 평생 동안 힘들게 일하셨다.

03 약속 시간 표현하기

sich mit jm. (für ...〈시간〉 zu ...〈목적〉) verabreden
누구와 (언제 무엇을 하기 위해) 약속하다

Ich habe mich mit meinem Freund für Sonntagmittag zum Essen verabredet. 내 친구와 일요일 점심에 식사하기로 약속했다.
Er hat sich für heute Nachmittag mit seiner Frau zum Tanzen verabredet. 그는 자기 아내와 오늘 오후에 춤추기로 약속했다.
Sie haben sich für das Wochenende zum Golfspielen verabredet.
그들은 주말에 골프 치기로 약속했다.

04 3격 목적어 + 전치사 + 특정관사 + 신체의 일부 : 누구의 …을 〈17과 참조〉

jm. in die Augen sehen / schauen 누구의 눈을 들여다보다

Er hat mir tief in die Augen geschaut. 그가 내 눈을 깊이 들여다보았다.

jm. über den Kopf / die Wange streicheln 누구의 머리를/뺨을 쓰다듬다

Er hat mir über den Kopf gestreichelt. 그가 내 머리를 쓰다듬었다.
Er hat mir über die Wange gestreichelt. 그가 내 뺨을 쓰다듬었다.
(der Kopf [kɔp͡f] 〈-(e)s, Köpfe〉 머리; die Wange ['vaŋə] 〈-, -n〉 뺨 (= die Backe))

jm. auf die Schulter klopfen 누구의 어깨를 두드리다

Er hat mir auf die Schulter geklopft. 그가 내 어깨를 두드렸다.
(die Schulter ['ʃʊltɐ] 〈-, -n〉 어깨, breite/schmale Schultern 넓은/좁은 어깨, breite/schmale Schultern haben (누구의) 어깨가 넓다/좁다; klopfen ['klɔp͡fn̩] 두드리다, Es hat (an der Tür) geklopft. (문에서) 두드리는 소리가 났다. Ich habe an die Tür geklopft. 나는 문을 두드렸다.)

jm. ins Gesicht schlagen. 누구의 얼굴을 때리다

Er hat mir ins Gesicht geschlagen. 그가 내 얼굴을 때렸다.
(das Gesicht [gəˈzɪçt] 〈-(e)s, -er〉 얼굴)

jm. in den Bauch treten. 누구의 배를 발로 차다

Er hat mir in den Bauch getreten. 그가 내 배를 발로 찼다.

(der Bauch [baux] ⟨-(e)s, Bäuche⟩ 배)

jm. auf den Fuß treten. 누구의 발을 밟다

Er hat mir auf den Fuß getreten. 그가 내 발을 밟았다.

(treten ['tre:tn̩] ⟨tritt, trat, getreten⟩ 밟다)

jm. in die Seite stoßen 누구의 옆구리를 치다

Er hat mir in die Seite gestoßen. 그가 내 옆구리를 쳤다.

(die Seite ['zaitə] ⟨-, -n⟩ 옆(면), 옆구리; stoßen ['ʃto:sn̩] ⟨stößt, stieß, hat/ist ... gestoßen⟩ 차다)

Lektion 21

Wir hatten jeden Tag ein volles Programm.

01 과거시제

02 종속접속사 als

03 종속접속사 obwohl

기본 문법

01 과거시제

지난 일에 대하여 말할 때 사용하는 동사 형태.

(1) 규칙동사의 과거시제 형태(동사 어간 + -t + 인칭변화어미)

동사 어간에 -(e)t를 붙인 후 인칭에 따라 어미변화 한다.

〈규칙동사의 과거시제 인칭변화〉

	인칭	어미	besuchen	hören	machen	arbeiten	warten
단수	ich	-e	besuchte	hörte	machte	arbeitete	wartete
	du Sie	-est -en	besuchtest besuchten	hörtest hörten	machtest machten	arbeitetest arbeiteten	wartetest warteten
	er/sie/es	-e	besuchte	hörte	machte	arbeitete	wartete
복수	wir	-en	besuchten	hörten	machten	arbeiteten	warteten
	ihr Sie	-et -en	besuchtet besuchten	hörtet hörten	machtet machten	arbeitetet arbeiteten	wartetet warteten
	sie	-en	besuchten	hörten	machten	arbeiteten	warteten

* 동사 어간이 -d, -t, -m, -n 등으로 끝나면 과거시제 어간으로 -et가 옴(arbeitet-)
* 3인칭 단수(er/sie/es)에는 (현재 시제와 달리 -t가 아니라) -e를 사용함. 따라서 과거 시제는 1인칭과 3인칭의 동사 형태가 동일함.

2015 **machte** **ich** Abitur und danach eine Weltreise.
2015년 나는 아비투어 시험을 치르고, 그 다음 세계여행을 했다.

2016 **machte** **sie** Abitur und danach eine Ausbildung.
2016년 그녀는 아비투어 시험을 치르고, 그 다음 직업교육 과정을 밟았다.
(1·3인칭 주어에서 동사어미 형태가 같음)

(2) 불규칙동사의 과거시제 형태

어간 형태가 변하며, 단수 1·3인칭에서 어미가 나타나지 않는다.

〈불규칙동사의 과거시제 인칭변화〉

	인칭	어미	kommen	finden	umziehen
단수	ich	-	kam	fand	zog ... um
	du Sie	-(e)st -en	kamst kamen	fandest fanden	zogst ... um zogen ... um
	er/sie/es	-	kam	fand	zogt ... um
복수	wir	-en	kamen	fanden	zogen ... um
	ihr Sie	-(e)t -en	kamt kamen	fandet fanden	zogt ... um zogen ... um
	sie	-en	kamen	fanden	zogen ... um

* 어간이 -d, -t 등으로 끝나면 2인칭 단수에는 -est, 2인칭 복수에는 -et가 어미로 사용된다.

Ich **kam** immer früh nach Hause, aber sie **kam** immer spät nach Hause.
나는 항상 일찍 집에 왔지만, 그녀는 항상 늦게 집에 왔다. (kommen - kam - gekommen 오다)

Ich **fand** den Film interessant, aber sie **fand** ihn langweilig.
나는 그 영화가 흥미롭다고 생각했으나, 그녀는 지루하다고 생각했다.
(finden - fand - gefunden, et. ... finden 무엇을 …라고 생각하다)

(3) 분리동사의 과거시제 형태

현재와 과거시제에서는 분리동사의 접두어가 문장 맨 뒤로 간다. 현재완료시제에서는 분리동사의 과거분사 전체가 뒤로 간다.

현재시제 Sie zieht nach Berlin **um**. 그녀는 베를린으로 이사한다.
(umziehen [ˈʊmtsiːən] 〈zieht ... um, zog ... um, ist ... umgezogen〉 이사하다)

과거시제 Sie zog nach Berlin **um**. 그녀는 베를린으로 이사했다.

현재완료시제 Sie ist nach Berlin **umgezogen**. 그녀는 베를린으로 이사했다.
(현재완료시제와 과거시제는 모두 지난 일을 말한다.)

(4) 화법조동사의 과거시제 형태

〈화법조동사의 과거시제 인칭변화〉

		wollen	können	müssen	dürfen	mögen	sollen
단수	ich	wollte	konnte	musste	durfte	mochte	sollte
	du Sie	wolltest wollten	konntest konnten	musstest mussten	durftest durften	mochtest mochten	solltest sollten
	er/sie/es	wollte	konnte	musste	durfte	mochte	sollte
복수	wir	wollten	konnten	mussten	durften	mochten	sollten
	ihr Sie	wolltet wollten	konntet konnten	musstet mussten	durftet durften	mochtet mochten	solltet sollten
	sie	wollten	konnten	mussten	durften	mochten	sollten

* 어간이 -t로 끝나는 2인칭 단수에는 -est가, 복수에는 -et가 어미로 사용된다.

Eigentlich **wollte** ich Medizin studieren, aber meine Noten waren nicht gut genug. 원래 나는 의학을 공부하려고 했으나, 성적이 충분하지 못했다.
(eigentlich ['aignṭlıç] 〈부사〉 원래; die Note ['no:tə] 〈-, -n〉 성적 (= die Zensur), eine gute/schlechte Note in et. haben 무엇에서 좋은/나쁜 성적을 받았다)

Wir **wollten** früher kommen, aber es gab Stau in der Stadt.
우리가 더 일찍 오려고 했으나, 시내에 차량정체가 있었다(→ 차가 막혔다).
(es gibt [gi:pt] - es gab [ga:p] - es hat ... gegeben [gə'ge:bṇ])

02 종속접속사 als : …때 (영어 : when)

과거의 특정한 (일회적) 일·사건을 말할 때 사용하는 종속접속사

Wir zogen nach Seoul um, **als** ich zehn Jahre alt **war**.
내가 10살이었을 때 우리는 서울로 이사했다.
(종속접속사 als가 이끄는 종속절에서 동사 war가 후치됨.)

Als ich zehn Jahre alt war, **zogen** wir nach Seoul um.
(als 종속절이 주절 앞에 오면 주절의 동사는 주어보다 먼저 온다. 주절의 동사 zogen이 주어 wir보다 먼저 옴.)

특정 시점을 나타내는 als-절에는 보통 과거형을 사용한다.

Als ich 18 **war**, habe ich meinen Führerschein gemacht.
나는 18살이었을 때 운전면허증을 땄다.

Als ich nach Hause **kam**, stand die Tür weit offen.
내가 집에 왔을 때, 문이 활짝 열려있었다.
(weit [vait] 〈부사〉 먼, 활짝 펼쳐진; offen ['ɔfn̩] 〈형용사〉 열린 ↔ geschlossen [gə'ʃlɔsn̩] 닫힌)

Als sie in Deutschland **studierte**, hat sie ihren Mann kennengelernt.
그녀는 독일에서 공부할 때, 남편을 알게 되었다.

Als du mich gestern **anriefst**, hatte ich gerade Besuch.
어제 네가 내게 전화했을 때, 나는 손님이 있었다.
(anrufen - rief ... an - hat ... angerufen/gerade [gə'ra:də] 〈부사〉 막, 지금(= in diesem Augenblick, momentan); der Besuch [bə'zu:x] 〈-(e)s, -e〉 방문, 〈항상 단수〉 손님, Besuch haben 손님을 맞이하고 있다)

03 종속접속사 obwohl : …지만 (영어 : although, though)

Obwohl er noch jung ist, hat er schon viele Erfahrungen gesammelt.
그는 아직 젊지만, 벌써 경험을 많이 쌓았다.
(die Erfahrung [ɛɐ̯'fa:rʊŋ] 〈-, -en〉 〈보통 복수〉 경험, Erfahrungen machen 경험하다, Erfahrungen sammeln 경험을 쌓다, sammeln 모으다)

Obwohl ich ihm viel geholfen habe, ist er bei der Prüfung durchgefallen.
내가 그를 많이 도와주었지만, 그는 그 시험에서 떨어졌다.
(durchfallen ['dʊrçfalən] 〈fällt ... durch, fiel ... durch, ist ... durchgefallen〉 im Examen durchfallen (시험에서) 떨어지다 (= das Examen nicht bestehen), bei der Fahrprüfung durchfallen 운전면허시험에서 떨어지다, bei der Wahl durchfallen 선거에서 떨어지다)

Obwohl es regnete, gingen wir spazieren. 비가 내렸지만, 우리는 산책을 했다.

Ich musste arbeiten, **obwohl** ich immer noch erkältet war.
아직 감기가 낫지 않았지만, 나는 일해야 했다.
(immer noch 여전히; erkältet sein 감기에 걸렸다)

기본 대화

Er sprach Deutsch mit französischem Akzent.

Yumi	Hallo, Mira. Lange nicht gesehen. Warst du weg?
Mira	Hallo, Yumi. Ja, ich war weg. Ich habe einen Sprachkurs in Leipzig besucht.
Yumi	Wirklich? Wie war's? Erzähl mal.
Mira	Es war prima. Wir hatten jeden Tag ein volles Programm. Morgens hatten wir drei Stunden Unterricht. Danach gab es Mittagessen. Nachmittags standen Stadterkundungen auf dem Programm.
Yumi	Gab es auch viele Studenten aus anderen Ländern?
Mira	Ja, die meisten kamen aus England und Frankreich.
Yumi	Hattest du denn keine Schwierigkeiten bei der Verständigung mit den Teilnehmern aus Europa?
Mira	Doch, manchmal. Es war ziemlich lustig, als ich mich zum ersten Mal mit einem französischen Kommilitonen verabredete. Er sprach Deutsch mit französischem Akzent und ich sprach Deutsch mit koreanischem Akzent.
Yumi	Es gab also Verständigungsprobleme.
Mira	Ja, schon. Die Studenten aus Europa sprachen alle schon

ziemlich fließend. Aber ich musste noch oft nach den passenden Wörtern und Ausdrücken suchen. Und dann wurde manchmal meine Grammatik irgendwie schlechter. Interessanterweise konnte ich mich aber mit den chinesischen und japanischen Studenten ziemlich gut verständigen, obwohl sie nicht so gut Deutsch konnten wie die europäischen Studenten.

Yumi Ja, das kenne ich. Das ist wohl wegen des ähnlichen kulturellen Hintergrunds.

해설

① Hallo, Mira. Lange nicht gesehen. Warst du weg?

안녕, 미라. 오랜만이야. 어디 갔었니?

- lange nicht gesehen 오랫동안 못 봤다 (= Wir haben uns lange nicht gesehen.)
- weg [vɛk] 〈부사〉 (어떤 장소로부터) 떨어진 (주의: der Weg [ve:k] 〈-(e)s, -e〉 길)

② Hallo, Yumi. Ja, ich war weg. Ich habe einen Sprachkurs in Leipzig besucht.

안녕, 유미. 그래, 여기 없었어. 라이프치히에서 어학코스에 다녔어.

- der Sprachkurs 〈-es, -e〉 어학코스, 어학강좌, die Sprache + der Kurs 강좌
- besuchen [bə'zu:xn̩] 방문하다, einen Kurs besuchen 강좌를 수강하다

③ Wirklich? Wie war's? Erzähl mal. 정말? 어땠어. 얘기해 봐.

- (jm.) et. erzählen (누구에게) 무엇을 이야기하다

④ Es war prima. Wir hatten jeden Tag ein volles Programm.

아주 좋았어. 매일 꽉 찬 프로그램이 있었어.

- jeden Tag 〈4격 부사어〉 매일; eines Tages 〈2격 부사어〉 어느 날, Das wirst du eines Tages verstehen. 어느 날 너는 그것을 이해할 것이다.
- voll [fɔl] 〈형용사〉 가득 찬 ↔ leer [le:ɐ̯] 빈

⑤ Morgens hatten wir drei Stunden Unterricht. 아침에는 3시간 수업이 있었어.

- der Unterricht ['ʊntɐrɪçt] 〈-(e)s, 항상 단수〉 수업, drei Stunden Unterricht 3시간 수업 (Unterricht는 복수형이 없음), den Unterricht besuchen 수업을 듣다, am Unterricht teilnehmen 수업에 참여하다, den Unterricht schwänzen 수업을 빼먹다, der Unterricht fällt aus 휴강이다

⑥ Danach gab es Mittagessen. 그 다음 점심이 있었어.

- danach 그 다음에
- das Mittagessen 점심식사 ← der Mittag 정오 + das Essen ⟨-s, -⟩ 식사

⑦ Nachmittags standen Stadterkundungen auf dem Programm.
오후에는 프로그램에 시내탐방이 있었어.

- nachmittags 오후에 ← der Nachmittag 오후 + -s ⟨부사화 접미어⟩
- stehen ['ʃte:ən] ⟨stand, hat ... gestanden⟩ 서있다, et.[1] steht auf dem Programm. 무엇이 일정/프로그램에 들어있다.
- die Stadterkundung 시내 탐사, erkunden 정확한 정보를 수집하다

⑧ Gab es auch viele Studenten aus anderen Ländern?
다른 나라에서 온 학생들도 많았니?

- aus ⟨3격 요구 전치사⟩ (출신) …에서
- das Land [lant] ⟨-(e)s, Länder⟩ 국가 (음절 끝의 -d는 [t]로 발음)

⑨ Ja, die meisten kamen aus England und Frankreich.
응, 대부분 영국과 프랑스에서 왔어.

- die meisten (Leute) 대부분의 사람들, meist- ⟨형용사/불특정대명사⟩ (viel의 최상급) 대부분의, Die meiste Zeit verbringt er im Büro. 대부분의 시간을 그는 사무실에서 보낸다.

⑩ Hattest du denn keine Schwierigkeiten bei der Verständigung mit den Teilnehmern aus Europa? 유럽에서 온 참가자들과 의사소통에 어려움은 없었어?

- die Verständigung [fɛɐ̯'ʃtɛndɪɡʊŋ] ⟨-, 항상 단수⟩ 의사소통, das Verständigungsmittel 의사소통 수단, Die Sprache ist ein Verständigungsmittel. 언어는 의사소통 수단이다.

⑪ Doch, manchmal. Es war ziemlich lustig, als ich mich zum ersten Mal mit einem französischen Kommilitonen verabredete.
아니(웬걸), 가끔씩 있었어. 내가 처음 프랑스 동료와 약속을 할 때 꽤 웃겼어.

- manchmal ['mançma:l] ⟨부사⟩ 이따금씩 (ab und zu, gelegentlich, hin und wieder)
- ziemlich ['tsi:mlɪç] ⟨부사⟩ 꽤, 상당한, Diese Aufgabe ist ziemlich schwierig. 이 과제는 꽤 어렵다.
- lustig ['lʊstɪç] ⟨형용사⟩ 우스운 (주의: komisch 이상한)
- zum ersten Mal 처음
- der Kommilitone [kɔmili'to:nə] ⟨-n, -n, 여성: die Kommilitonin⟩ (대학에서 같이 공부하는) 동료 (= der Studienkollege)

⑫ Er sprach Deutsch mit französischem Akzent und ich sprach Deutsch mit koreanischem Akzent. 그는 프랑스 억양으로 독일어를 했고, 나는 한국 억양으로 독일어를 말했지.

- sprechen ['ʃprɛçn̩] ⟨spricht, sprach [ʃpra:x], hat ... gesprochen⟩ 말하다
- französisch [fran'tsø:zɪʃ] ⟨형용사⟩ 프랑스의, 프랑스어의
- der Akzent [ak'tsɛnt] ⟨-(e)s, -e⟩ ① 억양, 발음 방식 ② 강세
- koreanisch [kore'a:nɪʃ] ⟨형용사⟩ 한국의, 한국어의

⑬ Es gab also Verständigungsprobleme. 의사소통 문제가 있었구나.

- das Verständigungsproblem ← die Verständigung 소통 + das Problem 문제

⑭ Ja, schon. Die Studenten aus Europa sprachen alle schon ziemlich fließend.
응, 물론. 유럽에서 온 학생들은 벌써 모두 꽤 유창하게 말했어.

- fließend ['fli:sn̩t] (fließen + d) 물 흐르듯이 (ohne Mühe und ohne Pause 힘들어하지 않고 끊임없이), 유창하게 ← fließen ['fli:sn̩] ⟨floss [flɔs], ist ... geflossen⟩ 흐르다

⑮ Aber ich musste noch oft nach den passenden Wörtern und Ausdrücken suchen.
그러나 나는 아직 종종 적합한 낱말과 표현을 찾아야 했어.

- passend 적합한 (= treffend) 어울리는 ← passen (치수·모양이) 맞다 + d ⟨현재분사 어미⟩, ↔ unpassend 어울리지 않는,
- der Ausdruck ⟨-(e)s, Ausdrücke⟩ 표현
- suchen ['zu:xn̩] (nach jm./et.[3] suchen) 누구/무엇을 찾다

⑯ Und dann wurde manchmal meine Grammatik irgendwie schlechter.
그리고 이따금씩 내 문법이 어쩐지 더 나빠졌어.

- irgendwie ['ɪrgn̩tvi:] ⟨부사⟩ 어쩐지, 어떤 방식이든지

⑰ Interessanterweise konnte ich mich aber mit den chinesischen und japanischen Studenten ziemlich gut verständigen, obwohl sie nicht so gut sprachen wie die europäischen Studenten. 흥미롭게도 나는 중국이나 일본 학생들과는 꽤 소통을 잘 할 수 있었어. 그들이 유럽 학생들만큼 말을 잘 하지 못했지만.

- interessanterweise ⟨부사⟩ 흥미롭게도, -weise: glücklicherweise : 다행히도, ausnahmsweise 예외적으로
- chinesisch [çɪ'ne:zɪʃ] ⟨형용사⟩ 중국의, 중국어의, China ['çi:na] ⟨고유명사⟩ 중국
- japanisch [ja'pa:nɪʃ] ⟨형용사⟩ 일본의, 일본어의, Japan ['ja:pan] ⟨고유명사⟩ 일본
- sich mit jm. verständigen 누구와 소통하다
- europäisch [ɔy̯ro'pɛ:ɪʃ] ⟨형용사⟩ 유럽의, Europa [ɔy̯'ro:pa] ⟨고유명사⟩ 유럽

⑱ Ja, das kenne ich. Das ist wohl wegen des ähnlichen kulturellen Hintergrunds.
그래, 나 그것 알아. 그것은 아마도 비슷한 문화적 배경 때문일 거야.

- kennen ['kɛnən] ⟨kannte, hat ... gekannt⟩ 알다
- wohl [vo:l] ⟨어조사⟩ 아마도 (= vermutlich, wahrscheinlich)
- wegen ['ve:gn̩] ⟨2격 요구 전치사⟩ … 때문에
- ähnlich ['ɛ:nlɪç] ⟨형용사⟩ ① 유사한, 비슷한 ② (jm./et. ähnlich sein/sehen) 비슷한, Er ist/sieht seinem Vater sehr ähnlich. 그는 자기 아버지와 매우 비슷하게 생겼다.
- kulturell [kʊltʊ'rɛl] ⟨형용사⟩ 문화의, die Kultur [kʊl'tu:ɐ̯] ⟨-, -en⟩ 문화
- der Hintergrund 이유, 모티브, 배경 ← hinter 뒤 + der Grund 이유, die Hintergrundmusik 배경 음악

텍스트 완성하기

대화문의 내용과 일치하도록 빈칸을 채우시오.

Yumi und Mira ________ ______ lange nicht gesehen. Yumi fragt, ______ Mira weg ______. Mira ______ tatsächlich weg. Sie ______ einen Sprachkurs in Leipzig ________. Yumi möchte wissen, ______ es ______. Mira erzählt, ______ der Sprachkurs prima ______. Es ______ ______ Tag ein ________ Programm. Morgens ________ die Kursteilnehmer drei ________ Unterricht. Danach ______ es Mittagessen. Nachmittags ________ Stadterkundungen ______ ______ Programm. Yumi erkundigt sich, ______ es auch viele Studenten ______ ______ Ländern ______. Mira berichtet, ______ die ________ Teilnehmer ______ England und Frankreich ________. Yumi möchte wissen, ______ Mira keine Schwierigkeiten ______ der Verständigung ______ den Teilnehmern ______ Europa ________. Mira erzählt, ______ es schon manchmal Schwierigkeiten ______, zum Beispiel ______ der ________ Verabredung ______ einem ____________ ____________: Er sprach __________ Deutsch ______ ____________ Akzent und sie sprach Deutsch ______ ____________ Akzent. Daher ______ ______ einige Verständigungsprobleme. Mira sagt, ______ die Studenten ______ Europa alle schon ziemlich fließend Deutsch ________, ______ sie musste noch oft ______ den ____________ Wörtern und Ausdrücken ________. Dabei ________ ihre Grammatik manchmal ____________. Interessanterweise konnte sie ______ aber ______ ______ chinesischen und japanischen ____________ ziemlich gut ____________, ________ sie nicht so gut Deutsch ________ ______ die ____________ Studenten. Yumi ________ das Phänomen und meint, ______ das ______ __________ ____________ Hintergrund ________.

유용한 표현

01 오랜만입니다!

Lange nicht gesehen! 오랜만입니다.

Wir haben uns lange nicht gesehen! 오랫동안 못 봤습니다.

02 …한 지 오래되었다 : Es ist lange her, dass …

Es ist lange her, dass wir uns gesehen haben. 우리가 본 지 오래 되었다.

dass ich von ihm gehört habe. 그에게서 소식을 들은 지

dass wir voneinander gehört haben. 우리가 서로 소식을 들은 지

dass ich in Deutschland studiert habe.
내가 독일에서 대학에 다닌 지

dass du mir eine Reise nach Paris versprochen hast.
네가 내게 파리 여행을 약속한 지

(versprechen 〈verspricht, versprach, hat ... versprochen〉 약속하다, jm. et. versprechen 누구에게 무엇을 약속하다)

03 과거의 한 시점 말하기(… 때) : als …

Als ich im Kindergarten war, habe ich Klavierspielen gelernt.
내가 유치원에 다닐 때, 피아노 연주를 배웠다.

in der Grundschule war, habe ich Englisch gelernt.
초등학교에 다닐 때 영어를 배웠다.

in der Mittelschule war, habe ich gern Fußball gespielt.
중학교에 다닐 때 축구하는 것을 좋아했다.

in der Oberschule war, habe ich nur für die Prüfungen gelernt.
고등학교에 다닐 때 시험공부만 했다.

auf der Uni war, habe ich für die Studentenzeitung gearbeitet.
대학에 다닐 때 학생신문(학보)을 위해서 일했다.

in Deutschland war, habe ich meine Frau kennengelernt.
독일에 있었을 때 나의 아내를 처음 만났다.

04 무엇이 …에 들어있다/포함되어 있다 : etwas steht … auf …

A: Was steht heute auf dem Programm? 오늘 프로그램에 무엇이 들어있지?

auf dem Plan? 계획에

auf der Tagesordnung? 일정에

(die Tagesordnung 일정 ← der Tag + die Ordnung ['ɔrdnʊŋ] ⟨-, -en⟩ 질서)

B: - Heute steht Mozarts Zauberflöte auf dem Programm.
오늘은 모차르트의 마술피리가 프로그램에 들어있다

(die Zauberflöte 마술피리 ← der Zauber ['tsaubɐ] ⟨-s, 항상 단수⟩ 마술 + die Flöte ['flø:tə] ⟨-, -n⟩ 피리, Flöte spielen 피리를 연주하다, auf der Flöte blasen 피리를 불다)

- Heute ist Samstag. Da steht Einkaufen auf dem Plan.
오늘은 토요일이다. 쇼핑이 계획에 포함되어 있다.

- Heute steht der Besuch des deutschen Botschafters auf der Tagesordnung. 오늘은 독일 대사의 방문이 일정에 포함되어 있다.

(der Botschafter 대사, die Botschaft 대사관 (영어: embassy), 소식 (영어: message))

05 처음으로/두 번째로/세 번째로/마지막으로 : zum ersten / zweiten / dritten … / letzten Mal

Wo hast du ihn zum ersten Mal getroffen? 너는 어디서 그를 처음으로 만났니?

Wann hast du ihn zum letzten Mal getroffen? 너는 언제 그를 마지막으로 만났니?

(treffen ['trɛfn̩] ⟨trifft [trɪft], traf [tra:f], hat … getroffen⟩ 만나다)

06 지난번에/다음번에/이번에/매번 : das letzte Mal, letztes Mal / das nächste Mal, nächstes Mal / dieses Mal / jedes Mal

(4격 명사구가 부사어로 사용됨)

Wo habt ihr euch das letzte Mal gesehen? 너희들 지난 번 어디에서 보았니?

Wann sehen wir uns das nächste Mal? 우리 다음에 언제 볼까?

Letztes Mal hast du mich eingeladen. Heute bin ich dran.
지난 번 네가 나를 초대했다. 오늘은 내 차례다.

Vielen Dank für die Einladung. Nächstes Mal werde ich dich einladen.
초대해줘 고마워. 다음에는 내가 너를 초대할게.

Nächstes Mal will er mich unbedingt einladen.
다음에는 그가 나를 꼭 초대하려고 한다.

Dieses Mal lade ich ihn ein. 이번에는 내가 그를 초대한다.

Jedes Mal streiten wir darüber, wer wen einlädt.
매번 우리는 누가 누구를 초대하느냐를 놓고 다툰다.

활용 연습

1 **다음 문장을 과거시제와 현재완료시제로 고쳐 쓰시오.**

(1) Bist du weg?

과거: ____________________

현재완료: ____________________

(2) Ich mache einen Sprachkurs in Leipzig.

과거: ____________________

현재완료: ____________________

(3) Wir haben jeden Tag ein volles Programm.

과거: ____________________

현재완료: ____________________

(4) Morgens haben wir drei Stunden Unterricht.

과거: ____________________

현재완료: ____________________

(der Unterricht(수업)는 복수형을 사용할 수 없음. 3시간 수업: drei Stunden Unterricht, 3강좌: drei Veranstaltungen/Vorlesungen/Seminare)

(5) Die meisten kommen aus England und Frankreich.

과거: ____________________

현재완료: ____________________

(6) Die Studenten aus Europa sprechen alle schon ziemlich gut Deutsch.

과거: ____________________

현재완료: ____________________

2 다음 빈칸에 알맞은 말을 적으시오.

Angela Merkel __________(kommen) am 17. Juli 1954 in Hamburg zur Welt. Noch im selben Jahr __________(umziehen) die Familie von Hamburg nach Quitzow und 1957 nach Templin __________. In Templin __________ (besuchen) sie von 1961 bis 1973 die Schule. Als sie 19 Jahre alt __________ (sein), __________(ablegen) sie das Abitur mit einem Notendurchschnitt von 1,0 __________. Danach ____________(studieren) sie von 1973 bis 1978 in Leipzig Physik. Während des Studiums __________(kennenlernen) sie Ulrich Merkel, ihren ersten Mann, __________. Die beiden __________(heiraten) 1977. 1978 __________(gehen) Merkel mit ihrem Mann nach Ostberlin, um an der Akademie der Wissenschaft zu arbeiten. 1981 __________(trennen) sie sich von Ulrich Merkel. Als sie an der Akademie __________(arbeiten), __________ (treffen) sie ihren jetzigen Ehemann, den Quantenchemiker Joachim Sauer. Die Hochzeit __________(stattfinden) 1998 __________.

(das Abitur ablegen 아비투어를 치르다; die Quantenchemie 양자화학; stattfinden: et.[1] findet statt 행사 따위가 개최되다)

3 다음 대화를 듣고 빈칸을 채우시오.

A: __________ __________ Sie Ihren Mann ____________________?

B: Das __________ __________, __________ ich in Deutschland ____________.

A: __________ __________ Sie ihn denn ____________________?

B: __________ der Uni-Bibliothek, __________ ich dort __________ Hilfskraft ____________.

A: Und __________ __________ Sie ihn ____________?

B: Das __________ __________, __________ wir nach Korea ____________.

(die Hilfskraft 조교)

4 다음 글에서 잘못된 부분을 고치시오.

Yumi und Mira haben lange nicht gesehen. Yumi fragt, dass Mira weg ist. Mira ist tatsächlich weg. Sie hat einen Sprachkurs in Leipzig besuchen. Yumi möchte wissen, wie es ist. Mira erzählt, dass der Sprachkurs war prima. Es gab jeder Tag ein volle Programm. Morgen hatten die Kursteilnehmer drei Stunde Unterricht. Danach es gab Mittagessen. Nachmittag stand Stadterkundungen in dem Programm. Yumi erkundigt, ob es auch viel Studenten von andere Länder gab. Mira berichtet, ob die meiste Teilnehmer von England und Frankreich kommen. Yumi möchte wissen, ob Mira nicht Schwierigkeiten in der Verständigung mit den Teilnehmer aus Europa hat. Mira erzählt, als es schon manchmal Schwierigkeiten gab, zum Beispiel in der ersten Verabredung mit eine französische Kommilitone: Er sprach nämlich deutsch mit französischer Akzent und sie sprach deutsch mit koreanischer Akzent. Daher es gab einige Verständigungsprobleme. Mira sagt, dass die Studenten von Europa alle ziemlich schon fließend sprachen, aber sie musste noch oft nach den passenden Wörter und Ausdrücke gesucht. Dabei wurde manchmal ihre Grammatik schlecht. Interessantweise konnte sie aber mit den chinesischen und japanischen Studenten ziemlich gut verständigt, obwohl sie nicht so gut deutsch konnten als die europäische Studenten. Yumi kennt das Phänomen und meint, ob das in ähnlichem kulturellem Hintergrund liegt.

5 다음 우리말을 독일어로 옮기시오.

(1) 너 그에게서 언제 마지막으로 소식을 들었니?
- 그에게서 소식을 들은 지 오래 되었어.

➡ ______________________________

____

(2) 너 방학에 무엇을 했니?
- 독일에 있었어. 그곳에서 어학코스에 다녔어.

➡ ______________________________

____

(3) 너 그 책 언제 읽었니?
- 나는 열세 살 때 그 책을 읽었어.

➡ ______________________________

____

(4) 언제 어디서 부인을 알게 되었나요?
- 독일에서 대학에 다닐 때 알게 되었습니다.

➡ ______________________________

____

(5) 내가 그를 방문했을 때, 그는 병이 나서 침대에 누워있었다.

➡ ______________________________

____

자세히 들여다보기

01 감탄을 나타내는 말

Prima!
Super!
Toll!
Klasse!
Sehr gut!
Wunderbar!
Hervorragend!
Ausgezeichnet!

02 〈동사〉 + -d : 현재분사 → 형용사

sich anstrengen 애쓰다 → anstrengend 힘든
jn. beruhigen 누구를 안정시키다, sich beruhigen 안정하다
→ beruhigend 안정시키는
jn. beeindrucken 누구에게 (강한) 인상을 남기다 → beeindruckend 인상적인
dringen 뚫고 들어오다, auf et. dringen 무엇을 재촉하다 → dringend 급한
laufen 뛰다, 걷다, 작동하다 → laufend 진행되는
spannen (잡아당겨) 팽팽하게 하다/긴장시키다 → spannend 흥미진진한

03 〈형용사〉 + er + -weise

bedauerlich 유감스러운 → bedauerlicherweise 유감스럽게도 (leider)
dumm 어리석은 → dummerweise 답답하게도
glücklich 운이 좋은 → glücklicherweise 다행히도
interessant 흥미로운 → interessanterweise 흥미롭게도
ironisch 역설적인 → ironischerweise 아이러니하게도
komisch 이상한 → komischerweise 이상하게도

möglich 가능한 → möglicherweise 아마도

normal 보통의 → normalerweise 보통은

notwendig 필수적인 → notwendigerweise 필수적으로, 어쩔 수 없게도

seltsam 이상한 → seltsamerweise 이상하게도

(주의: 명사 + s + -weise: ausnahmsweise 예외적으로 ← die Ausnahme 예외)

04 동사의 기본형 - 과거형 - 과거분사형

(1) 규칙동사 (어간모음이 변하지 않은 동사)

기본형(-en)	과거형(-t-)	과거분사형(ge- -t)
lernen 배우다	lernte	gelernt
machen 하다	machte	gemacht
wohnen 살다	wohnte	gewohnt

① 주의 : 어간이 -t, -d, -fn-, -gn으로 끝나는 경우 어간 다음에 -et가 옴

arbeiten 일하다	arbeit**ete**	gearbeit**et**
antworten 대답하다	antwort**ete**	geantwort**et**
baden 목욕하다	bad**ete**	gebad**et**
begegnen 마주치다	begegn**ete**	begegn**et**

② ieren으로 끝나는 동사 : 과거분사형에 ge-가 나타나지 않음

studieren (대학에서) 공부하다 studierte studiert

(2) 불규칙동사(어간의 형태, 보통 어간모음이 변하는 동사)

haben - hatte - gehabt

sein - war - gewesen

werden - wurde - geworden

③ 어간모음 변화유형

a	u	a
fahren 가다	fuhr	gefahren
a	**ie[i:]**	**a**
fallen 떨어지다	fiel	gefallen
e	**a**	**e**
lesen 읽다	las	gelesen
sehen 보다	sah	gesehen
e	**a**	**o**
helfen 돕다	half	geholfen
treffen 만나다	traf	getroffen
nehmen 취하다	nahm	genommen
sprechen 말하다	sprach	gesprochen
e	**a**	**a**
stehen 서있다	stand	gestanden
e	**i**	**a**
gehen 가다	ging	gegangen
o	**a**	**o**
kommen 오다	kam	gekommen

(3) 분리동사 : 과거분사형에서 -ge-가 접두어와 기본동사 사이에 나옴

aufmachen 열다	machte ... auf	auf**ge**macht

(4) 비분리동사 : 과거분사형에서 ge-가 나타나지 않음

besuchen 방문하다	besuchte	besucht
gehören 속하다	gehörte	gehört

Lektion 22

Während des Studiums konnte ich recht gut Deutsch.

01 화법조동사의 현재완료형 : haben ... 〈동사 부정형 + 화법조동사 부정형〉

02 본동사로 사용된 화법조동사의 현재완료형 : haben ... 〈화법조동사의 과거분사 : ge...t〉

03 2격 요구 전치사 während

04 종속접속사 während

05 종속접속사 weil

06 종속접속사 soweit

기본 문법

01 화법조동사의 현재완료형 : haben ... 〈동사 부정형 + 화법조동사 부정형〉

(1) 일반동사의 현재 - 현재완료

현재 : Ich **erreiche** den Zug gerade noch.
나는 그 기차에 (출발 전) 겨우 도달한다.

현재완료 : Ich **habe** den Zug gerade noch **erreicht**.
나는 그 기차에 (출발 전) 겨우 도달했다.

(2) 화법조동사의 현재 - 과거 - 현재완료

현재 : Ich **kann** den Zug gerade noch **erreichen**.
나는 그 기차에 (출발 전) 겨우 도달할 수 있다.

현재완료 : Ich **habe** den Zug gerade noch **erreichen** **können**.
(habe: 완료시제 조동사 / erreichen: 동사 부정형 / können: 화법조동사 부정형)
나는 그 기차에 (출발 전) 겨우 도달할 수 있었다.

과거 : **Konntest** du schon mit fünf **schwimmen**?
다섯 살 때 벌써 수영할 줄 알았니? (mit fünf: als du fünf Jahre alt warst)

현재완료 : Ja, das konnte ich. Ich **habe** schon mit fünf **schwimmen** **können**.
응, 할 수 있었어. 나는 다섯 살 때 수영할 수 있었어.

과거 : **Wolltest** du schon als Schüler Deutsch **lernen**?
너는 학생 때 벌써 독일어를 배우려고 했었니? (als Schüler: als du Schüler warst)

현재완료 : Ja, das wollte ich. Ich **habe** schon als Schüler Deutsch **lernen** **wollen**. 응, 그러려고 했었어. 학생 때 벌써 독일어를 배우려고 했었어.

02 본동사로 사용된 화법조동사의 현재완료형 : haben ... 〈화법조동사의 과거분사 : ge...t〉

화법조동사가 일반동사처럼 'ge...t'의 과거분사 형태를 취한다.

können - gekonnt, müssen - gemusst, wollen - gewollt

과거 : Ich **wollte** dich nicht enttäuschen. 나는 너를 실망시키지 않으려고 했다.
화법조동사 (enttäuschen 실망시키다)

현재완료 : **Das** wollte ich nicht. Ich **habe** das wirklich nicht **gewollt**.
das = dich enttäuschen 완료시제 조동사 wollen의 과거분사
그러려고 하지 않았다. 나는 정말로 그러려고 하지 않았다.

과거 : Er **konnte** gut reden. 그는 말을 잘 할 수 있었다.
화법조동사 (reden ['re:dn̩] 말하다)

현재완료 : Ja, **das** konnte er. Er **hat** das wirklich gut **gekonnt**.
das = gut reden 완료시제 조동사 können의 과거분사
그래, 그가 그걸 잘했어. 그는 정말 그것을 잘 할 수 있었어.

03 2격 요구 전치사 während : während + 〈2격 명사〉 : … 동안에

Während des Sommers regnet es hier immer viel.
여름 동안 이곳에는 항상 비가 많이 내린다.

Während der Ferien habe ich viele Romane gelesen.
방학 동안 나는 소설책을 많이 읽었다.

04 종속접속사 während ... 〈동사 후치〉 : …동안에, … 반면에 …

Während ich **koche**, kannst du den Tisch decken.
내가 요리하는 동안, 너는 상을 차리면 되겠다. (den Tisch decken 상에 식기 도구를 차려 놓다)

Während wir beim Essen **saßen**, läutete das Telefon.
우리가 식사를 하며 앉아있는 동안에 전화벨이 울렸다.
(läuten ['lɔytn̩] 〈자동사〉 (무엇이) 소리를 내다, 〈타동사〉 무엇을 소리 나게 하다)

Während sie verreist **waren**, hat man bei ihnen eingebrochen.
그들이 여행 가 있는 동안에 집에 도둑이 침입했다.
(einbrechen ['ainbrɛçn̩] 〈bricht ... ein, brach ... ein, hat/ist ... eingebrochen〉 (어디에 들어가기 위해서 무엇을 힘으로) 부러뜨리다 (hat ... eingebrochen), (부스고) 들어가다 (ist ... in et. eingebrochen))

Während er sehr sparsam **ist**, kauft sie sich immer teure Kleider.
종속접속사 정동사 후치

그 남자가 매우 절약하는 반면에, 그 여자는 항상 비싼 옷을 산다.

(sparsam ['ʃpa:ɐ̯za:m] 아끼는, 절약하는, sparen ['ʃpa:rən] 절약하다; das Kleid [klai̯t] 〈-(e)s, -er〉 여성이 입는 원피스, 〈복수: Kleider〉 옷 (= die Kleidung))

Ich schaue mir gern politische Diskussionen im Fernsehen an, **während** meine Frau sich nur TV-Serien **anschaut**.
종속접속사 정동사 후치

나는 TV의 정치 토론을 즐겨 보는 반면에, 나의 아내는 TV 드라마만 본다.

(die Diskussion [diskʊ'si̯o:n] 토론; das Fernsehen 텔레비전; die TV-Serie TV 연속극)

05 종속접속사 weil ... 〈동사 후치〉 : ··· 때문에

Ich kann nicht kommen, **weil** ich lernen **muss**. 나는 공부해야 하기 때문에 올 수 없다.
종속접속사 정동사 후치

Ich nehme die U-Bahn, **weil** es geschneit **hat**. 눈이 와서 나는 지하철을 탄다.
종속접속사 정동사 후치

06 종속접속사 soweit ... 〈동사 후치〉 : ···는 한

Soweit (= Soviel) ich **weiß**, ist er verreist. 내가 아는 한, 그는 여행을 떠났다.
종속접속사 정동사 후치

(verreist sein 여행을 떠났다, verreisen 〈ist ... verreist〉 여행을 떠나다)

Soweit ich es beurteilen **kann**, geht es ihm gut.
종속접속사 정동사 후치

내가 평가할 수 있는 한, 그는 잘 지낸다. (beurteilen 평가하다, 판단하다)

기본 대화

Während des Studiums konnte ich recht gut Deutsch.

Florian Hallo, Yuna. Wie ist dein Vorstellungsgespräch gelaufen?

Yuna Ganz gut, obwohl ich etwas aufgeregt und angespannt war.

Florian Welche Fragen hat man dir denn gestellt?

Yuna Oh, alle möglichen Fragen.
Warum ich die Firma wechseln möchte.
Ob ich Erfahrung im Online-Marketing habe, und so weiter.

Florian Konntest du auf alle Fragen gut antworten?

Yuna Ich denke schon. Ich habe versucht, die Leute davon zu überzeugen, dass ich die richtige Person für die Stelle bin, weil ich schon drei Jahre Erfahrung im Online-Marketing habe. Sie wollten dann auch noch wissen, wie fließend ich Englisch und Deutsch beherrsche.

Florian Mit dem Englischen hast du sicher kein Problem, da du ja in London studiert hast.

Yuna Das stimmt. Aber im Deutschen bin ich leider etwas schwach, obwohl ich an der Uni drei Jahre Deutsch gelernt habe.

Florian Was? Soweit ich weiß, hattest du doch immer eine Eins in Deutsch, oder nicht?

Yuna	Stimmt. Während des Studiums konnte ich recht gut Deutsch. Aber nach dem Abschluss hatte ich dann kaum noch Gelegenheit, Deutsch zu sprechen. Ich habe viel vergessen.
Florian	Du kannst dein Deutsch aber sicher schnell wieder auffrischen. Ich erinnere mich noch gut daran, dass du dir oft deutsche Filme angeschaut hast, während die anderen das nie wollten. Das fanden sie viel zu anstrengend.
Yuna	Stimmt. Aber mir hat es viel Spaß gemacht, mit Filmen Deutsch zu lernen.

해설

① Hallo, Yuna. Wie ist dein Vorstellungsgespräch gelaufen? 안녕, 윤아. 면접 어땠어?

- das Vorstellungsgespräch 면접 ← die Vorstellung 소개 + das Gespräch 대화
- laufen: et.[1] läuft irgendwie 무엇이 어떻게 진행되다/전개되다

② Ganz gut, obwohl ich etwas aufgeregt und angespannt war.
약간 흥분하고 긴장했었지만, 괜찮았어.

- aufgeregt 〈aufregen의 과거분사〉 흥분된, aufregend 〈aufregen의 현재분사〉 흥분시키는
- angespannt 〈anspannen의 과거분사〉 긴장된, spannend 〈spannen의 현재분사〉 긴장시키는

③ Welche Fragen hat man dir denn gestellt? 네게 어떤 질문을 했니?

- jm. eine Frage stellen 누구에게 질문을 하나 하다

④ Oh, alle möglichen Fragen. 온갖 질문이란 질문은 다 했어.

- all- 〈불특정대명사〉 모든. 뒤에 오는 형용사는 약변화 함 (alle möglichen Fragen)
- möglich 가능한, die Möglichkeit 가능성, ummöglich 불가능한

⑤ Warum ich die Firma wechseln möchte 왜 회사를 바꾸려고 하는지

- wechseln ['vɛksl̩n] 〈타동사〉 (무엇을) 바꾸다
- 'Man hat gefragt'라는 말이 생략되고, 목적어에 해당하는, 의문사가 이끄는 종속절만 나타났음. 종속절 속에서 동사가 후치되기 때문에 möchte가 문장 맨 뒤에 왔음.

⑥ Ob ich Erfahrung im Online-Marketing habe, und so weiter.
온라인 마케팅에 경험이 있는지 등등.

- die Erfahrung 경험, erfahren (듣거나 봐서) 알다
- 'Man hat gefragt'라는 말에 이어지는 종속절로, 의문사가 없는 의문문에서 변형된 것이기 때문에 종속접속사 ob이 사용되었음.

⑦ Konntest du auf alle Fragen gut antworten? 질문에 다 잘 답변할 수 있었어?

- auf et.[4] antworten 무엇에 답변하다

⑧ Ich denke schon. 그런 것 같아.

⑨ Ich habe versucht, die Leute davon zu überzeugen, dass ich die richtige Person für die Stelle bin, weil ich schon drei Jahre Erfahrung im Online-Marketing habe. 나는 그 사람들에게 내가 이미 3년 간 온라인 마케팅 경험을 했기 때문에 그 자리에 딱 맞는 사람이라는 것을 확신시키려고 했어.

- versuchen, et.[4] zu tun …을 하려고 시도하다
- jn. von et.[3] überzeugen 누구를 무엇에 대해서 확신시키다
- die Stelle ['ʃtɛlə] 〈-, -n〉 장소, 자리, 일자리

⑩ Sie wollten dann auch noch wissen, wie fließend ich Englisch und Deutsch beherrsche. 그들은 내가 영어와 독일어를 얼마나 유창하게 구사하는지도 알고자 했어.

- beherrschen [bə'hɛrʃn̩] (언어를) 구사하다, 지배하다

⑪ Mit dem Englischen hast du sicher kein Problem, da du ja in London studiert hast. 너는 영국에서 대학에 다녔기 때문에 영어에는 틀림없이 문제가 없겠지.

- sicher 〈부사〉 분명히 (sehr wahrscheinlich)
- da 〈종속접속사〉 … 때문에 (weil)

⑫ Das stimmt. Aber im Deutschen bin ich leider etwas schwach, obwohl ich an der Uni drei Jahre Deutsch gelernt habe.
맞아. 그러나 독일어는 대학에서 3년 동안 배웠지만 아쉽게도 좀 약해.

- stimmen (et. stimmt) 맞다
- schwach 〈schwächer, schwächst-〉 약한 ↔ stark, kräftig

⑬ Was? Soweit ich weiß, hattest du doch immer eine Eins in Deutsch, oder nicht? 그래? 내가 아는 한, 너는 독일어에서 항상 성적 1(A)을 받았잖아?

- soweit 〈종속접속사〉 …하는 한
- eine Eins 성적(제일 좋은 성적), die Note(성적)가 여성 명사여서 Eins 앞에 eine가 옴

⑭ Stimmt. Während des Studiums konnte ich recht gut Deutsch.
맞아. 대학에서 공부하는 동안에는 내가 독일어를 꽤 잘 했지.

- während + 2격 목적어 : … 동안에
- können 〈일반동사로 사용됨〉 할 수 있다.

⑮ Aber nach dem Abschluss hatte ich dann kaum noch Gelegenheit, Deutsch zu sprechen. 그러나 졸업하고는 독일어를 말할 기회가 거의 없었어.

- der Abschluss ['apʃlus] 〈-es, Abschlüsse〉 종결, 졸업
- kaum 〈부사〉 거의 … 아닌 (fast nicht)
- die Gelegenheit [gə'le:gn̩hait] 〈-, -en〉 기회, Gelegenheit, Deutsch zu sprechen 독일어를 말할 기회

⑯ Ich habe viel vergessen. 많이 잊어버렸어.

- vergessen [fɛɐ̯'gɛsn̩] 〈er vergisst, vergaß, vergessen〉 잊다

⑰ Du kannst aber dein Deutsch sicher schnell wieder auffrischen.
하지만 너는 분명히 네 독일어를 다시 빨리 생생하게 할 수 있을 거야.

- auffrischen ['auffrɪʃn̩] 〈분리동사, frischt ... auf, frischte ... auf, hat/ist ... aufgefrischt〉 새롭게 하다 (← frisch 신선한)

⑱ Ich erinnere mich doch noch gut daran, dass du dir oft deutsche Filme angeschaut hast, während die anderen das nie wollten.
다른 애들은 그러려고 하지 않았지만 너는 종종 독일 영화를 봤던 것을 나는 잘 기억해.

- sich⁴ an jn./et⁴. erinnern 기억하다
- sich³ et.⁴ anschauen 무엇을 보다
- ander- 〈불특정대명사〉 다른, die anderen 다른 사람들(형용사 약변화로 -en이 추가됨)
- wollten은 das(sich deutsche Filme anschauen)를 목적어로 하는 일반동사가 과거시제로 사용된 것임

⑲ Das fanden sie viel zu anstrengend. 그것을 다른 애들은 너무 힘들다고 생각했지.

- zu 〈부사〉 너무, zu를 viel이 강조하고 있음
- anstrengend (anstrengen + -d) 힘든, sich⁴ anstrengen 애쓰다

⑳ Aber mir hat es viel Spaß gemacht, mit Filmen Deutsch zu lernen.
나는 영화를 보면서 독일어를 배우는 것이 참 재미있었어.

- et.¹ macht jm. Spaß 무엇이 누구에게 재미있다. / jm.에 해당하는 3격 목적어 mir가 동사 앞에 오고, 주어인 'mit Filmen Deutsch zu lernen'이 가주어 es를 앞에 두고 뒤로 갔음

텍스트 완성하기

대화문의 내용과 일치하도록 빈칸을 채우시오.

Yuna ______ ein Vorstellungsgespräch. Florian fragt, ______ das Gespräch ______ ist. Yuna meint, ______ ______ ganz gut gelaufen ______, ______ sie etwas aufgeregt und angespannt ______. Florian möchte wissen, ______ Fragen man Yuna ______ ______. Yuna sagt, ______ man ______ alle ______ Fragen ______ ______, z. B. ______ sie die Firma wechseln ______, ______ sie Erfahrung im Online-Marketing ______, und so weiter. Florian will wissen, ______ Yuna ______ alle Fragen gut ______ ______. Yuna glaubt, ______ sie gut ______ ______. Sie hat versucht, die Leute ______ ______ überzeugen, ______ sie die richtige Person ______ die Stelle ______, ______ sie schon drei Jahre Erfahrung ______ Online-Marketing ______. Man wollte dann auch noch wissen, ______ fließend Yuna Englisch und Deutsch ______. Florian meint, ______ Yuna ______ dem Englischen wohl kein Problem ______, ______ sie ja in London ______ ______. Yuna stimmt ______, sagt aber, ______ sie ______ Deutschen leider ______ ______ ist, ______ ______ ______ der Uni drei Jahre Deutsch ______ ______. Florian ist erstaunt. Denn ______ er weiß, ______ Yuna immer ______ Eins ______ Deutsch. Yuna bestätigt das: ______ ______ Studiums ______ sie recht gut Deutsch. Aber ______ ______ Abschluss ______ sie dann ______ noch Gelegenheit, Deutsch ______ sprechen, und ______ deshalb viel ______. Florian ist überzeugt, ______ Yuna ihr Deutsch ______ schnell wieder ______ ______, ______ er ______ noch gut ______ ______ kann, ______ Yuna ______ oft deutsche Filme ______ ______, ______ die ______ ______ nie wollten. Sie fanden ______ nämlich ______ ______ anstrengend. Aber Yuna hat ______ viel Spaß ______, ______ Filmen Deutsch ______ lernen.

유용한 표현

01 …하는 한 : **soweit …**

Soweit ich dazu in der Lage bin, will ich ihm gern helfen.
내 능력이 미치는 한, 나는 그를 기꺼이 도울 것이다.

Soweit ich mich erinnere, war ich an dem Tag zu Hause.
내가 기억하는 한, 나는 그날 집에 있었다.

Alle Teilnehmer, soweit ich sie kenne, waren Fachleute.
참가자들은, 내가 아는 한, 모두 전문가였다.

02 이유 말하기 [weil … : … 때문에]

A: Warum kommst du erst jetzt? 왜 이제야 와?

B: Ich konnte nicht früher kommen, 더 일찍 올 수가 없었어,

- weil ich verschlafen habe. 늦잠을 잤기 때문에.
- weil ich einen Autounfall hatte. 자동차 사고를 당했기 때문에.
- weil ich den Bus verpasst habe. 버스를 놓쳤기 때문에.
- weil die Sitzung so lange gedauert hat. 회의가 아주 오래 진행되었기 때문에.
- weil es einen Stau gab. 차가 막혀서.

A: Endlich kommst du! Ich wollte schon gehen. 마침내 오는군! 가려고 했어.

B: Ich wollte ja pünktlich kommen, aber ich konnte nicht,
더 일찍 오려고 했으나 그럴 수 없었어,

- weil ich zum Arzt musste. 병원에 가야 했기 때문에.
- weil ich eine Autopanne hatte. 자동차 고장이 났기 때문에.
- weil der Babysitter zu spät kam. 애를 봐주는 사람이 늦게 왔기 때문에.
- weil es in der Stadt eine große Demonstration gab.
  시내에 큰 시위가 있어서.

- weil der Professor das Seminar nicht pünktlich beendet hat.
  교수님이 세미나를 정시에 끝내지 않았기 때문에.

03 대조되는 사실을 말할 때 [während ... : …하는 반면에]

Während er sehr faul ist, ist sein Bruder sehr fleißig.
그가 매우 게으른 반면에, 그의 형은 매우 부지런한다.

Während sie oft viel Geld ausgibt, ist er immer sparsam.
그녀가 종종 돈을 많이 지출하는 반면에, 그는 항상 절약을 한다.

04 동시성을 말할 때 [während ... : …하는 동안에, …하면서]

Während er frühstückt, hört er immer die deutschen Nachrichten.
그는 아침을 먹으면서 항상 독일 뉴스를 듣는다.

Während ich in Deutschland studierte, habe ich meinen Mann kennengelernt.
나는 독일에서 공부하는 동안에 남편을 알게 되었다.

05 누가 …을 맡을 수 있는가? : Wer kann ... übernehmen?

A: Wer kann diese Arbeit übernehmen? 누가 이 일을 (떠)맡을 수 있는가?

diesen Auftrag	이 주문을
diese Übersetzung	이 번역을
die Kosten	그 비용을
die Verantwortung	그 책임을

B: - Ich übernehme die Arbeit gern. 내가 그 일을 기꺼이 맡을게.

die Übersetzung 그 번역을

- Ich kann die Verantwortung leider nicht übernehmen.
  나는 책임을 떠맡을 수 없어.

die Kosten 그 비용을

활용 연습

1 **빈칸에 주어진 화법조동사의 알맞은 형태를 적으시오.**

(1) Als Kind __________(wollen) ich nie früh aufstehen, aber heute bin ich Frühaufsteher. (der Frühaufsteher 아침 일찍 일어나는 사람, früh 이른)

(2) Als Grundschüler __________(dürfen) ich nie bis Mitternacht aufbleiben, aber heute __________(müssen) ich als Oberschüler oft bis Mitternacht lernen. (der Grundschüler 초등학교 학생 / aufbleiben 자지 않고 깨어 있다 / der Oberschüler 고등학생 / die Mitternacht 자정)

(3) Früher __________(wollen) ich nie Fleisch essen, aber heute __________(möchten) ich jeden Tag Fleisch essen. (das Fleisch 고기, 육류)

2 **밑줄 친 곳에 어울리는 조동사의 올바른 형태를 적으시오.**

(1) Früher __________ ich nicht schwimmen, aber jetzt kann ich sehr gut schwimmen.

(2) Früher __________ er Pilot werden, aber jetzt will er Koch werden.
(der Pilot [pi'lo:t] ⟨-en, -en⟩ 비행기 조종사, 파일럿; der Koch [kɔx] ⟨-(e)s, Köche ['kœçə]⟩ 요리사)

(3) Früher __________ sie vor zehn Uhr zu Hause sein, aber heute darf sie bis Mitternacht draußen bleiben. (draußen 밖에 ↔ drinnen 안에)

(4) Früher __________ man fast überall rauchen, aber heute darf man fast nirgendwo mehr rauchen.
(überall [y:bɐ'|al] 사방에; rauchen 흡연하다; nirgendwo ['nɪrgn̩t'vo:] 그 어디에도 아닌 (= nirgends))

(5) In den 1970er Jahren __________ man nicht mehr als zwei Kinder haben, aber heute soll man eher mehr Kinder haben.

3 다음 빈칸에 주어진 동사의 알맞은 형태를 적으시오.

Als Kind __________(leben) ich auf dem Land. Das war schön, weil ich mit meinen Freunden im Wald spielen __________(können). Wir __________ (müssen) nicht wie die Stadtkinder heute dauernd auf den Verkehr aufpassen. Allerdings __________ (müssen) ich auch zu Fuß zur Schule laufen, weil es keinen Bus gab. Manchmal __________(dürfen) ich mir das Fahrrad meines Vaters leihen. Dann __________ (können) ich morgens eine halbe Stunde länger schlafen. Wir Schüler __________ (dürfen) nie zu spät kommen, weil der Lehrer streng __________(sein). Um 7.30 Uhr __________(müssen) wir alle im Klassenzimmer sein. Damals __________(wollen) ich auf keinen Fall Lehrer werden, weil ich meinen Klassenlehrer nicht __________ (mögen). Aber ich bin doch Lehrer ____________(werden).

4 이유를 나타내는 접속사를 사용하여 문장을 완성하시오.

(1) Ich konnte nicht zu seiner Party gehen, ______________________________

← Ich hatte zu viel zu tun.

(2) Ich wollte nichts zu Mittag essen, ______________________________

← Ich hatte Durchfall. (der Durchfall ['dʊrçfal] 〈-(e)s, Durchfälle〉 설사)

(3) Ich musste heute früh aufstehen, ______________________________

← Mein Zug fuhr schon um 7 Uhr ab.

(4) Ich musste langsam fahren, ______________________________

← Die Straßen waren glatt. (langsam ['laŋza:m] 〈형용사〉 느린, 천천히; glatt 〈형용사〉 미끄러운)

(5) Ich konnte nicht am Unterricht teilnehmen, ______________________________

← Mein Bus kam nicht pünktlich.

← Mein Bus hatte Verspätung.

5 다음 대화를 듣고 빈칸을 채우시오.

A: __________ du gestern auch __________ dem Filmfestival?

B: Ja, aber ich __________ mir nur einen Film __________. Eigentlich __________ ich wenigstens zwei Filme __________. Aber ich __________ nicht, weil ich früh nach Hause gehen __________. Meine Mutter __________ nämlich einen Verkehrsunfall.

A: Oh je! __________ sie schwer __________?

B: Gott sei Dank nicht. Man __________ sie zwar __________ Krankenhaus bringen, aber einige Stunden __________ der Untersuchung __________ sie schon wieder __________ Hause gehen.

A: Endlich __________ du! Es ist schon __________ __________ __________. Wir __________ __________ doch schon __________ sieben treffen!

B: Ich weiß, __________ __________ __________. Ich __________ ja auch rechtzeitig __________. Aber dann __________ ich nicht, __________ ich noch __________ einen wichtigen __________ __________ unserem Partner __________ Deutschland warten __________.

A: Warum __________ __________ __________ dein Kollege nicht ______________?

B: Mein Kollege __________ heute gar __________ __________ Büro, __________ er wieder mal im Krankenhaus __________. Ich habe __________ __________ erzählt, __________ er Krebs hat.

A: __________ __________ du mich dann nicht ____________ und ____________ gesagt, dass du __________ kommst?

B: Heute __________ ich mein Handy zu Hause __________ __________. Deine Nummer habe ich __________ __________ __________ Kopf.

6 다음 글에서 잘못된 부분을 고치시오.

Yuna hattet ein Vorstellungsgespräch. Florian fragt, ob das Gespräch gelaufen hat. Yuna meint, dass es ganz gut gelaufen hat, weil sie etwas aufgeregt und angespannt war. Florian mögt wissen, welche Fragen man hat Yuna gestellt. Yuna sagt, dass man ihr alle mögliche Frage gestellt hat, z.B. warum sie die Firma wechseln mag, dass sie Erfahrung im Online-Marketing hat, und so weiter. Florian will wissen, konnte Yuna auf alle Frage gut antworten. Yuna glaubt, sie gut antworten konnte. Sie hat geversucht, die Leute zu überzeugen davon, ob sie die richtige Person für der Stelle ist, denn sie schon drei Jahre Erfahrung im Online-Marketing hat. Man will denn auch noch wissen, wie Yuna fließend Englisch und Deutsch beherrscht. Florian meint, dass Yuna mit dem Englisch wohl kein Problem hat, denn sie ja in London studiert hat. Yuna stimmt zu, aber sagt, dass sie im Deutsch etwas leider schwach ist, weil sie in der Uni drei Jahre Deutsch gelernt hat. Florian hat erstaunt. Denn er soweit weiß, hatte Yuna immer ein Eins mit Deutsch. Yuna bestätigt das: während das Studium konnte sie recht gut deutsch. Aber nach das Abschluss hatte sie dann noch kaum Gelegenheit, zu sprechen Deutsch, und deshalb hat viel vergessen. Florian ist überzeugt, ob Yuna kann ihr Deutsch sicher schnell wieder auffrischen, weil er kann sich noch gut daran erinnern, ob Yuna sich oft deutsche Filme geschaut hat, während der anderen wollten das nie. Sie fanden nämlich das viel zu angestrengt. Aber Yuna hat viel Spaß gemacht, mit Filmen Deutsch lernen.

7 **다음 우리말을 독일어로 옮기시오.**

(1) 더 일찍 오려고 했으나, 소포(das Paket [pa'keːt] 〈-(e)s, -e〉)를 기다려야 해서 그럴 수 없었어요.

➡ ______________________________

____

(2) 젊었을 때 나는 새로운 이름을 빨리 기억했는데(sich et. merken), 지금은 더 이상 그렇게 할 수 없다.

➡ ______________________________

____

(3) 그를 우리 만남에 데려오려고 했는데, 그가 더 일을 해야 했기 때문에 그럴 수 없었다.

➡ ______________________________

____

(4) 나는 돈을 벌어야 했기 때문에 대학에 갈 수 없었다.

➡ ______________________________

____

(5) 모든 질문에 잘 대답할 수 있었니?

- 응, 내가 조금 흥분하고 긴장했었지만.

➡ ______________________________

____

자세히 들여다보기

01 낱말 익히기

동사에서 파생된 과거분사가 형용사로 사용되는 경우

aufregen 흥분시키다 → aufgeregt 흥분된
anspannen (팽팽하게) 긴장시키다 → angespannt 긴장(되어 경직)된
bekennen 고해하다, 신앙을 고백하다 → bekannt 알려진
belieben (et. zu tun) …하기를 좋아하다 → beliebt 인기 있는
beruhigen 진정시키다 → beruhigt 진정된
enttäuschen 실망시키다 → enttäuscht 실망한
sich erkälten 감기에 걸리다 → erkältet 감기에 걸린
erschöpfen 기진맥진하게 하다 → erschöpft 기진맥진한
spannen (팽팽하게) 긴장시키다 → gespannt (기대감에) 긴장된
berühmt 유명한(현대독일어에서는 관련 동사가 사용되지 않음)

02 이유를 나타내는 접속사 weil, da, denn

(1) 종속접속사 weil

(왜냐하면) … 때문이다 (상대방이 모를 수 있는 이유를 제시할 때)

A: Warum ist er nicht gekommen? 그가 왜 안 왔지?
B: Er ist nicht gekommen, **weil** er krank **war**. 그는 아파서 안 왔다.

A: Warum bist du so traurig? 너 왜 그렇게 슬퍼하니?
B: Ich bin traurig, **weil** ich in der Prüfung durchgefallen **bin**.
나는 그 시험에 떨어져서 슬퍼한다.

(2) 종속접속사 da

…해서 (상대방도 쉽게 이해할 수 있는 이유를 제시할 때)

Da es **regnete**, konnte er nicht kommen. 비가 와서 그가 올 수 없었다.

Da ich, wie Sie wissen, verreist **war**, konnte ich nicht zu seiner Beerdigung gehen.
아시다시피 내가 여행을 갔었기 때문에 그의 장례식에 갈 수 없었습니다.

(3) 대등접속사 denn

논증하는 이유를 제시할 때 사용하며, 어순에 영향을 미치지 않는다.

Wir sind mit dem Zug gefahren, **denn** es **hat** viel geschneit.
우리는 기차를 타고 갔다. 왜냐하면 눈이 많이 내렸기 때문에.

Ich darf noch keinen Alkohol trinken, **denn** ich **bin** noch minderjährig.
나는 아직 술을 마시면 안 된다. 왜냐하면 아직 미성년이기 때문이다.

03 화법조동사의 완료형 : haben ... 〈동사 부정형 + 화법조동사 부정형〉

A: **Hast** du ihm helfen **können**? 너는 그를 도와줄 수 있었니?
B: Nein, ich **habe** ihm nicht helfen **können**. 아니, 나는 그를 도와줄 수 없었어.

A: **Hast** du lange auf sie warten **müssen**? 너는 그녀를 오래 기다려야 했니?
B: - Ja, ich **habe** lange auf sie warten **müssen**. 응, 오래 기다려야 했어.
- Nein, ich **habe** nicht lange auf sie warten **müssen**.
아니, 오래 기다릴 필요가 없었어.
- Nein, ich brauchte nicht lange auf sie zu warten.
아니, 오래 기다릴 필요 없었어. (müssen을 부정할 때는 nicht brauchen을 사용함)

Lektion 23

Nachdem ich gegessen hatte, war ich kurz auf der Toilette.

01 과거완료시제

02 종속접속사 nachdem

03 수동태

기본 문법

01 과거완료시제(Plusquamperfekt)

과거시제보다 앞선 시점을 나타낸다. 조동사 haben 또는 sein의 과거형에 과거분사를 결합한다 (hatten/waren ... p.p.).

현재시제 : Ich **lerne** jetzt Deutsch im Sprachkurs an der Universität Jena.
나는 지금 예나 대학의 어학코스에서 독일어를 배운다.

현재완료시제 : Davor **habe** ich Deutsch in Korea schon an der Universität **gelernt**. 그전에 나는 한국에서 벌써 대학에서 독일어를 배웠다.
(davor 그 전에 ↔ danach 그 후에)

과거완료시제 : Und davor **hatte** ich Deutsch schon in der Oberschule **gelernt**.
그전에 나는 고등학교에서 독일어를 배웠다.

02 종속접속사 nachdem : …한 후에

nachdem-절은 주절의 시점보다 먼저 있었던 일을 나타내므로 주절보다 앞선 시제의 동사를 사용한다.

Nachdem er Sport **gemacht hat**, **duscht** er sich. 그는 운동을 한 후에 샤워를 한다.
(gemacht hat: 현재완료 / duscht: 현재)

Nachdem er **gegessen hatte**, **schaute** er **fern**. 그는 식사 후 텔레비전을 보았다.
(gegessen hatte: 과거완료 / schaute: 과거)
(fernschauen tv를 보다 = fernsehen)

Nachdem alle Gäste **gegangen waren**, **räumte** ich das Wohnzimmer **auf**.
(gegangen waren: 과거완료 / räumte: 과거)
손님들이 모두 가고 난 후에 나는 거실을 정리하였다.
(der Gast 〈-(e)s, Gäste〉 손님; das Wohnzimmer 거실 ← wohnen 살다 + das Zimmer 방; aufräumen 정리정돈하다)

03 수동태(Passiv)

주어(1격)가 동사 행위의 대상이 되는 문장 형식으로, 수동태의 주어는 보통 능동태 문장의 4격 목적어에 해당한다. werden 동사를 조동사로 사용하는 동작수동(werden ... p.p.)과 sein 동사를 사용하는 상태수동(sein ... p.p.)이 있다.

능동태 : 주어 + 동사 + 4격 목적어

수동태 : 주어 + werden/sein + (전치사 + 목적어) ... p.p

(1) 동작 수동태(Vorgangspassiv) werden + 과거분사

주어가 어떻게 되는지를 표현하는 것으로, 행위자보다 일어난 사건에 더 중점을 두고 말할 때 사용한다.

능동태 현재시제 : Er öffnet das Fenster. 그가 창문을 연다.

수동태 현재시제 : Das Fenster **wird** von ihm **geöffnet**. 문이 그에 의해서 열린다.
(능동태의 주어 er(사람)가 'von ihm 〈3격 목적어〉'으로 변화됨)

능동태 현재 : Sie räumt das Wohnzimmer auf. 그녀가 거실을 정리한다.

수동태 현재 : Das Wohnzimmer **wird** von ihr **aufgeräumt**.
거실이 그녀에 의해 정리된다.

(2) 상태 수동태(Zustandspassiv) sein + 과거분사

주어가 어떤 상태에 처해있음을 표현하는 문장 형식으로, 의미적으로 대응되는 능동문에는 보통 완료시제가 사용된다.

상태 수동태 현재 : Das Fenster **ist geöffnet**. 창문이 열려 있다.

능동태 현재완료 : Ich **habe** das Fenster **geöffnet**. 나는 창문을 열었다.

상태 수동태 현재 : Das Wohnzimmer **ist aufgeräumt**. 거실이 정리되어 있다.

능동태 현재완료 : Ich **habe** das Wohnzimmer **aufgeräumt**. 나는 거실을 정리하였다.

능동태의 현재완료가 상태 수동태의 현재시제와 의미상 일치한다.

Ich habe mich erkältet. ➡ Ich bin erkältet. 나는 감기에 걸렸다.

Ich habe mich verabredet. ➡ Ich bin verabredet. 나는 약속이 있다.

Ich habe mich aufgeregt. ➡ Ich bin aufgeregt. 나는 감정이 격해졌다.
(sich (über jn./et.) aufregen (누구/무엇 때문에) 흥분하다 ↔ sich beruhigen 진정하다)

Ich habe mich verletzt. ➡ Ich bin verletzt. 나는 다쳤다.
(sich (an et.[3]) verletzen (어디를) 다치다. Sie hat sich am Kopf verletzt. 머리를 다쳤다.)

Ich habe mich gut erholt. ➡ Ich bin gut erholt. 나는 휴식을 잘 취했다.
(sich (von et.) erholen (무엇에서) 회복하다. sich von einer Krankheit erholen 질병에서 회복하다)

(3) 수동태 과거시제 : 〈werden/sein의 과거형〉 ... 〈과거분사〉

동작 수동태 과거시제 : Das Fenster **wurde** **geöffnet**. 창문이 열렸다.
능동태 과거시제 : Man öffnete das Fenster. 창문을 열었다.
(불특정대명사 man을 사용하는 능동태는 보통 수동태로 표현되는 경우가 많다.)

상태 수동태 과거시제 : Das Fenster **war** **geöffnet**. 창문이 열려있었다.
능동태 과거완료시제 : Man hatte das Fenster geöffnet. 창문을 열었었다.

동작 수동태 과거시제 : Das Wohnzimmer **wurde** **aufgeräumt**. 거실이 정리되었다.
능동태 과거시제 : Man räumte das Wohnzimmer auf. 거실을 정리하였다.

상태 수동태 과거시제 : Das Wohnzimmer **war** **aufgeräumt**. 거실이 정리되어있었다.
능동태 과거완료시제 : Man hatte das Wohnzimmer aufgeräumt. 거실을 정리했었다.

기본 대화 1

Meine Brieftasche wurde gestohlen.

A Ich möchte einen Diebstahl melden. Meine Brieftasche wurde gestohlen.

B Erzählen Sie bitte einmal, was passiert ist.

A Ich habe heute Mittag im Restaurant „Zur Post“ gegessen. Meine Brieftasche war in der Innentasche meines Jacketts.

B Und wo war Ihr Jackett?

A Das hatte ich über den Stuhl gehängt.

B Und dann?

A Dann habe ich etwas gegessen. Nachdem ich gegessen hatte, war ich kurz auf der Toilette.

B Und wo war das Jackett, während Sie auf der Toilette waren?

A Ich hatte es über dem Stuhl gelassen.

B Aha! Und als Sie aus der Toilette kamen, war Ihre Brieftasche verschwunden.

A Richtig. Das habe ich aber erst bemerkt, als ich bezahlen wollte.

해설

① Ich möchte einen Diebstahl melden. 도난 신고를 하려고 합니다.

- der Diebstahl 〈-(e)s, Diebstähle〉 절도
- melden 신고하다, einen Unfall bei der Polizei melden 경찰에 사고를 신고하다, einen Schaden bei der Versicherung melden 보험회사에 손해를 신고하다

② Meine Brieftasche wurde gestohlen. (장)지갑을 도둑맞았습니다.

- die Brieftasche 〈-, -n〉 (장)지갑
- stehlen ['ʃteːlən] 〈er stiehlt, stahl, hat ... gestohlen〉 훔치다

③ Erzählen Sie bitte einmal, was passiert ist. 무슨 일이 있었는지 설명해 보세요.

- was passiert ist가 erzählen동사의 목적어임

④ Ich habe heute Mittag im Restaurant „Zur Post“ gegessen.
오늘 점심 때 “Zur Post” 식당에서 식사를 했습니다.

- essen ['ɛsn̩] 〈isst, aß [aːs], hat ... gegessen [gə'gɛsn̩]〉 먹다
- heute Mittag 〈부사구로 사용되어 전치사를 동반하지 않음〉 오늘 점심에

⑤ Meine Brieftasche war in der Innentasche meines Jacketts.
제 지갑이 상의 안주머니에 있었어요.

- die Innentasche 〈innen 안에 + Tasche 주머니〉 안주머니
- das Jackett [ʒa'kɛt] 〈-s, -s〉 상의 = die Anzugjacke, der Sakko

⑥ Und wo war Ihr Jackett? 상의가 어디에 있었나요?

⑦ Das hatte ich über den Stuhl gehängt. 의자 위에 걸어놨어요.

- der Stuhl 〈-(e)s, Stühle〉 의자
- hängen 걸다, 걸쳐놓다

⑧ Und dann? 그랬는데요?

⑨ Dann habe ich etwas gegessen. 식사를 했습니다.

⑩ Nachdem ich gegessen hatte, war ich kurz auf der Toilette.
식사 후 잠깐 화장실에 갔어요.

- die Toilette [to̯a'lɛtə] 〈-, -n〉 ① 변기 ② 화장실

⑪ Und wo war das Jackett, während Sie auf der Toilette waren?
화장실에 가 계신 동안에는 상의가 어디에 있었습니까?

⑫ Ich hatte es über dem Stuhl gelassen. 의자 위에 걸쳐 뒀어요.

- lassen 〈lässt, ließ, hat ... gelassen〉 (무엇을 어디에) 두다, Lass die Koffer einfach im Flur. 그 가방들을 복도에 그냥 두어라.

⑬ Aha! Und als Sie aus der Toilette kamen, war Ihre Brieftasche verschwunden.

아하. 화장실에서 돌아왔을 때 지갑이 없어졌군요.

- verschwinden [fɛɐ̯'ʃvɪndn̩] 〈verschwindet, verschwand, ist ... verschwunden〉 〈자동사〉 사라지다

⑭ Richtig. Das habe ich aber erst bemerkt, als ich bezahlen wollte.

맞아요. 그러나 그런 사실은 돈을 지불하려고 했을 때에서야 알았어요.

- bemerken [bə'mɛrkn̩] ① 인지하다 ② 알아채다
- erst [e:ɐ̯st] 〈부사〉 ① 먼저 ② (…에야) 비로소

텍스트 완성하기

대화문의 내용과 일치하도록 빈칸을 채우시오.

Ein Mann ________ ________ Diebstahl: Seine Brieftasche ________ gestohlen. Der Polizist forderte ________ ________, ________ erzählen, was passiert ________. Der Mann sagte, ________ er ________ Mittag ________ Restaurant „Zur Post“ gegessen ________. Seine Brieftasche ________ in der Innentasche ________ Jacketts. Der Polizist fragte, ________ sein Jackett ________. Das ________ er ________ ________ Stuhl gehängt. ________ er gegessen ________, ________ er kurz ________ die Toilette. Der Polizist fragte, ________ das Jackett war, ________ er auf ________ Toilette war. Der Mann antwortete, dass er ________ über ________ Stuhl gelassen ________. Der Polizist vermutete, dass die Brieftasche verschwunden ________, als der Mann ________ der Toilette kam. Der Mann erwiderte, dass es so gewesen ________. Den Diebstahl hatte er aber ________ bemerkt, ________ er bezahlen ________.

유용한 표현

01 …을 신고하다 : et.⁴ melden

Ich möchte einen Diebstahl melden. 절도 사건을 신고하다.
einen Schaden 손해를 신고하다.
einen Unfall 사고를 신고하다.
einen Überfall 강도 사건을 신고하다.

(der Diebstahl ['di:pʃta:l] 〈-(e)s, Diebstähle〉 도둑질, 절도; der Schaden ['ʃa:dn̩] 〈-s, Schäden〉 손해; der Unfall ['ʊnfal] 〈-(e)s, Unfälle〉 사고, der Verkehrsunfall 교통사고; der Überfall 〈-(e)s, Überfälle〉 강도, 습격)

02 나의 …을 도둑맞다 : Mein- ... wurde gestohlen / Mir wurde ... gestohlen.

Mein Geld wurde gestohlen. 내 돈을 도둑맞았다.
Mir wurde das Geld gestohlen. 나는 돈을 도둑맞았다.
(stehlen 〈stiehlt, stahl, hat ... gestohlen〉 jm. et. stehlen 누구에게서 무엇을 훔치다)

Meine Aktentasche wurde gestohlen. 내 서류 가방이 도둑맞았다.
Mir wurde die Aktentasche gestohlen. 나는 서류 가방을 도둑맞았다.

Mein Handy wurde gestohlen. 내 핸드폰이 도둑맞았다.
Mir wurde das Handy gestohlen. 나는 핸드폰을 도둑맞았다.

Mein Schmuck wurde gestohlen. 내 장신구가 도둑맞았다.
Mir wurde der Schmuck gestohlen. 나는 장신구를 도둑맞았다.
(der Schmuck 〈-(e)s, 항상단수〉 귀금속 장신구)

Meine Uhr wurde gestohlen. 내 시계를 도둑맞았다.

Mir wurde die Uhr gestohlen. 나는 시계를 도둑맞았다.

03 …을 설명해주세요 : Erzählen Sie bitte einmal, …

Erzählen Sie (mir/uns) bitte einmal,

was passiert ist. 무슨 일이 있었는지 설명해 주세요.

wie der Unfall passiert ist. 어떻게 사고가 났는지

wie Sie das gemacht haben. 어떻게 그것을 했는지

wie das passieren konnte. 어떻게 그 일이 일어날 수 있었는지

woher Sie ihn kennen. 그 남자를 어떻게 아는지

04 …을 …에 걸다 : et.[4] irgendwohin hängen
…이 …에 걸려있다 : et.[1] hängt irgendwo

Ich habe die Jacke in den (Kleider)Schrank gehängt. 재킷을 (옷)장 속에 걸었다.

den Mantel an die Garderobe 코트를 옷 보관 장소에 걸었다

das Bild an die Wand 그림을 벽에 걸었다.

das Poster an die Tür 포스터를 문에 붙였다

Die Jacke hängt im Kleiderschrank. 그 재킷이 옷장에 걸려있다.

Der Mantel an der Garderobe. 그 코트가 옷 보관 장소에

Das Bild an der Wand. 그 그림이 벽에

Das Poster an der Tür. 그 포스터가 문에

05 …을 깜박 잊고 …에 놓고 나왔다 : et.⁴ irgendwo liegen lassen

Ich habe meinen Pass zu Hause liegen lassen. 여권을 깜박 잊고 집에 두고 나왔다.

meinen Schlüssel im Büro	열쇠를 사무실에
mein Handy im Taxi	핸드폰을 택시에
meinen Schal im Restaurant	목도리를 식당에

et.⁴ irgendwo lassen 무엇을 (의도적으로) 어디에 두다

Lassen Sie alle wichtigen Sachen zu Hause. 중요한 것은 모두 집에 두세요.

Ich habe meinen Pass im Tresor des Hotelzimmers gelassen.
나는 내 여권을 호텔 방 금고에 넣어 두었다.

jn. in Ruhe lassen 누구를 건드리지 않고 그냥 두다

Lass mich in Ruhe! 나를 건드리지 말고 내버려 둬.

06 …이 없어졌다 : … ist/sind verschwunden

Als ich nach Hause kam, war mein Fahrrad verschwunden.
집에 왔을 때 내 자전거가 없어졌다.

mein kleiner Sohn	내 어린 아들이
mein Hund	우리 개가

활용 연습

1 **다음 능동태 문장을 수동태 문장으로 바꾸시오.**

(1) Viele Studenten respektieren ihn.

➡ ______________________________

(2) Man lädt ihn gern ein.

➡ ______________________________

(3) Man holt dich vom Flughafen ab. (jn. abholen 누구를 마중 나가 데려오다)

➡ ______________________________

(4) Welche Sprache spricht man in Brasilien?

➡ ______________________________

(5) Die Polizei verhaftete den Täter. (verhaften 체포하다; der Täter 범행자, die Tat 행위)

➡ ______________________________

(6) Man baute dieses Gebäude 1978. (das Gebäude 건물; bauen 건설하다)

➡ ______________________________

2 **주어진 동사의 알맞은 형태를 적으시오.**

(1) Nachdem er __________ __________ (essen), putzte er sich die Zähne.
(sich die Zähne putzen 이를 닦다)

(2) Nachdem er Korea __________ __________ (verlassen), habe ich nichts mehr von ihm gehört. (et./jn. verlassen 어디/누구를 떠나다)

(3) An dem Tag habe ich erfahren, dass er sich ein paar Tage vorher von seiner Freundin __________ __________(trennen).

(erfahren 들어서 알다; vorher 전에; sich von jm. trennen 누구와 헤어지다)

3 다음 빈칸에 알맞은 말을 적으시오. (상태수동 과거, 현재완료, 과거완료)

Letzten Sonntag __________ ich eigentlich mit Mark in der Stadt verabredet. Er wollte mich anrufen, wenn er losfährt. Ich __________ die ganze Zeit auf seinen Anruf gewartet. Als ich zwei Stunden vergeblich auf seinen Anruf gewartet __________, war ich sauer und __________ mit meiner Freundin ins Kino gegangen. Während der Vorstellung klingelte plötzlich mein Handy. Es war Mark. Er __________ einen Unfall gehabt. Er __________ schwer verletzt und __________ ins Krankenhaus gebracht. Als ich das hörte, __________ ich geschockt und __________ gleich zu ihm gefahren.

(vergeblich 헛되이; sauer 화난; klingeln 벨이 울리다; geschockt 쇼크를 받은)

4 다음 빈칸에 어울리는 접속사를 적으시오. (als, während, nachdem)

(1) __________ ich gestern nach Hause kam, waren meine Großeltern schon da.

(2) __________ sich die Erwachsenen unterhielten, spielten die Kinder Fußball.

(sich unterhalten 대화를 나누다)

(3) __________ er sein Studium abgeschlossen hatte, ist er in die USA gegangen.

(das Studium abschließen 대학에서의 학업을 마치다)

(4) __________ Jan 2013 eine Geschäftsreise nach Korea machte, lernte er etwas Koreanisch.

(die Geschäftsreise 업무상 여행, 출장 ← das Geschäft 업무, 사업 + die Reise 여행)

(5) __________ ich losgegangen war, fing es an zu regnen.

(losgehen 〈ging ... los, ist ... losgegangen (걸어서) 떠나가다; anfangen 〈fängt ... an, fing ... an, hat ... angefangen 시작하다)

(6) __________ ich kochte, hat mein Mann den Tisch gedeckt.

(den Tisch decken 상을 차리다; der Tisch 테이블; decken 덮다)

5 다음 대화를 듣고 빈칸을 채우시오.

A: Was __________ __________ Kirche ist das?

B: Das ist __________ berühmte __________ Dom.

A: Wann __________ er __________?

B: Das ist schon __________ __________. Schon __________ __________ __________ dem Bau __________. Aber die Bauarbeiten __________ mehrmals unterbrochen, __________ __________ Geld fehlte.

A: Und __________ __________ __________ Dom dann fertiggestellt?

B: Das __________ erst __________, also nach __________ __________ Jahren. Im __________ Weltkrieg __________ er __________ beschädigt, __________ Gott sei Dank __________ zerstört.

(berühmt 유명한; der Bau 건설, die Bauarbeit 〈보통 복수: -en〉 건설작업, 공사; fertigstellen 완성하다; der Zweite Weltkrieg 제2차 세계대전; beschädigen (사물을) 손상하다; zerstören 파괴하다)

6 다음 글에서 잘못된 부분을 고치시오.

Ein Mann meldete ein Diebstahl: Seine Brieftasche wird gestohlt. Der Polizist forderte ihm auf, erzuzählen, was passiert. Der Mann sagte, dass er um Mittag in Restaurant „Zur Post“ aß. Seine Brieftasche steckt in die Innentasche seinem Jacketts. Der Polizist fragte, wo sein Jackett ist. Das hatte er über dem Stuhl gehängen. Nachdem er gegessen hat, geht er kurz auf der Toilette. Der Polizist fragte, wo das Jackett ist, während er auf die Toilette ist. Der Mann antwortete, dass er es über den Stuhl gelassen hat. Der Polizist vermutete, dass die Brieftasche verschwunden ist, als der Mann aus die Toilette kommt. Der Mann erwiderte, dass es so gewesen ist. Den Diebstahl hat er aber schon bemerkt, als er bezahlen will.

7 다음 우리말을 독일어로 옮기시오.

(1) 그가 계속 공부하기 위해서 독일에 갔을 때 그는 한국에서 이미 석사를 마쳤었다.

➡ ______________________________

____

(2) 내가 로마에 있을 때/갔을 때, 내 지갑을 도둑맞았다.

➡ ______________________________

(3) 가방을 어디에 두셨습니까?

- 의자에 걸어두었습니다.

➡ ______________________________

____

(4) 어떻게 사고가 났는지 한번 설명해주세요.

➡ ______________________________

(5) 나는 열쇠를 (깜박 잊고) 집에 두고 왔다.

➡ ______________________________

(6) 나는 핸드폰을 어디에 두었는지 생각이 안 난다(기억할 수가 없다).

➡ ______________________________

(7) 나는 내가 너에게 전화를 하려고 했을 때야 비로소 그것을 알았다.

➡ ______________________________

자세히 들여다보기

01 낱말 익히기

(1) 합성어 : -tasche

die Innentasche 안주머니
die Außentasche 바깥주머니
die Vordertasche 앞주머니
die Hintertasche 뒷주머니
die Jackentasche 재킷주머니
die Hosentasche 바지주머니
die Aktentasche 서류가방
die Brieftasche (장)지갑

02 3·4격 요구 전치사의 사용 : 3격? 혹은 4격?

Ich hänge ein Bild an **die** Wand. 나는 벽에 그림을 건다. 〈4격: 방향〉
Das Bild hängt jetzt an **der** Wand. 그 그림이 이제 벽에 걸려있다. 〈3격: 위치〉

Ich habe mein Jackett über **den** Stuhl gehängt.
내 상의를 의자 위에 걸쳐놓았다. 〈4격: 방향〉
(hängen이 타동사(et.[4] hängen 무엇을 걸다)로 사용되면 규칙동사 변화: hängte, hat ... gehängt)

Mein Jackett hing über **dem** Stuhl. 내 상의가 의자 위에 걸쳐있었다. 〈3격: 위치〉
(hängen이 자동사(et.[1] hängt 무엇이 걸려있다)로 사용되면 불규칙 동사 변화: hing, hat ... gehangen)

Ich stelle meinen Computer auf den Schreibtisch.
나는 컴퓨터를 책상 위에 놓는다. 〈4격: 방향〉 (et.[4] stellen 무엇을 (세워)두다)

Mein Computer steht jetzt auf dem Schreibtisch.
내 컴퓨터가 이제 책상 위에 놓여있다. 〈3격: 위치〉 (et.[1] steht 무엇이 (서) 있다)

Ich lege den Schlüssel in die Schublade.
나는 열쇠를 서랍 속에 놓는다. 〈4격: 방향〉 (et.^{4} legen 무엇을 (눕혀)두다)

Der Schlüssel liegt jetzt in der Schublade.
열쇠가 이제 서랍 속에 있다. 〈3격: 위치〉
(liegen 〈lag, hat/ist ... gelegen〉 (누워/놓여)있다. et.^{1} liegt 누가/무엇이 (누워/놓여)있다)

Ich setze das Baby in den Kindersitz.
나는 아기를 베이비시트에 앉힌다. 〈4격: 방향〉
(jn. setzen 누구를 앉히다; der Kindersitz 어린이의자)

Das Baby sitzt jetzt im Kindersitz.
아기가 이제 베이비시트에 앉아있다. 〈3격: 위치〉
(sitzen 〈saß, hat/ist ... gesessen〉 앉아있다. jd. sitzt 누가 앉아있다)

03 4격 목적어가 없는 능동태 문장도 수동태로 바꿀 수 있다.

Man arbeitet am Wochenende nicht. 주말에는 일하지 않는다.
Es wird am Wochenende nicht gearbeitet.
(동사 앞에 다른 말이 오지 않으면 es(자리메꿈 es)를 사용하여 문장의 첫 번째 성분 위치를 메꾼다.)

Am Wochenende wird nicht gearbeitet.
(문장의 첫 번째 성분 위치에 부사어 am Wochenende가 오면 es가 나타나지 않는다.)

Man hilft immer zuerst den Alten und den Schwachen.
항상 우선 노약자를 먼저 도와준다.
(den Alten: 형용사의 명사화 die Alten(나이든 사람들)의 3격; den Schwachen: 형용사의 명사화 die Schwachen(약한 사람들)의 3격)

Es wird immer zuerst den Alten und den Schwachen geholfen.
항상 우선 노약자가 도움을 받는다.

Zuerst wird immer den Alten und den Schwachen geholfen.
항상 노약자가 우선 도움을 받는다.

Lektion 24

Was muss noch gemacht werden?

01 동작 수동태 현재완료시제 : sein ... 〈과거분사〉 + worden

02 화법 조동사가 있는 수동태

03 형용사의 명사화

04 비교 접속사 wie, (so) + 형용사 + wie ...

기본 문법

01 동작 수동태 현재완료시제 : sein ... 〈과거분사〉 + worden

동작 수동태 현재시제 : Das Fenster wird geöffnet. 창문이 열린다.

동작 수동태 현재완료시제 : Das Fenster **ist** **geöffnet** **worden**. 창문이 열렸다.

상태 수동태 현재시제 : Das Fenster ist geöffnet. 창문이 열려있다.

동작 수동태 현재시제 : Das Zimmer wird aufgeräumt. 방이 정리된다.

동작 수동태 현재완료시제 : Das Zimmer **ist** **aufgeräumt** **worden**. 방이 정리되었다.

상태 수동태 현재시제 : Das Zimmer ist aufgeräumt. 방이 정리되어 있다.

동작 수동태 현재시제 : Er wird ins Krankenhaus gebracht. 그가 병원으로 이송된다.

동작 수동태 현재완료시제 : Er **ist** ins Krankenhaus **gebracht** **worden**.
그가 병원으로 이송됐다.
(bringen은 방향성이 내포된 동사로 동작 수동태만 가능)

능동태 현재완료시제 : Man hat ihn ins Krankenhaus gebracht.
그를 병원으로 이송했다.

02 화법조동사가 있는 수동태

〈화법 조동사〉 ... 〈과거분사〉 + werden. 화법조동사가 나오면 수동태 조동사 werden이 부정형이 되어 문장의 맨 뒤로 간다.

화법조동사 없는 수동태 : Das Fenster wird geputzt. 그 창문이 닦인다.

화법조동사 있는 수동태 : Das Fenster **muss** **geputzt** **werden**. 그 창문이 닦여야 한다.

화법조동사 없는 수동태 : Das Problem wird gelöst. 그 문제가 해결된다.

화법조동사 있는 수동태 : Das Problem **kann** **gelöst** **werden**. 그 문제가 해결될 수 있다.

능동태 현재 : Man muss das Formular eigenhändig unterzeichnen.
그 서류에 자필로 서명해야 한다.
(eigenhändig 자필의 ← eigen- 자신의 + die Hand 손 + -ig 형용사 접미어)

수동태 현재 : Das Formular **muss** eigenhändig **unterzeichnet** **werden**.
그 서류는 자필로 서명되어야 한다.
(unterzeichnen [ʊntɐ'tsaiçnən] 서명하다)

능동태 과거 : Man musste das Formular eigenhändig unterzeichnen.
그 서류에 자필로 서명해야 했다.

수동태 과거 : Das Formular **musste** eigenhändig **unterzeichnet** **werden**.
그 서류는 자필로 서명되어야 했다.

03 형용사의 명사화

형용사는 첫 글자를 대문자로 써서 명사화할 수 있다. 이때 형용사가 어미변화를 한다.

blind 눈이 먼 ➡ ein **B**lind**er** 눈이 먼 한 남성, eine **B**lind**e** 눈이 먼 한 여성
der **B**lind**e** 그 눈이 먼 남성, die **B**lind**e** 그 눈이 먼 여성,
die **B**lind**en** 눈이 먼 사람들

viel, wenig, etwas/was, nichts 등은 중성명사로 취급하며 그 다음에 오는 형용사는 강변화하여 명사화된다.

Das ist **etwas Gutes**. 그것은 좋은 것이다.
Ich möchte dir **etwas Schönes** schenken. 네게 좋은 것을 선물하고 싶다.

Was gibt es **Neues**? 무슨 새로운 일/소식 있어?
(etwas Neues에서 etwas 부분이 의문사 was로 대체되면서 문장 앞으로 갔음)

Ich muss dir **etwas Trauriges** erzählen. 네게 슬픈 이야기를 해야 해.
(traurig 슬픈 ↔ froh 기쁜)

Es gibt **nichts Neues**. 새로운 것이 아무 것도 없다.

all- 다음에서는 형용사 어미가 약변화한다.

Ich wünsche dir **alles Gute**. 모든 행운을 빈다(복 많이 받아라).

04 비교 접속사 wie : …처럼, (so) + 형용사 + wie … : …처럼/만큼 (그렇게) … <형용사>한

Er redet **wie** ein Wasserfall. 그는 폭포수처럼 말한다.
(der Wasserfall 폭포 ← das Wasser 물 + der Fall 떨어짐, 낙하)

Sie blieb bei dem Unfall **wie** durch ein Wunder unverletzt.
그녀는 그 사고에서 기적처럼 다치지 않았다.
(bleiben 〈blieb, ist ... geblieben〉 (변하지 않고 그대로) 남다, 머물다; durch ein Wunder(기적을 통한)가 wie에 연결됨; das Wunder ['vʊndɐ] 〈-s, -〉 기적)

Er ist (**so**) stark **wie** ein Bär. 그는 곰처럼 힘이 세다.
(der Bär 곰)

Seine Augen sind (**so**) dunkel und kalt **wie** der Tod.
그의 눈은 죽음처럼 어둡고 차갑다.
(dunkel 어두운 ↔ hell 밝은; der Tod [to:t] 〈-es, 항상 단수〉 죽음, tot [to:t] 〈형용사〉 죽은)

Ihre Haut ist (**so**) weiß **wie** Schnee. 그녀의 피부는 눈처럼 희다.
(die Haut 피부; der Schnee [ʃne:] 〈-s, 항상 단수〉 눈)

Ihre Lippen sind (**so**) rot **wie** Blut. 그녀의 입술은 피처럼 붉다.
(die Lippe ['lɪpə] 〈-, -n〉 입술; das Blut [blu:t] 〈-(e)s, 항상 단수〉 피)

기본 대화

Die Küche muss geputzt werden.

Beate Silvia, du musst mir schnell helfen!

Silvia Was gibt es denn Dringendes?

Beate Kais Eltern wollen mich heute Nachmittag besuchen. Sie sind zufällig in der Stadt und möchten die neue Freundin ihres Sohnes kennenlernen.

Silvia Na und? Das ist doch nichts Schlimmes. Wo ist denn das Problem?

Beate Kais Eltern kommen schon in drei Stunden. Und meine Wohnung sieht aus wie nach einem Erdbeben. Die Küche muss geputzt werden. Das Schlafzimmer muss aufgeräumt werden, das Bad muss sauber gemacht werden. Und Kaffee und Kuchen sollten auch noch besorgt werden.

Silvia Schon gut. Ich habe eine Idee. Wenn ich meine Schwester überreden kann, uns zu helfen, kann deine Wohnung in drei Stunden picobello sein.

Beate Du bist ein Schatz! Wenn alles klappt, darfst du dir auch was Schönes wünschen!

해설

① Silvia, du musst mir schnell helfen! 실비아, 너 빨리 나 좀 도와줘야 해.

- schnell 〈형용사〉 빠른, 〈여기서는 부사어로 사용되어〉 빨리

② Was gibt es denn Dringendes? 무슨 급한 일이 있어?

- dringend ⟨dringen + -d⟩ 급한, Komm schnell! Es ist dringend. 빨리 와! 급해.
  etwas Dringendes (무엇인가) 급한 것, etwas 부분이 의문사 was로 대체되어 문장의 맨 앞으로 감.

③ Kais Eltern wollen mich heute Nachmittag besuchen.
카이의 부모님이 오늘 오후 나를 방문하려고 해.

- Kais Eltern ... 남성 이름 Kai에 2격 어미 -s가 붙어서 'Kai의'가 됨.
- heute Nachmittag (오늘 오후)에서 Nachmittag은 명사 4격으로 부사어로 사용됨.

④ Sie sind zufällig in der Stadt und möchten die neue Freundin ihres Sohnes kennenlernen. 그들은 우연히 시내에 오는데 아들의 새 여자친구를 알고 싶어 해.

- zufällig ⟨형용사, der Zufall 우연 + -ig⟩ 우연한, ⟨여기서는 부사어로 사용되어⟩ 우연히
- ihres Sohnes는 ihr Sohn(그들의 아들)의 2격 형태로 앞의 명사 Freundin을 수식.

⑤ Na und? Das ist doch nichts Schlimmes. Wo ist denn das Problem?
그래서? 나쁜 일 아니잖아. 어디에 문제가 있는데?

- schlimm ⟨형용사⟩ 나쁜, etwas Schlimmes 뭔가 나쁜 것, nichts Schlimmes 나쁜 것이 아닌 것

⑥ Kais Eltern kommen schon in drei Stunden. 카이의 부모님은 3시간만 있으면 벌써 오셔.

- in ⟨전치사⟩ (시간의 경과) ··· 지나면, 후에

⑦ Und meine Wohnung sieht aus wie nach einem Erdbeben.
내 집은 지진 난 것처럼 보여.

- das Erdbeben ['e:ɐ̯tbe:bn̩] ⟨die Erde ['e:ɐ̯də] 지구 + beben ['be:bn̩] 떨다⟩ 지진
- aussehen (sieht ... aus, sah ... aus, hat ... ausgesehen) ···하게 보이다

⑧ Die Küche muss geputzt werden. 부엌이 청소되어야 한다.

- 화법조동사 muss와 수동태(geputzt werden)이 결합된 형태. 능동태로 바꾸면: Man muss die Küche putzen.

⑨ Das Schlafzimmer muss aufgeräumt werden, das Bad muss sauber gemacht werden. 침실이 정리되어야 하고, 욕실이 깨끗하게 치워져야 한다.

- 능동태: Man muss das Schlafzimmer aufräumen und das Bad sauber machen.

⑩ Und Kaffee und Kuchen sollten auch noch besorgt werden.
커피와 케이크도 마련되어야 한다.

- besorgen 마련하다, 조달하다, jm. et.[4] besorgen 누구에게 무엇을 마련해주다
- 능동태: Man sollte Kaffee und Kuchen besorgen.

⑪ Schon gut. Ich habe eine Idee. 알았어(그만해도 됐어). 내게 생각이 있어.

- Schon gut. 그만해도 돼. (알았어) 됐어.
- eine Idee haben (누구에게) 아이디어가/좋은 생각이 있다

⑫ Wenn ich meine Schwester überreden kann, uns zu helfen, kann deine Wohnung in drei Stunden picobello sein. 내가 내 여동생에게 우리를 도와달라고 설득할 수 있으면, 네 집은 3시간이면 윤이 반짝반짝 날거야.

- überreden [y:bɐ're:dn̩] 〈비분리동사〉 설득하다, jn. überreden, et. zu tun 누가 무엇을 하도록 설득하다
- picobello 〈형용사〉 매우 깨끗하고 정리가 잘 된 (sehr sauber und ordentlich)

⑬ Du bist ein Schatz! Wenn alles klappt, darfst du dir auch was Schönes wünschen! 넌 내 천사야! 모든 게 잘 되면 넌 뭔가 좋은 것을 원해도 돼.

- der Schatz 〈-es, Schätze〉 ① 보물 ② 〈배우자나 자기 아이를 부르는 호칭〉 자기(Liebling) ③ 〈여기서는〉 아주 친절하고 도움을 주는 사람
- klappen 〈자동사〉 계획대로 잘 되다, Alles hat gut geklappt! 모든 일이 잘 맞아떨어졌다.
- sich^3 et.^{4} wünschen 자신에게 무엇을 (선물하기를) 희망하다, etwas가 구어에서 was로 축약되기도 함.

텍스트 완성하기

대화문의 내용과 일치하도록 빈칸을 채우시오.

Beate bittet Silvia, ______ schnell ______ helfen. Silvia möchte wissen, ______ ______ denn Dringendes gibt. Beate sagt, ______ Kais Eltern ______ heute Nachmittag besuchen ______. Sie sind zufällig ______ ______ Stadt und möchten die ______ Freundin ______ Sohnes kennenlernen. Silvia meint, dass ______ ______ Schlimmes ist. Sie fragt, ______ denn das Problem ______. Beate erklärt, ______ Kais Eltern schon ______ drei ______ kommen. Aber ______ Wohnung sieht ______ ______ ______ einem Erdbeben. Sie meint, die Küche ______ geputzt ______, das Schlafzimmer ______ aufgeräumt ______, das Bad ______ sauber ______ ______ und auch Kaffee und Kuchen ______ noch ______ ______. Silvia versteht die Lage und überlegt ______ Moment. Sie hat eine ______: Sie will versuchen, ihre Schwester ______ überreden, ______ helfen. ______ ihre Schwester ______, ______ Beates Wohnung ______ drei ______ picobello sein. Beate ______ erleichtert und verspricht Silvia, dass sie ______ ______ Schönes wünschen darf, ______ alles klappt.

유용한 표현

01 무슨 ...것이 있는가? : Was gibt es denn ... 〈형용사의 명사화〉?

Was gibt es denn Wichtiges? 무슨 중요한 것이 있어?
Schönes? 무슨 좋은 것이
Neues? 무슨 새로운 것이
Interessantes? 무슨 흥미로운 것이
Dringendes? 무슨 급한 것이

02 그것은 ...한 것이 아니다 : Das ist doch nichts + 〈형용사의 명사화〉

Das ist doch nichts Schlimmes. 그것은 심각한 것이 아니잖아.
Schlechtes. 나쁜 것이
Besonderes. 특별한 것이
Neues. 새로운 것이
Wichtiges. 중요한 것이
Dringendes. 급한 것이

03 누가/무엇이 ...처럼 보이다 : jd./et. sieht wie ... aus

Du siehst wie ein Gespenst aus. 너는 귀신처럼 보인다.
(das Gespenst [gə'ʃpɛnst] 〈-(e)s, -er〉 유령, 귀신)

Sie sieht wie eine Schauspielerin aus. 그녀는 영화배우 같다.

Deine Freundin sieht wie ein Model aus. 네 여자친구는 모델 같다.
(das Model ['mɔdəl] 〈-s, -s; 영어에서 온 외래어〉 모델, 〈주의〉 das Fotomodell ['fo:tomodɛl] 포토 모델)

Er sieht wie ein Tourist aus. 그는 여행자처럼 보인다/같다.
(der Tourist [tu'rɪst] 〈-en, -en〉 관광객)

〈주의〉 jd. sieht wie jd. aus: 누가 누구처럼 생기다 (wie jd. aussehen)
jn. sieht jm. ähnlich: 누가 누구와 닮았다 (jm. ähnlich sehen)

Du siehst wie dein Vater aus. 너는 너의 아버지처럼 생겼다.
Du siehst deinem Vater ähnlich. 너는 너의 아버지와 닮았다.

04 반드시 …해야 합니다 : Sie müssen unbedingt ...
너는 꼭/반드시 …해야 한다 : Du musst unbedingt ...

Sie müssen unbedingt meinen Freund kennenlernen.
제 (남자) 친구를 꼭 알아야 합니다.

Du musst unbedingt meinen Freund kennenlernen.
너는 꼭 내 (남자) 친구를 알아야 해.

Deutsch lernen. 꼭 독일어를 배워야
zu meiner Party kommen. 꼭 내 파티에 와야

* 인칭대명사 목적어는 부사어(unbedingt)보다 앞에 옴

Sie müssen unbedingt meinen Vater besuchen.
당신은 꼭 제 아버지를 방문해야 합니다.

Sie müssen **ihn** unbedingt besuchen.
당신은 꼭 그를 방문해야 합니다.

Du musst **dich** unbedingt melden, wenn du in Deutschland bist.
독일에 오면 꼭 연락해야 해.

Du musst **mir** unbedingt erzählen, wie du ihn kennengelernt hast.
네가 그를 어떻게 알았는지 네게 꼭 얘기해줘야 해.

활용 연습

1 수동태를 사용하여 답하시오.

(1) Hat man den Vertrag schon unterzeichnet?

Ja, der Vertrag ______________________________

(2) Hat man dir das Buch gebracht?

Ja, ______________________________

(3) Hat man dir den Zahn schon gezogen?

Ja, ______________________________

(4) Hat man das Buch schon bestellt?

Nein, ______________________________

(5) Hat man Ihnen das Geld schon überwiesen?

Nein, ______________________________

(überweisen [y:bɐ'vai̯sn̩] (돈을) 이체하다)

(6) Hat man die Wohnung schon aufgeräumt?

Nein, ______________________________

(7) Hat man die Ausschreibung bekanntgegeben?

Nein, ______________________________

(die Ausschreibung 공지, ausschreiben 공지하다, et. ausschreiben 무엇을 공지하다; bekanntgeben 공표하다)

2 다음 문장을 수동태로 고치시오.

(1) Man muss diese Arbeit heute noch erledigen. (heute noch 오늘 안으로)

➡ ______________________________

(2) Man muss zuerst die Kartoffeln schälen. (schälen ['ʃɛ:lən] (껍질을) 깎다)

➡ ______________________________

(3) Man konnte die Schüler nicht mehr retten. (retten ['rɛtn̩] 구조하다)

➡ ______________________________

(4) Man konnte den Fehler korrigieren. (korrigieren [kɔri'gi:rən] 수정하다)

➡ ______________________________

(5) Man hat das Fenster geputzt.

➡ ______________________________

3 다음 빈칸에 알맞은 말을 적으시오.

__________ ich letzten Sonntag __________ __________ Stadt war, gab __________ einen Großbrand. __________ ich im Café Meier saß, brach __________ Stadttheater nebenan ein Feuer aus. Ich __________ geschockt, als ich die Flammen sah. Die Feuerwehr __________ sofort alarmiert und war auch schnell da. Auch der Notarzt __________ gerufen. Fünf Leute __________ schwer verletzt und __________ ins Krankenhaus gebracht __________. Gott sei Dank __________ das Feuer schnell gelöscht __________. Die Ursache des Feuers __________ untersucht. Am nächsten Tag __________ in der Zeitung über den Brand berichtet.

(der Brand 화재, der Großbrand 대형 화재, ausbrechen 일어나다, 발발하다, Ein Brand bricht aus. 화재가 일어난다. nebenan 옆에; schockieren 충격을 주다, geschockt 충격을 받은; die Flamme 불꽃; die Feuerwehr 소방대; alarmieren 경보를 울리다; der Notarzt 구급 의사; das Feuer löschen 불을 끄다; die Ursache 원인; untersuchen 조사하다; berichten 보고하다, 보도하다)

4 주어진 형용사를 사용하여 문장을 완성하시오.

(1) Gibt es etwas __________ (neu)?

- Nein, es gibt nichts __________ (neu).

(2) Ich koche dir etwas __________ (lecker)

(3) Wie wäre es mit etwas __________ (süß)?
Ich habe Schokolade gekauft.

5 다음 대화를 듣고 빈칸을 채우시오.

A: Was __________ du __________ Samstag __________?

B: Nichts __________. Und du?

A: Ich war __________ __________ Samstag im Altenheim und habe __________ ein paar Stunden __________ die __________ und __________ __________. (sich um jn. kümmern 누구를 돌보다)

B: Das ist toll. Eine __________ von __________ macht das auch.

A: Ja, es ist nicht __________, etwas __________ __________ tun.
Probiere __________ doch auch einmal.

6 다음 글에서 잘못된 부분을 고치시오.

Beate bittet Silvia, sie schnell helfen. Silvia möchte wissen, was denn dringendes gibt. Beate sagt, dass Kais Eltern sie heute Nachmittag besuchen will. Sie ist zufällig in die Stadt und möchte die neuen Freundin ihres Sohn kennenlernt. Silvia meint, dass das nicht schlimmes ist. Sie fragt, wo ist denn das Problem. Beate erklärt, dass Kais Eltern nach drei Stunde schon kommen. Aber ihre Wohnung sieht aus einem Erdbeben. Sie meint, die Küche wird geputzt müssen, das Schlafzimmer wird muss aufgeräumt, das Bad wird sauber gemacht müssen und auch Kaffee und Kuchen müssen noch werden besorgt. Silvia versteht die Lage und überlegt ein Moment. Sie hat ein Idee:

sie will versuchen, ihre Schwester helfen zu überreden. Wenn ihre Schwester hilft, Beates Wohnung kann nach drei Stunde picobello sein. Beate wird erleichtert und verspricht Silvia, sich etwas schönes zu wünschen, wenn alle klappen!

7 다음 우리말을 독일어로 옮기시오.

(1) 부상자들이 병원으로 이송되었다. (이송하다: bringen, einliefern)

➡ ______________________________

(2) 이 서류는 자필로 서명되어야 한다. (서명하다: unterschreiben, unterzeichnen)

➡ ______________________________

(3) 나는 내 비자를 연장해야 한다. (연장하다: verlängern)

➡ ______________________________

(4) 뉴스에 뭔가 특별한 것이 있느냐? (뉴스: die Nachrichten 〈복수형〉)

➡ ______________________________

(5) 거실이 벌써 정돈되었습니까?
- 아니오, 거실은 아직 정돈되지 않았습니다.

➡ ______________________________

____

자세히 들여다보기

01 낱말 익히기

(1) 관사와 함께 형용사를 명사화한 경우

der / die Kranke (남/여) 환자
ein Kranker / eine Kranke 남자 환자/여자 환자
die Kranken 〈복수〉 환자들

der / die Alte (남/여) 노인
ein Alter / eine Alte 남자 노인/여자 노인
die Alten 〈복수〉 노인들

der / die Fremde (남/여) 낯선 사람
ein Fremder / eine Fremde 낯선 남자/낯선 여자
die Fremden 〈복수〉 낯선 사람들

der / die Bekannte (남/여) 지인
ein Bekannter / eine Bekannte 남자 지인/여자 지인
die Bekannten 〈복수〉 지인들

(2) 형용사처럼 사용되는 과거분사를 명사화 한 경우

der / die Verliebte (남/여) 사랑에 빠진 사람
ein Verliebter / eine Verliebte 사랑에 빠진 남자/사랑에 빠진 여자
die Verliebten 〈복수〉 사랑에 빠진 사람들

der / die Verlobte (남/여) 약혼자
ein Verlobter / eine Verlobte 남자 약혼자/여자 약혼자
die Verlobten 〈복수〉 약혼자들

der / die Geliebte 애인, 정부(情夫)/정부(情婦)
ein Geliebter / eine Geliebte 남자 애인/여자 애인
die Geliebten 〈복수〉 애인들

der / die Abgeordnete (남/여) 국회의원
ein Abgeordneter / eine Abgeordnete 남자 국회의원/여자 국회의원
die Abgeordneten 〈복수〉 국회의원들

der / die Angestellte (남/여) 회사원/직원
ein Angestellter / eine Angestellte 남자 직원/여자 직원
die Angestellten 〈복수〉 직원들

der / die Beschäftigte (남/여) 고용인 (der Arbeitnehmer)
ein Beschäftigter / eine Beschäftigte 남자 고용인/여자 고용인
die Beschäftigten 〈복수〉 고용인들

der / die Verletzte (남/여) 부상자
ein Verletzter / eine Verletzte 남자 부상자/여자 부상자
die Verletzten 〈복수〉 부상자들

(3) 형용사처럼 사용되는 현재분사를 명사화한 경우

der / die Reisende (남/여) 여행자
ein Reisender / eine Reisende 남자 여행자/여자 여행자
die Reisenden 〈복수〉 여행자들

der / die Studierende (남/여) 대학에서 공부하는 사람
ein Studierender / eine Studierende 남자 대학생/여자 대학생
die Studierenden 〈복수〉 대학생들

der / die Lernende (남/여) 배우는 사람
ein Lernender / eine Lernende 남자 학습자/여자 학습자

die Lernenden 〈복수〉 학습자들

der / die Lehrende (남/여) 가르치는 사람

ein Lehrender / eine Lehrende 가르치는 남자/가르치는 여자

die Lehrenden 〈복수〉 가르치는 사람들

02 4격 목적어를 취하지 않는 자동사의 수동태 <22과 자세히 들여다보기 참조>

능동태 : Man arbeitet am Wochenende nicht.

수동태 : **Es** wird am Wochenende nicht gearbeitet.

(1격 주어 자리를 인칭대명사 es가 채워줌: 자리메꿈 es)

Am Wochenende wird nicht gearbeitet.

(1격 주어 자리를 다른 문장성분이 채워주면 자리메꿈 es는 사라짐)

능동태 : Man hilft mir viel. 사람들이 나를 많이 도와준다.

수동태 : Es wird mir viel geholfen. 나는 도움을 많이 받고 있다.

수동태 : Mir wird viel geholfen. 나는 도움을 많이 받고 있다.

능동태 : Man trinkt hier viel. 여기 사람들은 술은 많이 마신다.

수동태 : Es wird hier viel getrunken. 여기서는 술을 많이 마신다.

수동태 : Hier wird viel getrunken. 여기서는 술을 많이 마신다.

능동태 : Man hat mir gesagt, ... (사람들이) 내게 …라고 말했다.

수동태 : Es ist mir gesagt worden, ... (내게 …라고 말해졌다 →) …라고 들었다.

수동태 : Mir ist gesagt worden, ... (내게 …라고 말해졌다 →) …라고 들었다.

Lektion 25

Ich lasse meine Augen untersuchen.

01 일반동사 lassen과 사역동사 lassen의 구분

02 lassen 구문의 목적어

03 사역동사 lassen의 완료형

기본 문법

01 일반동사 lassen과 사역동사 lassen의 구분

(1) et. ... lassen : 무엇을 … 두다 (23과, 유용한 표현 5 참조)

lassen은 일반동사이며, 4격 목적어 et.를 취한다.

A: Wo hast du dein Gepäck gelassen? 너는 짐을 어디에 두었니?
B: Ich habe es am Bahnhof gelassen. 역에 두었어.

(2) lassen ... Infinitiv(동사 부정형) …하게 하다

lassen은 다른 동사의 부정형를 동반하여 '…하게 하다'라는 의미의 사역동사로 사용되며, 조동사와 쓰임새가 유사하여 준조동사라고도 한다.

Ich lasse oft meine Freunde zu mir kommen. 나는 친구들을 자주 집에 오게 한다.
Ich lasse meinen Computer reparieren. 나는 컴퓨터를 수리하게 한다. (→ 수리 맡긴다.)

02 lassen 구문의 목적어

lassen이 사역동사로 사용될 때, lassen과 문장 맨 뒤에 오는 동사 부정형(부정사) 사이의 목적어가 lassen의 목적어인지, 부정사의 목적어인지를 구분해야 한다.

Ich lasse sie nicht allein nach Hause gehen. 나는 그녀가 혼자 집에 가게 하지 않는다.
(gehen은 자동사로 목적어를 취하지 않음. 따라서 sie는 lassen의 목적어이며, gehen의 의미상의 주어임)

Ich lasse sie vom Flughafen abholen. 나는 그녀를 공항에서 데려오게 한다.
(sie는 타동사 abholen의 목적어임. lassen의 목적어이자 abholen의 의미상의 주어는 생략됨)

(1) lassen ... 〈자동사〉

lassen + 〈4격 목적어 : lassen의 목적어〉 + 〈자동사 부정형〉 : 목적어에게 …하게 하다, 목적어가 … 하는 것을 허락하다

Meine Eltern lassen **mich** nicht allein verreisen.
나의 부모님은 내가 혼자 여행 떠나는 것을 허락하지 않는다.
(mich는 lassen의 4격 목적어; verreisen 여행을 떠나다)

Sie lässt **ihre Katze** in ihrem Bett schlafen.
그녀는 자기 고양이가 자기 침대에서 자게 놔둔다.
(ihre Katze는 lassen의 4격 목적어)

(2) lassen ... 〈타동사〉

lassen + 〈4격 목적어 : 뒤에 오는 동사의 목적어〉 + 〈타동사 부정형〉 : …하게 하다

Ich lasse **mich** untersuchen. 나는 나를 검사하게 한다. (나는 검진을 받는다)
(mich는 untersuchen의 목적어, lassen의 목적어이자 untersuchen의 행위자는 생략)

Er lässt **sich** operieren. 그는 자신을 수술하게 한다. (그는 수술을 받는다)
(sich는 operieren의 목적어, lassen의 목적어이자 operieren의 행위자는 생략)

Ich lasse **mein Auto** reparieren. 나는 내 자동차를 수리하게 한다. (수리 맡긴다)
(mein Auto는 reparieren의 목적어, lassen의 목적어, 즉 reparieren의 행위자는 생략)

Wie oft lässt du **deine Haare** schneiden?
너는 얼마나 자주 이발을 하니? (머리를 자르니?)
(deine Haare는 schneiden의 목적어, lassen의 목적어, 즉 schneiden의 행위자는 생략)

lassen + 〈3격 목적어 : 뒤에 오는 동사의 목적어〉 + 〈3격 요구 동사의 부정형〉 : …하게 하다

Ich lasse **mir** gern helfen. 나는 기꺼이 나를 도와주게 한다. (→ 나는 기꺼이 도움을 받는다)
(mir는 helfen의 목적어, lassen의 목적어이자 helfen의 행위자는 생략됨)

Er lässt **sich** nie helfen.
그는 절대로 자기를 도와주게 하지 않는다. (→ 그는 절대로 도움을 받지 않는다.)
(sich는 helfen의 목적어, lassen의 목적어이자 helfen의 행위자는 생략됨)

문장 끝에 오는 동사 부정형 앞에 '3격 목적어'와 '4격 목적어'가 함께 올 수도 있다.

Sie färbt **sich** **die Haare**. 그녀는 자기 머리를 염색한다.
3격 재귀대명사 4격 목적어

Sie lässt **sich** **die Haare** färben. 그녀는 자기 머리를 염색하게 한다.
(sich die Haare는 färben동사의 3, 4격 목적어, lassen의 목적어는 생략됨)

Ich lasse **mir** **die Haare** schneiden. 나는 이발한다.
(mir die Haare는 schneiden 동사의 3, 4격 목적어, lassen의 목적어이자 schneiden의 행위자는 생략됨)

Ich lasse **mir** **nichts** mehr von ihm befehlen.
나는 더 이상 그가 내게 명령하게 하지 않겠다.
(jm. et. befehlen 누구에게 무엇을 명령하다)

(3) lassen의 목적어와 동사 부정형의 목적어

lassen의 목적어와 뒤에 오는 동사의 목적어가 동시에 나오는 경우

Lassen Sie **mich** **das** erledigen. 제게 그것을 하도록 해주세요/맡겨주세요.
(mich은 lassen의 목적어이자 erledigen의 행위자, das는 erledigen의 4격 목적어)

Lassen Sie **mich** **Ihnen** erklären, **wie das passiert ist**.
(mich은 lassen의 목적어이자 erklären의 행위자, Ihnen의 erklären의 3격 목적어, wie-종속절은 4격 목적어)

Lassen Sie **mich** es **Ihnen** erklären.
(mich은 lassen의 목적어이자 erklären의 행위자, Ihnen은 erklären의 3격 목적어, es는 4격 목적어. 인칭대명사의 경우 4격이 3격보다 먼저 오기 때문에 es Ihnen erklären이 되었음)

Ich lasse **mir** **das** nicht gefallen. 나는 그것을 그냥 보고만 있지 않겠다.
(das는 lassen의 목적어이자 gefallen의 의미상의 주어; mir는 gefallen 동사의 3격 목적어. mir가 인칭대명사여서 das보다 앞에 왔음)

Ich lasse **es** **mir** nicht länger gefallen, immer auf ihn warten zu müssen.
나는 항상 그를 기다려야 하는 것을 더 이상 용인하지 않겠다.
(es는 lassen의 목적어이자 gefallen의 의미상의 주어; mir는 gefallen의 목적어. es가 인칭대명사 4격이므로 3격인 mir앞에 옴)

03 사역동사 lassen의 완료형

사역동사 lassen의 과거분사는 조동사처럼 부정형 lassen이다.

Ich lasse mich untersuchen. 나는 나를 검사하게 한다. (검사받는다.)

Ich **habe** mich untersuchen **lassen**. 나는 나를 검사하게 했다. (검사받았다.)

Ich lasse mein Auto reparieren. 나는 자동차를 수리 맡긴다.

Ich **habe** mein Auto reparieren **lassen**. 나는 자동차를 수리 맡겼다.

Er lässt sich nicht operieren. 그는 수술을 받지 않는다.

Er **hat** sich nicht operieren **lassen**. 그는 수술을 받지 않았다.

Sie lässt sich die Haare färben. 그녀는 머리를 염색(하게) 한다.

Sie **hat** sich die Haare färben **lassen**. 그녀는 머리를 염색(하게) 했다.

(sich die Haare färben 머리를 염색하다. lassen의 목적어이자 färben의 행위자는 생략됨)

기본 대화

Lass uns einmal zusammen mit deinen Eltern reden.

Ami In diesem Jahr möchte ich in den Semesterferien nach Europa reisen. Kommst du mit?

Bora Lust habe ich schon, aber meine Eltern lassen mich sicher nicht allein verreisen.

Ami Warum denn das nicht? Du bist doch schon 20. Außerdem verreist du nicht allein, sondern mit mir. Frag sie doch mal ganz freundlich und sachlich. Wenn ich gute Argumente habe, lassen sich MEINE Eltern meistens überzeugen. Sie haben jetzt jedenfalls nichts dagegen, dass ich alleine reise.

Bora Du hast es gut! Meine Eltern lassen mich nicht einmal richtig ausreden... Sie kommen sofort mit Gegenargumenten. Wie soll ich sie denn da überzeugen?

Ami Aber du bist doch volljährig. Du brauchst dir nichts mehr sagen zu lassen!

Bora So einfach ist das nicht. Eine Europareise ist ja auch nicht so billig. Da brauche ich schon noch die finanzielle Hilfe meiner Eltern.

Ami Weißt du was? Lass uns einmal zusammen mit deinen Eltern reden. Wir können sie sicherlich davon überzeugen, dass eine Europareise nicht gefährlich ist und man viel dabei lernt.

해설

① In diesem Jahr möchte ich in den Semesterferien nach Europa reisen. Kommst du mit? 올해 나는 학기말 방학에 유럽으로 여행하고 싶다. 함께 갈래?

- die Semesterferien 〈항상 복수〉 학기말 방학 ← das Semester 학기 + die Ferien 휴가
- mitkommen 〈kommt ... mit, kam ... mit, ist ... mitgekommen〉 함께 오/가다

② Lust habe ich schon, aber meine Eltern lassen mich sicher nicht allein verreisen. 그러고 싶기는 하지만, 우리 부모님은 분명히 나 혼자 여행하게 하지 않을 거야.

- die Lust … 하고 싶은 생각, 의향, Heute habe ich keine Lust, nach draußen zu gehen. 오늘은 밖에 나가고 싶은 생각이 없다.
- sicher 분명히
- verreisen 여행을 떠나다

③ Warum denn das nicht? Du bist doch schon 20. Außerdem verreist du nicht allein, sondern mit mir. 왜 그러지? 너 벌써 20살이야. 게다가 혼자가 아니라 나와 함께 여행하는 거잖아.

- das는 앞문장의 allein verreisen lassen을 가리킴
- außerdem ['ausɐde:m/ausɐ'de:m] 〈부사〉 그밖에, 또한, 게다가

④ Frag sie doch mal ganz freundlich und sachlich. 그분들에게 아주 부드럽게 객관적으로 물어봐.

- Frag: fragen 동사의 du에 대한 명령형
- sie: deine Eltern을 지칭하는 인칭대명사
- doch mal 〈어조사〉 '…해봐'라는 부드러운 권유의 뜻을 나타냄, Komm doch mal her zu mir! 내게로 좀 와 봐!
- sachlich 객관적인, 감정을 배제한

⑤ Wenn ich gute Argumente habe, lassen sich MEINE Eltern meistens überzeugen. 내가 좋은 논거를 가지고 있으면 나의 부모님은 보통 수긍하셔.

- das Argument [argu'mɛnt] 〈-(e)s, -e〉 논거
- überzeugen 확신키시다, jn. von et. überzeugen 누구를 무엇에 관해서 확신시키다, sich überzeugen lassen (자신을 확신시키게 하다) 수긍하다, sich가 재귀대명사이어서 일반명사인 meine Eltern보다 앞에 왔음

⑥ Sie haben jetzt jedenfalls nichts dagegen, dass ich alleine reise. 그분들은 이제 아무튼 내가 혼자 여행하는 것에 이의가 없으셔.

- nichts dagegen haben 그것에 대해서 아무런 반대도 하지 않다
- dagegen ← gegen + das 그것에 반대하는 (전치사 + 사물을 지시하는 대명사는 da- 형태를 사용함), ↔ dafür 그것에 찬성하는
- dass-절이 dagegen의 da- 부분에 해당함

⑦ Du hast es gut! 너는 좋겠다!

- es gut haben (상황, 처지 따위가) 좋다, es는 비인칭목적어. Ich habe es ziemlich weit bis zur Uni. 나는 대학까지 가는 데 길이 멀다. es는 상황을 나타내는 비인칭목적어로 haben의 목적어.

⑧ Meine Eltern lassen mich nicht einmal richtig ausreden...
우리 부모님은 내게 말도 제대로 다하게 하지 않으셔.

- mich는 lassen의 목적어이며, ausreden의 의미상 주어.
- nicht einmal ... …조차 못/안, Ich kenne nicht einmal seinen Namen. 나는 그의 이름조차 모른다. Er hat sich nicht einmal entschuldigt. 그는 사과조차 하지 않았다. (Er hat noch nicht einmal ein Wort der Entschuldigung hervorgebracht. 사과한다는 말 한마디 하지 않았다.)
- ausreden ['ausre:dn̩] (끝까지) 말을 마치다 (zu Ende sprechen), Lass mich bitte ausreden! 내게 말을 끝까지 하게 해줘! (→ 내 말 좀 끝까지 들어봐!)

⑨ Sie kommen sofort mit Gegenargumenten. Wie soll ich sie denn da überzeugen?
그들은 즉시 반론을 들고 나오셔. 그런데 내가 어떻게 그분들을 확신시켜야 한단 말이야?

- Gegen- '반대'를 뜻하는 접두어, das Gegenbeispiel 반대의 예, die Gegenmaßnahme 반대 조치, die Gegenleistung 보답
- sollen은 주어가 아닌 제3자의 의견 또는 의지를 나타냄. 여기서는 '어떻게 하라는 거야? 나는 모르겠다'라는 뜻이 포함됨.

⑩ Aber du bist doch volljährig. Du brauchst dir nichts mehr sagen zu lassen!
하지만 너는 성인이잖아. 이제 네게 이래라 저래라 하게 할 필요 없어!

- sich. et. sagen lassen (누가) 이래라 저래라 하는 말에 따르다 → 말을 따르다, sich와 et.는 각각 sagen의 3격, 4격 목적어이며, lassen의 목적어이자 sagen의 의미상 주어는 생략됨.

⑪ So einfach ist das nicht. 그렇게 간단하지 않아.

⑫ Eine Europareise ist ja auch nicht so billig. 유럽 여행은 싸지도 않아.

- nicht so ... 그다지 …하지 않은

⑬ Da brauche ich schon noch die finanzielle Hilfe meiner Eltern.
그래서 우리 부모님의 재정 지원도 물론 필요해.

⑭ Weißt du was? Lass uns einmal zusammen mit deinen Eltern reden.
있잖아, 우리가 함께 너의 부모님과 한번 얘기해 보자.

- Weißt du was? (너 알아) 있잖아 (내 말 좀 들어봐. = Ich habe eine Idee. 내게 좋은 생각이 있어)

⑮ Wir können sie sicherlich davon überzeugen, dass eine Europareise nicht gefährlich ist und man viel dabei lernt. 우리는 그분들에게 유럽여행이 위험하지 않고, 배우는 것도 많다는 것을 분명히 확신시킬 수 있을 거야.

- gefährlich [gəˈfɛːɐ̯lɪç] 〈형용사〉 위험한 ↔ sicher 안전한
- dabei 〈da + bei〉 〈여기서는〉 'bei der Europareise 유럽여행을 하면서'를 의미함

텍스트 완성하기

대화문의 내용과 일치하도록 빈칸을 채우시오.

Ami ________ ______ ______ Semesterferien nach Europa reisen. Sie fragt ______ Freundin Bora, ______ sie nicht mitkommen ________. Bora hat ______ Lust, ____________, aber sie sagt, dass ihre Eltern sie nicht allein verreisen ________ werden. Ami kann ______ nicht verstehen. Sie meint, Bora ist schon 20 und verreist nicht allein, ________ mit ihr ____________. Sie schlägt Bora ______, ______ sie ______ Eltern einmal ganz freundlich und sachlich fragen und ______ gute Argumente ______ überzeugen versuchen ______. Bora sagt, ihre Eltern ________ sie nicht einmal richtig ausreden. ________ antwortet Ami, ______ Bora ja schon volljährig ______ und ______ nichts mehr ______ den Eltern sagen zu ________ braucht. Sie schlägt vor, ______ sie einmal zusammen ______ Boras Eltern reden und versuchen, ______ zu überzeugen.

(sich von jm. nichts sagen lassen 누가 자기에게 뭐라고 하는 것을 허용하지 않다)

유용한 표현

01 (내가) …하게 좀 해주세요 : Lassen Sie mich mal …
(내가) …하게 좀 해줘 : Lass mich mal …
…하게 (허락)해주세요 : Lassen Sie mich bitte …

Lassen Sie mich mal …
Lass mich mal …

sehen. 좀 보게 해줘요.
hören. 들어보게 해줘요.
probieren. 해보게 해줘요.

Lassen Sie mich bitte 좀 …해주세요

heute etwas früher nach Hause gehen. 오늘 일찍 집에 가게
Bescheid wissen. 알게 (→ 알려주세요.)
ausreden. 끝까지 말하게

Lass mich dich heute einmal einladen. 오늘 너를 초대하게 해줘. (초대하고 싶다.)
(= Ich möchte dich heute einmal einladen.)

Lassen Sie mich in Ruhe Musik hören. 제가 조용히 음악을 듣게 해주세요.
(= Stören Sie mich nicht. Ich möchte in Ruhe Musik hören.)

Lassen Sie sich nicht von mir stören. 저 신경 쓰지 마세요.
(= Kümmern Sie sich nicht um mich. Machen Sie weiter.)

02 …을 허용하지 않다

Ich lasse mir das nicht gefallen. 그것을 그냥 두지 않겠다.
Ich lasse mich nicht beleidigen. 모욕을 당하고 있지 않겠다.

03 …합시다 : Lassen Sie uns
…하자 : Lass uns

Lassen Sie uns zusammen ins Theater gehen. 함께 연극 보러 갑시다.
Lass uns zusammen ins Theater gehen! 함께 연극 보러 가자.

Lassen Sie uns hier einen Moment Pause machen. 여기서 잠깐 휴식합시다.
Lass uns hier einen Moment Pause machen. 여기서 잠깐 휴식하자.

Lassen Sie uns hier aufhören. 여기서 그만합시다.
Lass uns hier aufhören. 여기서 그만하자.

Lassen Sie uns weitermachen. 계속합시다.
Lassen Sie uns (für) heute hier Schluss machen. 오늘 여기서 끝냅시다.
Lassen Sie uns einen Termin ausmachen. 약속을 정합시다.

두 사람 이상에게 제안할 때는 Lasst uns …라고 함

Lass uns deinen Geburtstag feiern. 네 생일 축하하자. (한 사람에게 말할 때)
Lasst uns seinen Geburtstag feiern. 그의 생일을 축하하자. (2명 이상에게 말할 때)

04 … 되다/될 수 있다 : sich lassen
(= 수동의 가능 : können … 〈수동형〉)

Das lässt sich nicht ändern. 그것은 변경될 수 없다. (→ 어쩔 수 없다.)
(= Das kann nicht geändert werden.)

Die Frage lässt sich nicht leicht beantworten. 그 질문은 답변하기가 쉽지 않다.
(= Die Frage kann nicht leicht beantwortet werden.)

Die Theorie lässt sich nur schwer beweisen. 그 이론은 증명하기가 어렵다.
(= Die Theorie kann nur schwer bewiesen werden.)

활용 연습

1 다음 빈칸에 lassen동사의 올바른 형태를 적으시오.

(1) __________ das. Das hat keinen Zweck.

(2) Wo haben Sie Ihre Tasche __________?

(3) Wenn du in der Nacht die Fenster offen __________, erkältest du dich.

(4) Herr Schneider __________ uns immer viel hören und schreiben.

(5) Er hat mich zwar oft im Büro allein __________, aber er hat mich nie allein nach Hause gehen __________.

(6) Er hat mich lieber warten __________, anstatt mich allein gehen zu __________

(7) A: Wie oft __________ du dich untersuchen?

B: Ich __________ mich alle zwei Jahre untersuchen.

(8) A: Hast du ihn kommen __________?

B: Nein, ich habe ihn nicht kommen __________

(9) A: Hast du die ganze Nacht gearbeitet?

B: Nein, ich bin relativ früh ins Bett gegangen.

A: Warum hast du denn das Licht die ganze Nacht brennen __________?

2 lassen 동사를 사용하여 의미가 같은 문장을 만드시오.

(1) Unterbrechen Sie mich doch nicht dauernd.

➡ __________ Sie __________ bitte ausreden.

(2) Ich helfe dir beim Umzug.

➡ __________ __________ dir beim Umzug helfen.

(3) Ich erkläre Ihnen, wie das Gerät funktioniert.

➡ __________ Sie __________ Ihnen erklären, wie das Gerät funktioniert.

(4) Ich möchte alleine sein.

➡ ________ ________ alleine. (lassen (내버려) 두다, 사역동사가 아니라 일반동사로 사용됨)

3 다음 대화를 듣고 빈칸을 채우시오.

A: Seit dem Autounfall ________ ich ständig ________.

B: ________ klingt ________ nicht ________! ________ doch mal ________ ________ und ________ dich gründlich ________

A: Das ________ ich eigentlich schon letzte Woche ________ ________. Aber ich ________ bis Ende ________ Woche mein Projekt ________.

B: ________ du den Abschlusstermin nicht etwas verschieben ________?

(verschieben [fɛɐ̯ˈʃiːbn̩] ⟨verschob, hat ... verschoben⟩ (시점을) 연기하다, (무엇을) 밀다)

A: Das ________ ich schon ________. Aber mein Chef ________, dass ________ der Termin nicht mehr ________ ________.

4 다음 글에서 잘못된 부분을 고치시오.

Ami möchte im Semesterferien nach Europa reisen. Sie fragt ihrer Freundin Bora, dass sie nicht mit kommen möchte. Bora hat zwar Lust, mitreisen, aber sie sagt, dass ihre Eltern sie verreisen nicht allein lassen werden. Ami kann nicht das verstehen. Sie meint, Bora ist schon 20 und verreist nicht allein, aber mit ihr zusammen. Sie schlägt Bora, dass sie ihren Eltern einmal ganz freundlich und sachlich fragen und durch guten Argumente überzeugen zu versuchen soll. Bora sagt, ihre Eltern lässt sie nicht einmal richtig ausreden. Auf das antwortet Ami, dass Bora ja schon volljährig ist und sich nichts mehr die Eltern sagen lassen braucht. Sie schlägt vor, dass sie einmal zusammen mit Bora Eltern reden und versuchen, sie überzuzeugen.

5 다음 우리말을 독일어로 옮기시오.

(1) 우리는 여권을 호텔에 두었다.

➡ ______________________________

(2) 당신을 공항에서 데려오도록 하겠습니다.

➡ ______________________________

(3) 내 컴퓨터가 고장 났어. 컴퓨터를 수리 맡겨야 해.

➡ ______________________________

____

(4) 그는 도움을 잘 받으려고 하지 않는다.

➡ ______________________________

(5) 그 사고가 어떻게 발생했는지 제가 말씀드리겠습니다.

➡ ______________________________

(6) 나는 아침 식사를 하면 안 돼. 오늘 건강검진을 받아.

➡ ______________________________

(7) 너는 얼마나 자주 머리를 자르니(이발하니)?

- 한 달에 한 번.

➡ ______________________________

____

자세히 들여다보기

01 수동의 의미를 나타내는 표현

(1) sich lassen + 부정사
können ... 수동태(과거분사 + werden)
sein ... zu + 부정사

Das Fenster lässt sich nicht schließen. 그 창문은 닫히지 않는다.
Das Fenster kann nicht geschlossen werden. 그 창문은 닫힐 수 없다.
Das Fenster ist nicht zu schließen. 그 창문은 닫히지 않는다. (닫을 수 없다)

Das lässt sich leicht erklären. 그것은 쉽게 설명된다.
Das kann leicht erklärt werden. 그것은 쉽게 설명될 수 있다.
Das ist leicht zu erklären. 그것은 쉽게 설명된다. (설명하기 쉽다)

Der Teppich lässt sich leicht pflegen. 그 양탄자는 쉽게 관리된다.
Der Teppich kann leicht gepflegt werden. 그 양탄자는 쉽게 관리될 수 있다.
Der Teppich ist leicht zu pflegen. 그 양탄자는 쉽게 관리된다. (관리하기 쉽다)

Das Problem ließ sich schnell lösen. 그 문제는 빨리 해결되었다.
Das Problem konnte schnell gelöst werden. 그 문제는 빨리 해결될 수 있었다.
Das Problem war schnell zu lösen. 그 문제는 빨리 해결될 수 있었다.

Das Buch lässt sich gut verkaufen. 그 책은 잘 팔린다.
Das Buch kann gut verkauft werden. 그 책은 잘 팔릴 수 있다.
Das Buch ist gut zu verkaufen. 그 책은 잘 팔린다. (팔기 좋다)

Er ließ sich nicht überreden. 그는 설득되지 않았다.
Er konnte nicht überredet werden. 그는 설득될 수 없었다.
Er war nicht zu überreden. 그는 설득할 수 없었다. (설득이 안 된다)

Der Verletzte ließ sich nicht mehr retten.
그 부상자는 더 이상 구출되지 않았다.

Der Verletzte konnte nicht mehr gerettet werden.
그 부상자는 더 이상 구출될 수 없었다.

Der Verletzte war nicht mehr zu retten.
그 부상자는 더 이상 구출될 수 없었다.

〈주의〉 'sein ... zu + 부정사'는 문맥에 따라서 '수동·의무'를 의미할 때도 있음

Das Problem ist zu lösen. 그 문제는 해결될 수 있다/해결되어 한다.

Das Problem kann gelösst werden. 그 문제는 해결될 수 있다.

Das Problem muss gelösst werden. 그 문제는 해결되어야 한다.

Diese Übersetzung ist bis heute Abend zu erledigen.
이 번역은 오늘 저녁까지 해결되어야 한다.

Diese Übersetzung muss bis heute Abend erledigt werden.
이 번역은 오늘 저녁까지 해결되어야 한다.

Die Geschwindigkeitsbegrenzung in der Schulzone ist zu beachten.
학교 구역의 속도제한은 지켜야 한다.

Die Geschwindigkeitsbegrenzung in der Schulzone muss beachtet werden. 학교 구역의 속도 제한은 지켜야 한다.

(2) bekommen / kriegen / erhalten ... 〈과거분사〉
(kriegen 〈구어〉 받다, 얻다 (= bekommen))

Er **bekommt** nichts **geschenkt**. 그는 아무 것도 선물 받지 못했다.

Ihm wurde nichts geschenkt. 그에게는 아무 것도 선물되지 않았다.

Wir **kriegen** alles ins Haus **geliefert**. 우리는 모든 것을 집으로 배달받는다.

Uns wird alles ins Haus geliefert. 우리에게는 모든 것이 집으로 배달된다.

Sie **erhält** ihren Lohn früher **ausgezahlt**. 그녀는 임금을 사전에 지불받는다.

Der Lohn wird ihr früher ausgezahlt. 임금이 그녀에게 사전에 지불된다.

(der Lohn 〈-(e)s, Löhne〉 (노동자가 받는) 임금, das Gehalt 〈-(e), Gehälter〉 (회사원이 받는) 봉급, das Monatsgehalt 월급)

Sie hat den Wagen kostenlos **gewaschen** **bekommen**.

그녀는 차를 무료로 세차 받았다.

Ihr ist der Wagen kostenlos gewaschen worden.

그녀에게 차가 무료로 세차되었다.

02 사역동사 lassen 구문의 목적어 어순

Lassen Sie **Herrn Kim** **es** erklären. 김 선생에게 그것을 설명하게 하세요.

(Herrn Kim은 lassen의 4격 목적어이고, es는 erklären의 4격 목적어임. Herrn Kim 다음에는 잠시 휴지를 두고 말해야 함)

Lassen Sie **es** **Herrn Kim** erklären.

① 그것을 김 선생이 설명하게 하세요. ② 그것을 (누군가가) 김 선생에게 설명해주게 하세요.

(①의 경우 es: erklären의 목적어, Herrn Kim은 lassen이 4격 목적어이자 erklären의 행위자. es가 인칭대명사여서 Herrn Kim 앞으로 오게 되었음. ②의 경우: es와 Herrn Kim은 모두 erklären의 목적어이며(jm. et. erklären 누구에게 무엇을 설명하다), es가 인칭대명사여서 일반명사 3격인 Herrn Kim보다 먼저 옴. lassen의 목적어이자 erklären의 행위자는 생략됨)

Lassen Sie **mich** **es** **Herrn Kim** erklären.

제가 김 선생에게 그것을 설명하게 해주세요.

(mich는 lassen의 4격 목적어이자, erklären의 행위자. es는 erklären의 4격, Herrn Kim은 3격 목적어임. es가 인칭대명사여서 Herrn Kim 앞에 오게 됨)

Lassen Sie **es** **Monika** **Herrn Kim** erklären.

그것을 모니카가 김 선생에게 설명하게 하세요.

(es는 erklären의 4격 목적어, Monika는 lassen의 4격 목적어이자 erklären의 행위자. Herrn Kim은 erklären의 3격 목적어. erklären의 4격 목적어인 es가 인칭대명사여서 Monika와 Herrn Kim 앞으로 오게 되었음)

Lassen Sie **Monika** **es** **Herrn Kim** erklären.

모니카가 그것을 김 선생에게 설명하게 하세요.

(Monika는 lassen의 4격 목적어이자 erklären의 행위자. es는 erklären의 4격 목적어, Herrn Kim은 erklären의 3격 목적어. es가 인칭대명사임에도 Monika 뒤에 온 것은 Monika를 강조하는 것으로, Monika 다음 잠시 휴지를 두고 말해야 함)

Lektion 26

Mein Vorgänger soll nur seinetwegen gekündigt haben.

01 추측을 나타내는 화법조동사

02 (의심이 가는) 주어의 주장을 나타내는 화법조동사 wollen

03 주어가 아닌 다른 사람의 말(소문)임을 나타내는 화법조동사 sollen

04 전치사 seit, 접속사 seit와 seitdem, 부사 seitdem

기본 문법

01 추측을 나타내는 화법조동사 : 〈확신의 정도〉를 나타내는 경우

(1) mögen : 〈그럴 가능성이 낮은 추측〉 (설령) …일 수도 있다 (그러나)

Es **mag** schon **sein**, dass du recht hast, aber es ist besser, die Sache noch
화법조동사: 추측 단순 부정형: 현재의 일

einmal zu überprüfen. 네 말이 맞을 수도 있다. 그러나 그것을 한 번 더 검토하는 것이 더 좋다.
(recht haben 옳다; überprüfen 검토하다)

(2) können : 〈가능성을 배제할 수 없는 추측〉 …일 수 있다

Das **kann** ein Zufall **sein**. 그것은 우연일 수 있다. (der Zufall 〈-(e)s, Zufälle〉 우연)
화법조동사: 추측 단순 부정형: 현재의 일

Das **kann** ein Irrtum **gewesen sein**. 그것은 착오였을 수 있다.
화법조동사: 추측 완료 부정형: 지난 일; 화법조동사와 완료 부정형이 결합하면 이전 일에 대한 추측을 나타냄
(der Irrtum 〈-s, Irrtümer〉 착오)

(3) werden : 〈개연성이 있는 추측〉 …일 것이다

Das **wird** ein Zufall **sein**. 그것은 아마도 우연일 것이다.
화법조동사: 추측 단순 부정형: 현재의 일

Das **wird** ein Irrtum **gewesen sein**. 그것은 아마도 착오였을 것이다.
화법조동사: 추측 완료 부정형: 지난 일

(4) müssen : 〈확신〉 …임에 틀림없다

Er **muss** jetzt zu Hause **sein**. 그는 지금 집에 있음에 틀림없다. (→ 틀림없이 집에 있다)
화법조동사: 추측 단순 부정형: 현재의 일

Er **muss** gestern zu Hause **gewesen sein**. 그는 어제 집에 있었음에 틀림없다.
화법조동사: 추측 완료 부정형: 지난 일

Er **muss** Millionär **sein**. 그는 백만장자임에 틀림없다.
화법조동사: 추측 단순 부정형: 현재의 일

Er **muss** Millionär **gewesen sein**. 그는 백만장자였음에 틀림없다.
화법조동사: 추측 완료 부정형: 지난 일

02 (의심이 가는) 주어의 주장을 나타내는 화법조동사 wollen : …이라고 하다

Er **will** Deutschlehrer **sein**, aber sein Deutsch ist nicht überzeugend.
그는 (자기가) 독일어 선생이라고 (주장)하는데, 그의 독일어를 들어보면 설득력이 없다.

Sie **will** einmal Deutschlehrerin **gewesen sein**, aber sie spricht nicht so gut Deutsch. 완료 부정형: 이전의 일
그녀는 자기가 한때 독일어 선생이었다고 주장하지만, 독일어를 그다지 잘 하지 못한다.

Er **will** krank **gewesen sein**, aber man hat ihn im Kino gesehen.
완료 부정형: 이전의 일
그는 자기가 아팠었다고 주장하는데, 영화관에서 그를 본 사람이 있다.

03 주어가 아닌 다른 사람의 말(소문)임을 나타내는 화법조동사 sollen : …라고 하다

Sie **soll** schwanger **sein**. 그녀가 임신했다고 한다. (schwanger 임신한)

Er **soll** aus Nordkorea **kommen**. 그는 북한 출신이라고 한다.

Er **soll** aus Nordkorea **geflohen sein**. 그는 북한에서 도망 왔다고 한다.
완료 부정형: 이전의 일

Er **soll** dort General **gewesen sein**. 그는 그곳에서 장군이었다고 한다.
완료 부정형: 이전의 일

(der General [genəˈraːl] ⟨-s, -e/Generäle⟩ 장군)

04 전치사 seit, 접속사 seit와 seitdem, 부사 seitdem

(1) 3격 요구 전치사 seit + 〈3격 목적어〉 : … 이후로

Seit unserem letzten Treffen habe ich nichts mehr von ihr gehört.
지난 번 우리 만남 이후 나는 그녀로부터 더 이상 아무런 소식을 듣지 못했다.

Seit letztem Freitag haben wir uns nicht mehr gesehen.
지난 금요일 이후로 우리는 더 이상 보지 못했다.

(2) 종속접속사 seit/seitdem + 〈주어〉 … 〈동사〉 : …이후

Seit / Seitdem ich sie das letzte Mal **getroffen habe**, habe ich nichts mehr von ihr gehört. 내가 그녀를 마지막으로 만난 이후, 나는 그녀로부터 아무런 소식도 듣지 못했다.

Seit/Seitdem sie sich verliebt hat, ist sie völlig verändert.
그녀가 사랑에 빠진 이후로 완전해 변했다.
(sich^4 (in jn.) verlieben (누구한테) 사랑에 빠지다, völlig 완전히)

(3) 부사 seitdem + 〈동사〉 + 〈주어〉 : 그 이후 …

Letzten Monat hatte ich einen schweren Autounfall. **Seitdem setze** ich mich nicht mehr ans Steuer. 지난달 나는 큰 자동차 사고를 당했다. 그 이후 나는 더 이상 운전석에 앉지 않는다(운전대를 잡지 않는다).
(der Autounfall 자동차 사고 ← das Auto + der Unfall 사고; sich setzen 앉다; das Steuer 〈-s, -〉 운전대)

Wir hatten letzte Woche einen Streit, **seitdem hat** er mich nicht mehr angerufen. 우리가 지난 주 다퉜는데, 그 이후로 그는 내게 더 이상 전화하지 않았다.

기본 대화

Er will sich mit meinem Vorgänger hervorragend verstanden haben.

Katrin	Hallo, Tanja!
Tanja	Hallo, Katrin!
Katrin	Mensch, du siehst aber schlecht aus! Fehlt dir was?
Tanja	Ach, Katrin, ich fühle mich seit Wochen schon immer völlig erschöpft. Obwohl ich gestern schon um neun Uhr ins Bett gegangen bin, fühle ich mich nicht recht fit. Außerdem habe ich oft Kopfschmerzen.
Katrin	Seit wann denn?
Tanja	Schon seit einigen Wochen. Eigentlich seitdem ich die Firma gewechselt habe.
Katrin	Wie gefällt dir die neue Arbeit denn?
Tanja	Ehrlich gesagt, nicht so gut. Ich finde meinen neuen Job langweiliger als den alten. Und mit meinem Chef verstehe ich mich auch nicht gerade gut. Er will sich mit meinem Vorgänger hervorragend verstanden haben. Aber das kann ich nicht glauben. Mein Vorgänger soll sogar nur seinetwegen gekündigt haben.
Katrin	Das kann ein Grund für deine Beschwerden sein. Geh doch mal zum Arzt und lass dich untersuchen.

해설

① Mensch, du siehst aber schlecht aus! Fehlt dir was?

아이고, 너 얼굴이 참 안 좋아 보인다(얼굴이 왜 그래)! 어디가 아픈 거야?

- sieht ... aus → aussehen 〈sieht ...aus, sah ... aus, hat ... ausgesehen〉 … 하게 보이다
- fehlen 〈et.[1] fehlt jm.〉 무엇이 누구에게 결여되다

② ... ich fühle mich seit Wochen schon immer völlig erschöpft.

나는 수 주 전부터 항상 전혀 힘이 없어.

- sich ... fühlen …하게 느끼다, 몸(의 컨디션)이 …하다
- völlig 〈형용사〉 완전한 (ganz), 〈주로 부사어로 사용됨〉 Entschuldige, ich habe das völlig vergessen. 미안해, 내가 그것을 완전히 잊어버렸다. Gestern war ich völlig betrunken. 어제 나는 완전히 취했었어.
- erschöpft 힘이 다 빠진, 기진맥진한, 지친 ← erschöpfen 힘을 소진시키다

③ Obwohl ich gestern schon um neun Uhr ins Bett gegangen bin, fühle ich mich nicht recht fit. 어제 내가 9시에 벌써 잠자리에 들었지만, 몸이 아주 상쾌하지는 않아.

- recht 〈형용사〉 ① 옳은, 바른 ② 〈다른 형용사를 수식〉 아주 (ziemlich, ganz), 꽤 (ziemlich) recht gut 아주 좋은
- fit 〈형용사〉 (몸 상태가) 건강한

④ Außerdem habe ich oft Kopfschmerzen. 또한 나는 가끔 두통이 있어.

- außerdem ['ausɐde:m/ausɐ'de:m] 〈부사〉 또한, 그밖에도 (= zusätzlich, überdies, und dazu)
- die Kopfschmerzen 〈복수 형태〉 두통, der Schmerz 〈-es, -en〉 〈보통 복수〉 통증

⑤ Seit wann denn? 언제부터 그러는데?

⑥ Schon seit einigen Wochen. 벌써 몇 주 됐어.

- seit가 3격 목적어를 요구하므로 복수 형태인 einige Wochen의 3격 형태 einigen Wochen이 왔음.
- einig- 〈불특정대명사〉 몇몇 (mehrere), Wir haben uns schon einige Male getroffen. 우리는 벌써 몇 번 만났다.
- die Woche ['vɔxə] 〈-, -n〉 주, in der Woche 주중에, am Wochenende 주말에

⑦ Eigentlich seitdem ich die Firma gewechselt habe.

따지고 보면 내가 회사를 바꾼 이후로.

- eigentlich 〈어조사〉 사실은 (in Wirklichkeit), 원래는(ursprünglich), 엄밀히 따지면(genau genommen)
- wechseln ['vɛksl̩n] 교체하다, den Beruf/das Studienfach/die Wohnung wechseln 직업/전공/집을 바꾸다

⑧ Wie gefällt dir die neue Arbeit denn? 새 일은 어떤데?

- dir가 gefällt의 3격 목적어이지만 인칭대명사여서 일반명사로 사용된 주어 die neue Arbeit의 앞에 나왔음

⑨ Ehrlich gesagt, nicht so gut. 솔직히 말해서 썩 좋지는 않아.

- ehrlich ['e:ɐ̯lɪç] 〈형용사〉 솔직한 (= aufrichtig)

⑩ Ich finde meinen neuen Job langweiliger als den alten.

새 직업이 그 전 직업보다 더 지루해.

- langweilig 지루한 ← die Langeweile/die Langweile 〈항상 단수〉 지루함
- als den alten (Job) Job이 앞에 나와서 생략함

⑪ Und mit meinem Chef verstehe ich mich auch nicht gerade gut.

내 팀장하고도 소통이 잘 된다고 말할 순 없지.

- sich mit jm. (...) verstehen 누구와 (…게) 소통하다
- nicht gerade gut 좋다고 할 수는 없는(= nicht so gut, wie man es 'gut' nennen könnte), Das war nicht gerade höflich von dir. 너의 그 행동이 공손했다고 말할 순 없다.

⑫ Er will sich mit meinem Vorgänger hervorragend verstanden haben.

그는 내 선임자하고는 아주 잘 통했다고 주장해.

- will은 여기서 '주어의 주장'을 의미함. 화법조동사 wollen이 완료형인 verstanden haben과 결합되어 '(말하는 시점보다 앞선) 지난 일'에 대한 주장을 나타냄.
- der Vorgänger ['fo:ɐ̯gɛŋɐ] 〈-s, -〉 동일한 일을 앞서 한 사람, 선임자 ↔ der Nachfolger 후임자
- hervorragend ['hɛɐ̯fo:ɐ̯ra:gn̩t] 〈hervorragen의 현재분사〉 뛰어난(= ausgezeichnet, exzellent)

⑬ Aber das kann ich nicht glauben. 그러나 나는 그 말을 믿을 수 없어.

⑭ Mein Vorgänger soll sogar nur seinetwegen gekündigt haben.

내 선임자는 심지어 오로지 그 사람 때문에 사표를 냈다는 말이 있어.

- soll 주어가 아닌 다른 사람이 하는 말(소문)임을 나타냄. soll과 완료형(gekündigt haben)이 결합되어 '지난 일'에 대한 소문임을 의미함
- sogar 〈어조사〉 (어떤 일이 기대치 이상임을 말할 때) 심지어, …조차
- seinetwegen ① 그 때문에 (wegen ihm) Seinetwegen müssen wir noch warten. 그 때문에 우리는 더 기다려야 한다. ② 그의 허락으로(von ihm aus) Seinetwegen können wir tun, was wir wollen. 그의 허락으로 우리는 원하는 것을 할 수 있다.
- kündigen (계약을) 끝내다, Hiermit kündige ich das Mietverhältnis zum 1. Oktober. 10월 1일자로 임대 계약 종료를 통보합니다. Er hat (seine Stelle) gekündigt und sich einen neuen Job gesucht. 그는 사표를 내고 새로운 일자리를 찾아 나섰다.

⑮ Das kann ein Grund für deine Beschwerden sein. 그것이 네 문제의 원인일 수 있다.

- kann은 추측을 나타냄.
- der Grund 이유
- die Beschwerde [bə'ʃve:ɐ̯də] 〈-, -n〉 ① 불평, Er hat wegen des Lärms eine Beschwerde gegen seinen Nachbarn vorgebracht. 그는 소음 때문에 자기 이웃에게 항의했다. ② 〈보통 복수〉 몸의 불편함

⑯ Geh doch mal zum Arzt und lass dich untersuchen. 병원에 가서 검진을 받아 봐.

- zum Arzt gehen 병원에 가다
- lass dich untersuchen 검사 받아봐. dich는 untersuchen의 목적어. untersuchen의 의미상의 주어는 언급되지 않음. sich untersuchen lassen 검진 받다

텍스트 완성하기

대화문의 내용과 일치하도록 빈칸을 채우시오.

Katrin und Tanja treffen ______. Katrin findet, ______ Tanja sehr schlecht ______, und möchte wissen, ______ ihr etwas ______. Tanja erzählt, ______ sie ______ schon ______ Wochen völlig erschöpft ______. ______ sie gestern schon ______ neun Uhr ins Bett ______ ______, fühlt sie ______ ______ fit. ______ hat sie oft Kopfschmerzen. Katrin fragt, ______ ______ das so ist. Tanja antwortet, ______ sie schon ______ einigen ______ Kopfschmerzen hat, genauer ______, ______ sie die Firma gewechselt hat.

Katrin erkundigt ______, ______ Tanja ______ ______ Arbeit gefällt. Tanja meint, ______ gefällt ______ nicht so gut. Sie findet ______ neuen Job langweiliger ______ ______ alten. Und ______ ihrem Chef versteht sie ______ nicht besonders gut. Ihr Chef ______ ______ zwar ______ Tanjas Vorgänger hervorragend verstanden ______. Aber das ______ Tanja nicht glauben. Sie hat ______ gehört, ______ ihr Vorgänger nur ______ ______ Chefs gekündigt ______. Katrin vermutet ______, ______ der Chef ein Grund ______ Tanjas Beschwerden ______ ______. Sie rät ihr, doch einmal ______ Arzt ______ gehen und ______ untersuchen zu ______.

유용한 표현

01 모습이 어떻다 : ... sieht irgendwie aus.

Du siehst aber gut aus. 너 참 (얼굴이) 좋아 보인다.

schick	멋있어
toll	멋있어
müde	피곤해
erschöpft	지쳐
krank	아파
erledigt	맥이 빠져

02 누가/무엇이 누구에게 결여되다 : jd./et.[1] fehlt jm.

(1) (무엇이 결여되어 몸이) 아프다

A: Was fehlt dir denn? 어디가 아프니?

B: Mir fehlt nichts. 아무 데도 안 아파.

(2) (무엇이) 없다

Mir fehlt einfach die Zeit, Sport zu machen. 나는 운동할 시간이 없다.

(3) (누구에게) 무엇이 없다/부족하다 : es fehlt (jm.) an et.[3]

Es fehlt mir an Mut, im Ausland zu studieren.
나는 외국에서 공부할 용기가 없다/부족하다.

(4) (누가) 그립다

Du fehlst mir sehr. 네가 몹시 그립다.

03 몸 상태/느낌/기분이 어떻다 : sich irgendwie fühlen

A: Wie fühlst du dich? 너 컨디션/기분이 어때?

B: Ich fühle mich gut. 몸 상태가 좋다.
fit. 몸 상태가 건강하다.
wohl. 기분이 좋다.
hervorragend. 몸 상태가 아주 좋다.
erfrischt. 나는 신선하게 느낀다.
erholt. 피로가 풀린 느낌이다.
schlecht. 몸이/몸 상태가 안 좋다.
müde. 몸이 피곤하다.
erschöpft. 지쳤다.
gestresst. 스트레스를 받고 있다.
überfordert. 힘들다.
krank. 아프다.
wie neu geboren. 새로 태어난 느낌이다.

04 … 시점 이후 : seit + 〈3격 목적어〉

Seit einer Woche regnet es. 일주일 전부터 비가 내린다.
einem Monat mache ich Diät. 나는 한 달 전부터 다이어트를 한다.
einem Jahr lerne ich Deutsch. 나는 1년 전부터 독일어를 배운다.
zwei Jahren rauche ich nicht mehr. 나는 2년 전부터 담배를 피우지 않는다.
seiner Geburt ist er behindert. 그는 태어날 때부터 장애가 있다.
(behindert 장애가 있는, geistig/körperlich behindert sein 정신적으로/육체적으로 장애가 있다)

05 …하게 말해서 : <과거분사 구문> irgendwie gesagt,

Offen / Ehrlich gesagt, mag ich ihn nicht. 솔직히 말해서, 나는 그를 좋아하지 않는다.

Kurz gesagt, habe ich keine Lust dazu. 짧게 말해서, 나는 그것을 하고 싶은 생각이 없다.

Einfach gesagt, brauche ich deine Hilfe. 간단히 말해서, 나는 너의 도움이 필요하다.

06 <현재에 대한 소문> …라고 한다 : sollen + 부정사 <과거에 대한 소문> …했다고 한다 : sollen + 부정사 완료형

Er soll krank sein. 그가 아프다고 한다.

verliebt sein. 사랑에 빠졌다고

schon verheiratet sein. 벌써 결혼했다고

noch ledig sein. 아직 미혼이라고

gut verdienen. 돈을 잘 번다고

Sie **soll** ihn sehr **geliebt haben**, aber er hat sie verlassen.

화법조동사: 소문 완료부정형

그녀가 그를 매우 사랑했다고 하는데, 그는 그녀를 버리고 떠나갔다.

Sie **soll** in Deutschland **promoviert haben**, aber sie findet keine Stelle.

화법조동사: 소문 부정사 완료형

그녀가 독일에서 박사학위를 취득했다고 하는데, 일자리를 찾지 못하고 있다.

(promovieren 박사학위를 하다, die Promotion 박사 학위 과정)

Bei dem Unfall **sollen** drei Menschen ums Leben **gekommen sein**.

화법조동사: 소문 부정사 완료형

그 사고로 3명이 목숨을 잃었다고 한다.

2018 **soll** einer der heißesten Sommer **gewesen sein**.

화법조동사: 소문 부정사 완료형

2018년이 가장 더운 여름 중 하나였다고 한다.

활용 연습

1 종속접속사 obwohl과 seitdem 중 빈칸에 알맞은 말을 적으시오.

(1) __________ ich schon seit zwei Wochen Diät mache, habe ich kaum abgenommen.

(kaum 거의 …아닌; abnehmen ⟨nimmt... ab, nahm ... ab, hat ... abgenommen⟩ 몸무게를 줄이다 ↔ zunehmen 몸무게가 들다)

(2) __________ ich mit der Diät begonnen habe, habe ich schon viel abgenommen.

(3) __________ ich erkältet bin, gehe ich nicht zur Arbeit.

(4) __________ ich erkältet bin, muss ich zur Arbeit gehen.

(5) __________ ich allein lebe, fühle ich mich nicht einsam.

(6) __________ ich allein lebe, fühle ich mich einsam.

2 seit또는 seitdem을 사용하여 같은 뜻이 되도록 문장을 완성하시오.

(1) a. __________ ich nach Berlin versetzt wurde, sehe ich ihn nicht mehr.

b. Ich bin vor einem Jahr nach Berlin versetzt worden. __________ sehe ich ihn nicht mehr.

c. __________ meiner Versetzung nach Berlin sehe ich ihn nicht mehr.

(versetzen [fɛɐ̯'zɛt͡sn̩] (어디로) 발령을 내다, jn. ins Ausland versetzen 누구를 해외로 발령 내다 → die Versetzung 발령)

(2) a. __________ sie verheiratet ist, lässt sie nichts mehr von sich hören.

b. Sie hat vor drei Monaten geheiratet. __________ habe ich nichts mehr von ihr gehört.

c. __________ ihrer Heirat habe ich nichts mehr von ihr gehört.

(3) a. __________ ich auf dem Land wohne, schlafe ich viel besser.

b. Ich bin vor einem halben Jahr aufs Land gezogen. __________ schlafe ich viel besser.

c. __________ meinem Umzug aufs Land schlafe ich viel besser.

(aufs Land ziehen 시골로 이사하다)

3 화법조동사를 사용하여 문장을 완성하시오.

(1) A: Peter __________ in den USA studiert haben.

B: Das habe ich auch gehört, aber ehrlich gesagt, __________ ich mir das gar nicht vorstellen. Also, das kann ich ihm nicht glauben. Er __________ ja kaum Englisch.

(sich et. vorstellen 무엇을 상상하다)

(2) A: Du __________ hier nicht rein.

B: Wieso? Ich bin schon zwanzig.

A: Du __________ schon volljährig sein? Das __________ ich nicht glauben. Du sieht doch noch wie ein Schüler aus.

(volljährig 〈형용사〉 성년인 ↔ minderjährig 미성년인)

(3) A: Warum ist Herr Meyer nicht zur Sitzung gekommen?

B: Er __________ krank sein.

A: Was? Ich habe ihn doch heute morgen noch in der Kantine gesehen. Er __________ also gar nicht krank sein.

B: Es __________ doch sein, dass er eine akute Krankheit hat.

(die Sitzung ['zɪtsʊŋ] 〈-, -en〉 회의; die Kantine [kan'ti:nə] 〈-, -n〉 구내식당; akut [a'ku:t] 〈형용사〉 급성의)

4 다음 대화를 듣고 빈칸을 채우시오.

A: Was __________ Ihnen denn, Frau Schneider?

B: Ach, Herr Doktor. Ich __________ mich völlig erschöpft. __________ ich genug schlafe, bin ich immer müde.

A: __________ wann denn?

B: Schon __________ einigen Monaten. Eigentlich, __________ wir umgezogen sind.

A: __________ __________ Sie denn jetzt?

B: In der __________ Siedlung __________ der Stadt. Wir haben __________ ein __________ Haus gekauft.

A: So ein __________ Haus __________ ein Problem __________ die Gesundheit __________. Haben Sie __________ __________ einmal untersuchen __________?

B: Nein, noch nicht. __________ bin ich ja heute __________ Ihnen __________.

(umziehen ['ʊmtsiːən] 이사하다; die Siedlung ['ziːdlʊŋ] 〈-, -en〉 주거지역)

5 다음 편지글을 듣고 빈칸에 알맞은 말을 적으시오.

__________ Yuri,

__________ ich jetzt schon __________ zwei Monaten in München bin, fühle ich __________ immer noch __________ __________ hier. Aber __________ ich __________ Studentenwohnheim wohne, __________ ich __________ Leute kennen. Einige __________ ich auch ganz __________, aber meistens bin ich __________ Ara zusammen. Sie hat __________ übrigens __________ Haare blond färben __________! Sie sieht toll __________. Aber ich habe nicht den __________, meine Haare färben __________ __________. Ich __________ sie mir __________ ganz kurz __________ __________. Wie __________ du die Idee?

Soweit für heute. __________ ich deine __________ Mail erhalten __________, __________ schon zwei Wochen vergangen. __________ doch bitte öfter von dir __________!

Liebe __________

Deine Yuna

6 다음 글에서 잘못된 부분을 고치시오.

Katrin und Tanja treffen. Katrin findet Tanja sehr schlecht aussehen und möchte wissen, dass sie etwas fehlt. Tanja erzählt, dass sie sich schon seit Woche fühlt völlig erschöpft. Obwohl sie schon gestern um neun Uhr im Bett gegangen hat, fühlt sie nicht recht fit. Außerdem hat sie oft Kopfschmerz. Katrin fragt, wann seit so ist. Tanja antwortet, dass sie schon seit einige Woche Kopfschmerz hat, genau sagen, seitdem hat sie die Firma gewechselt.

Katrin erkundigt, wie gefällt Tanja die neue Arbeit. Tanja meint, sie gefällt sich nicht so gut. Sie findet ihr neuen Job langweiliger wie die alte. Und mit ihrem Chef versteht sie nicht besonders gut. Ihr Chef wollte zwar mit Tanjas Vorgänger hervorragend verstehen haben. Aber das kann Tanja nicht glauben. Nämlich hat sie gehört, dass ihr Vorgänger wegen nur des Chefs gekündigt hat. Katrin vermutet daher, dass der Chef ein Grund für Tanjas Beschwerden sein soll. Sie rät ihr, doch einmal zu Arzt zu gehen und sich zu untersuchen.

7 다음 우리말을 독일어로 옮기시오.

(1) 너 언제 이발했니?
- 약 한 달 전에 이발했다.

➡ ______________________

____

(2) 그는 매우 일찍 출발했음에도 불구하고 기차를 놓쳤다.

➡ ______________________

(3) 그에게서 뭔가 새로운 소식을 들었니?

- 아니, 그가 독일로 간 후로는 그로부터 더 이상 아무런 소식을 듣지 못했어.

➡ ______________________________

____

(4) 너는 얼굴이 좋아 보이지 않는다. 어디 아프니?

- 어제 과음을 하고 잠을 너무 조금 잤어.

➡ ______________________________

____

(5) 그는 최선을 다했다고 하지만, 나는 그 말을 믿을 수 없다.

➡ ______________________________

____

(6) 그는 (자기 말이) 독일에서 박사학위를 취득했다고 하는데, 독일어를 잘 하지 못한다.

➡ ______________________________

(7) 그녀는 부잣집 출신이라고 하는데, 매우 검소하다. (검소하다: sparsam)

➡ ______________________________

자세히 들여다보기

01 낱말 익히기

der Schmerz 〈-es, -en〉 (보통 복수형태로 사용됨: Schmerzen) 통증
die Schmerztablette 진통제

die ... schmerzen …통, 통증
Kopfschmerzen 두통
Bauchschmerzen 복통
Halsschmerzen 목 통증
Herzschmerzen 심장 통증
Kreuzschmerzen 허리(디스크) 통증
Schulterschmerzen 등의 통증
Rückenschmerzen 어깨 통증
Zahnschmerzen 치통
Ohrenschmerzen 귀의 통증
Knieschmerzen 무릎의 통증

02 화법 조동사가 추측을 나타내는 경우

(1) müssen : … 임에 틀림없다

Das muss stimmen. 그것은 틀림없다.

A: Wo ist Peter? 페터가 어디 있지?
B: Er muss jetzt zu Hause sein. Vor einer halben Stunde ist er nach Hause gefahren. 그는 틀림없이 집에 있을 거야. 반 시간 전에 집에 갔어.

(2) werden : … 일 것이다

Das wird stimmen. 그것이 맞을 것이다.

A: Ich habe Angst vor der Prüfung. 나는 그 시험에 대해서 두려움이 있어.

B: Keine Sorge. Du wirst die Prüfung schon bestehen. Da bin ich sicher.
걱정하지마. 너는 그 시험에 합격할 거야. (그에 관해서) 나는 확신해.

(3) können : …일 수 있다

Das kann stimmen. 그것이 맞을 수도 있다.

A: Haben Sie schon Herrn Meier gesehen? 마이어 씨 벌써 보셨습니까?

B: Nein, noch nicht. Aber er kann jeden Moment kommen.
아뇨, 아직. 하지만 (이제) 곧 올 거예요.

(4) mögen : … 일지도 모르다

Das mag stimmen, aber ... 그럴지도 모르지만, …

A: Nehmen wir das. Das ist ein Sonderangebot. 이것을 사자. 세일이야.

B: - Das mag ja ein Sonderangebot sein, aber ich finde den Preis immer noch zu hoch. 그것이 세일일지는 모르겠지만, 가격이 여전히 너무 높은 것 같아.

- Das mag ja stimmen, aber ich finde den Preis immer noch zu hoch.
그 말이 맞을수도 있지만, 가격이 여전히 너무 높은 것 같아.
('가격이 비싸다'는 'Der Preis ist hoch.'라고 하며, 'Der Preis ist teuer.'라고 하지 않음)

(5) 과거 사실에 대한 추측을 나타낼 때는 완료형을 사용한다.

Er muss zu Hause gewesen sein. 그가 집에 있었음에 틀림없다.

Du wirst die Prüfung schon bestanden haben. 너는 그 시험에 합격했을 거야.

Er kann schon gekommen sein. 그가 벌써 왔을 수 있어.

Das mag ein Sonderangebot gewesen sein. 그것이 세일이었을 수도 있다.

Lektion 27

Das ist eine Frage, die ich nicht beantworten kann.

01 관계대명사

기본 문법

01 관계대명사

관계절

주절의 한 문장 성분을 수식하는 종속절로, 관계대명사가 접속사로 사용된다.

Der Wein ist gut. Ich trinke **den Wein**. 그 와인은 좋다. 나는 그 와인을 마신다.
Der Wein, **den** (= den Wein) ich trinke, ist gut. 내가 마시는 와인은 좋다.
선행사 관계대명사

〈관계대명사의 형태〉

	남성	여성	중성	복수
1격	der	die	das	die
2격	dessen	deren	dessen	deren
3격	dem	der	dem	denen
4격	den	die	das	die

☞ 관계대명사 der는 2격과 복수 3격을 제외하면 특정관사 형태와 동일하다.
2격과 복수 3격은 해당 특정관사 형태에 -(s)en이 첨가하는데, 남성·중성 2격에서 -en앞에 s가 나오는 것은 앞의 e가 단모음임을 나타내기 위한 것임

관계대명사는 수식하는 명사(선행사)의 성과 수, 그리고 관계절에서 수행하는 역할(주어, 목적어, 수식어)에 따라 격이 결정된다.

① 관계대명사 : 남성·단수·1격

Ich kenne **den Mann**, **der** dich liebt. 나는 너를 사랑하는 남자를 안다.
남성 단수 관계절의 주어

② 관계대명사 : 여성·단수·1격

Ich kenne **die Frau**, **die** dich liebt. 나는 너를 사랑하는 여자를 안다.
여성 단수 관계절의 주어

③ 관계대명사 : 남성·단수·4격

Ich kenne **den Mann**, **den** du liebst. 나는 네가 사랑하는 남자를 안다.
남성 단수 관계절의 목적어

④ 관계대명사 : 여성·단수·4격

Ich kenne **die Frau**, **die** du liebst. 나는 네가 사랑하는 여자를 안다.
여성 단수 관계절의 목적어

⑤ 관계대명사 : 중성·단수·3격

Das ist **das Mädchen**, **dem** ich helfe. 이 사람이 내가 도와주는 소녀이다.
중성 단수 관계절의 목적어

⑥ 관계대명사 : 복수·3격

Das sind **die Leute**, **denen** ich helfe. 이들이 내가 도와주는 사람들이다.
복수 명사 관계절의 목적어

⑦ 관계대명사 : 남성·단수·2격

Das ist **der Schüler**, **dessen** Vater gestern gestorben ist.
남성 단수 관계절의 주어 Vater의 2격 수식어
이 아이가 어제 아버지가 돌아가신 학생이다.

⑧ 관계대명사 : 복수·2격

Warum stellst du mir **Fragen**, **deren** Antwort du schon kennst?
복수 명사 관계절 명사 Anwort의 수식어
왜 내게 네가 이미 답을 알고 있는 질문을 하느냐?

Das sind die **Kinder**, **deren** Eltern bei dem Zugunglück ums Leben gekommen sind.
복수명사 관계절 명사 Eltern의 수식어
이들이 부모가 그 기차 사고에서 사망한 아이들이다.

기본 대화

Das ist der Lehrer, den ich am liebsten mochte.

Jan	Du, Yuri, was ist denn das hier für ein Foto?
Yuri	Das ist ein altes Foto von meiner Oberschulabschlussfeier. Im Hintergrund siehst du die Schule, die ich besucht habe.
Jan	Wer ist das Mädchen, das die Blumen in der Hand hat?
Yuri	Aber Jan! Das bin doch ich! Kannst du mich denn nicht erkennen?
Jan	Ehrlich gesagt, nein. Ich dachte, du bist das Mädchen mit der Schleife im Haar.
Yuri	Das ist meine ältere Schwester. Der Junge, der neben ihr steht, ist mein jüngerer Bruder.
Jan	Der Mann, der hinter dir steht, ist dann wohl dein Vater, oder?
Yuri	Nein, das ist der Lehrer, den ich am liebsten mochte und der mir viel geholfen hat.

해설

① Du, Yuri, was ist denn das hier für ein Foto? 얘 유리야, 여기 이것이 무슨 사진이야?

- was ... für ein- ... = was für ein- 무슨, 어떤(유형의, 성질의), ein-은 다음에 오는 명사의 성과 격에 따라서 어미변화 함. Was für einen Hut suchen Sie denn? 어떤 모자를 찾으시는데요? 셀 수 없는 명사나 복수 명사 앞에서는 ein-을 사용하지 않음. Was für Probleme haben Sie denn? 어떤 문제가 있으신지요?

② Das ist ein altes Foto von meiner Oberschulabschlussfeier.

그것은 내 고등학교 졸업식 때 찍은 옛날 사진이야.

- die Oberschulabschlussfeier 고등학교 졸업식, ← die Oberschule 고등학교 + der Abschluss ['apʃlʊs] 〈-es, Abschlüsse〉 종결, 마침 + die Feier ['faiɐ] 〈-, -n〉 축하행사

③ Im Hintergrund siehst du die Schule, die ich besucht habe.

배경에 내가 다닌 학교가 보일 거야.

- der Hintergrund 〈-(e)s, -gründe〉 배경
- et. sehen 무엇이 보이다, 무엇을 보다. '무엇을 의도적으로 보다'는 'sich et. ansehen'이며, 'et. sehen'은 의도와 상관없이 보이는 것을 의미함

④ Wer ist das Mädchen, das die Blumen in der Hand hat?

손에 꽃을 들고 있는 소녀는 누구지?

⑤ Aber Jan! Das bin doch ich! Kannst du mich denn nicht erkennen?

아이고 얀! 나잖아. 나 못 알아보겠니?

- aber 놀라움, 실망을 나타냄
- doch 〈어조사〉 (개연성 있는 사실을 환기·강조하는 어감) …잖아
- denn 〈어조사〉 (의아함을 표현하는 어감) …겠어?
- erkennen [ɛɐ̯'kɛnən] 〈erkannte, hat ... erkannt〉 알아보다, Aus dieser Entfernung kann ich die Schrift nicht erkennen. 이 거리에서 나는 글자 알아볼 수 없다.

⑥ Ehrlich gesagt, nein. 솔직히 말해서 못 알아보겠어.

- ehrlich 〈형용사〉 솔직한
- gesagt는 sagen의 과거분사, offen gesagt 솔직히 말해서, kurz gesagt 간단히 말해서

⑦ Ich dachte, du bist das Mädchen mit der Schleife im Haar.

나는 머리핀을 꽂고 있는 소녀가 너라고 생각했어.

- die Schleife ['ʃlaifə] 〈-, -n〉 매듭모양의 핀

⑧ Das ist meine ältere Schwester. 그 사람은 우리 언니야.

- die ältere Schwester 언니, 누나, alt - älter - ältest-
- die jüngere Schwester 여동생, jung - jünger - jüngst-

⑨ Der Junge, der neben ihr steht, ist mein jüngerer Bruder.

언니 옆에 서 있는 남자애는 내 남동생이야.

- der Junge ['jʊŋə] 〈-n, -n〉 소년
- neben 〈전치사, 위치: 3격〉 …옆에, 〈방향: 4격〉 …옆으로, Ich mache ein Foto von euch. Stellt euch neben das Auto. 내가 너희들 사진을 찍을게. 자동차 옆에들 서라.
- der jüngere Bruder 남동생, der ältere Bruder 형, 오빠

⑩ Der Mann, der hinter dir steht, ist dann wohl dein Vater, oder?

네 뒤에 있는 남자분이 아마도 너의 아버지시지, 그렇지 않아?

- hinter 〈전치사, 위치: 3격〉 …뒤에, 〈방향: 4격〉 …뒤로, Stell dein Auto hinter mein Auto. 네 차를 내 차 뒤에 세워라.
- wohl 아마도

⑪ Nein, das ist der Lehrer, den ich am liebsten mochte und der mir viel geholfen hat. 아니, 그분은 내가 가장 좋아했고, 나를 많이 도와주었던 선생님이야.

- ... der Lehrer, den 〈관대대명사 남성 단수 4격: mochte의 목적어〉... und der 〈남성 단수 1격: geholfen hat의 주어〉
- mochte mögen(좋아하다)의 과거형

텍스트 완성하기

대화문의 내용과 일치하도록 빈칸을 채우시오.

Jan sieht _______ Yuris Schreibtisch ein Foto. Er möchte wissen, _______ _______ _______ Foto das ist. Yuri erklärt, _______ _______ ein altes Foto _______ ihrer Oberschulabschlussfeier ist. _______ Hintergrund kann _______ die Schule sehen, _______ Yuri _________ hat. Jan fragt, _______ das Mädchen _______, _______ die Blumen _______ _______ Hand hat. Yuri _______ überrascht, _______ Jan _______ nicht erkennen _______. _______ dem Mädchen _______ den Blumen _______ der Hand handelt _______ sich _______ Yuri. Daher fragt Yuri, _______ Jan _______ denn nicht erkennen _______. Jan antwortet _________, _______ er _______ nicht erkannt _______. Er hat eigentlich das Mädchen _______ _______ Schleife _______ Haar _______ Yuri gehalten. Yuri sagt, _______ das Mädchen _______ _________ Schwester ist. Der Junge, _______ _________ ihr steht, ist _______ _________ Bruder. Jan vermutet, _______ der Mann _________ Yuri _______ Vater ist. Diese Vermutung ist _______ falsch. Es ist der Lehrer, _______ Yuri _______ liebsten mochte und _______ _______ viel geholfen _______.

유용한 표현

01 어떤 종류/유형의 …인가? : **Was für (ein-) … ist das?/was … für (ein-) …?**

불특정관사 ein-의 형태는 앞에 오는 für와는 관계가 없고, 오로지 수식하는 명사의 성·수·격에 따라서 결정된다. was와 für(ein-) 부분이 분리될 수도 있다.

Was für eine Blume ist das? (= **Was** ist das **für eine** Blume?)
이것은 무슨 꽃이지?

Was für ein Gerät ist das? (= **Was** ist das **für ein** Gerät?)
이것이 무슨 기기이지?

Was für ein Mensch ist er? (= **Was** ist er **für ein** Mensch?)
그는 어떤 사람이지?
(Mensch가 남성 1격이므로 ein이 왔음)

Was für einen Wein möchtest du trinken? 어떤 와인을 마시고 싶니?

Was für eine Geschichte möchtest du hören? 어떤 이야기를 듣고 싶니?

Was für ein Bild willst du denn kaufen? 어떤 그림을 사고 싶은데?

Was für Preise gibt es zu gewinnen? 어떤 상들을 받을 수 있습니까?
(Preise가 복수여서 불특정관사 ein-이 나오지 않음; zu gewinnen은 Preise를 수식함)

02 사람 소개하기 [Das ist … : 이 사람은 …이다]

Das ist mein Cousin / meine Cousine. 내 사촌이다.
mein älterer Bruder. 내 형/오빠이다.
mein ältere Schwester. 내 누나/언니이다.
der Bruder meiner Mutter / mein Onkel mütterlicherseits. 외삼촌이시다.
die Schwester meines Vaters / meine Tante väterlicherseits. 고모이시다.
(mütterlicherseits 어머니 쪽의, 외가의; väterlicherseits 아버지 쪽의, 친가의)

03 사람 · 사물 설명하기

(1) Der Mann, der ... , ist ... : …한 남자는 …이다

Der Mann, der neben mir steht, ist mein Onkel. 내 옆에 서있는 남자는 내 아저씨이다.
vor mir 내 앞에
hinter mir 내 뒤에

Das Mädchen, das eine Rose in der Hand hat, ist meine Schwester.
손에 장미 한송이를 들고 있는 소녀가 내 누이이다.
das ein weißes Kleid trägt, 흰 원피스를 입고 있는
das die Augen geschlossen hat, 눈을 감은

Die Frau, die links neben meiner Schwester steht, ist meine Mutter.
내 누이 왼쪽에 서있는 여자가 나의 어머니이다.
die ganz vorne sitzt, 가장 앞쪽에 앉아있는
die in der zweiten Reihe steht, 두 번째 열에 서있는

(2) Das ist das Buch, ... : 이것은 …한 책이다

Das ist das Buch, das ich gestern gekauft habe. 이것은 어제 내가 산 책이다.
das ich in den Ferien gelesen habe. 방학 중에 읽은
das ich interessant fand. 재미있다고 생각한

Das Bild, das Sie hier sehen, wurde von Picasso gemalt.
여기 보시는 그림이 피카소가 그린 것입니다.
das dort hängt, 저기 걸려있는
das ich gekauft habe, 내가 산

활용 연습

1 **빈칸에 들어갈 관계대명사의 알맞은 형태를 적으시오.**

(1) Ich kenne den Mann, __________ dich gestern besucht hat.

(2) Kennst du die Frau, __________ neben Herrn Beier steht?

(3) Er fährt das Auto, __________ ihm sein Vater geschenkt hat.

(ihm이 대명사여서 주어 앞으로)

(4) Das sind genau die Fragen, __________ ich nicht beantworten möchte.

(die Frage beantworten 〈타동사〉 = auf die Frage antworten 〈자동사〉 질문에 대답하다)

(5) Ich mag die Frau nicht, __________ ich jeden Morgen im Aufzug begegne.

(jm. begegnen 〈3격 요구 동사〉 누구와 마주치다)

(6) Kennst du schon die Leute, __________ neben euch eingezogen sind?

(einziehen 〈zieht ... ein, zog ... ein, ist ... eingezogen〉 이사 오다; neben euch 너희 옆으로)

(7) Ich empfehle dir ein Buch, __________ ich sehr interessant finde.

(jm. et. empfehlen 누구에게 무엇을 추천하다)

2 **다음에 빈칸에 알맞은 말을 적으시오.**

Heute war ein Tag, __________ ich nie vergessen werde: Es war der Tag meiner Uniabschlussfeier. Ich bin froh, dass ich die Abschlussprüfungen, __________ besonders schwer waren, bestanden habe. Mein Freund, __________ ich während meines Auslandssemesters in Deutschland kennengelernt habe, ist extra aus Hamburg zur Zeremonie gekommen. Nach der Feier habe ich ihm die Uni gezeigt, __________ ich sechs Jahre lang besucht habe: die alte Bibliothek, __________ bald abgerissen werden soll, die Seminarräume mit den Geräten fürs Dolmetschen, __________ manchmal nicht funktionierten, das kleine Café hinter der Uni, __________ ich in der Pause gern besucht habe. Ich habe ihm auch meinen Lieblingsprofessor vorgestellt, __________ mich zwei Jahre lang mit großem Einsatz unterrichtet hat.

(die Prüfung bestehen 시험을 합격하다, in der Prüfung durchfallen 시험에서 떨어지다; die Zeremonie 행사, 의식; sechs Jahre lang 6년 동안; abreißen 〈reißt ... ab, riss ... ab, hat ... abgerissen〉 허물다; dolmetschen 통역하다; funktionieren 작동하다, 기능하다; der Einsatz 투입; mit großen Einsatz 애써서, 힘들여)

3 다음 대화를 듣고 빈칸을 채우시오.

A: Erinnerst du ________ noch ________ Taeho ________ unserer Klasse?

B: Meinst du ________ ________, ________ so gut ________?

A: Ja, Taeho war ein Typ, ________ alle Mädchen ________.

B: ________. Was ________ er ________ jetzt?

A: Er arbeitet ________ ________ Firma, ________ viel ________ Deutschland ________ ________ hat.

B: So? Kann er denn ________ gut Deutsch?

A: Er war doch der Student, ________ Herr Fuchs immer ________ ________.

4 다음 글에서 잘못된 부분을 고치시오.

Jan sieht im Yuri Schreibtisch ein Foto. Er möchte wissen, was für einen Foto ist das. Yuri erklärt, das es ist ein altes Foto von ihrer Oberschulabschlussfeier. In Hintergrund kann man die Schule sehen, der Yuri hat besucht. Jan fragt, wer das Mädchen ist, die Blumen in der Hand haben. Yuri hat überrascht, dass Jan sie nicht kennen kann. Um dem Mädchen mit der Blumen in die Hand handelt sich bei Yuri. Daher fragt Yuri, ob Jan denn sie nicht erkennen kann. Jan antwortet ehrlich gesagt, dass er sie nicht erkennen hat. Er hat eigentlich das Mädchen mit den Schleife in Haar als Yuri gehaltet. Yuri sagt, dass das

Mädchen ihre alte Schwester ist. Der Junge, der neben sie steht, ist ihr jünger Bruder. Jan vermutet, ob der Mann hinter Yuri ihr Vater ist. Diese Vermutung ist falsch aber. Es ist der Lehrer, der Yuri am liebsten mochte und dem ihr viel geholfen ist.

5 다음 우리말을 독일어로 옮기시오.

(1) 네가 가장 즐겨 부르는 노래가 무엇이지?
- 내가 가장 즐겨 부르는 노래를 너는 분명히 모를 거다.

➡ ______________________

____

(2) 이것은 내게 매우 깊은 인상을/감명을 주었던 책이다.
(인상을 주다 beeindrucken / 감명을 주다 berühren / 감동을 주다 bewegen)

➡ ______________________

(3) 어제 나는 그 전시회(die Ausstellung)에서 내게 특히 마음에 들었던 그림을 두 점 샀다.

➡ ______________________

(4) 오늘 자기 아버지가 내 대학 동창(der Studienkollege)이었던 학생이 나를 찾아 왔다.

➡ ______________________

(5) 이들은 내가 매일 아침 출근길에 마주치는 사람들이다. (누구를 마주치다 jm. begegnen)

➡ ______________________

자세히 들여다보기

01 주제 언급하기 [Es geht um ... : …에 관한 것이다]

Es geht um unsere Zukunft. 우리의 미래에 관한 것이다.

(die Zukunft [tsu:'kʊnft] 〈-, 항상 단수〉 미래)

Heute geht es um den Umweltschutz.
오늘은 환경보호에 관한 것입니다(관해서 논의합니다).

(die Umwelt ['ʊmvɛlt] 〈-, 항상 단수〉 환경; der Schutz [ʃʊts] 〈-es, 항상 단수〉 보호)

02 논점 언급하기

(1) …에서는 …이 문제/주제/논점이다 :
Bei ... geht es um ... / Bei ... handelt es sich um ...

Bei unserem Seminar geht es um die Verbesserung der Studienbedingungen. 우리 세미나에서는 대학수학 여건 개선에 관한 문제를 다룬다.

(die Verbesserung 개선, verbessern 개선하다; Studien- 〈명사 합성어의 일부〉 대학 수학과 관련된, der Studienkollege 대학 동료, das Studienfach 전공, die Studiengebühren 등록금; die Bedingung 〈-, -en〉 조건)

Dabei geht es vor allem um die Frage: Wie können wir die Studierenden finanziell noch besser unterstützen. 여기에서는 특히 다음 질문이 논점이다. 우리가 대학생들을 재정적으로 어떻게 더 잘 지원할 수 있는가?

(der/die Studierende 대학에서 공부하는 사람 ← studieren + -d 〈현재분사형〉, die Studierenden 〈복수〉 대학에서 공부하는 사람; unterstützen [ʊntɐ'ʃtʏtsn̩] 지원하다)

Bei der Fremdsprachendidaktik geht es darum, wie man Fremdsprachen unterrichten soll. 외국어교수법에서는 외국어를 어떻게 가르칠 것인가가 논점이다.

(die Fremdsprache 외국어; die Didaktik 교수법; unterrichten [ʊntɐ'rɪçtn̩] 수업하다; der Unterricht ['ʊntɐrɪçt] 〈-(e)s, 항상 단수〉 수업)

Es handelt sich um die Frage der Effektivität. 효과성의 문제이다.

(die Effektivität [ɛfɛktivi'tɛ:t] 〈-, 항상 단수〉 효과(성))

Es handelt sich darum, wie man Deutsch am effektivsten lernen kann.
독일어를 어떻게 가장 효과적으로 배울 수 있는가가 논점이다. (effektiv [ɛfɛk'ti:f] 〈형용사〉 효과적인)

(2) 〈사실을 따져보면〉 …은 …이다 :
Es handelt sich bei ... um ... / Bei ... handelt es sich um ...

Bei dem Verletzten handelte es sich um einen 12-jährigen Schüler.
부상자는 12살 난 학생이었다.
(verletzen 상처를 입히다, verletzt 상처를 입은, der/die Verletzte 부상자)

03 kennen 〈kannte, hat ... gekannt〉 알다 erkennen 〈erkannte, hat ... erkannt〉 알아보다, 인지하다 anerkennen 〈erkannte ... an, hat ... anerkannt〉 인정하다

A: Entschuldigung, aber kennen wir uns nicht? Sie waren doch letzten Sommer auch auf der Tagung in Berlin, oder? Ich bin Daniel Heinemann. 실례합니다만, 우리 서로 알지 않나요? 지난 여름 베를린 학회에 오시지 않았나요? 저는 다니엘 하이네만입니다.

B: Ach ja, Herr Heinemann. Entschuldigen Sie, ich habe Sie gar nicht erkannt. 아, 예, 하이네만씨 죄송합니다, 전혀 알아보지 못했습니다.

A: Das liegt wahrscheinlich an meinem Bart. 아마 제 수염 탓이겠지요.

B: Der steht Ihnen aber gut. Ihr Vortrag auf der Tagung war wirklich interessant. 참 잘 어울립니다. 학회에서 발표하신 강연 정말 흥미로웠어요.

A: Danke. Mein Beitrag wurde anerkannt und angenommen.
감사합니다. 발표문이 인정되어 게재가 승인되었어요.

B: Gratuliere. Wann wird der Artikel denn erscheinen?
축하합니다. 그 논문 언제 나옵니까?

A: In der Winterausgabe. Ich schicke Ihnen ein Exemplar.
겨울호에요. 한 부 보내드릴게요.

B: Vielen Dank! 감사합니다.

(die Tagung ['ta:gʊŋ] 〈-, -en〉 전문가들의 모임, 학회; der Bart [ba:ɐ̯t] 〈-(e)s, Bärte〉 수염; der Beitrag ['baitra:k] 〈-(e)s, Beiträge〉 기여, 발표; gratulieren 축하하다; der Artikel 논문; erscheinen 발행되다, 나타나다; die Winterausgabe 겨울호, die Ausgabe (책의 발행) 호; das Exemplar [ɛksɛm'pla:ɐ̯] 〈-s, -e〉 낱개, 낱권)

Lektion 28

Das ist das Buch, mit dem ich Deutsch gelernt habe.

01 전치사 + 관계대명사

02 관계부사 wo

03 관계대명사 was

기본 문법

01 전치사 + 관계대명사

Der Herr, mit **dem** du gesprochen hast, ist der Institutsleiter.
남성 단수 전치사 mit의 3격 목적어

네가 이야기를 나눈 남자분이 연구소 소장이다.

(der Institutsleiter 연구소장 ← das Institut 연구소 + der Leiter 소장)

Die Frau, von **der** du gerade sprichst, ist meine Deutschlehrerin.
여성 단수 전치사 von의 3격 목적어

네가 지금 이야기하는 여자분이 나의 독일어 선생님이다.

Die Maschine, mit **der** ich geflogen bin, hatte Verspätung.
여성 단수 전치사 mit의 3격 목적어

내가 타고 온 비행기가 연착했다. (die Verspätung 지각, 연착)

Das sind **die Leute**, mit **denen** wir zusammen den Urlaub verbracht haben.
복수 명사 전치사 mit의 3격 목적어

이 사람들이 우리가 함께 휴가를 보냈던 사람들이다.

(verbringen ⟨verbrachte, hat ... verbracht⟩ (시간을) 보내다)

02 관계부사 wo

관계부사 wo는 선행사가 장소를 의미할때 사용하며, '전치사 + 관계대명사'로 대체할 수 있다.

Das ist **das Café**, **wo (= in dem)** wir uns kennengelernt haben.
장소 명사 부사 (전치사, 단수 중성, 전치사 in의 3격 목적어)

여기가 우리가 처음 만난 커피숍이다.

Wie heißt **die Stadt**, **wo (= in der)** du geboren bist?
장소 명사 부사 (전치사, 단수 여성, 전치사 in의 3격 목적어)
네가 태어난 도시의 이름이 무엇이니?

Die Stadt, **wo (= in der)** ich geboren und aufgewachsen bin, liegt im Süden
장소 명사 부사(전치사, 단수 여성, 전치사 in의 3격 목적어)
Koreas. 내가 태어나 성장한 도시는 한국 남부지역에 있다. (aufwachsen 성장하다)

03 관계대명사 was

(1) 선행사가 불특정대명사(alles/vieles/manches/etwas/einiges)일 때

Das ist alles, was ich dir erzählen kann. 이것이 내가 너에게 말해줄 수 있는 전부이다.

Alles, was ich dir erzählt habe, muss unter uns bleiben.
내가 너에게 말한 것은 모두 우리 사이에 머물러야 한다(→ 비밀이다).

(2) 선행사가 최상급 명사일 때

Das ist das Beste, was wir erwarten konnten.
그것은 우리가 희망할 수 있었던 최상의 일/결과이다. (gut - besser - best; erwarten 기대하다)

Das ist das Schlimmste, was passieren konnte.
그것이 일어날 수 있었던 가장 최악의 일/결과이다. (schlimm 나쁜)

(3) 선행사가 앞 문장 전체일 때

Ich will Kunst studieren. **Das** finden meine Eltern nicht gut.
나는 예술을 전공하려고 한다. 그것을 나의 부모님께서는 좋지 않게 생각하신다.
(die Kunst 〈-, Künste〉 예술)

Ich will Kunst studieren, **was** meine Eltern nicht gut finden.
나는 예술을 전공하려고 하는데, (이것을) 나의 부모님께서는 좋지 않게 생각하신다.

기본 대화

Das ist das Beste, was wir nach dem Film machen können.

Monika Hast du Lust, heute in den Film zu gehen, von dem ich dir zuletzt erzählt habe?

Christian Welchen Film meinst du denn? Du hast mir nämlich von zwei Filmen erzählt. Meinst du den SF-Thriller, den der koreanische Regisseur Bong gedreht hat? Oder den amerikanischen Abenteuerfilm „Ungewöhnliche Helden", der sehr spannend sein soll?

Monika Ich meine den SF-Thriller, in dem die britische Schauspielerin Tilda Swinton mitspielt. Es ist ein Film, der die Geschichte von dem Eisbrecher-Zug erzählt. Wie heißt der Film doch gleich?

Christian „Snowpiercer". Der interessiert mich auch mehr als der Abenteuerfilm.

Monika Prima. Ich werde gleich Karten für die Abendvorstellung reservieren. Nach dem Film können wir in das koreanische Restaurant Arirang gehen, wo es so leckeres Essen geben soll.

Christian Super Idee! Das ist das Beste, was wir nach dem Film machen können. In dem Fall werde ich nur eine Kleinigkeit zu Mittag essen, damit mir am Abend das Essen noch besser schmeckt.

해설

① Hast du Lust, heute in den Film zu gehen, von dem ich dir zuletzt erzählt habe? 오늘 내가 지난 번 너에게 이야기한 영화 보러 갈 생각 있니?

- in den Film gehen 그 영화를 보러가다, ins Kino gehen (영화를 보러) 영화관에 가다.
- zuletzt 〈구어〉 지난 번, 맨 마지막으로

② Welchen Film meinst du denn?
어떤 영화를 말하는데?

- meinen ['mai̯nən] 의미하다, 생각하다 → die Meinung 의견

③ Du hast mir nämlich von zwei Filmen erzählt.
너는 내게 두 편의 영화에 대해서 이야기 했거든.

- von et.³ erzählen 무엇에 대하여 이야기하다
- nämlich 〈부사〉 (앞에 한 말의 근거를 제시함) …거든

④ Meinst du den SF-Thriller, den der koreanische Regisseur Bong gedreht hat?
한국인 봉 감독이 제작한 SF-스릴러를 의미하니?

- der Thriller (사람을 긴장시키는 흥미진진한) 영화, 책 등, 스릴러
- der Regisseur [reʒɪ'søːɐ̯] 〈-s, -e〉 감독, die Regisseurin 여자 감독
- drehen ['dreːən] 돌리다, einen Film drehen 영화를 촬영하다

⑤ Oder den amerikanischen Abenteuerfilm „Ungewöhnliche Helden", der sehr spannend sein soll? 아니면 매우 긴장감 있다는 미국 모험 영화 "Ungewöhnliche Helden(모뉴먼츠 맨: 세기의 작전)"을 말하는 거니?

- das Abenteuer ['aːbn̩tɔy̯ɐ̯] 〈-s, -〉 모험
- ungewöhnlich ['ʊngəvøːnlɪç] 〈형용사〉 이례적인 ↔ gewöhnlich 일상적인
- der Held [hɛlt] 〈-en, -en〉 영웅
- spannend 〈spannen 긴장시키다 + -d〉 흥미진진한 ↔ langweilig, Der Film war spannend. 그 영화가 흥미진진했다. angespannt (사람이) 긴장된, Ich war angespannt. 나는 긴장했었다.

⑥ Ich meine den SF-Thriller, in dem die britische Schauspielerin Tilda Swinton mitspielt. 영국 여배우 Tilda Swinton이 함께 출연한 SF-Thriller 말이야.

- britisch 영국의, Großbritannien [groːsbri'tani̯ən] (대영제국) 영국
- mitspielen 〈spielt ... mit〉 함께 연기하다

⑦ Es ist ein Film, der die Geschichte von dem Eisbrecher-Zug erzählt.
빙하 분쇄 열차에 관한 이야기를 하는 영화야.

- die Geschichte 〈-, -n〉 이야기, 〈-, 항상 단수〉 역사
- der Eisbrecher 〈das Eis 얼음 + der Brecher 깨는 기구〉 얼음 분쇄기 ← brechen ['brɛçn̩] 〈bricht, brach, hat/ist ... gebrochen〉 깨다, 부수다

⑧ Wie heißt der Film doch gleich? 그 영화 제목이 뭐더라?

- gleich 〈어조사〉 (알고 있는 것이 금방 생각나지 않을 때 하는 말) Wie war doch gleich sein Name? 그의 이름이 뭐였지?

⑨ „Snowpiercer". Der interessiert mich auch mehr als der Abenteuerfilm.
설국열차. 그것이 또한 모험영화보다 내게 더 흥미롭다.

- et. interessiert jn. 무엇이 누구에게 흥미를 유발하다, 관심을 가지게 하다

⑩ Prima. Ich werde gleich Karten für die Abendvorstellung reservieren.
좋아. 내가 바로 저녁 관람표를 예약할게.

- die Abendvorstellung 〈der Abend + die Vorstellung 공연〉 저녁 공연
- reservieren 예약하다

⑪ Nach dem Film können wir in das koreanische Restaurant Arirang gehen, wo es so leckeres Essen geben soll. 영화 후에 맛있는 음식이 있다는(음식 맛이 좋다는) 한국 식당 아리랑에 가면 되겠다.

- lecker ['lɛkɐ] 맛있는, Das Essen schmeckt lecker. 그 음식이 맛있다.

⑫ Super Idee! Das ist das Beste, was wir nach dem Film machen können.
좋은 생각이야. 그것은 영화 보고 할 수 있는 가장 좋은 일이야.

- super 〈어미변화 없음〉 매우 좋은 (= prima, toll)

⑬ In dem Fall werde ich nur eine Kleinigkeit zu Mittag essen, damit mir am Abend das Essen noch besser schmeckt. 이 경우에(그렇다면) 점심은 간단하게 먹어야지. 저녁밥이 더 맛있도록.

- die Kleinigkeit 〈-, -en〉 작은 것, 간단한 것, klein 작은
- zu Mittag essen 점심을 먹다, zu Abend essen 저녁을 먹다, Ich möchte nur eine Kleinigkeit zu Abend essen. 나는 저녁 식사로 간단한 것만 먹고 싶다. frühstücken 아침을 먹다, Haben Sie schon gefrühstückt? 아침 식사 하셨습니까?
- damit 〈종속접속사: 목적〉 …하도록, Wir müssen uns beeilen, damit wir den Zug nicht verpassen. 기차를 놓치지 않도록 서둘러야 한다. 〈주절과 종속절의 주어가 동일할 경우 um ... zu + 부정사를 사용할 수 있음〉 Ich musste früh ausstehen, um den ersten Bus zu nehmen. (= damit ich den ersten Bus nehmen konnte.) 나는 첫 버스를 타기 위해서 일찍 일어나야 했다.
- schmecken ['ʃmɛkn̩] 〈3격 요구 동사〉 et.[1] schmeckt jm.[3] 무엇이 누구에게 맛있다
- noch besser 더 좋게, 'noch (viel) + 형용사 비교급' (훨씬) 더 …, noch가 비교급을 강조함

텍스트 완성하기

대화문의 내용과 일치하도록 빈칸을 채우시오.

Monika fragt Christian, ______ er Lust hat, heute ______ ______ Film ______ gehen, von ______ sie ______ zuletzt erzählt ______. Christian möchte wissen, ______ Film Monika denn ______. Sie hat ______ ______ ______ zwei ______ erzählt: einmal ______ ______ SF-Thriller, ______ der koreanische Regisseur Bong gedreht ______, und einmal ______ ______ amerikanischen Abenteuerfilm „Ungewöhnliche Helden“, ______ sehr spannend sein ______. Monika antwortet, ______ sie den SF-Thriller, ______ ______ die britische Schauspielerin Tilda Swinton mitspielt, meint. Das ist ein Film, ______ die Geschichte ______ ______ Eisbrecher-Zug erzählt. Monika fällt der Titel ______ Films nicht gleich ______. Christian erinnert ______ ______ ______ Titel ______ ______: „Snowpiercer“. Dieser Film interessiert ______ auch ______ ______ der Abenteuerfilm. Monika findet ______ gut, ______ Christian Interesse ______ ______ Film hat. Sie sagt, ______ sie gleich Karten ______ ______ Abendvorstellung reservieren ______. Sie schlägt ______, nach dem Film ______ ______ koreanische Restaurant Arirang ______ gehen, ______ es so leckeres Essen geben ______. ______ ______ Vorschlag ______ Christian sehr begeistert. Er meint, das ist ______ Beste, ______ sie ______ ______ Film machen können. Er sagt, ______ er nur eine Kleinigkeit ______ Mittag essen ______, ______ ______ am Abend das Essen ______ besser ______.

유용한 표현

01 누구에게 …에 관해서 이야기 하다 : jm. von et. erzählen

Erzähl mir doch mal von deiner Studienzeit. 너의 대학시절에 관해서 좀 이야기 해줘.
von deiner ersten Liebe. 너의 첫 사랑에 관해서
von deinen ersten Jahren in Korea.
한국에서의 처음 몇 년에 관해서

02 … 예약하다 : reservieren

Ich möchte einen Tisch für zwei Personen reservieren. 2인 테이블을 예약하고 싶다.
ein Zimmer für eine Nacht 하루 묵을 방을
drei Karten für das Theaterstück 그 연극 공연 표 3장을
vier Plätze für die Nachmittagsvorstellung 오후 공연 4자리를

03 … 한 곳 : wo …

Das ist der Ort, wo ich geboren bin. 이곳이 내가 태어난 곳이다.
wo ich aufgewachsen bin. 내가 자란 곳
wo er in die Schule gegangen ist. 그가 학교에 다닌 곳
wo er seinen Wehrdienst geleistet hat. 그가 군복무한 곳
(der Wehrdienst 〈die Wehr 방어+der Dienst 업무〉 군복무, leisten 무엇을 행하다)
wo ich ihn zum ersten Mal getroffen habe.
내가 그를 처음 만난 곳
wo wir uns zum ersten Mal geküsst haben.
우리가 처음 키스한 곳

관계부사 wo가 시간을 나타내는 선행사를 수식하는 경우에는 시간과 결부된 상황을 의미한다.

Jetzt, wo du das sagst, erinnere ich mich daran.
네가 그것을 말하는 지금 (→ 지금 그것을 말하니까) 나는 그것을 기억한다.

04 내가 지금까지 ...한 가장 ...한 것 : .... das + 〈최상급〉, was ...

Das ist das Schönste, was ich je gesehen habe. 내가 지금까지 본 가장 아름다운 것이다.

das Interessanteste, was ich je gelesen habe.
내가 지금까지 읽은 가장 흥미로운 것

das Teuerste, was ich je gekauft habe.
내가 지금까지 산 가장 비싼 것

das Langweiligste, was ich je gehört habe.
내가 지금까지 들은 가장 지루한 것.

05 '전치사 + 관계대명사'를 사용하는 표현

Das ist das Buch, **mit dem** ich Deutsch gelernt habe.
이것이 내가 독일어를 배운 책이다.

die Maschine, **mit der** wir fliegen werden. 우리가 타고 갈 비행기

Das sind die Leute, **von denen** ich dir erzählt habe.
이분들이 내가 너에게 이야기했던 사람들이다.

mit denen ich verreist war. 내가 함께 여행을 떠났던
(verreisen 〈verreiste, ist ... verreist〉 여행을 떠나다)

Das ist das Haus, **in dem** ich als Kind gelebt habe. 이것이 내가 어릴 때 살았던 집이다.

von dem ich träume. 내가 꿈꾸는

활용 연습

1 빈칸에 알맞은 관계대명사를 적으시오.

(1) Das ist eine Frage, auf __________ ich leider nicht antworten kann. Ich bin wirklich überfragt.
(überfragen [y:bɐ'fra:gn̩] (몰라서) 대답할 수 없는 질문을 하다, jd. ist überfragt 누가 대답할 수 없는 질문을 받다)

(2) Das Sofa, auf __________ ich bei meinem Freund geschlafen habe, war unbequem. Heute übernachte ich lieber im Hotel.
(unbequem ['ʊnbəkve:m] 불편한 ↔ bequem [bə'kve:m] 편안한; übernachten (집이 아닌 다른 곳에서) 묵다, 잠을 자다)

(3) Der Kollege, mit __________ ich eng zusammengearbeitet habe, ist bei einem Unfall ums Leben gekommen. Ich werde zu seiner Beerdigung gehen.
(ums Leben kommen 목숨을 잃다; die Beerdigung 장례; beerdigen [bə'|e:ɐ̯dɪgn̩] (죽은 사람을) 땅에 묻다)

(4) Aus der Reise, mit __________ ich meine Freundin zum Geburtstag überraschen wollte, ist nichts geworden. Wir haben uns getrennt.
(überraschen [y:bɐ'raʃn̩] 깜짝 놀라게 하다 → die Überraschung; sich trennen 헤어지다)

(5) Er will endlich mit dem Rauchen aufhören, __________ ich sehr vernünftig finde. (mit et. aufhören 무엇을 그만 두다; vernünftig [fɛɐ̯'nʏnftɪç] 현명한, 합리적인)

(6) Alles, __________ ich dir gesagt habe, muss unter uns bleiben.
(et. bleibt unter uns. 무엇이 우리만의 비밀로 남다.)

(7) Das ist das Schönste, __________ mir jemals passiert ist.
(jemals ['je:mals] (과거나 미래의) 언젠가, Hast du schon jemals so etwas Schönes gesehen? 언젠가 이렇게 예쁜 것을 본 적이 있니?)

2 다음 빈칸에 알맞은 말을 적으시오.

Lieber Daniel,

gestern habe ich es endlich geschafft, einmal auf den Namsan zu steigen, __________ eine der beliebtesten Touristenattraktionen in Seoul sein soll. Der Namsan ist ein Berg, von __________ man in allen Reiseführern Fotos finden kann. Er ist berühmt für den Fernsehturm, __________ auf dem Gipfel steht. Ich bin mit Florian, mit __________ ich gut befreundet bin, zur Aussichtsplattform hochgefahren. An dem Nachmittag, an __________ wir dort waren, gab es nicht viele Leute. Wir hatten einen tollen Blick auf die ganze Stadt, __________ unter uns lag.

Es gibt noch eine Attraktion auf dem Namsan, von __________ ich dir erzählen muss. Es sind die Love-Schlösser, über __________ man auch schon mal im deutschen Fernsehen berichtet haben soll. Es gibt Tausende von Schlössern mit kleinen Kärtchen, auf __________ die Namen der Verliebten stehen. Vielleicht werde ich auch einmal mit dem Mädchen, an __________ ich in letzter Zeit immer wieder denken muss, dorthin gehen.

Das ist alles, __________ ich dir heute Neues erzählen kann. Ich versuche, mich so bald wie möglich wieder zu melden.

LG (LG: Liebe Grüße의 약식 표현)

Dein Chris

(der Reiseführer 여행안내서; für et. berühmt sein 무엇으로 유명하다; der Fernsehturm 텔레비전 송신·중계탑; der Gipfel 정상; die Aussichtsplattform 전망대; der Blick 시선, 시야; die Attraktion 매력; das Schloss 〈-es, Schlösser〉 자물쇠; verliebt 사랑에 빠진, der/die Verliebte 〈복수: die Verliebten〉 사랑에 빠진 사람

3 다음 대화를 듣고 빈칸을 채우시오.

A: Ich habe __________ Freikarten __________ das Musical, __________ momentan __________ Kunstzentrum aufgeführt wird. Hast du __________ __________?

B: __________ du das Musical „Wicked“, über __________ so viel __________ der Zeitung berichtet __________?

A: __________ das. Es ist eine Aufführung, von __________ alle Kritiker begeistert __________ __________. Und? __________ du __________?

B: Gerne. __________ hast du __________ __________ Karten?

A: Die __________ __________ Nick, __________ Freund, von __________ ich dir zuletzt mal __________ __________. Er bekommt oft Freikarten __________ der PR-Abteilung __________ Kunstzentrums, __________ er __________.

(aufführen 공연하다, die Aufführung 공연; von et. begeistert sein 무엇에 열광하다; die Freikarte 무료 입장권; die Abteilung 부서, 과; das Kunstzentrum 예술 센터)

4 다음 글에서 잘못된 부분을 고치시오.

Monika fragt Christian, dass er Lust hat, heute ins Film gehen, den sie ihm zuletzt erzählt hat. Christian möchte wissen, welcher Film Monika denn meint? Sie hat ihm nämlich von zwei Filme erzählt, einmal von dem SF-Thriller, dem der koreanische Regisseur Bong gedreht hat, und einmal von dem amerikanischen Abenteuerfilm „Ungewöhnliche Helden“, dem sehr gespannt sein will. Monika antwortet, dass sie den SF-Thriller, indem die britische Schauspielerin Tilda Swinton mitspielt, meint. Das ist ein Film, die Geschichte von einem Eisbrecher-Zug erzählt. Monika fällt dem Titel des Films nicht gleich ein. Christian erinnert sich an dem Titel des Films: „Snowpiercer“. Dieser Film interessiert ihm auch sehr als der Abenteuerfilm. Monika findet gut, dass Christian Interesse über diesen Film hat. Sie sagt, dass sie will gleich Karten für die Abendvorstellung reservieren. Sie schlägt vor, nach dem Film ins koreanische Restaurant Arirang gehen, das es so leckeres Essen soll geben. Von diesem Vorschlag wurde Christian sehr begeistert. Er meint, das das Beste ist, das sie nach dem Film machen können. Er sagt, nur eine Kleinigkeit zu Mittag essen zu wollen, damit er zu Abend das Essen sehr besser schmeckt.

5 다음 우리말을 독일어로 옮기시오.

(1) 이것이 내가 독일어를 배우는 책이다.

➡ ______________________________

(2) 내일 나는 네가 내게 이야기해 준 영화를 볼 것이다.

➡ ______________________________

(3) 우리는 지난번에 우리가 만났던 카페에서 만난다.

➡ ______________________________

(4) 나는 내가 그 부모와 친분이 있는 아이들을 종종 돌봐준다.

➡ ______________________________

(5) 정부가 벌써 또 다시 세금을 인상하려고 하는데, 이것을 국민들은 좋게 생각하지 않는다.

➡ ______________________________

____

자세히 들여다보기

01 낱말 익히기

das Frühstück 아침 식사 ➡ frühstücken 아침을 먹다
das Mittagessen 점심 식사 ➡ zu Mittag essen 점심을 먹다
das Abendessen 저녁 식사 ➡ zu Abend essen 저녁을 먹다

A: Wollen wir heute etwas früher zu Mittag essen?
우리 오늘 좀 일찍 점심을 먹을까?

B: Gute Idee, ich habe nämlich heute morgen gar nicht gefrühstückt.
좋은 생각이야. 내가 오늘 아침에 전혀 아침 식사를 안 했거든(→ 아무 것도 안 먹었거든).

02 지시대명사 derer, deren, dessen

(1) derer는 복수 2격으로 수식하는 명사 뒤에 오며, 관계대명사의 선행사 역할을 한다.

Die Familien **derer**, die im Krieg gefallen sind, werden von der Regierung unterstützt. 전사한 사람들의 가족은 정부의 지원을 받는다.

(derer가 die 〈복수〉의 2격 형태로 die로 시작하는 관계절의 선행사이며, 그 앞에 있는 명사 Familie를 수식함. der Krieg 〈-(e)s, -e〉 전쟁, fallen 〈fällt, fiel, ist ... gefallen〉 (전쟁에서) 전사하다; die Regierung 〈-, -en〉 정부; unterstützen 지원하다)

Viele Nachfahren **derer**, die für die Unabhängigkeit gekämpft haben, lebten in Armut. 독립운동을 한 사람들의 많은 후손들이 가난하게 살았다.

(derer가 die 〈복수〉의 2격 형태로 die로 시작하는 관계절의 선행사이며, 그 앞에 있는 명사 Nachfahren을 수식함. der Nachfahr ['na:xfa:ɐ̯] 〈-en, -en〉 후손 ↔ der Vorfahr ['fo:ɐ̯fa:ɐ̯] 〈-en, -en〉 선조, 조상; die Unabhängigkeit 독립, unabhängig 독립한; kämpfen 싸우다, 투쟁하다; die Armut ['armu:t] 〈-, 항상 단수〉 가난 ↔ der Reichtum ['raiçtu:m] 〈-s, Reichtümer〉 부 〈이 의미로는 항상 단수〉)

(2) deren은 여성 및 복수 2격으로 바로 앞에 오는 명사를 가리키며, 수식하는 말 앞에 온다.

Sie begrüßte ihre Freunde und **deren** Kinder.
그녀는 자기 친구들과 그들의 아이들을 맞이한다. (deren은 ihre Freunde를 가리킴)

Ich bringe Anja, ihre Freundin und **deren** Sohn nach Hause.
나는 안야와 그녀의 여자친구 그리고 그 여자친구의 아들을 집에 데려다 준다.
(deren은 명확하게 바로 앞의 ihre Freundin을 가리킴)

Ich bringe Anja, ihre Freundin und **ihren** Sohn nach Hause.
나는 안야와 그녀의 여자친구 그리고 안야의 아들을 집에 데려다 준다.
(ihren은 보통의 경우 Anja를 가리킴)

(3) dessen은 남성 및 중성 2격으로 바로 앞에 오는 명사를 가리키며 뒤에 오는 명사를 수식하거나, 관계대명사의 선행사가 되어 앞에 오는 명사를 수식한다.

Ich hole Peter, seinen Freund und **dessen** Hund vom Bahnhof ab.
나는 페터와 그의 친구 그리고 그 친구의 개를 역에서 데려온다.
(dessen은 명확하게 바로 앞의 seinen Freund를 가리킴)

Ich hole Peter, seinen Freund und **seinen** Hund vom Bahnhof ab.
나는 페터와 그의 친구 그리고 페터의 개를 역에서 데려온다.
(seinen은 보통의 경우 Peter를 가리킴)

Nur ein kleiner Teil **dessen**, was er mir erzählt hat, ist glaubhaft.
그가 내게 이야기한 것 중 단지 작은 부분만 믿을 만하다.
(dessen은 was가 이끄는 관계절의 선행사이면서 Teil을 수식하는 das의 2격 형태)

03 선행사를 포함하는 관계대명사 wer, was, 관계부사 wo

특정한 사람/사실이 아니라 일반적인 사람/사실을 말할 때

Wer nicht mitkommen will, (der) bleibt zu Hause.
같이 안 갈 사람은 집에 머문다.

Wen ich zuerst treffe, (den) werde ich fragen.
내게 제일 먼저 만나는 사람에게 물어볼 것이다.

Wem es nicht gut geht, (dem) werden wir helfen.
잘못 지내는 사람을 우리는 도와줄 것이다.

Wer nicht will, dem kann man nicht helfen.
하려고 하지 않는 사람은 도울 수 없다.
(관계대명사(wer)와 지시대명사(der)의 격이 일치하지 않을 때, 지시대명사를 생략할 수 없음)

Was ich nicht weiß, (das) macht mich nicht heiß.
내가 모르는 것은 나를 흥분시키지 않는다. (→ 모르는 게 약이다.)

Was ich nicht weiß, (das) beunruhigt mich nicht.
내가 모르는 것은 나를 불안하게 하지 않는다.

Man ist, was man isst. 사람은 먹는 것으로 결정된다.

Ich bleibe, wo ich mich wohl fühle. 나는 편한 곳에 머무를 것이다.

Wo immer ich auch sein mag, ich werde an dich denken.
(양보절) 내가 어디에 있든지 너를 생각할 것이다.
(양보절은 주절의 어순에 영향을 미치지 않음. 그래서 ich werde ...)

Lektion 29

Könntest du mir bitte einen Gefallen tun?

01 접속법 2식

기본 문법

01 접속법 2식

현실이 아닌 내용을 가정하거나(비현실화법), 완곡하게 말할 때 사용하는 동사 형태.

(1) 접속법 2식의 형태

동사 과거형 어간을 기본으로 하며, 어간 a, o, u는 ä, ö, ü로 변모음 한다.

〈접속법 2식의 인칭변화〉

인칭	어미	haben	sein	kommen	werden	wissen	gehen
		hatt-	war-	kam-	wurd-	wusst-	ging-
ich	-e	hätte	wäre	käme	würde	wüsste	ginge
du Sie	-(e)st -en	hättest hätten	wär(e)st wären	käm(e)st kämen	würdest würden	wüsstest wüssten	gingest gingen
er/sie/es	-e	hätte	wäre	käme	würde	wüsste	ginge
wir	-en	hätten	wären	kämen	würden	wüssten	gingen
ihr Sie	-(e)t -en	hättet hätten	wär(e)t wären	käm(e)t kämen	würdet würden	wüsstet wüssten	ginget gingen
sie	-en	hätten	wären	kämen	würden	wüssten	gingen

☞ 접속법 2식은 'würden + 동사 부정형'으로 표현되는 경우도 많다. (Ich käme → Ich würde kommen.)

〈화법 조동사의 접속법 2식 인칭변화〉

인칭	어미	können	wollen	müssen	dürfen	sollen	mögen
		konnt-	wollt-	musst	durft-	sollt-	mocht-
ich	-e	könnte	wollte	müsste	dürfte	sollte	möchte
du Sie	-est -en	könntest könnten	wolltest wollten	müsstest müssten	dürftest dürften	solltest sollten	möchtest möchten

er/sie/es	-e	könnte	wollte	müsste	dürfte	sollte	möchte
wir	-en	könnten	wollten	müsste	dürften	sollten	möchten
ihr Sie	-et -en	könntet könnten	wolltet wollten	müsstet müssten	dürftet dürften	solltet sollten	möchtet möchten
sie	-en	könnten	wollten	müssten	dürften	sollten	möchten

☞ wollen과 sollen은 어간모음이 변모음 하지 않는다. 화법조동사는 'würden + 동사 부정형'의 형태로 사용할 수 없다. (Ich könnte ≠ Ich würde können)

(2) 접속법 2식의 용법

① 비현실 가정

ⓐ **현실이 아닌 내용을 가정하여 말할 때**

Ich habe keine Zeit. Deshalb kann ich dir nicht helfen.
나는 시간이 없다. 그래서 너를 도울 수 없다.

➡ Wenn ich Zeit **hätte**, **könnte** ich dir helfen. 시간이 있다면, 너를 도울 수 있을 텐데.
haben의 접속법 2식 können의 접속법 2식

Ich habe kein Geld. Deshalb werde ich keine Reise machen.
나는 돈이 없다. 그래서 여행을 하지 않을 것이다.

➡ Wenn ich Geld **hätte**, **würde** ich eine Reise machen. 돈이 있다면, 여행을 할 텐데.
haben의 접속법 2식 würde ... machen : werden의 접속법 2식으로 machen의 접속법을 표현

ⓑ **이전의 일을 가정하여 말할 때(접속법 완료형) : 'haben/sein의 접속법 2식(hätte/wäre) ... 〈과거분사〉'.**

Du bist nicht vorsichtig genug gefahren. Deshalb hast du den Unfall verursacht.
너는 충분히 조심스럽게 운전하지 않았다. 그래서 그 사고를 냈다.
(vorsichtig ['fo:ɐ̯zɪçtɪç] 조심스러운; verursachen [fɛɐ̯'|u:ɐ̯zaxn̩] 유발하다)

➡ Wenn du vorsichtiger **gefahren wärest**, **hättest** du keinen Unfall **verursacht**.
fahren의 접속법 2식 완료형 hättest ... verursacht : verursachen의 접속법 2식 완료형
네가 좀 더 조심스럽게 운전했더라면, 너는 사고를 내지 않았을 것이다.

Ich habe Deutsch gelernt. Deshalb konnte ich die Stelle bekommen.
나는 독일어를 배웠다. 그래서 그 일자리를 얻을 수 있었다. (die Stelle 일자리)

➡ Wenn ich nicht Deutsch **gelernt hätte**, **hätte** ich die Stelle nicht **bekommen können**.
lernen의 접속법 완료형 bekommen können의 접속법 완료형
내가 독일어를 배우지 않았더라면, 나는 그 일자리를 얻을 수 없었을 것이다.

An deiner Stelle **hätte** ich ihm **geholfen**. 네 입장이라면 나는 그를 도왔을 것이다.
접속법 완료시제: hätte ... geholfen

Wie **wäre** es **gewesen**, wenn wir nach Italien **gefahren wären**?
접속법 완료시제: wäre ... gewesen / gefahren
우리가 이탈리아로 여행을 갔었더라면 어땠을까?

ⓒ 비현실 가정 '마치 …처럼' : als ob ... 〈동사: 접속법 2식〉

Sie ist fünfzig, aber sie sieht aus, **als ob** sie dreißig **wäre**. 그녀는 50살이지만, 마치 30살인 것처럼 보인다. 마치 …처럼 접속법 2식
(aussehen ['ausze:ən] 〈sieht ... aus, sah ... aus, hat ... ausgesehen〉 (…게) 보이다. Wie sieht sie aus? 그녀는 어떻게 생겼지?)

Mir scheint, **als ob** er mir etwas sagen **wollte**. 내게는 그가 마치 내게 뭔가를 말하려는 것처럼 보인다.
마치 …처럼 접속법 2식

- als ob에서 ob을 생략할 수 있는데, 이 경우 동사가 als 바로 다음에(즉, ob이 있었던 자리에) 온다: als + 〈동사: 접속법 2식〉 + ...

Mir scheint, **als wollte** er mir etwas sagen.
내게는 그가 마치 내게 뭔가를 말하려는 것처럼 보인다.

Ich habe den Eindruck, dass er etwas sagen **will**.
나는 그가 뭔가를 말하려는 인상을 받는다. 직설법

ⓓ 비현실적 소망 (그럴 수 없는 안타까움을 나타냄)

Wenn ich doch mehr Zeit **hätte**! (내게) 시간이 더 많았으면 (좋겠는데)!
접속법 2식

- 접속사 wenn을 생략할 수 있는데, 이 경우 동사가 주어 앞으로 온다.

Hätte ich doch nur mehr Zeit! 시간만 더 많았으면 좋겠는데.

② 완곡한 의사 표현

A: Haben Sie sonst noch einen Wunsch? 그 밖에 또 원하시는 것이 있습니까?

B: Nein, danke. Das **wäre** alles. 이게 전부입니다.

A: Soll ich Ihnen das als Geschenk einpacken? 이것을 선물로 포장해드릴까요?

B: Das **wäre** nett / schön. 그러면 고맙겠습니다/좋겠습니다.

A: Wir haben heute den Konjunktiv II behandelt. Das **wär**'s dann für heute.
우리는 오늘 접속법 2식을 다뤘습니다. 오늘은 여기까지입니다. (여기서 마치겠습니다.)

B: Ich **hätte** da (aber) noch eine Frage. 아직 질문이 하나 더 있는데요.

• 유사한 형식으로 다음과 같은 표현이 있다.

Ich **hätte** eine Bitte. 부탁이 하나 있습니다.

Ich **hätte** eine große Bitte an dich. 네게 큰 부탁이 하나 있어.

Ich **hätte** einen Wunsch. 소원이 하나 있습니다.

Hätten Sie einen Moment Zeit für mich? 제게 잠깐 시간을 내주실 수 있습니까?

An deiner Stelle **würde** ich ihm helfen. 내가 너라면 그를 도울 거야.

Wie **wäre** es, wenn wir nach Italien fahren **würden**?
우리가 이탈리아로 가면 어떨까?

A: An deiner Stelle **würde** ich das nicht tun. 너의 입장이라면 그것을 하지 않을 텐데.

B: Was **würdest** du denn tun? 너라면 어떻게 할 건데?

A: Ich **würde** erst einmal abwarten. 일단 기다려보겠다.
(jn./et. abwarten 누가 올 때까지/무슨 일이 일어날 때까지 기다리다)

ⓐ **... würde gern/lieber... : …하고 싶다/차라리 …하겠다**

A: Ich **würde gern** in die Berge fahren, und du? 나는 산으로 가고 싶은데, 너는?

B: Ich **würde lieber** ans Meer fahren. 나는 (그것보다는 차라리) 바다로 가고 싶다.

A: **Würdest** du hier warten? 여기서 기다리겠니?

B: Nein, ich **würde lieber** mitkommen. 아니, (그것보다는 차라리) 함께 가겠다.

ⓑ **... hätte gern/lieber ... : …원하다**

A: Ich **hätte** **gern** ein Glas Bier. 맥주 한 잔 주세요.

Hätten Sie auch **gern** ein Glas Bier? 맥주 한 잔 드시겠습니까?

B: Nein, ich **hätte** **lieber** ein Glas Wein. 아니오, 저는 와인 한 잔이 더 좋겠습니다.

③ 완곡한 요청

Würden / Könnten Sie bitte ...? …해주실 수 있겠습니까?

Helfen Sie mir bitte! 저 좀 도와주세요.

➡ **Würden** Sie mir bitte **helfen**? 저를 좀 도와주시겠습니까?

Bringen Sie mir bitte ein Glas Wasser. 내게 물 한 잔 가져다주세요.

➡ **Könnten** Sie mir bitte ein Glas Wasser bringen?
제게 물 한 잔만 가져다주실 수 있겠습니까?

• 확신의 정도를 완곡하게 표현하기

A: Wann ist die Übersetzung fertig? 그 번역이 언제 끝나지?

B: - Sie **muss** morgen fertig sein. 내일 틀림없이 끝날 거야.

- Sie **müsste** morgen fertig sein. 내일 끝날 거야.
- Sie **könnte** morgen fertig sein. 내일 끝날 수 있을 거야.
- Sie **dürfte** morgen fertig werden. 내일 끝나지 않을까.

기본 대화

Wenn du eine Reise gemacht hättest ...

Anne Dongho, was hast du in den Ferien gemacht? Warst du wieder in Deutschland?

Dongho Nein. In diesem Jahr bin ich in Korea geblieben. Ich habe viele deutschsprachige Romane gelesen.

Anne Was? Du hast nur Bücher gelesen! War das nicht langweilig?

Dongho Nein, im Gegenteil. Die Romane, die ich gelesen habe, waren so interessant, dass ich oft tagelang nur gelesen habe, weil ich wissen wollte, wie die Geschichte ausgeht.

Anne Wirklich? Wenn du eine Reise gemacht hättest, hättest du sicher auch viel Interessantes erlebt.

Dongho Kann sein. Aber dann hätte ich mein Leseverständnis nicht so gut verbessern können. Außerdem hätte ich für eine Reise viel mehr Geld ausgeben müssen als für die Bücher.

Anne Dafür hättest du mehr gesehen und neue Leute kennengelernt.

Dongho Mag sein. Aber ich denke, ich habe die Ferien diesmal besonders sinnvoll verbracht. In den Büchern habe ich so viele Menschen und so viele Denkweisen kennengelernt, wie ich sie in der Wirklichkeit in so kurzer Zeit nie hätte kennenlernen können.

해설

① **Was hast du in den Ferien gemacht? Warst du wieder in Deutschland?**
방학 중에 뭐했니? 또 독일에 갔었니?

- die Ferien ['fe:ɐ̯ri̯ən] 〈항상 복수〉 방학, 휴가, Ferien haben 방학을 맞이하다, in den Ferien sein 방학 중이다, die Ferien irgendwo verbringen 방학을 어디에서 보내다

② **Nein. In diesem Jahr bin ich in Korea geblieben. Ich habe viele deutschsprachige Romane gelesen.** 아니, 올해는 한국에 있었어. 독일어 소설책을 많이 읽었어.

- bleiben 〈blieb, ist ... geblieben〉 머물다, 남아있다
- deutschsprachig 독일어로 된, englischsprachig 영어로 된
- der Roman [ro'ma:n] 〈-s, -e〉 소설, der Kriegsroman 전쟁 소설, der Liebesroman 연애 소설, der Trivialroman 대중 소설
- lesen 〈liest, las, hat ... gelesen〉 읽다, die Zeitung lesen 신문을 읽다, einen Text genau lesen 텍스트를 자세히 읽다

③ **Was? Du hast nur Bücher gelesen! War das nicht langweilig?**
뭐라고? 책만 읽었다고! 지루하지 않았어?

④ **Nein, im Gegenteil.** 아니, 그 반대였어.

- das Gegenteil ['ge:gn̩ta͜il] 〈보통 단수〉 반대, Das Gegenteil von groß ist klein. '크다'의 반대는 '작다'이다.

⑤ **Die Romane, die ich gelesen habe, waren so interessant, dass ich oft tagelang nur gelesen habe, weil ich wissen wollte, wie die Geschichte ausgeht.**
내가 읽은 소설들이 매우 재미있어서 종종 며칠이고 책만 읽었어. 이야기가 어떻게 끝나는지 알고 싶었거든.

- tagelang 며칠 동안이나, Ich habe tagelang auf ihren Anruf gewartet. 나는 며칠 동안이나 그녀의 전화를 기다렸다. stundenlang 몇 시간 동안, monatelang 몇 달 동안, jahrelang 몇 년 동안
- ausgehen 〈geht ... aus, ging ... aus, ist ... ausgegangen〉 끝나다, et. geht irgendwie aus. 어떤 일이 어떻게 끝나다
- so interessant, dass ich ... 매우 재미있어서, 내가 …하다(=interessant, sodass ich... 재미있어서 내가 …하다), so ... 〈형용사/부사〉, dass ... 매우 …해서, (그래서) …

⑥ **Wirklich? Wenn du eine Reise gemacht hättest, hättest du sicher auch viel Interessantes erlebt.**
정말로? 네가 여행을 했었더라면 흥미로운 일도 분명히 많이 경험했을 텐데.

- sicher 〈부사〉 분명한 (ohne Zweifel 의심할 여지없이), Du kennst ihn sicher. 너도 그를 분명히 알고 있다. 〈형용사〉 안전한, Hier sind Sie sicher. 이곳에서 당신은 안전합니다. Ich suche einen sicheren Arbeitsplatz. 나는 안전한 직장을 찾고 있다.

⑦ **Kann sein. Aber dann hätte ich mein Leseverständnis nicht so gut verbessern können.** 그럴 수 있지. 하지만 나의 독해 능력을 그다지 향상시킬 수는 없었을 거야.

• kann → können 〈화법조동사〉 (추측) …일 수 있다
• das Leseverständnis 〈lesen 읽다 + Verständnis (←verstehen) 이해〉 독해; das Hörverständnis 청해
• verbessern 〈ver + bessern (←gut)〉 향상하다, 개선하다, einen Fehler verbessern 실수를 고치다

⑧ Außerdem hätte ich für eine Reise viel mehr Geld ausgeben müssen als für die Bücher. 또한 여행을 위해서 책 구입보다 훨씬 더 많은 돈을 지출해야 했을 거야.

• ausgeben 〈gibt ... aus, gab ... aus, hat ... ausgegeben〉 지출하다, Ich gebe im Monat 200.000 Won für mein Hobby aus. 나는 취미생활을 위해서 매월 20만원을 지출한다.

⑨ Dafür hättest du mehr gesehen und neue Leute kennengelernt.
그 대신 더 많을 것을 보았을 것이고, 새로운 사람들을 사귀었을 거야.

• die Leute ['lɔy̯tə] 〈항상 복수〉 사람들, Ich möchte Land und Leute näher kennenlernen. 나는 나라와 사람들을 더 잘 알고 싶다.

⑩ Mag sein. Aber ich denke, ich habe die Ferien diesmal besonders sinnvoll verbracht. 그랬을 수도 있지. 그러나 나는 이번에 방학을 특히 의미 있게 보냈다고 생각해.

• mag → mögen 〈화법조동사: 희박한 가능성 추측〉 …일 수도 있다
• diesmal 이번에 (= dieses Mal, in diesem Fall)
• sinnvoll 의미 있는, ↔ sinnlos 의미없는, ein sinnvolles Leben führen 의미 있는 삶을 살다
• verbringen 〈verbrachte, hat ... verbracht〉 (시간을) 보내다, einen freien Tag am Meer verbringen 바닷가에서 자유로운 하루를 보내다, Wie hast du das Wochenende verbracht? 주말 어떻게 보냈니? Ich habe ein schönes Wochenende mit meiner Familie verbracht. 나는 가족과 좋은 주말을 보냈다.

⑪ In den Büchern habe ich so viele Menschen und so viele Denkweisen kennengelernt, wie ich sie in der Wirklichkeit in so kurzer Zeit nie hätte kennenlernen können. 책에서 나는 현실에서는 그렇게 짧은 시간에 결코 알 수 없었을 만큼 많은 사람과 사고방식을 알게 되었어.

• die Denkweise (denk- + die Weise) 사고방식 (die Art und Weise, wie man denkt), eine fortschrittliche/konservative Denkweise 진보적인/보수적인 사고방식
• in der Wirklichkeit 실제, die Wirklichkeit 실제, 현실(= die Realität; das, was tatsächlich existiert)
• ... nie hätte kennenlernen können 완료를 나타내는 시제조동사(hätte)는 종속절에서 후치되어야 하는데, 화법조동사를 포함한 두 개의 부정사가 있을 경우 그 뒤로 가지 않고, 그 앞에 온다. (wie ich sie in der Wirklichkeit in so kurzer Zeit nie kennenlernen können <u>hätte</u> (X) → wie ich sie in der Wirklichkeit in so kurzer Zeit nie <u>hätte</u> kennenlernen können. (O)

텍스트 완성하기

대화문의 내용과 일치하도록 빈칸을 채우시오.

Anne will wissen, _______ Dongho _______ _______ Ferien gemacht _______. Sie fragt, _______ er wieder in Deutschland _________ ist. Dongho erzählt, _______ er diesmal in Korea _________ _______ und viele ______________ Romane _________ _______. Anne kann _______ kaum glauben. Sie meint, _______ _______ doch langweilig _______ muss, nur Bücher _______ lesen. Dongho findet _______ überhaupt _______ langweilig. Die Romane, _______ er _________ hat, _______ nämlich _______ interessant, _______ er oft tagelang nur _________ _______, _______ er wissen wollte, _______ die Geschichte ausgeht. Anne staunt. Sie meint, _______ er eine Reise _________ _______, _______ er sicher auch viel ______________ erlebt. Dongho gibt _______ zwar zu, _______ er ist _______ Meinung, dass er sein Leseverständnis nicht so gut _________ verbessern _________, wenn er nicht so viel _________ _______. Außerdem _______ eine Reise teurer _________ _______ die Bücher. Anne wendet ein, _______ er _______ Reisen aber mehr _________ und mehr Leute kennengelernt _______. Trotzdem ist Dongho _______ überzeugt, die Ferien diesmal besonders sinnvoll verbracht _______ haben: Durch die Bücher hat er in sehr _______ Zeit viele _______ Menschen und viele _______ Denkweisen kennengelernt.

유용한 표현

01 공손하게 부탁하기 [Würden Sie bitte .... : …해주시겠습니까?]

Würden Sie mir bitte helfen? 저를 좀 도와주시겠습니까?
bitte etwas leiser sprechen? 좀더 조용히 말씀해주시겠습니까?
bitte einen Moment warten? 잠깐만 기다려주시겠습니까?
bitte hier einmal unterschreiben? 여기에 한 번 서명해주시겠습니까?
mir bitte Ihre Adresse und Telefonnummer geben?
주소와 전화번호를 좀 주시겠습니까?
mir bitte Bescheid sagen, wenn er kommt?
그가 오면 제게 좀 알려주시겠습니까?

02 완곡한 의사표현 [(가능하다면) …하고 싶습니다]

(1) Ich würde gern(e) ...

Ich würde Sie gern(e) sprechen. 말씀 좀 나누고 싶습니다.
Sie gern(e) einmal besuchen. 한번 방문하고 싶습니다.
Sie gern(e) besuchen, wenn ich in Berlin bin.
베를린에 가게 되면, 당신을 방문하고 싶습니다.
Sie gern(e) einmal zum Essen einladen.
식사에 한 번 초대하고 싶습니다.
ihn gern(e) wiedersehen.
그 남자를 다시 보고 싶습니다.

Meine Schwester würde gern(e) in Deutschland studieren.
내 여동생이 독일에서 공부하고 싶어 합니다.

(2) Hätten Sie ...? : …있으신지요?
Ich hätte ... : … 있는데요.

A: Entschuldigung, hätten Sie einen Moment Zeit für mich? Ich hätte da nämlich eine Frage. 죄송합니다만 네게 시간 좀 내주실 수 있을까요? 질문이 하나 있어서요.

B: Ja, worum geht es denn? 무엇에 관한 것인데요? (es geht um ... : …에 관한 것이다)

A: Ich hätte gern gewusst, ob ich schon im Mai Urlaub nehmen könnte.
제가 5월에 휴가를 써도 될지 알았으면 합니다.

B: Ich werde Ihnen Anfang nächster Woche Bescheid geben.
다음 주 초에 말씀 드릴게요.

(3) hätten gern ... : …을 원하다

A: Was hätten Sie gern? 무엇을 원하십니까? (식당에서 주문을 받을 때)

B: Ich hätte gern einen Salat. 샐러드 하나 주세요. (식당에서 주문할 때)

03 누구의 부탁을 들어주다 : jm. einen Gefallen tun

Würdest/Könntest du mir bitte einen Gefallen tun?
내 부탁 하나 들어주겠니?

Kannst du mir bitte einen Gefallen tun und mir zwei Packungen Milch aus dem Supermarkt mitbringen?
(부탁하는데) 슈퍼에서 우유 두 개(곽)만 가져다 줄 수 있을까?

Ich wäre Ihnen sehr dankbar, wenn Sie mir einen Gefallen tun könnten.
내 부탁을 하나 들어주시면 대단히 감사하겠습니다.

04 조언하기

An deiner Stelle würde ich dieses Angebot annehmen.
내가 네 입장이라면 이 제안을 받아들일 것이다. (das Angebot ['angəbo:t] ⟨-(e)s, -e⟩ 제안, 제공)

Wenn ich du wäre, würde ich ihn nicht heiraten.
내가 너라면, 그 남자와 결혼하지 않을 것이다.

Du solltest mehr Sport treiben. 너는 운동을 더 많이 해야 한다.

Du solltest dich auf jeden Fall bei ihr entschuldigen.
너는 아무튼 그녀에게 사과해야 한다.

Sie sollten mehr auf Ihre Gesundheit achten. 당신은 건강에 더 유의해야 합니다.

05 두 사람의 대화에서 제안하기(청유형) (25과 유용한 표현 참조)
[Lass uns ... : ··· 하자(uns는 사역동사 lassen의 목적어)]

Lass uns gehen. 가자.
(= Gehen wir.)

Lass uns noch einen trinken. 한 잔 더 하자.
(= Trinken wir noch einen.)

Lass uns einen Termin ausmachen. 약속 시간을 정하자.
(= Machen wir einen Termin aus.) (ausmachen (합의하여) 정하다)

Lass uns einen Treffpunkt ausmachen. 약속 장소를 정하자.
(= Machen wir einen Treffpunkt aus.) (der Treffpunkt 〈treff- 만나다 + der Punkt 지점〉 만나는 장소)

활용 연습

1 접속법 2식을 사용하여 공손한 표현을 완성하시오.

(1) __________ Sie mir bitte helfen?

(2) __________ du bitte etwas leiser sprechen?

(3) __________ Sie bitte einen Moment warten?

(4) __________ Sie mir bitte Ihre Adresse und Telefonnummer geben?

(5) __________ du mir bitte Bescheid sagen, wenn er kommt?

(6) Ich __________ Sie gern besuchen, wenn ich in Berlin bin.

(7) __________ du mir bitte die Tür aufmachen/aufhalten?

(8) __________ du mir bitte einen Gefallen __________?

(9) __________ ich Sie um einen Gefallen __________?

(jn. um einen Gefallen bitten 누구에게 부탁 하나 하다)

(10) __________ Sie einen Moment Zeit? Ich __________ Sie gern sprechen.

(11) Was __________ Sie gern? - Ich __________ __________ einen Salat.

2 주어진 동사의 접속법 2식을 사용하여 문장을 완성하시오.

(1) Wenn du jetzt hier __________ (sein), __________ ich sie dir __________ (vorstellen). (jm. jn. vorstellen 누구에게 누구를 소개하다)

(2) Wenn ich so gut Deutsch __________ (können) wie du, __________ ich in Deutschland __________ (studieren)

(3) Wenn ich nicht müde __________ (sein), __________ ich mit dir einkaufen __________ (gehen).

(4) Wenn ich noch mal zehn Jahre jünger __________ (sein), __________ ich mich auf die Beamtenprüfung __________ (vorbereiten).

(die Beamtenprüfung 공무원 시험)

(5) Wenn du etwas früher __________ __________ (kommen), __________ das nicht __________ (passieren).

(6) Wenn du mir nur einmal __________ __________ (zuhören), __________ du die Prüfung __________ (bestehen).

(7) Wenn du mich __________ __________ (anrufen), __________ ich dich __________ (abholen).

3 접속법 2식을 사용하여 다음 문장을 완성하시오.

(1) Er ist kein Deutscher, aber er spricht so gut Deutsch, als ob er ein Deutscher __________ (sein).

(2) Sie war noch nie in Deutschland, aber sie redet, als ob sie schon mehrmals dort __________ __________ (sein). (mehrmals 여러 번)

(3) Er weiß natürlich nicht alles, aber er tut immer so, als __________ er alles (wissen). (nicht alles 〈nicht가 alles 앞에 오면 부분부정〉 모든 것을 다 아는 것은 아니다)

(4) Sie muss mich gesehen haben, aber sie tat so, als ob sie mich gar nicht __________ __________. (sehen)

(5) Sie kennt mich natürlich, aber sie benahm sich so, als ob sie mich nicht __________ __________ (kennen). (sich ...〈형용사〉 benehmen …하게 행동하다)

(6) Sie muss das gewusst haben, aber sie tat so, als ob sie davon gar nichts __________ (wissen).

4 다음 대화문을 듣고, 빈칸에 해당하는 말을 적으시오.

A: Guten Tag, die Herrschaften. Hier die Speisekarte.

B: Danke schön.

B: Dann __________ __________ mal schauen, __________ Leckeres __________

__________ Speisekarte steht.

C: Ich glaube, ich __________ den Spargel mit Schinken. Und du?

B: Ich weiß __________ nicht. Ich __________ __________ __________ ein kühles Bier. Und du? Was ____________ du trinken?

C: Zum Spargel __________ ich natürlich einen Weißwein.

A: __________ die Herrschaften __________ ____________?

(die Herrschaften! 여러분!)

B: Nein, ich bin __________ unschlüssig. (unschlüssig 결정을 못내리는)

A: __________ __________. __________ Sie __________ ruhig Zeit. Kann ich __________ vielleicht schon __________ __________ __________ bringen?

B: Ja, gern. Für mich __________ __________ Bier und für die Dame __________ ____________ Weißwein.

B: Bedienung! Wir möchten bestellen. (Bedienung! 음식점에서 종업원을 부를 때 사용함)

A: Was __________ Sie denn __________?

B: Einmal den Spargel mit Schinken __________ __________ __________ und __________ __________ ein Steak mit Kartoffeln.

A: Tut mir leid, mein Herr. Spargel __________ ____________ __________ __________ __________.

B: Was __________ Sie dann ____________?

A: __________ __________ __________ __________ dem Lachsfilet?

(der Lachs 연어; das Filet [fi'le:] 〈음식〉 필레, 안심)

C: __________ Lachs habe ich __________ __________. Dann __________ ich __________ __________ ein Steak.

A: __________ __________ Sie Ihr Steak denn __________?

C: __________ __________ bitte medium. (medium ['mi:dɪəm/'me:di̯ʊm] 중간 정도 익힌)

B: Und für mich __________ __________.

A: __________ __________, meine Herrschaften!

5 **4의 대화문과 내용이 일치하도록 빈칸을 채우시오.**

Herr und Frau Biermann sind ________ einem Restaurant. Die Bedienung begrüßt ________ Ehepaar und gibt __________ die Speisekarte. Herr Biermann bedankt __________.

Die beiden schauen, ________ Leckeres ________ der Speisekarte steht. Frau Biermann möchte den Spargel mit Schinken __________. Herr Biermann kann ________ nicht so schnell ____________. Er braucht ____________ einmal ein kühles Bier. Er fragt __________ Frau, ________ sie trinken möchte. Sie antwortet, __________ sie ________ Spargel natürlich __________ Weißwein trinken ________.

Die Bedienung __________ zurück und fragt, __________ die Gäste schon __________ haben. Herr Biermann meint, __________ er noch unschlüssig __________. Die Bedienung sagt, __________ die Gäste __________ ruhig Zeit __________ sollen und fragt, __________ sie __________ vielleicht schon __________ ________ trinken ____________ kann. Herr Biermann bestellt ________ sich ________ großes Bier und ________ seine Frau __________ trockenen Weißwein.

Etwas __________ ruft er die Bedienung, ________ er __________ möchte. ________ die Frage ________ Bedienung, ________ sie denn ________ hätten, __________ er den Spargel mit Schinken __________ seine Frau und für ________ ein Steak ________ Kartoffeln. Die Bedienung bedauert, ________ der Spargel leider ________ ist. Herr Biermann fragt, ________ die Bedienung dann empfehlen __________. Die Bedienung fragt, ________ es denn mit dem Lachsfilet __________. Aber Frau Biermann hat keine ________ ________ Lachs. Deshalb entscheidet sie ________ auch ________ ________ Steak. Die Bedienung möchte wissen, ________ das Ehepaar ________ Steaks denn __________ hätte. Frau Biermann möchte ________ Steak __________ und Herr Biermann ________ Steak ________ __________.

6 **다음 글의 잘못된 부분을 고치시오.**

(1)

Anne will wissen, ob Dongho in Ferien gemacht hat. Sie fragt, dass er wieder in Deutschland ist. Dongho erzählt, dass er diesmal in Korea geblieben hat und viele deutschsprachigen Romane lesen hat. Anne kann das kaum glauben. Sie meint, dass doch langweilig sein muss, nur Bücher zu lesen. Dongho findet überhaupt nicht langweilig. Die Romane, die er hat gelesen, war so nämlich interessant, das er oft tage lang nur hat gelesen, weil er wissen will, wie die Geschichte ausgeht. Anne staunt. Sie meint, wenn er eine Reise gemacht hat, hat er sicher auch viel interessant erlebt. Dongho gibt dem zwar zu, aber er ist die Meinung, dass er sein Leseverständnis nicht so gut verbessern können hätte, wenn er nicht so viel gelesen hat. Außerdem eine Reise war teuer gewesen als die Bücher. Anne wendet ein, dass er beim Reise aber mehr gesehen und mehr Leute kennengelernt hat. Trotzdem Dongho ist davon überzeugen, die Ferien diesmal besonders sinnvoll zu verbracht haben: durch die Bücher hat er in sehr kurzer Zeit viele neuen Menschen und viele neuen Denkweise kennengelernt.

(2)

Herr und Frau Biermann sind in ein Restaurant. Die Bedienung begrüßt dem Ehepaar und gibt ihnen die Speisekarte. Herr Biermann dankt sich. Die beide schauen, was liegt leckeres auf der Speisekarte. Frau Biermann mag den Spargel mit Schinken. Herr Biermann kann nicht so schnell entscheiden. Er braucht einmal zunächst ein kühle Bier. Er fragt seiner Frau, was sie trinken möchte. Sie antwortet, dass sie zum Spargel einen Weißwein natürlich trinken will.

Die Bedienung zurückkommt und fragt, dass die Gäste schon gewählt haben. Herr Biermann meint, ob er noch unschlüssig ist. Die Bedienung sagt, dass die Gäste ruhige Zeit lassen sollen und fragt, dass sie ihnen vielleicht schon zu trinken bringen kann. Herr Biermann bestellt für ihn ein große Bier und für seine Frau einen trocken Weißwein.

Etwas spät ruft er die Bedienung, weil er möchte bestellen. Auf der Frage der Bedienung, was sie denn gern haben, bestellt er den Spargel mit Schinken für seine Frau und für ihn ein Steak mit Kartoffel. Die Bedienung bedauert, ob der Spargel aus leider ist. Herr Biermann fragt, ob die Bedienung dann empfehlen wurde. Die Bedienung fragt, ob es denn mit dem Lachsfilet war. Aber Frau Biermann hat keine Lust zu Lachs. Deshalb entscheidet sie auch für ein Steak. Die Bedienung möchte wissen, wie Ehepaar ihre Steaks denn gerne hat. Frau Biermann möchte sein Steak medium und Herr Biermann ihr Steak durch gut.

7 다음 우리말을 독일어로 옮기시오.

(1) 내가 시간이 있다면 너를 도와줄 텐데.

➡ ______________________________

(2) 그녀는 마치 나의 어머니인 것처럼 행동한다.

➡ ______________________________

(3) 내가 다시 한 번 20살이라면 얼마나 좋을까?

➡ ______________________________

(4) 안녕하십니까, 손님들! 무엇을 가져다 드릴까요?
- 맥주 500(큰 잔) 하나 주세요.

➡ ______________________________

____

(5) 부탁 하나만 들어주시겠습니까?
- 네, 제가 무엇을 해드릴 수 있을까요?

➡ ______________________________

____

(6) 내가 학교에서 독일어를 배웠더라면, 지금 독일에서 (대학에서) 공부할 수 있을 텐데.

➡ ______________________________

(7) 내가 너를 그 당시에 벌써 알았었다면, 나는 너와 결혼했을 것이다.
(그 당시 damals, 누구와 결혼하다 jn. heiraten)

➡ ______________________________

자세히 들여다보기

01 상관접속사

두 개 이상의 낱말이 연계된 접속사

(1) so ..., dass ... (= (sehr) ..., sodass ...) : 너무/매우 …하여, …하다

Es regnete **so** stark, **dass** ich zu Hause geblieben bin.
비가 너무 세게 와서 나는 집에 머물렀다.
(= Es regnete sehr stark, **sodass** ich zu Hause geblieben bin.)

Du sprichst **so** schnell, **dass** ich kein Wort verstehen kann.
네가 너무 말을 빨리해서 나는 한 마디도 이해할 수 없다.
(= Du sprichst sehr schnell, **sodass** ich kein Wort verstehen kann.)

Er redete **so** schnell, **dass** ich kein Wort verstanden habe.
그가 너무 빨리 말해서 나는 한 마디도 이해하지 못했다.
(= Er redete sehr schnell, **sodass** ich kein Wort verstanden habe.)

(2) entweder ... oder ... (… 또는 …; …하든지/해라, 아니면 …)

Im nächsten Urlaub fahren wir **entweder** ans Meer **oder** in die Berge.
다음 휴가에 우리는 바다나 산으로 간다.

Entweder ihr hört jetzt auf, zu streiten, **oder** ihr geht ins Bett.
(= **Entweder** hört ihr jetzt auf, zu streiten, **oder** ...)
너희들은 이제 그만 다투는지, 아니면 자러 가라.

(3) nicht ..., sondern ... (…아니라, …)

Ich komme **nicht** aus China, **sondern** aus Korea.
나는 중국이 아니라, 한국에서 왔다.

Bei Schnee fahre ich **nicht** mit dem Auto, **sondern** mit der U-Bahn.
눈이 내리면 나는 자동차를 운전하지 않고 지하철을 탄다.

(4) nicht nur ... sondern auch... (…뿐만 아니라, …도 또한)

Er spricht **nicht nur** Englisch, **sondern auch** Deutsch.
그는 영어뿐만 아니라, 독일어도 한다.

Sie arbeitet **nicht nur** an den Wochentagen, **sondern** oft **auch** an den Wochenenden. 그녀는 주중뿐만 아니라, 종종 주말에도 일한다.

(5) zwar ..., aber ... ((사실) …지만, (그러나) …)

Wir haben diese Grammatikregel **zwar** schon behandelt, **aber** wir wollen sie heute noch einmal wiederholen. 우리가 (사실) 이 문법규칙을 벌써 다뤘지만, 오늘 다시 한 번 반복하려고 한다.

(6) sowohl ... als auch ... (…은 물론, …도 또한)

Ich esse **sowohl** Fleisch, **als auch** Fisch gern.
나는 (육)고기뿐만 아니라, 생선도 즐겨 먹는다.

(7) weder ..., noch ... (…뿐만 아니라, …도 아닌)

Ich mag **weder** Fleisch, **noch** Fisch.
나는 (육)고기뿐만 아니라, 생선도 좋아하지 않는다.

(8) je 비교급 ..., desto/umso 비교급 ...

Je früher du kommst, **desto/umso** besser.
네가 더 일찍 오면 올수록 더 좋다.

Je älter man wird, **desto** schneller vergeht die Zeit.
나이가 들면 들수록 시간이 그만큼 더 빨리 간다.

(9) ...〈형용사〉 genug, um ... zu + 부정사 (영어 : ...enough to ...) (반복)

Es ist schon warm **genug**, **um** ohne Schal nach draußen gehen **zu** können. 목도리 없이 밖에 나가기에 충분히 따뜻하다.

(10) zu ...〈형용사〉, um ... zu + 부정사 (too ... to ...)

Es ist nie **zu** spät, **um** noch etwas Neues **zu** lernen.
뭔가 새로운 것을 배우기에 결코 늦지 않다.

02 부문장에서 완료시제 조동사(haben, sein)의 위치

(1) 조동사는 부문장에서 문장의 맨 뒤로 간다(후치).

Ich habe die Prüfung bestanden. 나는 그 시험에 합격했다.

Meine Eltern freuen sich, dass ich die Prüfung bestanden **habe**.
나의 부모님은 내가 그 시험에 합격한 것을 기뻐하신다.

Er ist in die USA gegangen. 그는 미국에 갔다.

Nachdem er in die USA gegangen **ist**, habe ich nichts mehr von ihm gehört. 그가 미국에 간 후로 나는 그로부터 아무런 소식도 듣지 못했다.

(2) '동사 부정형 + 화법조동사'와 함께 나오면, 완료시제 조동사는 그 앞에 온다.
(30과 자세히 들여다보기 06 참조)

Ich **habe** mich mit den Deutschen **verständigen können**.
완료시제 조동사
나는 독일사람들과 의사소통을 할 수 있었다.

Man hat mich gefragt, ob ich mich mit den Deutschen **habe verständigen können**. 완료시제 조동사
내가 독일사람들과 의사소통 할 수 있었는지를 물었다.

Er **hatte** schon immer in dem Haus **wohnen wollen**.
완료시제 조동사
그는 예전부터 항상 그 집에 살고 싶어했었다.

Endlich konnte er das Haus kaufen, in dem er schon immer **hatte wohnen wollen**. 완료시제 조동사
마침내 그는 예전부터 항상 살고 싶어 했던 그 집을 살 수 있었다.

Er **hat** die Arbeit nicht erledigen können. 그는 그 일을 처리할 수 없었다.
완료시제 조동사

Ich bin sicher, dass er die Arbeit nie **hätte** erledigen können, wenn du ihm nicht geholfen hättest. 완료시제 조동사
나는, 네가 그를 도와주지 않았다면, 그가 결코 그 일을 처리할 수 없었다고 확신한다.

(3) '동사 부정형 + 지각동사(hören, sehen)'와 함께 나오면, 완료시제 조동사는 그 앞에 온다.

Ich war entsetzt, als ich ihn das **habe** sagen hören.
완료시제 조동사
그가 그것을 말하는 것을 들었을 때, 나는 경악했다.

In dem Buch hat er geschrieben, dass er den Verfall der Universität schon lange **habe** kommen sehen.
완료시제 조동사
그 책에서 그는 그 대학의 몰락이 다가오는 것을 오래 전부터 보았다고 썼다.

(4) '동사 부정형 + 사역동사(lassen)'와 함께 나오면 이들 앞에 온다.

Er konnte in Ruhe arbeiten, weil er die Kinder **hatte** draußen spielen lassen. 완료시제 조동사
그는 아이들을 밖에서 놀게 하였기 때문에 조용한 상태에서 일할 수 있었다.
(부사 draußen이 spielen을 수식하는 것이기 때문에 hatte가 그 사이에 들어갈 수 없음)

Lektion 30

Er sagte, dass er in Deutschland studiert habe.

01 접속법 1식

기본 문법

01 접속법 1식

다른 사람의 말이나 생각을 인용 부호 없이 표현하는 '간접화법'에 사용되는 동사 형식.

(1) 접속법 1식의 형태

〈접속법 1식 인칭변화〉

인칭	어미	haben	sein	kommen	wollen
ich	-e	habe	sei	komme	wolle
du Sie	-est -en	habest haben	seiest seien	kommest kommen	wollest wollen
er/sie/es	-e	habe	sei	komme	wolle
wir	-en	haben	seien	kommen	wollen
ihr Sie	-et -en	habet haben	seiet seien	kommet kommen	wollet wollen
sie	-en	haben	seien	kommen	wollen

☞ sein 동사의 접속법 1식은 단수 1, 3인칭에서 -e가 나타나지 않는다: ich/er/sie/es sei

(2) 접속법 1식의 기능 : 간접화법

직접화법 : Er sagt: „Ich habe keine Zeit.“ 그는 "나는 시간이 없다."라고 말한다.
(인용부호의 형태에 유의)

간접화법 : Er sagt, er **habe** keine Zeit. 그는 시간이 없다고 말한다.
Er sagt, dass er keine Zeit **habe**.
(종속접속사 dass를 사용하면 동사는 후치)

직접화법 : Sie behauptet: „Ich bin schon volljährig.“
그녀는 "나는 벌써 성년입니다."라고 주장한다.

간접화법 : Sie behauptet, sie **sei** schon volljährig. 그녀는 자기가 성년이라고 주장한다.
Sie behauptet, dass sie schon volljährig **sei**.

직접화법 : Stefan sagte: „Ich bin sehr beschäftigt."
슈테판이 "나는 매우 바쁘다."라고 말했다. (beschäftigt 바쁜)

간접화법 : Stefan sagte, er **sei** sehr beschäftigt. 슈테판은 (자기가) 매우 바쁘다고 말했다.

직접화법 : Er fragte mich: „Gefällt dir das Buch?"
그가 "그 책이 네 맘에 들어?"라고 물었다.

간접화법 : Er fragte mich, ob mir das Buch **gefalle**.
그가 그 책이 내 마음에 드는지를 물었다.
(의문사가 없는 의문문으로 접속사 ob으로 연결됨. et. gefällt jm. 무엇이 누구의 마음에 들다)

직접화법 : Er wollte wissen: „Wann kommt der Chef zurück?"
그는 "사장이 언제 돌아오지?"라고 물으며 사장이 언제 오는지를 알고자 했다.

간접화법 : Er wollte wissen, wann der Chef **zurückkomme**.
그는 사장이 언제 돌아오는지를 알고자 했다. (zurückkommen 돌아오다)

직접화법 : Der Beamte fragte mich: „Wie lange wollen Sie in Deutschland bleiben?" 그 관리가 내게 "얼마나 오랫동안 독일에 머무르려고 하십니까?"라고 물었다.

간접화법 : Der Beamte fragte mich, wie lange ich in Deutschland bleiben **wolle**.
그 관리가 내게 얼마나 오랫동안 독일에 머무르려고 하는지를 물었다.

(3) 접속법의 시제

접속법에는 단순시제와 완료시제가 있다. 단순시제는 주절의 시제와 일치하는 시점을 말하고, 완료시제는 주절의 시제보다 앞선 시점을 의미한다.

단순시제 : Stefan **sagt**, er **sei** sehr beschäftigt. 슈테판은 (자기가) 매우 바쁘다고 말한다.
(슈테판이 말한 시점(주절의 시제)이 현재이므로, 바쁜 시점도 현재임)

완료시제 : Stefan **sagt**, er **sei** sehr beschäftigt **gewesen**.
슈테판은 (자기가) 매우 바빴다고 말한다.
(슈테판이 말한 시점(주절의 시제)이 현재이므로, 바쁜 시점은 그 이전인 과거임)

단순시제 : Er <u>hat geschrieben</u>, dass er krank **<u>sei</u>**. 그는 (글을 쓴 시점에) 아프다고 썼다.
(주절의 시제가 현재완료이므로, 아픈 시점도 과거)

완료시제 : Er <u>hat geschrieben</u>, dass er krank **<u>gewesen sei</u>**.
(= Er hat geschrieben, er **<u>sei</u>** krank **<u>gewesen</u>**.)
그는 (글을 쓴 시점 이전에) 아팠었다고 썼다.
(그가 아픈 시점은 주절의 시제인 현재완료의 시점보다 더 이전임)

단순시제 : Sie <u>behauptete</u>, dass sie mir **<u>helfen wolle</u>**.
그녀가 나를 도와주려고 한다고 주장했다.
(그녀가 말한 시점이 과거이므로, 도와주려고 한 시점도 과거)

완료시제 : Sie <u>behauptete</u>, dass sie mir **<u>hätte helfen wollen</u>**.
그녀가 나를 도와주려고 했다고 주장했다.
(그녀가 도와주려고 한 시점은 주절의 시제인 과거보다 더 이전임. 시제조동사인 hätte는 '부정사 + 화법조동사' 뒤에 오지 않고 앞에 옴)

• 접속법 1식의 형태가 직설법 형태와 구분되지 않는 경우, 접속법 II식을 사용한다.

ich habe → ich hätte / wir haben → wir hätten / wir können → wir könnten ...

Er behauptet, dass ich Schuld **<u>habe / hätte</u>**. 그는 내게 잘못이 있다고 주장한다.
Er behauptet, wir **<u>haben / hätten</u>** Schuld. 그는 우리에게 잘못이 있다고 주장한다.

ich werde → ich würde / wir werden → wir würden ...

Er wollte wissen, wann ich nach Korea zurückkehren **<u>werde / würde</u>**.
그는 내가 언제 한국에 돌아가는지를 알고자 했다.

기본 대화

Sie hat mir erzählt, dass sie nur zwei Wochen in Deutschland bleiben wolle.

Minho Weißt du, ob Mira schon aus Deutschland zurückgekommen ist?

Yuri Nein. Aber sie hat mir vor der Abreise erzählt, dass sie diesmal nur zwei Wochen in Deutschland bleiben wolle. Sie müsste eigentlich gestern zurückgekommen sein.

Minho Das dachte ich auch. Aber bis jetzt habe ich seltsamerweise noch nichts von ihr gehört. Sie hat mir nämlich versprochen, sich sofort zu melden, sobald sie zurück ist.
Sie wollte mir ja ein Buch, das ich dringend brauche, mitbringen.

Yuri Sicher schläft sie noch. Sie leidet doch immer besonders stark unter Jetlag. Und du weißt ja selbst, wie lange die Zeitumstellung dauert, vor allem wenn man von Deutschland nach Korea fliegt.

Minho Stimmt. Sie hat mir gesagt, dass sie bei der letzten Deutschlandreise sehr darunter gelitten habe. Vielleicht rufe ich sie heute Abend mal an. Ich brauche das Buch wirklich dringend.

해설

① Weißt du, ob Mira schon aus Deutschland zurückgekommen ist?
미라가 독일에서 벌써 돌아왔는지 아니?

- zurückkommen 〈kommt ... zurück, kam ... zurück, ist ... zurückgekommen〉 돌아오다

② Nein. Aber sie hat mir vor der Abreise erzählt, dass sie diesmal nur zwei Wochen in Deutschland bleiben wolle.
아니. 하지만 그녀가 떠나기 전에 내게 이번에는 2주일만 독일에 머물겠다고 말했어.

- die Abreise 〈-, -n〉 여행 출발/떠남
- jm. et. erzählen 누구에게 무엇을 이야기하다. dass절이 4격 목적어로 옴.
- dass sie ... bleiben wolle 간접화법으로 접속법 1식이 사용됨.
- diesmal 〈부사〉 이번에, dieses Mal 이번에, nächstes Mal/das nächste Mal 다음에, letztes Mal/das letzte Mal 지난번에, zum ersten Mal 처음으로, zum letzten Mal 마지막으로

③ Sie müsste eigentlich gestern zurückgekommen sein.
그녀는 사실상 어제 돌아왔을 거야.

- müsste 〈접속법 2식으로 확신을 나타내는 müssen을 완곡하게 표현함〉 …을 거야
- eigentlich 실제로, 사실상, 엄밀히 말하자면
- müsste ... zurückgekommen sein: müsste가 부정사 완료형 zurückgekommen sein과 결합하여 말하는 시점(지금)보다 이전(어제)의 일을 의미함

④ Das dachte ich auch. 나도 그렇게 생각해

- denken ['dɛŋkn̩] 〈dachte, hat ... gedacht〉 생각하다

⑤ Aber bis jetzt habe ich seltsamerweise noch nichts von ihr gehört.
하지만 이상하게도 아직까지 그녀로부터 아무런 소식을 듣지 못했어.

- seltsamerweise 〈seltsam 이상한 + er + -weise〉 이상하게도, interessanterweise 흥미롭게도, glücklicherweise 다행이도
- et. von jm. hören 누구로부터 무엇을 듣다

⑥ Sie hat mir nämlich versprochen, sich sofort zu melden, sobald sie zurück ist.
그녀가 돌아오면 즉시 연락하겠다고 내게 약속했거든.

- versprechen [fɛɐ̯'ʃprɛçn̩] 〈verspricht, versprach, hat ... versprochen〉 약속하다, jm. versprechen, et. zu tun 누구에게 무엇을 하겠다고 약속하다
- sich (bei jm.) melden (누구에게) 연락하다, Melde dich, wenn du zurückkommst. (네가) 돌아오면 연락해라.
- sobald 〈접속사〉 …하자마자, …하면 즉시, Ich komme sofort, sobald ich mit der Arbeit fertig bin. 일을 끝내는 대로 바로 갈게. Sobald ich ihn sehe, sage ich ihm Bescheid. 그를 보는 대로 그에게 즉시 알려줄게.
- zurück sein 돌아오다 (= zurückgekehrt sein), von einer Reise zurück sein 여행에서 돌아오다

⑦ Sie wollte mir ja ein Buch, das ich dringend brauche, mitbringen.

그녀가 내가 급히 필요한 책을 가져다주려고 했거든.

- ja 〈어조사〉 사실은
- dringend ['drɪŋənt] 〈형용사〉 급한, 〈여기서는 부사어로 사용됨〉 급히
- mitbringen 〈brachte ... mit, hat ... mitgebracht〉 가져다주다, jm. et. mitbringen 누구에게 무엇을 가져다주다, jn. (nach Hause) mitbringen 누구를 (집에) 데려오다

⑧ Sicher schläft sie noch. 그녀는 분명히 아직 자고 있을 거야.

⑨ Sie leidet doch immer besonders stark unter Jetlag.

항상 시차로 고생을 매우 많이 하잖아.

- leiden 〈litt, hat ... gelitten〉 (육체적 또는 정신적) 고통을 겪다, unter et. leiden …으로 고생하다, Als er im Ausland studierte, litt er sehr unter seiner Einsamkeit. 그가 외국에서 공부할 때, 고독으로 많이 고생했다.
- besonders [bə'zɔndɐs] 〈부사〉 특히, besonder- 〈형용사〉 이례적인, 특별한 (= speziell)

⑩ Und du weißt ja selbst, wie lange die Zeitumstellung dauert, vor allem wenn man von Deutschland nach Korea fliegt. 시차 극복이, 특히 독일에서 한국으로 오면, 얼마나 오래 걸리는지 너도 알잖아.

- selbst 〈어조사〉 직접, 스스로
- die Zeitumstellung 〈die Zeit 시간 + die Umstellung 재설정〉 시간 재설정, 시차극복
- dauern 〈시간이〉 걸리다, 지속되다, Die Verhandlungen dauerten bis spät in die Nacht. 협상이 밤늦게까지 지속되었다. Wie lange dauert es noch, bis du fertig bist? 끝마치는 데까지(준비하는 데) 얼마나 더 걸리지?
- vor allem 〈약자: v. a.〉 특히
- von ... nach ... …에서 …로

⑪ Stimmt. Sie hat mir gesagt, dass sie bei der letzten Deutschlandreise sehr darunter gelitten habe.

맞아. 그녀가 지난번 독일 여행 때 그것 때문에 아주 고생했다고 내게 말했어.

- bei der letzten Deutschlandreise 지난번 독일여행 때
- darunter (← unter dem) leiden 그것으로 인해서 고생하다
- dass sie ... gelitten habe 간접화법으로 접속법 1식이 사용됨

⑫ Vielleicht rufe ich sie heute Abend mal an. 오늘 저녁에 그녀에게 전화해볼까 해.

- heute Abend에서 Abend는 명사 4격으로 heute와 함께 부사구가 됨

⑬ Ich brauche das Buch wirklich dringend. 나는 그 책이 정말 급히 필요해.

텍스트 완성하기

대화문의 내용과 일치하도록 빈칸을 채우시오.

Minho fragt Yuri, _____ Mira schon _______ Deutschland zurückgekommen _______. Yuri weiß _______ auch nicht. Sie sagt, _______ Mira _______ aber _______ _______ Abreise erzählt _______, _______ sie diesmal nur zwei Wochen _______ Deutschland bleiben _______. Daher glaubt sie, _______ Mira eigentlich gestern zurückgekommen sein _______.

Minho dachte das auch. Aber er ist unsicher, _______ er bis jetzt seltsamerweise noch nichts _______ ihr gehört _______. Sie hat ihm _________ versprochen, _______ sofort _______ melden, _________ sie zurück ist, _______ sie wollte ihm ein Buch, _______ er dringend braucht, _____________.

Yuri vermutet, _______ Mira wahrscheinlich _______ schläft, _______ sie immer besonders stark _______ Jetlag _______. Sie sagt, _______ Minho ja auch weiß, _______ lange die Zeitumstellung _________, vor allem _______ man _______ Deutschland _______ Korea fliegt. Minho stimmt _______ zu, _______ Mira hat _______ gesagt, _______ sie _______ _______ letzten Deutschlandreise sehr _____________ gelitten _______. Er überlegt, _______ _______ Abend einmal anzurufen, _______ er _______ _______ wirklich dringend _________.

유용한 표현

01 …라고 말하다 : … sagt, dass … 〈접속법 1식〉

Sie sagt, dass sie unschuldig sei. 그녀가 자기는 죄가 없다고 말한다.
(schuldig 유죄인, die Schuld [ʃʊlt] 〈-, 항상 단수〉 죄, ↔ unschuldig 무죄인)

dass sie dafür nicht verantwortlich sei. 자기는 그것에 책임이 없다고
(verantwortlich 책임이 있는 ↔ unverantwortlich 책임이 없는

dass sie dafür nicht zuständig sei. 자기는 그것을 담당하지 않는다고
(zuständig ['tsu:ʃtɛndɪç] 〈형용사〉 담당하는 → der/die Zuständige 담당자

dass sie sie nicht kenne. 자기는 그녀를 모른다고

dass sie keine Ahnung habe. 자기는 아는 바가 없다고
(von et. eine Ahnung haben 무엇에 대해서 알다, die Ahnung 〈-, -en〉 예감)

Er sagt, dass er von dieser Sache nichts gewusst habe.
그는 (자기가) 이 일에 대해서 아무것도 몰랐다고 (말)한다.

dass er seine Frau vor zwei Jahren verlassen habe.
2년 전에 자기 아내를 버렸다고
(verlassen [fɛɐ̯'lasn̩] 〈verlässt, verließ, hat … verlassen〉 (장소를) 떠나다, (사람을 돌보지 않고) 버리다)

02 …하자마자 : sobald …

Sobald er auf die Bühne trat, jubelten die Zuschauer.
그가 무대에 오르자마자, 관객들이 환호했다.
(die Bühne ['by:nə] 〈-, -n〉 무대, treten ['tre:tn̩] 〈tritt, trat, ist … getreten〉 밟다, auf die Bühne treten 무대에 오르다; jubeln 환호하다; der Zuschauer ['tsu:ʃauɐ] 관객 ← jm. zuschauen ['tsu:ʃauən] 누구를 쳐다보다 (= jm. zusehen))

Sobald ich Näheres weiß, sage ich dir Bescheid.
내가 더 자세한 것을 알게 되면 바로 알려줄게.
(Näheres 더 자세한 것 ← nah 가까운, näher 더 가까운; Bescheid sagen 알려주다)

Sobald ich im Hotel eingecheckt habe, rufe ich dich an.
호텔에 체크인하자마자 전화할게.
(einchecken 체크인하다 ↔ auschecken 체크아웃하다)

• Kaum ... 〈주절의 시제보다 앞선 시제〉, ... : … 하자마자, …

Kaum **war** ich zu Hause **angekommen**, hat es angefangen, stark zu regnen.
내가 집에 도착하자마자 비가 세게 내리기 시작했다.

Kaum **hatte** er die Hausaufgaben **gemacht**, ging er nach draußen, um seine Freunde zu treffen. 숙제를 끝내자마자 그는 친구를 만나러 밖으로 나갔다.

03 (누구에게) …하겠다고 약속하다 : jm. versprechen, ... zu ...

Er hat mir versprochen, nicht mehr zu rauchen.
그는 내게 더 이상 흡연하지 않겠다고 약속했다.

Er hat mir versprochen, mich zu heiraten, sobald er mit dem Studium fertig ist. 그는 대학을 마치자마자 나와 결혼하겠다고 약속했다. (jn. heiraten 누구와 결혼하다; mit et. fertig sein 무엇을 끝내다)

Vor der Wahl versprechen die Politiker, viel für die sozial Schwachen zu tun, aber nach der Wahl vergessen sie oft ihre Versprechen. 선거 전에 정치인들은 사회적 약자를 위해서 많은 일을 하겠다고 약속하지만, 선거 후에는 종종 약속을 잊어버린다.

(die Wahl 선거; der Politiker 정치인; sozial [zotsi'a:l] 〈형용사〉 사회의; die sozial Schwachen 사회적 약자 ← die Schwachen 약자들 (형용사의 명사화); vergessen [fɛɐ̯'gɛsn̩] 〈vergisst, vergaß, hat ... vergessen〉 잊다; das Versprechen [fɛɐ̯'ʃprɛçn̩] 〈-s, -〉 약속)

활용 연습

1 **빈칸에 알맞은 접속법 형태 적으시오.**

(1) Sie sagt, dass sie aus Deutschland __________ (kommen).

(2) Er behauptet, dass die Preise in Korea niedriger __________ (sein) als in Deutschland.

(3) Die Journalisten behaupten, dass die Presse in Deutschland freier __________ (sein) als in Korea.

(4) Die Frau sagte, sie __________ den ganzen Tag in der Bibliothek __________ (sein).

(5) Mein Freund sagte, er __________ mich sehr __________ (vermissen).

(6) Frau Meyer wollte wissen, ob ich ihren Hund __________ __________ (sehen).

(7) Die Kinder sagten, sie __________ die Hausaufgaben schon __________ (machen).

(8) Meine Eltern sagten, sie __________ schon __________ (essen).

2 **다음 간법화법 문장을 직접화법 문장으로 바꾸시오.**

(1) Er sagte, dass er in den USA studiert habe.

➡ ____

(2) Sie behauptet, dass sie an dem Tag ihren Freund nicht getroffen hätte.

➡ ____

(3) Er fragte Frau Müller, ob sie am Wochenende Zeit habe.

➡ ____

(4) Mein Arzt sagte mir, dass ich abnehmen müsse.

➡ ______________________________

3 다음 직접화법 문장을 간접화법 문장으로 바꾸시오.

(1) Sie sagte am Telefon: „Heute komme ich spät nach Hause."

➡ ______________________________

(2) Er versprach ihr: „Ich werde dich immer lieben."

➡ ______________________________

(3) Der Unternehmer behauptet: „Ich habe keine faulen Geschäfte gemacht."

➡ ______________________________

(4) Der Präsidentschaftskandidat versprach: „Ich werde die Steuern senken."

➡ ______________________________

4 다음 대화문을 듣고, 빈칸을 해당하는 말을 적으시오.

A: Wer ist ______ Frau, ______ da gerade ______ ______ Chef ________?

B: ______ du ______ ______ nicht? Das ist Frau Yun. Sie ist die ______ Kollegin ______ ______ Marketing-Abteilung.

A: Sie ______ ______ ________ Deutsch.

B: Kein Wunder. Ich habe ______ ______ Kim ______, ______ ihre Mutter ______ ______.

A: ______ sie ______ auch Koreanisch ______ ______, ______ sie Deutsch ______?

B: ______ ______ ich ______ nicht sagen. Ich ______ sie noch nicht persönlich ______________ und auch noch nicht Koreanisch ____________ __________. Aber sie __________ in Korea zur Schule ____________ _______ und später in London __________ __________. Sie __________ schon gut Koreanisch und Englisch __________.

A: Ich __________ _______ unbedingt kennenlernen. Sie __________ eine gute Hilfe _______ unser Projekt __________.

5 다음 글에서 잘못된 부분을 고치시오.

Minho fragt Yuri, dass Mira schon aus Deutschland zurückgekommen sei. Yuri weiß auch nicht. Sie sagt, dass Mira ihr aber vor der Abreise erzählt, dass sie diesmal nur zwei Wochen in Deutschland bleiben will. Daher glaubt sie, dass Mira eigentlich gestern zurückkommen muss.

Minho dachte auch. Aber er ist unsicher, denn er bis jetzt seltsamerweise noch nichts von ihr gehört habe. Nämlich hat sie ihm versprochen, sich sofort melden, so bald sie zurück ist, denn sie wolle ihm ein Buch, das er dringend braucht, mitbringen.

Yuri vermutet, dass Mira wahrscheinlich noch schläft, weil sie immer besonders stark mit Jetlag leidet. Sie sagt, dass Minho ja auch weiß, wie lang die Zeitumstellung dauert, vor allem als man von Deutschland nach Korea fliegt. Minho stimmt ihr, denn Mira hat ihn gesagt, dass sie in der letzte Deutschlandreise sehr unter sie gelitten hat. Er überlegt, sie am Abend einmal zu anrufen, weil er braucht das Buch wirklich dringend.

6 **다음 독일어를 우리말로 고치시오.**

(1) 그녀는 자기가 결백하다고 주장한다.

➡ ______________________________

(2) 그는 자기가 미국에서 공부했다고 말한다.

➡ ______________________________

(3) 그는 내게 올해 안으로 박사논문을 제출하겠다고 약속했다.

➡ ______________________________

(4) 그는 내게 자기와 데이트할 생각이 있냐고 물었다.

➡ ______________________________

(5) 해외교류처(Internationales Büro)의 Herr Kirchner가 입학허가서(der Zulassungsbescheid)를 벌써 우편으로 보냈다고 전자우편으로 알려왔으나, 그것이 아직 도착하지 않았다.

➡ ______________________________

____

(6) 그는 자기가 나를 사랑했었다고 말한다.

➡ ______________________________

(7) 그녀는 나를 다시는 보지 않으려고 했다고 말했다.

➡ ______________________________

자세히 들여다보기

01 kommen과 gehen의 차이

kommen : (화자나 청자의 방향으로) 오다, 가다
gehen : (화자와 청자로부터 떨어진 방향으로) 가다

A: Wann soll ich zu dir kommen? 언제 너에게 갈까?
(청자 쪽으로 가는 것이므로 kommen)

B: Komm so schnell wie möglich. 가능한 한 빨리 와.
(화자 쪽으로 가는 것이므로 kommen)

A: Wann gehst du nach Deutschland? 언제 독일에 가니?
(화자와 청자로부터 떨어진 곳이므로 gehen)

B: Ich gehe nur dann nach Deutschland, wenn du auch mitkommst.
너도 함께 가면 그러면 독일에 갈 거야. (화자가 가는 방향이므로 mitkommen)

02 wissen과 kennen의 차이

wissen : (지식·정보 따위를) 알다
kennen : (체험·교류 등을 통해서) 알다

A: Ich weiß, dass du gut Deutsch sprechen möchtest. Dann musst du viel lesen. 나는 네가 독일어를 잘하고 싶어하는 것으로 알아. 그러면 많이 읽어야 해.

B: Das weiß ich schon. 그건 나도 벌써 알아.

A: Kennst du Minho? 민호 알아?

B: Nein, ich kenne ihn nicht, aber ich weiß, dass er sehr gut Deutsch kann. 아니, 그 사람 몰라. 그러나 그가 독일어를 매우 잘한다는 것은 알고 있어.

A: Er liest sehr viel. Aber Lesen in einer Fremdsprache ist oft sehr mühsam. 그는 매우 많이 읽어. 그러나 외국어로 글을 읽는 것이 종종 매우 힘들어.

B: Ja, das kenne ich. 그래. 그거 알지.

03 grüßen과 begrüßen의 차이

grüßen : 인사하다
begrüßen : 환영하다, 맞이하다

Herr Biermann hatte geschrieben, dass er uns herzlich begrüße.
비어만 씨가 우리를 진심으로 환영한다고 썼었다.

Aber als wir bei ihm ankamen, hat er uns nicht einmal gegrüßt.
그러나 우리가 그의 집에 도착했을 때, 그는 우리에게 인사조차 하지 않았다.

04 mitbringen과 mitnehmen의 차이

mitbringen : (누군가에게 전달·소개하기 위해서) 가져가다, (어떤 장소·모임으로) 데려오다
mitnehmen : (유용하기 때문에) 가져가다, (같은 방향으로 가는 길에) 데리고 가다

Ich bringe dir gern ein Eis vom Italiener mit.
내가 이탈리아 가게에서 아이스크림을 가져갈게.

Du kannst deinen Besuch gerne mitbringen. Ich möchte ihn kennenlernen. 너는 네 손님을 데려와도 좋아. 그 사람을 알고 싶다.

Nimm einen Regenschirm mit. Es soll heute Nachmittag regnen.
우산 가져가. 오늘 오후에 비가 온대.

Soll ich dich in die Stadt mitnehmen?
너를 시내에 데려갈까?

05 meinen과 behaupten의 차이

meinen : (생각을) 말하다
behaupten : (주장을) 말하다

Er meinte, dass ich meinem Vater ähnlich sehe / sähe.
그는 내가 나의 아버지와 비슷하게 생겼다고 말한다.

dass ich mich noch mehr anstrengen müsse.
내가 더 힘써야 한다고

dass ich die Prüfung leicht schaffen könne.
내가 그 시험을 쉽게 합격할 수 있다고

Er behauptet, dass ich an dem Unfall schuld sei.
그는 그 사고가 내 잘못이라고 주장한다.

dass ich die Verantwortung für den Unfall tragen müsse.
내가 그 사고에 책임을 져야 한다고

(die Verantwortung 〈-, 항상 단수〉 책임, tragen 〈trägt, trug, hat ... getragen〉 die Verantwortung für et. tragen 무엇에 대하여 책임을 지다)

dass ich den Unfall verursacht habe / hätte.
내가 그 사고를 유발했다고 (verursachen 유발하다)

06 시제조동사 haben, hätten의 위치

(1) 완료시제를 나타내는 haben, hätten 등은 연달아 나오는 두 개의 동사 부정형 뒤에 오지 않고, 그 앞에 온다.

Ich **habe** Peter nicht **treffen können**. 나는 페터를 만날 수 없었다.
완료시제 조동사 / 부정사 + 화법조동사(부정형)

Ich bin traurig, weil ich Peter nicht **habe** **treffen können**.
완료시제 조동사 / 부정사 + 화법조동사(부정형)
나는 페터를 만날 수 없어기 때문에 슬프다. ('..., weil ich Peter nicht treffen können habe.'는 틀림)

Mein Vater sagte: „Ich **hätte** doch lieber Deutsch **lernen sollen**."
완료시제 조동사 / 부정사 + 화법조동사(부정형)
나의 아버지께서 "내가 차라리 독일어를 배웠어야 했는데."라고 말씀하셨다.

Mein Vater sagte, dass er doch lieber Deutsch **hätte** **lernen sollen**.
완료시제 조동사 / 부정사 + 화법조동사(부정형)
나의 아버지께서 당신이 차라리 독일어를 배웠어야 했다고 말씀하셨다.
('..., dass er doch lieber Deutsch lernen sollen hätte.' 는 틀림)

(2) werden (미래)시제조동사는 연달아 나오는 두 개의 동사 부정형의 앞 또는 뒤에 올 수 있다.

Petra hat mir eine Karte geschickt,

- weil sie zu meiner Geburtstagsparty nicht **kommen können** **werde**.

정사 + 화법조동사(부정형) 미래시제 조동사

- weil sie zu meiner Geburtstagsparty **werde** nicht **kommen können**.

미래시제 조동사 부정사 + 화법조동사(부정형)

페트라가 내 생일파티에 올 수 없을 것 같다고 내게 카드를 보냈다.

(3) 동사와 의미상 밀접한 문장성분이 있으면, haben 동사가 그 앞에 나온다.

Sie war verägert, dass niemand **hatte** Kaffee **machen wollen**.
그녀는 아무도 커피를 끓이려 하지 않아서 화가 났다.

Sie fragte sich, ob sie die Kinder **hätte** nicht allein **lassen sollen**.
그녀는 아이들을 혼자 놔두는 것이 아니었는지를 자문했다.

Er war sehr enttäuscht, weil niemand **hatte** Danke **sagen wollen**.
그는 아무도 고맙다는 말을 하려고 하지 않아서 매우 실망했다.

|01-30|

Lösungen

해답

연습문제 해답

Lektion 01

[활용 연습]

1. (1) Vater, Mutter, Tag, Wetter (2) bald, gleich, gut, bis, schön
2. G**u**ten T**a**g! Sch**ö**nes Wetter, nicht w**a**hr?
3. der/ein Vater, die/eine Mutter, das/ein Mädchen, der/ein Tag, das/ein Haus, die/eine Wohnung, die/_____Eltern
4. A: Guten Morgen, Herr Fischer. 피셔 씨, 안녕하세요.
   B: Guten Morgen, Frau Lehmann. 레만 씨, 안녕하세요.
   A: Auf Wiedersehen! 안녕히 가세요.
   B: Auf Wiedersehen! Bis Montag. 안녕히 가세요. 월요일에 뵙겠습니다.
5. (1) Guten Tag! (2) Auf Wiedersehen. (3) Gute Nacht!

Lektion 02

[텍스트 완성하기]

Jens Stern ist Lehrer. Anne Schmidt ist Lehrerin. Sie sind Lehrer.

[활용 연습]

1. (1) sie (2) er
2. Wer, was
3. seid, sind
4. Guten Abend. Ich bin Max Klein. 안녕하세요. 저는 막스 클라인입니다.
   Ich bin Deutscher. 나는 독일 사람입니다.
   Ich bin Journalist von Beruf. 저는 언론인입니다.
   Guten Tag. Wir sind Felix und Elke Groß. 안녕하세요. 우리는 펠릭스 그로스와 엘케 그로스입니다.
   Wir sind Deutsche. 우리는 독일 사람입니다.
   Wir sind Studenten. 우리는 대학생입니다.
5. Jens Stern <u>ist</u> Lehrer. Anne Schmidt **<u>ist</u>** Lehrerin. Sie **<u>sind</u>** Lehrer.
6. (1) Wer sind Sie? - Ich bin ...
   (2) Was sind Sie von Beruf? - Ich bin Student.
   (3) Was ist Herr/Frau Stern von Beruf? - Er/Sie ist Lehrer/Lehrerin.

Lektion 03

[텍스트 완성하기]

Mira Kim kommt **<u>aus</u>** Korea. David Torin kommt **<u>aus</u>** **<u>den</u>** USA. **<u>Frau</u>** Kim wohnt **<u>in</u>** München. **<u>Herr</u>** Torin wohnt nicht **<u>in</u>** München. **<u>Er</u>** lebt in New York.

[활용 연습]

1. (1) Wohnen Sie hier?/Wohnt ihr hier?
   (2) Kommen Sie aus Korea?/Kommt ihr aus Korea?
2. A: Woher kommen Sie? Kommen Sie aus Deutschland?
   B: Nein, ich komme nicht aus Deutschland. Ich komme aus der Schweiz.
   A: Woher in der Schweiz kommen Sie denn?
   B: Ich komme aus Zürich. Aber ich wohne jetzt in Deutschland, in Berlin.
3. Mira Kim **kommt aus** Korea. David Torin **kommt** aus **den** USA. Frau Kim wohnt **in** München. Herr Torin wohnt **nicht in** München. Er lebt **in** New York.
4. (1) Woher kommen Sie? (2) Ich komme aus Korea.
   (3) Wie heißen Sie? (4) Ich heiße ...
   (5) Wo wohnen Sie? (6) Ich wohne in Seoul.
   (7) Wohnen Sie auch in Seoul? (8) Nein, ich wohne nicht in Seoul.

Lektion 04

[텍스트 완성하기]

Anne hat **eine** Schwester. Das **ist** **ihre** Schwester. **Sie** ist schön. **Sie** ist Schaupielerin **von** Beruf. Aber sie ist noch **nicht** berühmt. Sie **heißt** Karin Schulz.

[활용 연습]

1. (1) meine/deine/Ihre (2) meine/deine/Ihre (3) mein/dein/Ihr
   (4) mein/dein/Ihr (5) meine/deine/Ihre
2. ist, ist, sind
3. A: Wer ist das? Ist das dein Freund?
   B: Ja, das ist mein Freund.
   A: Ist er Koreaner?
   B: Nein, er ist Chinese.
4. Anne hat **eine** Schwester. Das ist **ihre** Schwester. **Sie** ist schön. Sie ist Schaupieler**in von** Beruf. Aber sie ist **noch nicht** berühmt. Sie **heißt** Karin Schulz.
5. (1) Wer ist das? - Das ist mein Freund.
   (2) Was ist das? - Das ist meine Tasche.
   (3) Wie ist das Wetter heute? - Das Wetter heute ist nicht gut.
   (4) Wie heißen Sie? Wie ist Ihr Name? - Ich heiße .../Mein Name ist .../
   (5) Was ist Ihr Vater von Beruf? - Er ist Angestellter.
   (6) Ist Ihre Mutter gesund? - Ja, sie ist gesund.
   (7) Wie ist der Film? - Er ist spannend.

Lektion 05

[텍스트 완성하기]

Herr Stern **hat einen** Bruder und zwei **Schwestern**. Frau Schmidt **hat keine** Geschwister. Sie ist **ein Einzelkind**.

[활용 연습]

1. (1) einen, einen, keinen　(2) einen, einen, keinen
   (3) einen, einen, keinen　(4) ein, ein, kein
   (5) eine, eine, keine　(6) eine, eine, keine
   (7) keinen, Doch　(8) keinen, Doch
2. A: Hast du einen Bruder?
   B: Ja, ich habe einen Bruder. Und du?
   A: Ich habe keinen Bruder. Aber ich habe eine Schwester.
3. Herr Stern hat ein**en** Bruder und zwei Schwester**n**. Frau Schmidt **hat** kein**e** Geschwister. Sie **ist** ein Einzelkind.
4. (1) Haben Sie Fragen? - Ja, ich habe eine Frage.
   (2) Haben Sie Geschwister? - Ja, ich habe einen Bruder und eine Schwester.
   (3) Was brauchen Sie? - Ich brauche einen Bleistift.
   (4) Was studieren Sie? - Ich studiere Musik.
   (5) Spielen Sie gern Fußball? - Nein, ich spiele nicht gern Fußball.
   (6) Hören Sie gern Musik? - Ja, ich höre sehr gern Musik.

Lektion 06

[텍스트 완성하기]

Jens kommt gerade **von seiner** Freundin. Aber er wohnt **nicht bei** ihr. Er wohnt noch **bei seinen** Eltern. Anne geht **zu ihrem** Freund. Ihr Freund wohnt **in einem** Studentenwohnheim. Das Wohnheim ist **in der** Mozartstraße. **Es** ist billig und bequem.

[활용 연습]

1. (1) Wo　(2) Wo　(3) Wo　(4) Woher　(5) Wo
   (6) Wie　(7) Wohin　(8) Woher　(9) Wohin
2. (1) meinen　(2) meinem　(3) unserem
3. (1) Wohin gehst du? - Ich gehe nach Hause.
   (2) Wohin geht ihr? - Wir gehen zur Schule.
   (3) Wohin geht er? - Er geht in die Kirche.
   (4) Wohin gehen Petra und Peter? - Sie gehen ins Büro.
4. Jens kommt gerade **von seiner** Freundin. Aber er wohnt nicht bei **ihr**. Er wohnt noch bei

seinen Eltern. Anne geht zu **ihrem** Freund. **Ihr** Freund wohnt in **einem** Studentenwohnheim. Das Wohnheim ist in **der** Mozartstraße. **Es** ist billig und bequem.

5. (1) Woher kommen Sie gerade? - Ich komme vom Arzt.
   (2) Wem gehört dieses Auto? - Es gehört meinem Vater.
   (3) Helfen Sie Ihren Eltern oft? - Ja, ich helfe ihnen oft.
   (4) Wohnen Sie noch bei Ihren Eltern? - Nein, ich wohne in einem Studentenwohnheim.
   (5) Wo arbeitet Ihr Vater? - Er arbeitet bei einer Bank.

Lektion 07

[텍스트 완성하기]

Das ist Frau Meier. **Sie** ist jetzt **in** Berlin. In Berlin ist **es** heute **sehr** kalt. **Frau** Meier geht **mit** **Herrn** Schulz **in** ein Café. **Sie** hat **einen** Koffer. **Der** Koffer ist **sehr** schwer. Herr Schulz hilft **ihr**.

[활용 연습]

1. (1) ihn, ihn (2) sie, sie (3) es, es (4) sie, sie
2. (1) ihr (2) ihnen (3) ihnen (4) ihm (5) ihr (6) mir, Ihnen
3. (1) einen, keinen (2) eine, keine (3) einen, keinen
4. A: Hallo, Peter. Wie geht es dir?
   B: Danke, mir geht es gut. Und dir?
   A: Mir geht es nicht gut.
   B: Warum denn?
   A: Die Heizung ist kaputt. Mein Zimmer ist sehr kalt. Ich bin erkältet.
5. **Das** ist Frau Meier. Sie ist jetzt in Berlin. In Berlin **ist es** heute sehr kalt. **Frau** Meier geht mit **Herrn** Schulz in **ein** Café. Sie hat **einen** Koffer. **Der** Koffer ist sehr schwer. Herr Schulz hilft **ihr**.
6. (1) Wie geht es Ihnen? - Es geht mir sehr gut.
   (2) Regnet es draußen? - Nein, Es ist bedeckt (bewölkt), aber es regnet nicht.
   (3) Dieser Koffer ist sehr schwer. Helfen Sie mir bitte.
   (4) Sagen Sie mir bitte die Wahrheit. - Ich sage Ihnen die Wahrheit.
   (5) Gibt es hier einen Wifi-Hotspot? - Tut mir Leid, hier gibt es keinen Wifi-Hotspot.
   (6) Treffen Sie heute Abend Ihren Freund? - Nein, ich treffe ihn heute Abend nicht.
   (7) Wem gehört dieser Koffer? - Er gehört mir.

Lektion 08

[텍스트 완성하기]

Am Wochenende **trifft** Yuri Minho nicht. Er **fährt** nämlich **nach** Busan zu **seinen** Eltern. Er

hilft **ihnen** **beim** Umzug. Daher **geht** Yuri allein **in** **die** Bibliothek und lernt Deutsch. **In** zwei **Wochen** **hat** sie **eine** Klausur.

[활용 연습]

1. (1) Schläfst (2) Liest (3) Triffst (4) Hilfst (5) Siehst (6) Fährst (7) Sprichst
2. (1) sehen, treffen (2) schlafen, lesen (3) fahren, helfen
3. schläft, liest, fährt, trifft, hilft, sieht, fährt
4. A: Was machst du gerade?
   B: Ich sehe gerade einen Film.
   A: Siehst du oft Filme?
   B: Nein, ich sehe nicht oft Filme.
   Normalerweise lese ich Bücher.
   Liest du auch gern Bücher?
   A: Na ja, manchmal.
5. Am Wochenende **trifft Yuri** Minho nicht. Er **fährt** nämlich **nach** Busan **zu** seinen Eltern. Er **hilft** **ihnen** **beim** Umzug. Daher **geht Yuri** allein in **die** Bibliothek und **lernt Deutsch**. **In** zwei Woche**n** **hat sie** eine Klausur.
6. (1) Spricht er gut Deutsch? - Ja, er spricht sehr gut Deutsch.
   (2) Triffst du am Wochenende deinen Freund? - Nein, er fährt nach Busan zu seinen Eltern.
   (3) Was machst du in deiner Freizeit? - In meiner Freizeit treibe ich viel Sport.
   (4) Wann fährst du heute zur Universität? - Heute fahre ich nach dem Mittagessen zur Universität.
   (5) Wann gehst du normalerweise einkaufen? - Normalerweise gehe ich am Freitag Abend einkaufen.

Lektion 09

[텍스트 완성하기]

Susi ist jetzt **in** Nürnberg. Morgen früh **fährt** sie **nach** Stuttgart. Sie **ruft** **ihren** Freund Peter **an**. **Am** Telefon fragt **ihr** Freund: „Wann **kommst** du morgen **an**?“ Susi **antwortet**: „Ich **fahre** hier erst **um** zehn Uhr **ab**. Dann **komme** ich kurz **nach** elf **in** Stuttgart **an**.“ Peter schlägt vor: „Ich **hole** dich **vom** Bahnhof **ab**.“ Susi ist glücklich.

[활용 연습]

1. (1) fährt ... ab, fährt ... ab (2) fängt ... an, fängt ...an; zieh ... an
   (3) ziehen ... aus, zieht, aus; steigen ... aus, steige, aus, steigen, aus
   (4) räumt ... auf, räumt ... auf, räume ... auf; stehst ... auf, stehe ... auf, stehe ... auf
   (5) Kaufst ... ein, kauft ... ein; lade ... ein, lade ... ein; steig ... ein
   (6) Sehen ... fern, sehe ... fern (7) Komm ... her

(8) Fahren ... hin (9) fährst ... los, fahre ... los
(10) bringe ... mit; Kommst ... mit, komme ... mit; Nimmst ... mit, nehme ... mit, nehmen ... mit
(11) findet ... statt, findet ... statt (12) hast ... vor, habe ... vor; schlage ... vor, schlag ... vor
(13) tut ... weh, tut ... weh (14) läuft ... weg
(15) hör ... zu (16) kommst... zurück, komme ... zurück

2. ruft, an, fliegt, ab, kommt, an, holt, ab
3. A: Morgen fliege ich nach Korea.
   B: Wann fliegt deine Maschine ab?
   A: Meine Maschine fliegt am Montagabend um sechs Uhr ab.
   B: Wann kommst du dann in Incheon an? Der Flughafen heißt doch Incheon, oder?
   A: Richtig. Ich komme am Dienstag um elf Uhr in Incheon an. Meine Freundin holt mich vom Flughafen ab.
   B: Guten Flug!
4. Susi ist jetzt in Nürnberg. Morgen früh **fährt** sie nach Stuttgart. Sie **ruft ihren** Freund Peter **an**. Am Telefon **fragt ihr Freund**: „Wann **kommst** du morgen **an**?“ Susi antwortet: „Ich **fahre** hier erst **um** zehn Uhr **los**. Dann **komme** ich kurz nach elf **in** Stuttgart **an**.“ Peter **schlägt** vor: „Ich **hole** dich **vom** Bahnhof **ab**.“ Susi ist glücklich.
5. (1) Ich rufe dich am Sonntag an.
   (2) Wann kommst du in Seoul an?
   (3) Ich hole dich vom Bahnhof ab.
   (4) Wie spät ist es jetzt? - Es ist halb drei.
   (5) Hast du am Wochenende etwas vor? - Nein, ich habe noch nichts vor.

Lektion 10

[텍스트 완성하기]

Herr Kim bittet Frau Meier um **ihre** Telefonnummer. **Sie** gibt **ihm** **ihre** Büronummer und auch **ihre** Handynummer. Herr Kim ist noch **nicht** lange **in** Deutschland und hat noch **kein** Handy. Daher gibt **er** Frau Meier **seine** E-Mail-Adresse. Frau Meier benutzt WhatsApp. Sie sagt, sie **kann** **ihm** über WhatsApp eine SMS schicken. Aber Herr Kim benutzt **nur** Kakao Talk. Frau Meier kennt Kakao Talk **nicht**. Kakao Talk **kann** man auch **in** Deutschland herunterladen und benutzen. Frau Meier ist auch **auf** Facebook. Herr Kim hat **zwar** ein Facebook-Konto, aber er benutzt Facebook **nicht** so oft.

[활용 연습]

1. (1) ① Kannst, kann ② Kann, kann ③ Können, kann ④ Kann, kann
   (2) ① Kann ② Kannst, kann ③ Könnt ④ Kann, kann ⑤ kann ⑥ Kann
   (3) ① Kannst ② Könnt ③ Können ④ Kann
   (4) ① kannst ② kannst

2. A: Kann ich bitte Ihren Namen und Ihre Adresse haben?
   B: Ich heiße Jochen Waldmann. Meine Adresse lautet Beethovenstraße 15, 04107 Leipzig.
   A: Kann ich bitte auch Ihre Telefonnummer haben?
   B: Ja, die Nummer ist 0341 276895.
3. Herr Kim bittet Frau Meier **um ihre** Telefonnummer. Sie **gibt ihm ihre** Büronummer und auch **ihre** Handynummer. Herr Kim ist noch nicht **lange in** Deutschland und hat **noch** kein Handy. Daher **gibt er** Frau Meier **seine** E-Mail-Adresse. Frau Meier benutzt WhatsApp. Sie sagt, sie kann **ihm** über WhatsApp eine SMS **schicken**. Aber Herr Kim benutzt nur Kakao Talk. Frau Meier kennt **Kakao Talk nicht**. Kakao Talk **kann man** auch **in** Deutschland herunterladen und benutzen. Frau Meier ist auch **auf** Facebook. Herr Kim hat zwar ein Facebook-Konto, **aber er benutzt** Facebook nicht so oft.
4. (1) Können Sie mir bitte helfen? - Ja, was kann ich für Sie tun?
   (2) Kannst du morgen ins Büro kommen? - Nein, morgen kann ich leider nicht kommen.
   (3) Hast du vielleicht dein Ladegerät dabei? Mein Handy-Akku ist leer. - Nein, leider nicht. Aber du kannst gern mein Handy benutzen
   (4) Sind Sie vielleicht auch auf Facebook? - Ja, aber ich gehe nicht so oft auf Facebook. (Ich benutze Facebook nicht oft.)
   (5) Kann ich dich mal kurz sprechen? - Tut mir leid, jetzt nicht. Ich habe es eilig.

Lektion 11

[텍스트 완성하기]

Peter braucht **einen neuen** Mantel. Er geht **ins** Kaufhaus. In der Männerabteilung fragt **ihn** eine Verkäuferin: „Kann ich **Ihnen** helfen?“ „Ja,“ antwortet Peter, „ich suche **einen sportlichen** Mantel.“ Die Verkäuferin zeigt **ihm einen schwarzen** Mantel. Peter findet **ihn** schön. Er fragt: „Darf ich **ihn** anprobieren?“ Natürlich **darf** er **ihn** anprobieren. Er probiert **ihn an**. **Der** Mantel gefällt **ihm**. **Er** steht **ihm** wirklich **gut**. Er kauft **ihn** sofort.

[활용 연습]

1. (1) Darf, dürfen (2) Dürfen, dürft (3) Darf, darf (4) Darfst, darf (5) Dürfen, dürft
   (6) Darf, darf (7) Darf, dürfen (8) dürft (9) dürfen (10) darfst
2. alt, groß, schwer
3. (1) -en, -en, -en, -en (2) -e, -e, -e (3) -, -, -es, -es (4) -e, -e
4. (1) -e (2) -er (3) -e, -er (4) -e (5) -e (6) -en (7) -er, -e (8) -e, -en
5. A: Guten Tag. Kann ich Ihnen helfen?
   B: Ich suche einen Pullover.
   A: Was für einen Pullover suchen Sie denn?
   B: Einen leichten, aber warmen Pullover.
   A: Wie gefällt Ihnen dieser graue Pullover? Der ist sehr warm und auch schick.

B: Gut. Der sieht wirklich schick aus. Darf ich ihn einmal anprobieren?

A: Gerne. Probieren Sie ihn ruhig an.

6. Peter **braucht** einen **neuen** Mantel. Er geht **ins** Kaufhaus. In der Männerabteilung fragt **ihn** eine Verkäuferin: „**Kann** ich **Ihnen** helfen?" „Ja," **antwortet Peter**, „ich suche einen **sportlichen** Mantel." Die Verkäuferin zeigt **ihm** einen **schwarzen** Mantel. Peter findet **ihn** schön. Er fragt: „Darf ich **ihn anprobieren**?" Natürlich **darf** er **ihn anprobieren**. Er probiert **ihn** an. Der Mantel gefällt **ihm**. Er steht **ihm** wirklich gut. Er kauft ihn sofort.
7. (1) Darf ich Sie etwas fragen?
   (2) Darf ich mal die Toilette benutzen?
   (3) Was für ein Hemd suchen Sie? - Ich suche ein weißes Hemd.
   (4) Wie finden Sie diese blaue Bluse? - Ich finde sie nicht so/sehr/besonders schön.
   (5) Der graue Hut steht Ihnen gut.
   (6) Darf ich diesen Mantel einmal anprobieren? - Natürlich, Sie dürfen ihn gerne anprobieren.
   (7) Wie oft treiben Sie Sport? - Ich treibe dreimal in der Woche Sport.
   (8) Wie gefällt dir dieses Kleid? - Es gefällt mir gut. Es passt mir auch gut.
   (9) Kennst du den großen Herrn dort? - Ja, er ist ein berühmter Schauspieler.

Lektion 12

[텍스트 완성하기]

Dongsu **ist** Touristenführer. Er zeigt **ausländischen** Besuchern **aus aller** Welt **die** Stadt Seoul. Er zeigt **ihnen** Sehenswürdigkeiten **wie** die **alten** Königspaläste **mit** den **schönen** Gärten, den Namsan-Berg mit **dem großen** Fernsehturm oder alte Stadtviertel wie Bukchon usw. Das ist aber nur **bei schönem** Wetter möglich. **Bei schlechtem** Wetter führt er die Touristen **ins** Nationalmuseum oder **zu interessanten** Ausstellungen. Viele junge Touristen **möchten gern** Trendviertel **wie** Hongdae-ap sehen und das Nachtleben **dort erleben**. **Ältere** Touristen **möchten** oft **gern zum** Namdaemun-Markt gehen und **dort** einkaufen.

[활용 연습]

1. (1) möchten, möchte   (2) möchtest, möchte   (3) möchtet, möchten
2. (1) -en   (2) -en   (3) -en   (4) -en   (5) -en   (6) -en   (7) -en, -e, -e, -e, -en, -en, -e
3. (1) mit   (2) aus   (3) nach   (4) von   (5) in   (6) zu   (7) zum   (8) vom
4. A: Was machen Sie beruflich?
   B: Ich bin Stadtführer. Ich zeige und erkläre ausländischen Touristen die Sehenswürdigkeiten der Stadt.
   A: Ach ja? Was zeigen Sie ihnen denn?
   B: Bei schönem Wetter zeige ich ihnen Sehenswürdigkeiten wie das Schloss mit dem schönen Garten, die alte Kirche, historische Plätze usw. Und bei schlechtem Wetter zeige ich den Touristen die Museen. Dort gibt es immer viele interessante Ausstellungen.

5. Dongsu ist Touristenführer. Er zeigt **ausländischen Besuchern** aus **aller** Welt die Stadt Seoul. Er zeigt ihnen Sehenswürdigkeiten wie die **alten** Königspaläste mit den **schönen Gärten**, den Namsan-Berg mit **dem großen** Fernsehturm oder alte Stadtviertel wie Bukchon usw. Das ist aber nur bei **schönem** Wetter möglich. Bei **schlechtem** Wetter führt er die Touristen **ins** Nationalmuseum oder zu **interessanten** Ausstellungen. Viele **junge** Touristen möchten gern Trendviertel wie Hongdae-ap sehen und das Nachtleben dort erleben. Ältere Touristen möchten oft gern **zum** Namdaemun-Markt gehen und dort einkaufen.
6. (1) Ich möchte meinen Eltern die Stadt zeigen.
   (2) Was möchtest du essen? - Ich möchte nur einen kleinen Salat essen.
   (3) Wem möchtest du diese Blumen schenken? - Ich möchte sie meiner neuen Freundin schenken.
   (4) Bei Schnee fahre ich nicht mit dem Auto, sondern nehme die U-Bahn.
   (5) Haben Sie ein Zimmer mit Balkon und schönem Ausblick?
   (6) Was möchtest du am Wochenende machen? - Bei schönem Wetter möchte ich einen Ausflug in den Olympia-Park machen.
   (7) Fahren Sie immer mit dem Auto zur Arbeit? - Nein, bei Regen fahre ich nicht mit dem Auto, sondern (ich) nehme den Bus.
   (8) Was zeigen Sie ausländischen Touristen denn? - Ich zeige ihnen die Sehenswürdigkeiten in Seoul wie die alten Königspaläste mit den schönen Garten.

Lektion 13

[텍스트 완성하기]

Am nächsten Samstag **hat** Monika Geburtstag. Das ist **der fünfzehnte** Februar. Sie **möchte gern** ihre Freunde einladen. Sie **will** auch Florian einladen. **Leider** hat Florian **am** Fünfzehnten **keine Zeit**. Er hat da **nämlich** Besuch **aus** Deutschland. Monika schlägt **vor**: Er **kann** seinen Besuch ruhig **mitbringen**. Leider ist **das nicht** möglich. **Für den** Fünfzehnten hat Florian nämlich schon Pläne. Er **will mit** seinem Besuch **ins** Seorak-Gebirge **fahren**. Sie **müssen morgens** früh **losfahren**. **Ansonsten** kommen sie **in** einen Stau. Monika **kann das** verstehen. Florian **kann** sie **nach** der Reise **zusammen mit** seinem Besuch **aus** Deutschland besuchen.

[활용 연습]

1. willst, will, muss, willst, will
2. (1) vierzehnte Siebte (Juli), vierzehnten Siebten (Juli)
   (2) achtzehnte Zehnte (Oktober), achtzehnten Zehnten (Oktober)
   (3) sechste Elfte (November), sechsten Elften (November)
3. (1) der dritte Oktober (2) der neunte Oktober (3) Der Wievielte ist heute
   (4) am fünften Mai (5) Wann fliegst du (6) den ... ...
4. A: Hast du vielleicht am Dreizehnten Zeit?
   B: Was für ein Wochentag ist denn das?

A: Das ist ein Mittwoch.

B: Da muss ich arbeiten.

A: Nein, der dreizehnte April ist doch Wahltag, also ein Feiertag.
아냐. 4월 13일은 선거일이야. 공휴일이라고.

B: Was? Gibt es so was? In Deutschland wählt man immer am Sonntag. Dann haben wir also wirklich frei?

A: Genau! Wollen wir dann endlich mal die Picasso-Ausstellung besuchen?

B: Nein, ich will nicht schon wieder in eine Ausstellung! Ich möchte lieber eine Radtour machen.

5. **Am nächsten** Samstag hat Monika Geburtstag. Das ist **der** fünfzehnte Februar. Sie möchte gern ihre **Freunde** einladen. Sie will auch **Florian einladen**. Leider **hat Florian am Fünfzehnten** keine Zeit. **Er hat dann nämlich** Besuch aus Deutschland. Monika **schlägt vor**: Er kann **seinen** Besuch ruhig **mitbringen**. Leider **ist das** nicht möglich. Für **den Fünfzehnten** hat Florian **nämlich schon** Pläne. Er will mit seinem Besuch **ins** Seorak-Gebirge fahren. Sie **müssen morgens** früh losfahren. Ansonsten **kommen** sie in **einen** Stau. Monika **kann** das verstehen. Florian kann sie nach der Reise zusammen mit seinem Besuch **aus** Deutschland besuchen.

6. (1) Ich will in Deutschland studieren. Deshalb muss ich fleißig Deutsch lernen.
(2) Der Wievielte ist heute? - Heute ist der 19. (neunzehnte) Sechste/Juni.
(3) Wann fliegst du nach Deutschland?/Wann wirst du nach Deutschland fliegen? - Ich fliege am 24. (vierundzwanzigsten) Siebten/Juli nach Deutschland./Ich werde am 24. Siebten/Juli nach Deutschland fliegen.
(4) Wann hast du Geburtstag? - Ich habe am 18. (achtzehnten) Elften/November Geburtstag.
(5) Musst du noch lange arbeiten? - Nein, ich bin gleich fertig.
(6) Warum müssen wir morgen schon um 6 Uhr losfahren? - Ansonsten kommen wir in einen Stau.
(7) Wollen wir heute ins Kino gehen? - Nein, ich muss für die Klausur lernen.

Lektion 14

[텍스트 완성하기]

Petra fragt Yumi **nach dem** Alter. Yumi antwortet: „Ich bin 24 **Jahre alt**.“ Petra ist erstaunt. Sie **kann** das **nicht glauben** und sagt: „Dann bist du ja zwei **Jahre älter als** ich.“ Yumi verneint das. Sie ist **nämlich im** Dezember 1995 **geboren**. In Korea ist man **bei der** Geburt **schon** ein Jahr **alt**. **Nach dem** Jahreswechsel wird **man** wieder **ein Jahr älter**. Daher war Yumi **an** Neujahr 1996 schon **zwei Jahre alt**. Petra **versteht das** sofort und meint: „Dann bist du **nach deutschem** Alter eigentlich **nur** 22 Jahre **alt**, oder?“ Yumi stimmt **zu**: **Nach deutschem** Alter ist sie **erst** 22 Jahre **alt**. Petra ist **nach deutschem** Alter schon 23 Jahre alt. Sie ist **wie** Yumi **zwar** auch 1995 geboren, **aber** ihr Geburtstag ist **im** März. Jetzt ist **es** Mai. Petras Geburtstag

ist schon **vorbei**. Petra ist **daher** nach **deutschem** Alter **schon** 23 Jahre alt. Yumi und Petra sind **zwar** in Korea **gleichaltrig**, aber in Deutschland ist Yumi bis **Dezember** ein Jahr **jünger als** Petra.

[활용 연습]

1. (1) alt, älter (2) groß, groß, größer, groß
2. (1) größer (2) interessanter (3) kälter (4) schneller (5) größer
   (6) reicher (7) schneller (8) teurer (9) besser (10) lieber (11) leckerer
3. A: Welche Sprachen sprichst du?
   B: Ich spreche Koreanisch und Deutsch.
   A: Welche Sprache sprichst du denn besser?
   B: Ich spreche besser Koreanisch als Deutsch. Ich bin ja in Korea geboren. Koreanisch ist meine Muttersprache.

   A: Sprechen Sie Englisch besser als Deutsch?
   B: Nein, ich spreche besser Deutsch als Englisch. Deutsch ist mein Hauptfach. Daher lerne ich jeden Tag fleißig Deutsch.
   A: Ach so! Deshalb sprechen Sie so gut Deutsch! Sie sprechen besser Deutsch als manche Deutsche.
4. Petra fragt Yumi nach **dem** Alter. Yumi antwortet: „Ich bin 24 **Jahre** alt.“ Petra ist erstaunt. Sie kann **das nicht** glauben und sagt: „Dann bist du ja zwei **Jahre älter als** ich.“ Yumi verneint das. **Sie ist nämlich im** Dezember **1995** geboren. In Korea ist **man bei** der Geburt schon ein Jahr alt. Nach dem Jahreswechsel wird man **wieder** ein Jahr **älter**. Daher war Yumi **an** Neujahr **1996** schon zwei **Jahre alt**. Petra versteht das sofort und meint: „Dann bist du nach **deutschem** Alter eigentlich nur 22 Jahre alt, oder?“ Yumi stimmt zu: Nach deutschem Alter ist sie **erst** 22 **Jahre alt**. Petra ist nach **deutschem** Alter schon 23 **Jahre alt**. Sie ist wie Yumi zwar auch **1995** geboren, **aber** ihr Geburtstag ist **im** März. Jetzt ist es schon **Mai**. Petras Geburtstag ist **schon vorbei**. Petra ist daher nach **deutschem** Alter schon 23 **Jahre alt**. Yumi und Petra **sind** zwar in Korea **gleichaltrig**, **aber** in Deutschland ist Yumi bis Dezember ein Jahr **jünger** als Petra.
5. (1) Jetzt lernt er noch fleißiger Deutsch.
   (2) Dieses blaue Hemd ist noch schöner als das weiße.
   (3) Er ist vier Jahre älter als ich.
   (4) Das Buch ist zwar auch/schon interessant, aber der Film ist noch interessanter.
   (5) Ich bin am 6. September 1995 in Seoul geboren.
   (6) Meine jetzige Wohnung ist teurer als meine frühere.
   (7) In Korea ist man bei der Geburt schon ein Jahr alt. Nach dem Jahreswechsel wird man wieder ein Jahr älter.
   (8) Dieser Sommer ist viel heißer als der letzte Sommer.

(9) Je älter man wird, desto schneller geht die Zeit vorbei.

Lektion 15

[텍스트 완성하기]

Herr Kim ist fremd **in der** Stadt. Er **möchte das** Nationalmuseum **besuchen**. Er fragt **eine** Passantin **nach dem** Weg: „Entschuldigung, **wie komme** ich **zum** Nationalmuseum?" Die Passantin antwortet: „Da **nehmen** Sie **am besten** die U-Bahn." Herr Kim will wissen: „**Kann man** denn nicht **bis dahin laufen**?" Die Passantin sagt: „Nein!" **Bis zum** Nationalmuseum ist **es** nämlich **ziemlich** weit. Herr Kim **will** die U-Bahn **nehmen** und fragt **nach der nächsten** U-Bahn-Station. Die Passantin **kennt den** Weg und erklärt: „Gehen Sie die Straße **entlang bis zur** Kirche **da vorne**. Die nächste U-Bahn-Station ist dann gleich rechts **um die** Ecke." Herr Kim dankt **der** Passantin und geht **zur** U-Bahn-Station.

[활용 연습]

1. (1) jemand, niemand (2) man, man (3) jemand, niemand (4) jemand, niemand (5) man, man (6) man, man (7) man
2. (1) kälteste (2) höchste (3) größte, größte (4) jüngste (5) schönste (6) längsten (7) kürzeste (8) billigsten/günstigsten (9) wärmste (10) schönsten (11) dümmsten, dicksten
3. (1) schneller, am schnellsten (2) 5cm, größer, als, der, größte (3) am liebsten
4. A: Entschuldigung, wie komme ich am schnellsten zum Flughafen?
   B: Nehmen Sie am besten den Flughafen-Express.
   A: Wo ist denn der nächste Bahnhof?
   B: Der ist gleich um die Ecke.
5. Herr Kim ist fremd in **der** Stadt. Er möchte **das** Nationalmuseum besuchen. Er **fragt eine** Passantin **nach dem** Weg: „Entschuldigung, wie komme ich **zum** Nationalmuseum?" Die Passantin antwortet: „Da nehmen Sie **am besten die** U-Bahn." Herr Kim **will** wissen: „Kann man **denn nicht bis dahin** laufen?" Die Passantin sagt: „Nein!" Bis **zum** Nationalmuseum ist **es nämlich ziemlich weit**. Herr Kim **will die U-Bahn nehmen** und fragt **nach der nächsten** U-Bahn-Station. Die Passantin **kennt den** Weg und erklärt: „Gehen Sie **die** Straße entlang bis **zur Kirche da vorne**. Die nächste U-Bahn-Station ist dann gleich **rechts um die** Ecke." Herr Kim dankt **der** Passantin und geht **zur** U-Bahn-Station.
6. (1) Entschuldigung, wie kommt man zum Flughafen?
   (2) Am besten nehmen Sie den Flughafenbus.
   (3) Wo ist die nächste U-Bahn-Station?
      - Gehen Sie diese Straße entlang bis zur Kreuzung und dann nach rechts.
   (4) Vielen Dank für die Auskunft. - Keine Ursache/Gern geschehen/Nichts zu danken.
   (5) Wo kann man hier am billigsten/günstigsten einkaufen?

- Hier in der Stadtmitte kann man im Einkaufszentrum neben dem Rathaus/am Rathaus am billigsten/günstigsten einkaufen.

Lektion 16

[텍스트 완성하기]

Anja **geht** einkaufen. Sie braucht **ein** Brot. Sie geht **in die** Bäckerei. Der Verkäufer begrüßt **sie** und fragt: „Was **wünschen** Sie, **bitte**?" Anja **hätte gern** ein **großes** Roggenbrot. Der Verkäufer **empfiehlt ihr** ein Brot. Es **soll die** Spezialität **des** Hauses sein. Anja **nimmt das** Brot. Der Verkäufer fragt: „**Soll** ich **es in** Scheiben schneiden?" Anja ist damit **einverstanden** und antwortet: „Das **wäre** nett." Anja will **nur ein** Brot kaufen. Deshalb antwortet sie **auf die** Frage **des** Verkäufers „Sonst **noch etwas**?" mit „Nein, **danke**. Das **wär's**."

[활용 연습]

1. (1) Das, Zimmer, meines (2) Das, Handy, meines (3) Diese, Bücher, meiner
   (4) Diese, Kette, meiner (5) Diese, Wohnung, meiner (6) Diese, Puppen, meines
2. (1) meines Vaters (2) meiner Mutter (3) der Wohnung (4) Ihres Hauses, unseres Hauses
3. (1) Soll (2) soll (3) sollst (4) soll
4. (1) hätten, hätte (2) hättest, hätte (3) hättet, hätten
5. A: Am Samstag ist der erste Geburtstag meines Sohnes.
   Ich möchte Sie gern zu uns nach Hause einladen.
   B: Das ist nett. Ich komme gern. Wann soll ich denn kommen?
   A: Kommen Sie um 7 Uhr.
6. Anja **geht einkaufen**. Sie braucht **ein** Brot. Sie geht **in die** Bäckerei. Der Verkäufer begrüßt **sie** und fragt: „Was **wünschen** **Sie**, **bitte**?" Anja **hätte** gern ein **großes** Roggenbrot. Der Verkäufer **empfiehlt** ihr **ein** Brot. Es **soll** die Spezialität des Hauses sein. Anja **nimmt** **das** Brot. Der Verkäufer fragt: „Soll ich **es in** Scheiben schneiden?" Anja ist **damit** einverstanden und antwortet: „Das **wäre** nett." Anja will **nur ein Brot kaufen**. **Deshalb antwortet** sie auf **die Frage des Verkäufers** „**Sonst noch etwas**?" mit „**Nein**, danke. Das **wär's**."
7. (1) Was wünschen Sie?/Was hätten Sie gern?
   (2) Ich hätte gern eine Tasse Kaffee und ein Stück Käsekuchen.
   (3) (Wünschen Sie) Sonst noch etwas? - Nein, danke. Das wär's.
   (4) Was ist die Spezialität dieses Hauses?
   (5) Soll ich für morgen einen Tisch/einen Platz für uns im Restaurant reservieren?
   (6) Wessen Haus ist das? - Das ist das Haus meines Großvaters.
   (7) Warum willst du heute nicht mehr trinken? - Heute war ich beim Arzt. Ich soll keinen Alkohol trinken. Ich soll viel Sport treiben.

Lektion 17

[텍스트 완성하기]

Biggi ist froh, endlich wieder in Korea **zu** sein. Ihre Freundin Yuna findet **es** schön, sie **wiederzusehen**. Sie fragt Biggi: „Wie lange **warst** du eigentlich **nicht mehr** in Korea?" Biggi **war** sieben Jahre **nicht mehr** in Korea. Yuna ist erstaunt. Die Zeit **vergeht** so **schnell**. Sie fragt Biggi: „Was **möchtest** du **denn** jetzt **zuerst** machen?" Biggi hat **Lust**, die alten Freunde **zu treffen**. Daher fragt sie Yuna: „Hast du noch Kontakt **zu** Chris?" Chris war **zwar** einige Jahre **in den** USA, aber **seit einem** Jahr lebt sie **wieder in** Korea. Yuna sieht **sie** ab und zu.

[활용 연습]

1. (1) wieder hier zu sein (2) dich bald wiederzusehen
   (3) endlich wieder zu Hause zu sein (4) jeden Tag Sport zu machen
   (5) Fremdsprachen zu lernen (6) Arabisch zu lernen
   (7) keine, ins Theater zu gehen (8) ihre alten Freunde wiederzusehen
   (9) ihn anzurufen (10) den Computer auszumachen
   (11) morgen früh aufzustehen (12) dieses Jahr sein Studium abzuschließen
   (13) einen Sprachkurs in Leipzig zu machen (14) mit in die Stadt zu kommen
   (15) um in Deutschland zu studieren (16) um Musik zu studieren
2. (1) sind (2) war (3) war, ist (4) wart, seid (5) warst, bist (6) war, heißeste
   (7) reichste (8) war, heißeste (9) waren, sind, bin, Kleinste (10) hatte, habe
   (11) hatte, habe
3. A: Kannst du mir noch einmal helfen?
   B: Tut mir leid, ich habe im Moment keine Zeit.
   A: Doch, du hast schon Zeit, mir zu helfen. Du hast nur keine Lust, mir zu helfen.
   B: Das stimmt nicht. Ich muss für die Prüfung lernen. Auch gestern war ich den ganzen Tag in der Bibliothek.
4. Biggi ist froh, endlich wieder in Korea **zu sein**. Ihre Freundin Yuna findet **es** schön, sie **wiederzusehen**. Sie fragt Biggi: „Wie lange **warst** du eigentlich nicht mehr in Korea?" Biggi **war** sieben **Jahre nicht mehr** in Korea. Yuna ist erstaunt. Die Zeit **vergeht** so schnell. Sie fragt Biggi: „Was möchtest du **denn jetzt zuerst machen**?" Biggi hat Lust, **die alten Freunde zu treffen**. Daher fragt sie Yuna: „Hast du noch Kontakt **zu** Chris?" Chris **war** zwar einige Jahre **in den USA**, aber seit **einem** Jahr lebt sie **wieder in Korea**. Yuna **sieht** sie **ab und zu**.
5. (1) Wo warst du gestern den ganzen Tag?
   (2) Es ist schön, wieder von dir zu hören.
   (3) Hast du Lust, am Samstag mit mir ins Theater zu gehen?
   (4) Nächstes Jahr will ich nach Deutschland gehen, um Philosophie zu studieren.
   (5) Vergiss nicht, das Licht auszumachen.

Lektion 18

[텍스트 완성하기]

Herr Kim besucht Frau Schmidt. Sie bittet **ihn**, **hereinzukommen**. Sie freut **sich**, **Herrn** Kim **wiederzusehen**. Er bedankt **sich für die** Einladung. Frau Schmidt sagt, **dass** es **ihr** ein Vergnügen **ist**.
Frau Schmidt hofft, **dass** das Essen **Herrn** Kim schmeckt. Herr Kim ist **sicher**, **dass** das Essen gut **ist**. Er weiß **nämlich**, **dass** Frau Schmidt **eine** gute Köchin **ist**. Frau Schmidt meint: „**Wenn** man Hunger **ha**t, schmeckt **einem** **alles** gut." Da erinnert **sich** Herr Kim **an seinen** Deutschunterricht. Er sagt, **dass** Hunger **der beste** Koch **ist**. Daraufhin meint Frau Schmidt, **dass** Herr Kim wohl **der beste** Schüler **in der** Schule war. Herr Kim bedankt **sich für** das Kompliment und sagt, **dass** er nicht **der** beste, aber vielleicht **der fleißigste** Schüler war. Darauf antwortet Frau Schmidt wieder **mit einem deutschen** Sprichwort: „**Ohne** Fleiß, **kein** Preis!" Sie fragt **Herrn** Kim: „Darf ich **Ihnen** noch **etwas anbieten**?" Herr Kim sagt, **dass** er wirklich **nicht mehr** essen **kann**.

[활용 연습]

1. (1) mir (2) dir, mir (3) mir (4) dir, mir (5) sich (6) mir (7) mir
2. (1) sich, mich, mich (2) dich, mich (3) euch, uns (4) mir, sich
   (5) sich, mich (6) dich, mich (7) euch, uns
3. (1) Es ist schön, dass du zu meiner Geburtstagsfeier kommen kannst. Ich finde es schön, dass du zu meiner Geburtstagsfeier kommen kannst.
   (2) Es freut mich, dass er mir helfen will. Ich freue mich, dass er mir helfen will.
   (3) Es ist schade, dass wir uns nicht mehr sehen können. Ich finde es schade, dass wir uns nicht mehr sehen können.
   (4) Es ärgert mich/ist ärgerlich, dass er immer zu spät zu unserem Date kommt. Ich ärgere mich, dass er immer zu spät zu unserem Date kommt.
4. (1) Wenn er gesund ist, kann er wieder arbeiten.
   (2) Wenn du 18 Jahre alt bist, kannst du den Führerschein machen.
   (3) Wenn sie da ist, können wir anfangen.
5. A: Warum bist du denn so unruhig?
   B: Meine Freundin ist immer noch nicht zu Hause.
   A: Woher weißt du, dass sie noch nicht zu Hause ist?
   B: Normalerweise ruft sie mich an, wenn sie zu Hause ankommt. Deshalb mache ich mir Sorgen um sie.
   A: Kannst du sie denn nicht auf dem Handy erreichen?
   B: Nein. Sie antwortet auch nicht auf meine SMS.
   A: Mach dir keine Sorgen. Es ist doch noch nicht so spät. Ich bin sicher, dass sie sich bald bei dir meldet.

6. Herr Kim besucht Frau Schmidt. Sie bittet **ihn**, **hereinzukommen**. Sie **freut sich**, **Herrn** Kim **wiederzusehen**. Er **bedankt sich** für die Einladung. Frau Schmidt sagt, dass es **ihr ein Vergnügen ist**.
Frau Schmidt hofft, **dass** das Essen **Herrn** Kim schmeckt. Herr Kim ist sicher, dass das Essen gut ist. **Er weiß nämlich**, dass Frau Schmidt **eine** gute Köchin ist. Frau Schmidt meint: „Wenn man Hunger hat, **schmeckt einem alles** gut." Da erinnert sich Herr Kim an **seinen** Deutschunterricht. Er sagt, dass Hunger **der beste** Koch ist. Daraufhin **meint Frau Schmidt**, dass Herr Kim wohl **der beste** Schüler in **der** Schule **war**. Herr Kim **bedankt sich für** das Kompliment und sagt, dass er nicht **der beste**, aber vielleicht **der** fleißigste Schüler **war**. **Darauf antwortet Frau Schmidt** wieder mit einem **deutschen** Sprichwort: „Ohne Fleiß, kein Preis!" Sie fragt **Herrn** Kim: „Darf ich **Ihnen** noch etwas **anbieten**?" Herr Kim sagt, dass er wirklich **nicht mehr** essen kann.
7. (1) Ich freue mich, Sie kennenzulernen.
(2) Machen Sie sich keine Sorgen. Ich helfe Ihnen.
(3) Ich bedanke mich für die Einladung.
(4) Wenn das Wetter morgen schön ist, machen wir einen Ausflug.
(5) Ich bin sicher, dass du die Prüfung bestehst.
(6) Ich erinnere mich noch sehr gut an ihn.

Lektion 19

[텍스트 완성하기]

Yuna fragt Markus, **ob** er **ihr** helfen **kann**. Markus möchte **wissen**, **was** es gibt. Yuna erklärt, **dass** sie ein **neues** Smartphone **hat**, aber nicht weiß, **wie** sie **es** sperren **kann**. Zunächst **ist** Markus **nicht** sicher, **ob er** Yuna helfen **kann**. Aber er versteht schnell, **wie man** das Smartphone sperren **kann**. Man muss zuerst **auf** „Einstellungen" drücken und **braucht** danach **nur** auf „Sperrbildschirm" **zu** gehen. Yuna versteht **das** sofort.
Markus fragt weiter, **ob** Yuna auch **weiß**, **wie** man die Tastaturtöne ausschalten **kann**. Die Tastaturtöne nerven **nämlich beim** Tippen, besonders **wenn** man leise sein **muss**. Yuna weiß **aber** schon, **wie** man die Töne ausschaltet. Daher **braucht** Markus **ihr das** nicht **zu** erklären.

[활용 연습]

1. (1) wer hier wohnt (2) wem diese Tasche gehört (3) wann das Semester beginnt
(4) wie alt sie ist (5) was sie in Korea machen will (6) wie lange sie in Korea bleiben will
(7) ob er aus Korea kommt (8) ob er Deutsch kann (9) ob er noch im Krankenhaus ist
(10) ob sie schon einen Freund hat (11) wie das Gerät funktioniert
(12) weshalb er nicht kommt
2. (1) wo er wohnt (2) wie alt er ist (3) was er studiert (4) wie viel er verdient
(5) ob er Geschwister hat (6) ob er schon verheiratet ist (7) ob er viel trinken kann

3. (1) dich nicht bei ihm zu entschuldigen (2) morgen nicht früh auszustehen
   (3) ihm nicht (unbedingt) zu helfen
4. (1) Nein, Sie brauchen nicht jeden Tag zu kommen. Sie brauchen nur dreimal in der Woche zu kommen. (= Sie müssen nur dreimal in der Woche kommen.)
   (2) Nein, das brauchst du nicht alles auswendig zu lernen. Du brauchst nur diesen Teil auswendig zu lernen.
   (3) Nein, ich brauche heute nicht früh nach Hause zu gehen. Ich brauche nur vor Mitternacht zu Hause zu sein.
5. A: Weißt du schon, was du nach dem Studium machen willst?
   B: Nein, ich weiß noch nicht, was ich mache.
   A: Mein Vater sucht gerade einen Webdesigner. Vielleicht kannst du bei ihm in der Firma arbeiten.
   B: Wirklich? Aber ich weiß nicht, ob ich gut genug bin.
   A: Ich bin sicher, dass du die Arbeit machen kannst! Ich kenne deine Webdesigns doch gut. Die sind toll! Du brauchst dir gar keine Sorgen über deine Qualifikation zu machen.
6. Yuna fragt Markus, **ob** er **ihr** helfen kann. Markus möchte wissen, was **es gibt**. Yuna erklärt, **dass** sie ein **neues** Smartphone hat, aber nicht weiß, wie **sie es sperren kann**. Zunächst **ist Markus** nicht sicher, **ob** er Yuna helfen kann. Aber er versteht schnell, **wie** man das Smartphone sperren kann. Man muss zuerst auf „Einstellungen" drücken und braucht danach nur auf „Sperrbildschirm" **zu** gehen. Yuna versteht **das sofort**.
   Markus fragt weiter, **ob** Yuna auch weiß, wie **man die Tastaturtöne ausschalten kann**. **Die Tastaturtöne nerven nämlich beim** Tippen, besonders **wenn** man leise sein muss. Yuna **weiß aber schon**, **wie** man die Töne ausschaltet. Daher braucht Markus **ihr das** nicht **zu erklären**.
7. (1) Wissen Sie, ob er morgen kommt? - Nein, ich weiß auch nicht, ob er morgen kommt.
   (2) Wissen Sie, wo er wohnt? - Nein, ich weiß auch nicht, wo er wohnt.
   (3) Wissen Sie, was er in Deutschland studieren will? - Nein, ich weiß auch nicht, was er in Deutschland studieren will.
   (4) Wie oft muss ich noch kommen? - Sie brauchen nur noch einmal zu kommen.
   (5) Muss ich das alles auswendig lernen? - Nein, Sie brauchen nicht alles auswendig zu lernen.

Lektion 20

[텍스트 완성하기]

Susi fragt **ihre** Freundin Eva, **wie** ihr Wochenende **war**. Eva **hatte** ein **tolles** Wochenende. Am Samstag **hat** sie ihre Freunde **getroffen** und **ist** mit **ihnen** clubben **gegangen**. **Zuerst sind** sie in den Blue Moon **gegangen**, danach in den Starlight-Club. Eva sagt, **dass** sie **die ganze** Nacht getanzt **hat**, **und** zwar **ohne** Pause. Sie **hat nämlich** einen **tollen Typen kennengelernt**. Susi möchte wissen, **wie** sie **ihn kennengelernt hat**. Der tolle Typ **hat** Eva einfach **angesprochen** und **zum** Tanzen **aufgefordert**. Eva sagt, **dass** er gut **aussieht** und auch prima **tanzen kann**. Susi **ist** neugierig und fragt, **ob** Eva **ihn** wieder **sehen wird**. Eva erzählt, **dass** er **sie** schon **angerufen hat** und **dass** sie **sich für** heute Abend **zum** Tanzen **verabredet** haben.

Felix beschwert **sich**, **dass** Markus spät **kommt**. Markus entschuldigt **sich**, **denn** Felix hat lange **auf** ihn **gewartet**. Markus erklärt, **dass** er gerade **vom** Arzt **kommt**. Felix möchte wissen, **was** passiert **ist**. Markus **hatte einen kleinen** Unfall. Er **ist** nämlich **beim** Tanzen gestürzt. Felix fragt, **ob** er **sich** schwer **verletzt hat**. Zum Glück **hat sich** Markus nicht schwer **verletzt**, **sondern sich** nur den Arm **verstaucht**. Gott sei Dank **ist nichts** gebrochen. Darauf sagt Felix, **dass** Markus noch mal Schwein **gehabt hat**.

[활용 연습]

1. (1) In den Ferien habe ich viele Romane gelesen.
   (2) Am Wochenende habe ich meine Freunde getroffen.
   (3) In Deutschland habe ich meine alten Freunde besucht.
   (4) Samstags bin ich in die Berge gefahren.
   (5) An den Wochentagen bin ich früh ins Bett gegangen.
   (6) Am Wochenende bin ich spät aufgestanden.

2 (1) Heute habe ich lange (geschlafen). Ich habe erst um zehn Uhr (gefrühstückt). Danach habe ich mein Zimmer (aufgeräumt) und Wäsche (gewaschen). Gegen Mittag hat mich meine Freundin (angerufen). Sie hat mir (erzählt), dass sie gestern einen netten Mann (kennengelernt) hat. Nachmittags haben wir uns in einem Café (getroffen). Sie hat mir ein Foto von ihm (gezeigt). Ich habe (gesagt), dass er gut aussieht. Sie hat sich darüber (gefreut).

(2) Als Kind habe ich auf dem Land (gewohnt). Ich (habe) meinen Freund in der Schule (kennengelernt). Er war ehrgeizig. Er (hat) immer fleißig (gelernt/gearbeitet).

Nach der Oberschule (ist) er in die Hauptstadt (gezogen). Wir (haben) uns lange nicht mehr (gesehen). Ich (habe) oft an ihn (gedacht). Eines Tages (hat) er mir (geschrieben). Danach (haben) wir oft miteinander (telefoniert).

Er (ist) dann nach Deutschland (gegangen). Dort (hat) er Musik und Philosophie (studiert). Er (hat) mir oft E-Mails (geschrieben) und Karten (geschickt).

Vor einer Woche (ist) er aus Deutschland (zurückgekommen). Ich (habe) ihn vom Flughafen (abgeholt). Er (hat) mir ein Geschenk (mitgebracht). Er hat mich (gefragt), ob ich ihn heiraten will. Ich (habe) mich darüber sehr (gefreut).

(3) Heute war ich mit Markus (verabredet). Er (ist) sehr spät (gekommen). Ich (habe) ihn (gefragt), wo er war. Er (hat) (gesagt), dass er beim Arzt war. Er hatte einen Unfall. Er (ist) beim Taekwondo-Training (gestürzt). Aber Gott sei Dank (hat) er sich nicht schwer (verletzt). Er (hat) sich nur den Arm (verstaucht).

3. (1) uns (2) sich (3) dir (4) mir (5) sich

4. (1) bei (2) am (3) in (4) zu (5) auf (6) auf (7) über (8) ins

5 (1) A: Ich habe gehört, dass du in Deutschland warst. Wie hat dir Deutschland gefallen?
B: Wunderbar! Ich war in Berlin.
A: In Berlin gibt es sicher viel zu sehen.
B: Ja, gleich am ersten Tag habe ich eine Stadtrundfahrt gemacht. Ich habe viele Sehenswürdigkeiten besichtigt, wie das Brandenburger Tor, Schloss Charlottenburg, usw.
A: Was hat dir am besten gefallen?
B: Das ist schwer zu sagen. Viele Dinge haben mich sehr beeindruckt. Vielleicht der Reichstag oder die Gedächtniskirche. Auf jeden Fall musst du einmal nach Berlin!

(2) A: Hallo, Eva! Endlich kommst du! Wo bist du denn gewesen?
B: Zu Hause. Ich habe verschlafen. Gestern Abend bin ich ziemlich lange auf Susis Party geblieben. Ich bin erst um drei Uhr morgens nach Hause gekommen.
A: Und heute morgen bist du dann wohl nicht aus dem Bett gekommen, nicht wahr?!
B: Richtig! Tut mir leid, dass du so lange gewartet hast. Ich bin extra mit dem Taxi gekommen.
A: Schon okay. Aber warum hast du mich denn nicht angerufen?
B: Mein Handy ist verschwunden.

6. Susi fragt **ihre Freundin** Eva, wie **ihr** Wochenende **war**. Eva **hatte** ein **tolles** Wochenende. Am Samstag **hat** sie ihre Freunde **getroffen** und **ist** mit ihnen clubben gegangen. Zuerst **sind** sie in den Blue Moon gegangen, danach in den Starlight-Club. Eva sagt, dass sie **die** ganze Nacht getanzt **hat**, und zwar ohne Pause. Sie hat nämlich einen tollen **Typen kennengelernt**. Susi möchte wissen, wie sie ihn **kennengelernt** hat. Der tolle Typ **hat** Eva einfach **angesprochen** und zum Tanzen **aufgefordert**. Eva sagt, dass er gut aussieht und **auch prima tanzen kann**. Susi ist neugierig und fragt, ob Eva ihn **wieder sehen wird**. Susi erzählt, dass er sie schon **angerufen** hat und dass sie sich **für** heute Abend zum Tanzen verabredet **haben**.

Felix beschwert **sich**, dass Markus spät kommt. Markus entschuldigt **sich**, denn Felix **hat lange auf ihn gewartet**. Markus erklärt, **dass** er gerade vom Arzt kommt. Felix möchte wissen, was passiert **ist**. Markus **hatte einen kleinen** Unfall. **Er ist nämlich beim** Tanzen gestürzt. Felix fragt, **ob** er **sich** schwer verletzt **hat**. Zum Glück **hat sich Markus** nicht schwer verletzt, sondern sich nur den Arm **verstaucht**. Gott sei Dank ist **nichts** gebrochen. Darauf sagt Felix, dass Markus noch mal Schwein **gehabt hat**.

7. (1) Was ist passiert? - Ich habe mich verletzt. Ich habe mir den Arm gebrochen.
(2) Wann bist du gestern eingeschlafen? - Ich bin erst um Mitternacht eingeschlafen.
(3) Bist du erkältet? - Ja, ich habe mich leider stark erkältet.
(4) Haben Sie gut geschlafen? - Ja, ich habe lange geschlafen und mich gut erholt.
(5) Ich habe mein Handy verloren. Es ist einfach verschwunden.
(6) Wo habt ihr euch kennengelernt? - Wir haben uns in der Schule kennengelernt.

(7) Wo haben Sie studiert? - Ich habe in Tübingen studiert.
(8) Was haben Sie studiert? - Ich habe Germanistik und Kunstgeschichte studiert.
(9) Wie war der Film? - Er war sehr interessant. Er hat mir sehr gut gefallen.
(10) Wollt ihr euch wieder treffen? - Ja, wir haben uns für morgen Abend verabredet.

Lektion 21

[텍스트 완성하기]

Yumi und Mira **haben sich** lange nicht gesehen. Yumi fragt, **ob** Mira weg **war**. Mira **war** tatsächlich weg. Sie **hat** einen Sprachkurs in Leipzig **besucht**. Yumi möchte wissen, **wie** es **war**. Mira erzählt, **dass** der Sprachkurs prima **war**. Es **gab jeden** Tag ein **volles** Programm. Morgens **hatten** die Kursteilnehmer drei **Stunden** Unterricht. Danach **gab** es Mittagessen. Nachmittags **standen** Stadterkundungen **auf dem** Programm. Yumi erkundigt sich, **ob** es auch viele Studenten **aus anderen** Ländern **gab**. Mira berichtet, **dass** die **meisten** Teilnehmer **aus** England und Frankreich **kamen**. Yumi möchte wissen, **ob** Mira keine Schwierigkeiten **bei** der Verständigung **mit** den Teilnehmern **aus** Europa **hatte**. Mira erzählt, **dass** es schon manchmal Schwierigkeiten **gab**, zum Beispiel **bei** der **ersten** Verabredung **mit** einem **französischen Kommilitonen**: Er sprach **nämlich** Deutsch **mit französischem** Akzent und sie sprach Deutsch **mit koreanischem** Akzent. Daher **gab es** einige Verständigungsprobleme. Mira sagt, **dass** die Studenten **aus** Europa alle schon ziemlich fließend Deutsch **sprachen**, **aber** sie musste noch oft **nach** den **passenden** Wörtern und Ausdrücken **suchen**. Dabei **wurde** ihre Grammatik manchmal **schlechter**. Interessanterweise konnte sie **sich** aber **mit den** chinesischen und japanischen **Studenten** ziemlich gut **verständigen**, **obwohl** sie nicht so gut Deutsch **konnten wie** die **europäischen** Studenten. Yumi **kennt** das Phänomen und meint, **dass** das **am ähnlichen kulturellen** Hintergrund **liegt**.

[활용 연습]

1. (1) Warst du weg? Bist du weg gewesen?
   (2) Ich machte einen Sprachkurs in Leipzig. Ich habe einen Sprachkurs in Leipzig gemacht.
   (3) Wir hatten jeden Tag ein volles Programm. Wir haben jeden Tag ein volles Programm gehabt.
   (4) Morgens hatten wir drei Stunden Unterricht. Morgens haben wir drei Stunden Unterricht gehabt.
   (5) Die meisten kamen aus England und Frankreich. Die meisten sind aus England und Frankreich gekommen.
   (6) Die Studenten aus Europa sprachen alle schon ziemlich gut Deutsch. Die Studenten aus Europa haben alle schon ziemlich gut Deutsch gesprochen.
2. Angela Merkel (kam) am 17. Juli 1954 in Hamburg zur Welt. Noch im selben Jahr (zog) die Familie von Hamburg nach Quitzow und 1957 nach Templin (um). In Templin (besuchte)

sie von 1961 bis 1973 die Schule. Als sie 19 Jahre alt (war), (legte) sie das Abitur mit einem Notendurchschnitt von 1,0 (ab). Danach (studierte) sie von 1973 bis 1978 in Leipzig Physik. Während des Studiums (lernte) sie Ulrich Merkel, ihren ersten Mann, (kennen). Die beiden (heirateten) 1977. 1978 (ging) Merkel mit ihrem Mann nach Ostberlin, um an der Akademie der Wissenschaft zu arbeiten. 1981 (trennte) sie sich von Ulrich Merkel. Als sie an der Akademie (arbeitete), (traf) sie ihren jetzigen Ehemann, den Quantenchemiker Joachim Sauer. Die Hochzeit (fand) 1998 (statt).

3. A: Wann haben Sie Ihren Mann kennengelernt?
   B: Das war 1998, als ich in Deutschland studierte.
   A: Wo haben Sie ihn denn kennengelernt?
   B: In der Uni-Bibliothek, als ich dort als Hilfskraft arbeitete.
   A: Und wann haben Sie ihn geheiratet?
   B: Das war 2003, als wir nach Korea gingen.
4. Yumi und Mira haben **sich** lange nicht gesehen. Yumi fragt, **ob** Mira weg **war**. Mira **war** tatsächlich weg. Sie hat einen Sprachkurs in Leipzig **besucht**. Yumi möchte wissen, wie es **war**. Mira erzählt, dass der Sprachkurs **prima war**. Es gab **jeden** Tag ein **volles** Programm. **Morgens** hatten die Kursteilnehmer drei **Stunden** Unterricht. Danach **gab es** Mittagessen. **Nachmittags** **standen** Stadterkundungen **auf** dem Programm. Yumi erkundigt **sich**, ob es auch **viele** Studenten **aus anderen** **Ländern** gab. Mira berichtet, **dass** die **meisten** Teilnehmer **aus** England und Frankreich **kamen**. Yumi möchte wissen, ob Mira **keine** Schwierigkeiten **bei** der Verständigung mit den **Teilnehmern** aus Europa **hatte**. Mira erzählt, **dass** es schon manchmal Schwierigkeiten gab, zum Beispiel **bei** der ersten Verabredung mit **einem** **französischen Kommilitonen**: Er sprach nämlich **Deutsch** mit **französischem** Akzent und sie sprach **Deutsch** mit **koreanischem** Akzent. **Daher gab es** einige Verständigungsprobleme. Mira sagt, dass die Studenten **aus** Europa alle **schon ziemlich** fließend sprachen, aber sie musste noch oft nach den passenden **Wörtern** und **Ausdrücken** **suchen**. Dabei wurde **ihre Grammatik manchmal schlechter**. Interessanterweise konnte sie **sich** aber mit den chinesischen und japanischen Studenten ziemlich gut **verständigen**, obwohl sie nicht so gut **Deutsch** konnten **wie** die **europäischen** Studenten. Yumi kennt das Phänomen und meint, **dass** das **am** **ähnlichen kulturellen** Hintergrund liegt.
5. (1) Wann hast du zum letzten Mal von ihm gehört? - Es ist lange her, dass ich von ihm gehört habe.
   (2) Was hast du in den Ferien gemacht? - Ich war in Deutschland. Dort habe ich einen Sprachkurs besucht.
   (3) Wann hast du das Buch gelesen? - Ich habe das Buch gelesen, als ich dreizehn Jahre alt war.
   (4) Wann und wo haben Sie Ihre Frau kennengelernt? - Ich habe sie kennengelernt, als ich in Deutschland auf der Uni war/ich in Deutschland studierte.
   (5) Als ich ihn besuchte, lag er krank im Bett.

Lektion 22

[텍스트 완성하기]

Yuna **hatte** ein Vorstellungsgespräch. Florian fragt, **wie** das Gespräch **gelaufen** ist. Yuna meint, **dass es** ganz gut gelaufen **ist**, **obwohl** sie etwas aufgeregt und angespannt **war**. Florian möchte wissen, **welche** Fragen man Yuna **gestellt hat**. Yuna sagt, **dass** man **ihr** alle **möglichen** Fragen **gestellt hat**, z.B. **warum** sie die Firma wechseln **möchte**, **ob** sie Erfahrung im Online-Marketing **hat**, und so weiter. Florian will wissen, **ob** Yuna **auf** alle Fragen gut **antworten konnte**. Yuna glaubt, **dass** sie gut **antworten konnte**. Sie hat versucht, die Leute **davon zu** überzeugen, **dass** sie die richtige Person **für** die Stelle **ist**, **weil** sie schon drei Jahre Erfahrung **im** Online-Marketing **hat**. Man wollte dann auch noch wissen, **wie** fließend Yuna Englisch und Deutsch **beherrscht**. Florian meint, **dass** Yuna **mit** dem Englischen wohl kein Problem **hat**, **da** sie ja in London **studiert hat**. Yuna stimmt **zu**, sagt aber, **dass** sie **im** Deutschen leider **etwas schwach** ist, **obwohl sie an** der Uni drei Jahre Deutsch **gelernt hat**. Florian ist erstaunt. Denn **soweit** er weiß, **hatte** Yuna immer **eine** Eins **in** Deutsch. Yuna bestätigt das: **Während des** Studiums **konnte** sie recht gut Deutsch. Aber **nach dem** Abschluss **hatte** sie dann **kaum** noch Gelegenheit, Deutsch **zu** sprechen, und **hat** deshalb viel **vergessen**. Florian ist überzeugt, **dass** Yuna ihr Deutsch **sicher** schnell wieder **auffrischen kann**, **weil** er **sich** noch gut **daran erinnern** kann, **dass** Yuna **sich** oft deutsche Filme **angeschaut hat**, **während** die **anderen** das nie wollten. Sie fanden **das** nämlich **viel zu** anstrengend. Aber Yuna hat **es** viel Spaß **gemacht**, **mit** Filmen Deutsch **zu** lernen.

[활용 연습]

1. (1) wollte (2) durfte, muss (3) wollte, möchte
2. (1) konnte (2) wollte (3) musste (4) durfte (5) sollte
3. Als Kind (lebte) ich auf dem Land. Das war schön, weil ich mit meinen Freunden im Wald spielen (konnte). Wir (mussten) nicht wie die Stadtkinder heute dauernd auf den Verkehr aufpassen. Allerdings (musste) ich auch zu Fuß zur Schule laufen, weil es keinen Bus gab. Manchmal (durfte) ich mir das Fahrrad meines Vaters leihen. Dann (konnte) ich morgens eine halbe Stunde länger schlafen. Wir Schüler (durften) nie zu spät kommen, weil der Lehrer streng (war). Um 7.30 Uhr (mussten) wir alle im Klassenzimmer sein. Damals (wollte) ich auf keinen Fall Lehrer werden, weil ich meinen Klassenlehrer nicht (mochte). Aber ich bin doch Lehrer (geworden).
4. (1) weil ich zu viel zu tun hatte.
   (2) weil ich Durchfall hatte.
   (3) weil mein Zug schon um 7 Uhr abfuhr.
   (4) weil die Straßen glatt waren.
   (5) weil mein Bus nicht pünktlich kam./weil mein Bus Verspätung hatte.
5. A: Warst du gestern auch auf dem Filmfestival?

B: Ja, aber ich konnte mir nur einen Film ansehen. Eigentlich wollte ich wenigstens zwei Filme sehen. Aber ich konnte nicht, weil ich früh nach Hause gehen musste. Meine Mutter hatte nämlich einen Verkehrsunfall.

A: Oh je! Ist sie schwer verletzt?

B: Gott sei Dank nicht. Man musste sie zwar ins Krankenhaus bringen, aber einige Stunden nach der Untersuchung durfte sie schon wieder nach Hause gehen.

A: Endlich kommst du! Es ist schon Viertel vor acht. Wir wollten uns doch schon um sieben treffen!

B: Ich weiß, tut mir leid. Ich wollte ja auch rechtzeitig losfahren. Aber dann konnte ich nicht, weil ich noch auf einen wichtigen Anruf von unserem Partner aus Deutschland warten musste.

A: Warum konnte das denn dein Kollege nicht übernehmen?

B: Mein Kollege war heute gar nicht im Büro, weil er wieder mal im Krankenhaus liegt. Ich habe dir doch erzählt, dass er Krebs hat.

A: Warum hast du mich dann nicht angerufen und Bescheid gesagt, dass du später kommst?

B: Heute habe ich mein Handy zu Hause liegen lassen. Deine Nummer habe ich leider nicht im Kopf.

6. Yuna **hatte** ein Vorstellungsgespräch. Florian fragt, **wie** das Gespräch gelaufen **ist**. Yuna meint, dass es ganz gut gelaufen **ist**, **obwohl** sie etwas aufgeregt und angespannt war. Florian **möchte** wissen, welche Fragen man Yuna gestellt **hat**. Yuna sagt, dass man ihr alle **möglichen** **Fragen** gestellt hat, z.B. warum sie die Firma wechseln **möchte**, **ob** sie Erfahrung im Online-Marketing hat, und so weiter. Florian will wissen, **ob** Yuna auf alle Fragen gut antworten **konnte**. Yuna glaubt, **dass** sie gut antworten konnte. Sie hat **versucht**, die Leute **davon** zu überzeugen, **dass** sie die richtige Person für **die** Stelle ist, **weil** sie schon drei Jahre Erfahrung im Online-Marketing hat. Man **wollte** **dann** auch noch wissen, wie **fließend** **Yuna** Englisch und Deutsch beherrscht. Florian meint, dass Yuna mit dem **Englischen** wohl kein Problem hat, **da** sie ja in London studiert hat. Yuna stimmt zu, **sagt aber**, dass sie im **Deutschen** **leider etwas** schwach ist, obwohl sie **an** der Uni drei Jahre Deutsch gelernt hat. Florian **ist** erstaunt. Denn **soweit er weiß**, hatte Yuna immer **eine** Eins **in** Deutsch. Yuna bestätigt das: **Während** **des Studiums** konnte sie recht gut **Deutsch**. Aber nach **dem** Abschluss hatte sie dann **kaum noch** Gelegenheit, **Deutsch zu sprechen**, und **hat deshalb** viel vergessen. Florian ist überzeugt, **dass** Yuna ihr Deutsch sicher schnell wieder auffrischen **kann**, weil **er sich noch gut** **daran erinnern kann**, **dass** Yuna sich oft deutsche Filme **angeschaut** hat, während **die** anderen **das nie wollten**. Sie fanden **das nämlich** viel zu **anstrengend**. Aber Yuna hat **es** viel Spaß gemacht, mit Filmen Deutsch **zu** lernen.

7. (1) Ich wollte früher kommen, aber ich konnte nicht, weil ich auf ein Paket warten musste.
   (2) Als ich jung war, konnte ich mir neue Namen schnell merken, aber jetzt kann ich das nicht mehr.

(3) Ich wollte ihn zu unserem Treffen mitbringen, aber ich konnte nicht, weil er noch arbeiten musste/denn er musste noch arbeiten.

(4) Ich konnte nicht auf die Uni gehen, weil ich Geld verdienen musste.

(5) Konntest du auf alle Fragen gut antworten?/Hast du auf alle Fragen gut antworten können? - Ja, obwohl ich etwas aufgeregt und angespannt war.

Lektion 23

[텍스트 완성하기]

Ein Mann **meldete einen** Diebstahl: Seine Brieftasche **wurde** gestohlen. Der Polizist forderte **ihn auf**, **zu** erzählen, was passiert **war**. Der Mann sagte, **dass** er **zu** Mittag **im** Restaurant „Zur Post" gegessen **hatte**. Seine Brieftasche **steckte** in der Innentasche **seines** Jacketts. Der Polizist fragte, **wo** sein Jackett **war**. Das **hatte** er **über den** Stuhl gehängt. **Nachdem** er gegessen **hatte**, **ging** er kurz **auf** die Toilette. Der Polizist fragte, **wo** das Jackett war, **während** er auf **der** Toilette war. Der Mann antwortete, dass er **es** über **dem** Stuhl gelassen **hatte**. Der Polizist vermutete, dass die Brieftasche verschwunden **war**, als der Mann **aus** der Toilette kam. Der Mann erwiderte, dass es so gewesen **war**. Den Diebstahl hatte er aber **erst** bemerkt, **als** er bezahlen **wollte**.

[활용 연습]

1. (1) Er wird von vielen Studenten respektiert.
   (2) Er wird gern eingeladen.
   (3) Du wirst vom Flughafen abgeholt.
   (4) Welche Sprache wird in Brasilien gesprochen?
   (5) Der Täter wurde von der Polizei verhaftet.
   (6) Dieses Gebäude wurde 1978 gebaut.
2. (1) gegessen hatte (2) verlassen hatte (3) getrennt hatte
3. Letzten Sonntag **war** ich eigentlich mit Mark in der Stadt verabredet. Er wollte mich anrufen, wenn er losfährt. Ich **habe** die ganze Zeit auf seinen Anruf gewartet. Als ich zwei Stunden vergeblich auf seinen Anruf gewartet **hatte**, war ich sauer und **bin** mit meiner Freundin ins Kino gegangen. Während der Vorstellung klingelte plötzlich mein Handy. Es war Mark. Er **hatte** einen Unfall gehabt. Er **war** schwer verletzt und **wurde** ins Krankenhaus gebracht. Als ich das hörte, **war** ich geschockt und **bin** gleich zu ihm gefahren.
4. (1) Als (2) Während (3) Nachdem (4) Als (5) Nachdem (6) Während
5. A: Was für eine Kirche ist das?
   B: Das ist der berühmte Kölner Dom.
   A: Wann wurde er gebaut?
   B: Das ist schon lange her. Schon 1248 wurde mit dem Bau begonnen. Aber die Bauarbeiten wurden mehrmals unterbrochen, weil das Geld fehlte.

A: Und wann wurde der Dom dann fertiggestellt?

B: Das war erst 1880, also nach über 600 Jahren. Im Zweiten Weltkrieg wurde er stark beschädigt, aber Gott sei Dank nicht zerstört.

6. Ein Mann meldete **einen** Diebstahl: Seine Brieftasche **wurde gestohlen**. Der Polizist forderte **ihn** auf, **zu erzählen**, was passiert **war**. Der Mann sagte, dass er **zu** Mittag **im** Restaurant „Zur Post" **gegessen hatte**. Seine Brieftasche **steckte** in **der** Innentasche **seines** Jacketts. Der Polizist fragte, wo sein Jackett **war**. Das hatte er über **den** Stuhl **gehängt**. Nachdem er gegessen **hatte**, **ging** er kurz auf **die** Toilette. Der Polizist fragte, wo das Jackett **war**, während er auf **der** Toilette **war**. Der Mann antwortete, dass er es über **dem** Stuhl gelassen **hatte**. Der Polizist vermutete, dass die Brieftasche verschwunden **war**, als der Mann aus **der** Toilette **kam**. Der Mann erwiderte, dass es so gewesen **war**. Den Diebstahl **hatte** er aber **erst** bemerkt, als er bezahlen **wollte**.

7. (1) Als er nach Deutschland ging, um weiterzustudieren, hatte er in Korea schon sein Magisterstudium abgeschlossen,
   (2) Als ich in Rom war/Rom besuchte, wurde meine Brieftasche gestohlen.
   (3) Wo haben Sie Ihre Tasche gelassen? - Ich habe sie über den Stuhl gehängt.
   (4) Erklären/Erzählen Sie (mir) bitte einmal, wie der Unfall passiert ist.
   (5) Ich habe meinen Schlüssel zu Hause liegen lassen.
   (6) Ich kann mich nicht erinnern, wo ich mein Handy gelassen habe.
   (7) Ich habe das erst bemerkt, als ich dich anrufen wollte.

Lektion 24

[텍스트 완성하기]

Beate bittet Silvia, **ihr** schnell **zu** helfen. Silvia möchte wissen, **was es** denn Dringendes gibt. Beate sagt, **dass** Kais Eltern **sie** heute Nachmittag besuchen **wollen**. Sie sind zufällig **in der** Stadt und möchten die **neue** Freundin **ihres** Sohnes kennenlernen. Silvia meint, dass **das nichts** Schlimmes ist. Sie fragt, **wo** denn das Problem **ist**. Beate erklärt, **dass** Kais Eltern schon **in** drei **Stunden** kommen. Aber **ihre** Wohnung sieht **aus wie nach** einem Erdbeben. Sie meint, die Küche **muss** geputzt **werden**, das Schlafzimmer **muss** aufgeräumt **werden**, das Bad **muss** sauber **gemacht werden** und auch Kaffee und Kuchen **müssen** noch **besorgt werden**. Silvia versteht die Lage und überlegt **einen** Moment. Sie hat eine **Idee**: Sie will versuchen, ihre Schwester **zu** überreden, **zu** helfen. **Wenn** ihre Schwester **hilft**, **kann** Beates Wohnung **in** drei **Stunden** picobello sein. Beate **ist** erleichtert und verspricht Silvia, dass sie **sich etwas** Schönes wünschen darf, **wenn** alles klappt.

[활용 연습]

1. (1) ist schon unterzeichnet worden.
   (2) das Buch ist mir schon gebracht worden.

(3) der Zahn ist mir schon gezogen worden.
(4) das Buch ist noch nicht bestellt worden.
(5) das Geld ist mir noch nicht überwiesen worden.
(6) die Wohnung ist noch nicht aufgeräumt worden.
(7) die Ausschreibung ist noch nicht bekanntgegeben worden.

2. (1) Diese Arbeit muss heute noch erledigt werden.
(2) Zuerst müssen die Kartoffeln geschält werden.
(3) Die Schüler konnten nicht mehr gerettet werden.
(4) Der Fehler konnte korrigiert werden.
(5) Das Fenster ist geputzt worden.

3. **Als** ich letzten Sonntag **in der** Stadt war, gab **es** einen Großbrand. **Als** ich im Café Meier saß, brach im Stadttheater nebenan ein Feuer aus. Ich **war** geschockt, als ich die Flammen sah. Die Feuerwehr **wurde** sofort alarmiert und war auch schnell da. Auch der Notarzt **wurde** gerufen. Fünf Leute **waren** schwer verletzt und **mussten** ins Krankenhaus gebracht **werden**. Gott sei Dank **konnte** das Feuer schnell gelöscht **werden**. Die Ursache des Feuers **wurde** untersucht. Am nächsten Tag **wurde** in der Zeitung über den Brand berichtet.

4. (1) Neues, Neues (2) Leckeres (3) Süßem

5. A: Was hast du am Samstag gemacht?
B: Nichts Besonderes. Und du?
A: Ich war wie jeden Samstag im Altenheim und habe mich ein paar Stunden um die Alten und Kranken gekümmert.
B: Das ist toll. Eine Bekannte von mir macht das auch.
A: Ja, es ist nicht schwer, etwas Gutes zu tun. Probiere es doch auch einmal.

6. Beate bittet Silvia, **ihr** schnell **zu** helfen. Silvia möchte wissen, was **es** denn **Dringendes** gibt. Beate sagt, dass Kais Eltern sie heute Nachmittag besuchen **wollen**. Sie **sind** zufällig in **der** Stadt und **möchten** die **neue** Freundin ihres **Sohnes** **kennenlernen**. Silvia meint, dass das **nichts Schlimmes** ist. Sie fragt, wo **denn das Problem ist**. Beate erklärt, dass Kais Eltern **schon** **in** drei **Stunden** kommen. Aber ihre Wohnung sieht aus **wie** **nach** einem Erdbeben. Sie meint, die Küche **muss** geputzt **werden**, das Schlafzimmer **muss** aufgeräumt **werden**, das Bad **muss** sauber gemacht **werden** und auch Kaffee und Kuchen müssen noch **besorgt werden**. Silvia versteht die Lage und überlegt **einen** Moment. Sie hat **eine** Idee: **Sie** will versuchen, ihre Schwester **zu überreden, zu helfen**. Wenn ihre Schwester hilft, **kann** Beates Wohnung **in** drei **Stunden** picobello sein. Beate **ist** erleichtert und verspricht Silvia, **dass** **sie** sich etwas **Schönes** **wünschen** **darf**, wenn **alles klappt**.

7. (1) Die Verletzten wurden ins Krankenhaus gebracht/sind ... gebracht worden.
(2) Dieses Formular / Dieses Dokument muss eigenhändig unterschrieben / unterzeichnet werden.
(3) Ich muss mein Visum verlängern lassen.
(4) Gibt es etwas Besonderes in den Nachrichten?
(5) Ist das Wohnzimmer schon aufgeräumt (worden)? - Nein, das Wohnzimmer ist noch

nicht aufgeräumt (worden).

Lektion 25

[텍스트 완성하기]

Ami **möchte** **in den** Semesterferien nach Europa reisen. Sie fragt **ihre** Freundin Bora, **ob** sie nicht mitkommen **möchte**. Bora hat **zwar** Lust, **mitzureisen**, aber sie sagt, dass ihre Eltern sie nicht allein verreisen **lassen** werden. Ami kann **das** nicht verstehen. Sie meint, Bora ist schon 20 und verreist nicht allein, **sondern** mit ihr **zusammen**. Sie schlägt Bora **vor**, **dass** sie **ihre** Eltern einmal ganz freundlich und sachlich fragen und **durch** gute Argumente **zu** überzeugen versuchen **soll**. Bora sagt, ihre Eltern **lassen** sie nicht einmal richtig ausreden. **Darauf** antwortet Ami, **dass** Bora ja schon volljährig **ist** und **sich** nichts mehr **von** den Eltern sagen zu **lassen** braucht. Sie schlägt vor, **dass** sie einmal zusammen **mit** Boras Eltern reden und versuchen, **sie** zu überzeugen.

[활용 연습]

1. (1) Lass (2) gelassen (3) lässt (4) lässt (5) gelassen, lassen
   (6) lassen, lassen (7) lässt, lasse (8) lassen, lassen (9) lassen
2. (1) Lassen, mich (2) Lass, mich (3) Lassen, mich (4) Lass, mich
3. A: Seit dem Autounfall habe ich ständig Kopfschmerzen.
   B: Das klingt gar nicht gut! Geh doch mal zum Arzt und lass dich gründlich untersuchen.
   A: Das wollte ich eigentlich schon letzte Woche machen lassen. Aber ich muss bis Ende dieser Woche mein Projekt abschließen.
   B: Kannst du den Abschlusstermin nicht etwas verschieben lassen?
   A: Das habe ich schon versucht. Aber mein Chef meinte, dass sich der Termin nicht mehr ändern lässt.
4. Ami möchte **in den** Semesterferien nach Europa reisen. Sie fragt **ihre** Freundin Bora, **ob** sie nicht **mitkommen** möchte. Bora hat zwar Lust, **mitzureisen**, aber sie sagt, dass ihre Eltern sie **nicht allein verreisen** lassen werden. Ami kann **das nicht** verstehen. Sie meint, Bora ist schon 20 und verreist nicht allein, **sondern** mit ihr zusammen. Sie schlägt Bora **vor**, dass sie **ihre** Eltern einmal ganz freundlich und sachlich fragen und durch **gute** Argumente **zu überzeugen versuchen** soll. Bora sagt, ihre Eltern **lassen** sie nicht einmal richtig ausreden. **Darauf** antwortet Ami, dass Bora ja schon volljährig ist und sich nichts mehr **von den** Eltern sagen **zu** lassen braucht. Sie schlägt vor, dass sie einmal zusammen mit **Boras** Eltern reden und versuchen, sie **zu überzeugen**.
5. (1) Wir haben unsere Pässe im Hotel gelassen.
   (2) Ich werde Sie vom Flughafen abholen lassen.
   (3) Mein Computer ist defekt. Ich muss ihn reparieren lassen.
   (4) Er lässt sich nicht gern helfen.

(5) Lassen Sie mich (Ihnen) erklären, wie der Unfall passiert ist.
(6) Ich darf nicht frühstücken. Ich lasse mich heute untersuchen.
(7) Wie oft lässt du dir die Haare schneiden? - Einmal im Monat.

Lektion 26

[텍스트 완성하기]

Katrin und Tanja treffen **sich**. Katrin findet, **dass** Tanja sehr schlecht **aussieht**, und möchte wissen, **ob** ihr etwas **fehlt**. Tanja erzählt, **dass** sie **sich** schon **seit** Wochen völlig erschöpft **fühlt**. **Obwohl** sie gestern schon **um** neun Uhr ins Bett **gegangen ist**, fühlt sie **sich nicht recht** fit. **Außerdem** hat sie oft Kopfschmerzen. Katrin fragt, **seit wann** das so ist. Tanja antwortet, **dass** sie schon **seit** einigen **Wochen** Kopfschmerzen hat, genauer **gesagt**, **seitdem** sie die Firma gewechselt hat.

Katrin erkundigt **sich**, **wie** Tanja **die neue** Arbeit gefällt. Tanja meint, **sie** gefällt **ihr** nicht so gut. Sie findet **ihren** neuen Job langweiliger **als den** alten. Und **mit** ihrem Chef versteht sie **sich** nicht besonders gut. Ihr Chef **will sich** zwar **mit** Tanjas Vorgänger hervorragend verstanden **haben**. Aber das **kann** Tanja nicht glauben. Sie hat **nämlich** gehört, **dass** ihr Vorgänger nur **wegen des** Chefs gekündigt **hatte**. Katrin vermutet **daher**, **dass** der Chef ein Grund **für** Tanjas Beschwerden **sein kann**. Sie rät ihr, doch einmal **zum** Arzt **zu** gehen und **sich** untersuchen zu **lassen**.

[활용 연습]

1. (1) Obwohl (2) Seitdem (3) Seitdem (4) Obwohl (5) Obwohl (6) Seitdem
2. (1) a. Seitdem/Seit, b. Seitdem, c. Seit
   (2) a. Seitdem/Seit, b. Seitdem, c. Seit
   (3) a. Seitdem/Seit, b. Seitdem, c. Seit
3. (1) will, kann, kann (2) darfst, willst, kann (3) soll, kann, kann
4. A: Was fehlt Ihnen denn, Frau Schneider?
   B: Ach, Herr Doktor. Ich fühle mich völlig erschöpft. Obwohl ich genug schlafe, bin ich immer müde.
   A: Seit wann denn?
   B: Schon seit einigen Monaten. Eigentlich, seitdem wir umgezogen sind.
   A: Wo wohnen Sie denn jetzt?
   B: In der neuen Siedlung vor der Stadt. Wir haben dort ein neues Haus gekauft.
   A: So ein neues Haus kann ein Problem für die Gesundheit sein. Haben Sie sich schon einmal untersuchen lassen?
   B: Nein, noch nicht. Deshalb bin ich ja heute zu Ihnen gekommen.
5. Liebe Yuri,
   obwohl ich jetzt schon seit zwei Monaten in München bin, fühle ich mich immer noch

etwas fremd hier. Aber seitdem ich im Studentenwohnheim wohne, lerne ich mehr Leute kennen. Einige finde ich auch ganz nett, aber meistens bin ich mit Ara zusammen. Sie hat sich übrigens die Haare blond färben lassen! Sie sieht toll aus. Aber ich habe nicht den Mut, meine Haare färben zu lassen. Ich möchte sie mir lieber ganz kurz schneiden lassen. Wie findest du die Idee?

Soweit für heute. Seitdem ich deine letzte Mail erhalten habe, sind schon zwei Wochen vergangen. Lass doch bitte öfter von dir hören.

Liebe Grüße

Deine Yuna

6. Katrin und Tanja treffen **sich**. Katrin findet, **dass** Tanja sehr schlecht aussiehst, und möchte wissen, **ob** **ihr** etwas fehlt. Tanja erzählt, dass sie sich schon seit **Wochen** **völlig erschöpft** **fühlt**. Obwohl sie **gestern schon** um neun Uhr **ins** Bett gegangen **ist**, fühlt sie **sich** nicht recht fit. Außerdem hat sie oft **Kopfschmerzen**. Katrin fragt, **seit wann** **das** so ist. Tanja antwortet, dass sie schon seit **einigen Wochen** **Kopfschmerzen** hat, **genauer gesagt**, seitdem **sie die Firma gewechselt hat**.
   Katrin erkundigt **sich**, wie **Tanja die neue Arbeit gefällt**. Tanja meint, sie gefällt **ihr** nicht so gut. Sie findet **ihren** neuen Job langweiliger **als** **den alten**. Und mit ihrem Chef versteht sie **sich** nicht besonders gut. Ihr Chef **will** **sich** zwar mit Tanjas Vorgänger hervorragend **verstanden** haben. Aber das kann Tanja nicht glauben. **Sie hat nämlich** gehört, dass ihr Vorgänger **nur wegen** des Chefs gekündigt **hatte**. Katrin vermutet daher, dass der Chef ein Grund für Tanjas Beschwerden sein **kann**. Sie rät ihr, doch einmal **zum** Arzt zu gehen und sich **untersuchen** zu **lassen**.
7. (1) Wann hast du dir die Haare schneiden lassen? - Etwa vor einem Monat habe ich mir die Haare schneiden lassen.
   (2) Obwohl er sehr früh losgefahren/losgegangen/aufgebrochen ist, hat er seinen Zug verpasst.
   (3) Hast du etwas Neues von ihm gehört? - Nein, seitdem er nach Deutschland gegangen ist, habe ich nichts mehr von ihm gehört.
   (4) Du siehst nicht gut aus. Fehlt dir etwas/was? - Gestern habe ich zu viel getrunken und zu wenig geschlafen.
   (5) Er will sein Bestes getan haben, aber das kann ich nicht glauben.
   (6) Er will in Deutschland promoviert haben, aber er kann nicht gut Deutsch (sprechen).
   (7) Sie soll aus einer reichen Familie stammen, aber sie ist sehr sparsam.

Lektion 27

[텍스트 완성하기]

Jan sieht **auf** Yuris Schreibtisch ein Foto. Er möchte wissen, **was für ein** Foto das ist. Yuri erklärt, **dass** **es** ein altes Foto **von** ihrer Oberschulabschlussfeier ist. **Im** Hintergrund kann **man** die Schule sehen, **die** Yuri **besucht** hat. Jan fragt, **wer** das Mädchen **ist**, **das** die Blumen **in** **der** Hand hat. Yuri **ist** überrascht, **dass** Jan **sie** nicht erkennen **kann**. **Bei** dem Mädchen **mit** den Blumen **in** der Hand handelt **es** sich **um** Yuri. Daher fragt Yuri, **ob** Jan **sie** denn nicht erkennen **kann**. Jan antwortet **ehrlich**, **dass** er **sie** nicht erkannt **hat**. Er hat eigentlich das Mädchen **mit** **der** Schleife **im** Haar **für** Yuri gehalten. Yuri sagt, **dass** das Mädchen **ihre** **ältere** Schwester ist. Der Junge, **der** **neben** ihr steht, ist **ihr** **jüngerer** Bruder. Jan vermutet, **dass** der Mann **hinter** Yuri **ihr** Vater ist. Diese Vermutung ist **aber** falsch. Es ist der Lehrer, **den** Yuri **am** liebsten mochte und **der** **ihr** viel geholfen **hat**.

[활용 연습]

1. (1) der (2) die (3) das (4) die (5) der (6) die (7) das
2. Heute war ein Tag, (den) ich nie vergessen werde: Es war der Tag meiner Uniabschlussfeier. Ich bin froh, dass ich die Abschlussprüfungen, (die) besonders schwer waren, bestanden habe. Mein Freund, (den) ich während meines Auslandssemesters in Deutschland kennengelernt habe, ist extra aus Hamburg zur Zeremonie gekommen. Nach der Feier habe ich ihm die Uni gezeigt, (die) ich sechs Jahre lang besucht habe: die alte Bibliothek, (die) bald abgerissen werden soll, die Seminarräume mit den Geräten fürs Dolmetschen, (die) manchmal nicht funktionierten, das kleine Café hinter der Uni, (das) ich in der Pause gern besucht habe. Ich habe ihm auch meinen Lieblingsprofessor vorgestellt, (der) mich zwei Jahre lang mit großem Einsatz unterrichtet hat.
3. A: Erinnerst du dich noch an Taeho aus unserer Klasse?
   B: Meinst du den Jungen, der so gut aussah?
   A: Ja, Taeho war ein Typ, den alle Mädchen mochten.
   B: Stimmt. Was macht er denn jetzt?
   A: Er arbeitet bei einer Firma, die viel mit Deutschland zu tun hat.
   B: So? Kann er denn so gut Deutsch?
   A: Er war doch der Student, den Herr Fuchs immer gelobt hat.
4. Jan sieht **auf** **Yuris** Schreibtisch ein Foto. Er möchte wissen, was für **ein Foto das ist**. Yuri erklärt, **dass** es **ein altes Foto von ihrer Oberschulabschlussfeier ist**. **Im** Hintergrund kann man die Schule sehen, **die** Yuri **besucht hat**. Jan fragt, wer das Mädchen ist, **das** die Blumen in der Hand **hat**. Yuri **ist** überrascht, dass Jan sie nicht **erkennen** kann. **Bei** dem Mädchen mit **den** Blumen in **der** Hand handelt **es** sich **um** Yuri. Daher fragt Yuri, ob Jan **sie denn** nicht erkennen kann. Jan antwortet **ehrlich**, dass er sie nicht **erkannt** hat. Er hat eigentlich das Mädchen mit **der** Schleife **im** Haar **für** Yuri **gehalten**. Yuri sagt, dass das Mädchen ihre **ältere** Schwester ist. Der Junge, der neben **ihr** steht, ist ihr **jüngerer** Bruder. Jan vermutet, **dass** der Mann hinter Yuri ihr Vater ist. Diese Vermutung ist **aber falsch**. Es ist der Lehrer, **den** Yuri am liebsten mochte und **der** ihr viel geholfen **hat**.
5. (1) Wie heißt das Lied, das du am liebsten singst? (Was ist dein Lieblingslied?/ Welches Lied singst du am liebsten?) - Das Lied, das ich am liebsten singe, kennst du sicher nicht.

(2) Das ist das Buch, das mich sehr beeindruckt(인상을 주었던) hat / berührt(감명을 주었던) / bewegt (감동을 주었던) hat.

(3) Gestern habe ich auf der Ausstellung zwei Bilder gekauft, die mir besonders gefallen haben.

(4) Heute hat mich ein Student besucht, dessen Vater mein Studienkollege war.

(5) Das sind die Leute, denen ich jeden Morgen auf dem Weg zur Arbeit begegne.

Lektion 28

[텍스트 완성하기]

Monika fragt Christian, **ob** er Lust hat, heute **in den** Film **zu** gehen, von **dem** sie **ihm** zuletzt erzählt **hat**. Christian möchte wissen, **welchen** Film Monika denn **meint**. Sie hat **ihm nämlich von** zwei **Filmen** erzählt, einmal **von dem** SF-Thriller, **den** der koreanische Regisseur Bong gedreht **hat**, und einmal **von dem** amerikanischen Abenteuerfilm „Ungewöhnliche Helden", **der** sehr spannend sein **soll**. Monika antwortet, **dass** sie den SF-Thriller, **in dem** die britische Schauspielerin Tilda Swinton mitspielt, meint. Das ist ein Film, **der** die Geschichte **von einem** Eisbrecher-Zug erzählt. Monika fällt der Titel **des** Films nicht gleich **ein**. Christian erinnert **sich an den** Titel **des Films**: „Snowpiercer". Dieser Film interessiert **ihn** auch **mehr als** der Abenteuerfilm. Monika findet **es** gut, **dass** Christian Interesse **an diesem** Film hat. Sie sagt, **dass** sie gleich Karten **für die** Abendvorstellung reservieren **will**. Sie schlägt **vor**, nach dem Film **in das** koreanische Restaurant Arirang **zu** gehen, **wo** es so leckeres Essen geben **soll**. **Von diesem** Vorschlag **ist** Christian sehr begeistert. Er meint, das ist **das** Beste, **was** sie **nach dem** Film machen können. Er sagt, **dass** er nur eine Kleinigkeit **zu** Mittag essen **will**, **damit ihm** am Abend das Essen **noch** besser **schmeckt**.

[활용 연습]

1. (1) die (2) dem (3) dem (4) der (5) was (6) was (7) was
2. Lieber Daniel,

   gestern habe ich es endlich geschafft, einmal auf den Namsan zu steigen, **der** eine der beliebtesten Touristenattraktionen in Seoul sein soll. Der Namsan ist ein Berg, von **dem** man in allen Reiseführern Fotos finden kann. Er ist berühmt für den Fernsehturm, **der** auf dem Gipfel steht. Ich bin mit Florian, mit **dem** ich gut befreundet bin, zur Aussichtsplattform hochgefahren. An dem Nachmittag, an **dem** wir dort waren, gab es nicht viele Leute. Wir hatten einen tollen Blick auf die ganze Stadt, **die** unter uns lag.

   Es gibt noch eine Attraktion auf dem Namsan, von **der** ich dir erzählen muss. Es sind die Love-Schlösser, über **die** man auch schon mal im deutschem Fernsehen berichtet haben soll. Es gibt Tausende von Schlössern mit kleinen Kärtchen, auf **denen** die Namen der Verliebten stehen. Vielleicht werde ich auch einmal mit dem Mädchen, an **das** ich in letzter Zeit immer denken muss, dorthin gehen.

   Das ist alles, **was** ich dir heute Neues erzählen kann. Ich versuche, mich so bald wie möglich

wieder zu melden.
LG
Dein Chris

3. A: Ich habe zwei Freikarten für das Musical, das momentan im Kunstzentrum aufgeführt wird. Hast du Lust mitzukommen?

   B: Meinst du das Musical „Wicked", über das so viel in der Zeitung berichtet wird?

   A: Genau das. Es ist eine Aufführung, von der alle Kritiker begeistert sein sollen. Und? Kommst du mit?

   B: Gerne. Woher hast du denn die Karten?

   A: Die sind von Nick, dem Freund, von dem ich dir zuletzt mal erzählt habe. Er bekommt oft Freikarten von der PR-Abteilung des Kunstzentrums, wo er arbeitet.

4. Monika fragt Christian, **ob** er Lust hat, heute **in den** Film **zu** gehen, **von dem** sie ihm zuletzt erzählt hat. Christian möchte wissen, **welchen** Film Monika denn meint? Sie hat ihm nämlich von zwei **Filmen** erzählt, einmal von dem SF-Thriller, **den** der koreanische Regisseur Bong gedreht hat, und einmal von dem amerikanischen Abenteuerfilm „Ungewöhnliche Helden", **der** sehr **spannend** sein **soll**. Monika antwortet, dass sie den SF-Thriller, **in dem** die britische Schauspielerin Tilda Swinton mitspielt, meint. Das ist ein Film, **der** die Geschichte von einem Eisbrecher-Zug erzählt. Monika fällt **der** Titel des Films nicht gleich ein. Christian erinnert sich an **den** Titel des Films: „Snowpiercer". Dieser Film interessiert **ihn** auch **mehr** als der Abenteuerfilm. Monika findet **es** gut, dass Christian Interesse **an diesem** Film hat. Sie sagt, dass sie **gleich Karten für die Abendvorstellung reservieren will**. Sie schlägt vor, nach dem Film **in das** koreanische Restaurant Arirang **zu** gehen, **wo** es so leckeres Essen **geben soll**. Von diesem Vorschlag **ist** Christian sehr begeistert. Er meint, das **ist das Beste**, **was** sie nach dem Film machen können. Er sagt, **dass er** nur eine Kleinigkeit zu Mittag essen **will**, damit **ihm am** Abend das Essen **noch** besser schmeckt.

5. (1) Das ist das Buch, mit dem ich Deutsch lerne.
   (2) Morgen werde ich mir den Film ansehen, von dem du mir erzählt hast.
   (3) Wir treffen uns in dem Café, wo/in dem wir uns zuletzt/letztes Mal getroffen haben.
   (4) Ich passe oft auf die Kinder auf, mit deren Eltern ich befreundet bin.
   (5) Die Regierung will schon wieder die Steuern erhöhen, was die Bürger nicht gut finden/ nicht für gut halten.

Lektion 29

[텍스트 완성하기]

Anne will wissen, **was** Dongho **in den** Ferien gemacht **hat**. Sie fragt, **ob** er wieder in Deutschland **gewesen** ist. Dongho erzählt, **dass** er diesmal in Korea **geblieben ist** und viele **deutschsprachige** Romane **gelesen hat**. Anne kann **das** kaum glauben. Sie meint, **dass es** doch langweilig **sein** muss, nur Bücher **zu** lesen. Dongho findet **das** überhaupt **nicht** langweilig. Die

Romane, **die** er **gelesen** hat, **waren** nämlich **so** interessant, **dass** er oft tagelang nur **gelesen hat**, **weil** er wissen wollte, **wie** die Geschichte ausgeht. Anne staunt. Sie meint, **wenn** er eine Reise **gemacht hätte**, **hätte** er sicher auch viel **Interessantes** erlebt. Dongho gibt **das** zwar zu, **aber** er ist **der** Meinung, dass er sein Leseverständnis nicht so gut **hätte** verbessern **können**, wenn er nicht so viel **gelesen hätte**. Außerdem **wäre** eine Reise teurer **gewesen als** die Bücher. Anne wendet ein, **dass** er **beim** Reisen aber mehr **gesehen** und mehr Leute kennengelernt **hätte**. Trotzdem ist Dongho **davon** überzeugt, die Ferien diesmal besonders sinnvoll verbracht **zu** haben: Durch die Bücher hat er in sehr **kurzer** Zeit viele **neue** Menschen und viele **neue** Denkweisen kennengelernt.

[활용 연습]

1. (1) Würden/Könnten (2) Würdest/Könntest (3) Würden/Könnten
   (4) Würden/Könnten (5) Würdest/Könntest (6) würde
   (7) Würdest/Könntest (8) Würdest/Könntest, tun (9) Dürfte, bitten
   (10) Hätten, möchte (11) hätten, hätte, gern
2. (1) wär(e)st, würde/könnte, vorstellen (2) könnte, würde, studieren
   (3) wäre, würde, gehen (4) wäre, würde, vorbereiten
   (5) gekommen, wär(e)st, wäre, passiert (6) zugehört, hättest, hättest, bestanden
   (7) angerufen, hättest, hätte, abgeholt
3. (1) wäre (2) gewesen wäre (3) wüsste
   (4) gesehen hätte (5) kennen würde (6) wüsste
4. A: Guten Tag, die Herrschaften. Hier die Speisekarte.
   B: Danke schön.

   B: Dann lass uns mal schauen, was Leckeres auf der Speisekarte steht.
   C: Ich glaube, ich nehme den Spargel mit Schinken. Und du?
   B: Ich weiß noch nicht. Ich brauche erst mal ein kühles Bier. Und du? Was möchtest du trinken?
   C: Zum Spargel nehme ich natürlich einen Weißwein.

   A: Haben die Herrschaften schon gewählt?
   B: Nein, ich bin noch unschlüssig.
   A: Kein Problem. Lassen Sie sich ruhig Zeit. Kann ich Ihnen vielleicht schon etwas zu trinken bringen?
   B: Ja, gern. Für mich ein großes Bier und für die Dame einen trockenen Weißwein.

   B: Bedienung! Wir möchten bestellen.
   A: Was hätten Sie denn gern?
   B: Einmal den Spargel mit Schinken für die Dame und für mich ein Steak mit Kartoffeln.

A: Tut mir Leid, mein Herr. Spargel mit Schinken ist leider aus.
B: Was würden Sie dann empfehlen?
A: Wie wäre es mit dem Lachsfilet?
C: Auf Lachs habe ich keine Lust. Dann nehme ich lieber auch ein Steak.
A: Wie hätten Sie Ihr Steak denn gern?
C: Für mich bitte medium.
B: Und für mich gut durch.
A: Sehr wohl, meine Herrschaften!

5. Herr und Frau Biermann sind **in** einem Restaurant. Die Bedienung begrüßt **das** Ehepaar und gibt **ihnen** die Speisekarte. Herr Biermann bedankt **sich**.
Die beiden schauen, **was** Leckeres **auf** der Speisekarte steht. Frau Biermann möchte den Spargel mit Schinken **nehmen**. Herr Biermann kann **sich** nicht so schnell **entscheiden**. Er braucht **zunächst** einmal ein kühles Bier. Er fragt **seine** Frau, **was** sie trinken möchte. Sie antwortet, **dass** sie **zum** Spargel natürlich **einen** Weißwein trinken **will**.
Die Bedienung **kommt** zurück und fragt, **ob** die Gäste schon **gewählt** haben. Herr Biermann meint, **dass** er noch unschlüssig **ist**. Die Bedienung sagt, **dass** die Gäste **sich** ruhig Zeit **lassen** sollen und fragt, **ob** sie **ihnen** vielleicht schon **etwas zu** trinken **bringen** kann. Herr Biermann bestellt **für** sich **ein** großes Bier und **für** seine Frau **einen** trockenen Weißwein.
Etwas **später** ruft er die Bedienung, **weil** er **bestellen** möchte. **Auf** die Frage **der** Bedienung, **was** sie denn **gern** hätten, **bestellt** er den Spargel mit Schinken **für** seine Frau und für **sich** ein Steak **mit** Kartoffeln. Die Bedienung bedauert, **dass** der Spargel leider **aus** ist. Herr Biermann fragt, **was** die Bedienung dann empfehlen **würde**. Die Bedienung fragt, **wie** es denn mit dem Lachsfilet **wäre**. Aber Frau Biermann hat keine **Lust** **auf** Lachs. Deshalb entscheidet sie **sich** auch **für** **ein** Steak. Die Bedienung möchte wissen, **wie** das Ehepaar **seine** Steaks **denn** gerne hätte. Frau Biermann möchte **ihr** Steak **medium** und Herr Biermann **sein** Steak **gut** **durch**.

6. (1) Anne will wissen, **was** Dongho in **den** Ferien gemacht hat. Sie fragt, **ob** er wieder in Deutschland **gewesen** ist. Dongho erzählt, dass er diesmal in Korea geblieben **ist** und viele **deutschsprachige** Romane **gelesen** hat. Anne kann das kaum glauben. Sie meint, dass **es** doch langweilig sein muss, nur Bücher zu lesen. Dongho findet **das** überhaupt nicht langweilig. Die Romane, die er **gelesen hat**, **waren** **nämlich so** interessant, **dass** er oft **tagelang** nur **gelesen hat**, weil er wissen **wollte**, wie die Geschichte ausgeht. Anne staunt. Sie meint, wenn er eine Reise gemacht **hätte**, **hätte** er sicher auch viel **Interessantes** erlebt. Dongho gibt **das** zwar zu, aber er ist **der** Meinung, dass er sein Leseverständnis nicht so gut **hätte verbessern können**, wenn er nicht so viel gelesen **hätte**. Außerdem **wäre** eine Reise **teurer** gewesen als die Bücher. Anne wendet ein, dass er beim **Reisen** aber mehr gesehen und mehr Leute kennengelernt **hätte**. Trotzdem **ist Dongho** davon **überzeugt**, die Ferien diesmal besonders sinnvoll **verbracht zu haben**: **Durch** die Bücher hat er in sehr kurzer Zeit viele **neue** Menschen und viele **neue** **Denkweisen** kennengelernt.

(2) Herr und Frau Biermann sind in **einem** Restaurant. Die Bedienung begrüßt **das** Ehepaar und gibt ihnen die Speisekarte. Herr Biermann **bedankt** sich.
Die **beiden** schauen, was **Leckeres auf der Speisekarte steht**. Frau Biermann **möchte** den Spargel mit Schinken. Herr Biermann kann **sich** nicht so schnell entscheiden. Er braucht **zunächst einmal** ein **kühles** Bier. Er fragt **seine** Frau, was sie trinken möchte. Sie antwortet, dass sie zum Spargel **natürlich einen Weißwein** trinken will.
Die Bedienung **kommt zurück** und fragt, **ob** die Gäste schon gewählt haben. Herr Biermann meint, **dass** er noch unschlüssig ist. Die Bedienung sagt, dass die Gäste **sich ruhig** Zeit lassen sollen und fragt, **ob** sie ihnen vielleicht schon **etwas** zu trinken bringen kann. Herr Biermann bestellt für **sich** ein **großes** Bier und für seine Frau einen **trockenen** Weißwein.
Etwas **später** ruft er die Bedienung, weil er **bestellen möchte**. Auf **die** Frage der Bedienung, was sie denn gern **hätten**, bestellt er den Spargel mit Schinken für seine Frau und für **sich** ein Steak mit **Kartoffeln**. Die Bedienung bedauert, **dass** der Spargel **leider aus** ist. Herr Biermann fragt, **was** die Bedienung dann empfehlen **würde**. Die Bedienung fragt, **wie** es denn mit dem Lachsfilet **wäre**. Aber Frau Biermann hat keine Lust **auf** Lachs. Deshalb entscheidet sie **sich** auch für ein Steak. Die Bedienung möchte wissen, wie **das** Ehepaar **seine** Steaks denn gerne **hätte**. Frau Biermann möchte **ihr** Steak medium und Herr Biermann **sein** Steak **gut durch**.

7. (1) Wenn ich Zeit hätte, würde ich dir helfen.
(2) Sie tut so/benimmt sich, als ob sie meine Mutter wäre.
(3) Wie schön wäre es, wenn ich noch einmal 20 (Jahre alt) wäre!
(4) Guten Tag, die Herrschaften! Was darf ich Ihnen bringen? - Ich hätte gern ein großes Bier.
(5) Würden Sie mir bitte einen Gefallen tun? - Ja, was kann ich denn für Sie tun?
(6) Wenn ich in der Schule Deutsch gelernt hätte, könnte ich jetzt in Deutschland studieren.
(7) Wenn ich dich schon damals gekannt hätte, hätte ich dich geheiratet.

Lektion 30

[텍스트 완성하기]

Minho fragt Yuri, **ob** Mira schon **aus** Deutschland zurückgekommen **sei**. Yuri weiß **es/das** auch nicht. Sie sagt, **dass** Mira **ihr** aber **vor der** Abreise erzählt **habe**, **dass** sie diesmal nur zwei Wochen **in** Deutschland bleiben **wolle**. Daher glaubt sie, **dass** Mira eigentlich gestern zurückgekommen sein **müsse/müsste**.
Minho dachte das auch. Aber er ist unsicher, **weil** er bis jetzt seltsamerweise noch nichts **von** ihr gehört **hat**. Sie hat ihm **nämlich** versprochen, **sich** sofort **zu** melden, **sobald** sie zurück ist, **denn** sie wollte ihm ein Buch, **das** er dringend braucht, **mitbringen**.
Yuri vermutet, **dass** Mira wahrscheinlich **noch** schläft, **weil** sie immer besonders stark **unter**

Jetlag **leidet**. Sie sagt, **dass** Minho ja auch weiß, **wie** lange die Zeitumstellung **dauert**, vor allem **wenn** man **von** Deutschland **nach** Korea fliegt. Minho stimmt **ihr** zu, **denn** Mira hat **ihm** gesagt, **dass** sie **bei der** letzten Deutschlandreise sehr **darunter** gelitten **habe**. Er überlegt, **sie am** Abend einmal anzurufen, **weil** er **das Buch** wirklich dringend **braucht**.

[활용 연습]

1. (1) komme (2) seien (3) sei (4) sei, gewesen (5) habe, vermisst
   (6) gesehen, habe (7) haben/hätten, gemacht (8) haben/hätten, gegessen
2. (1) Er sagte: „Ich habe in den USA studiert."
   (2) Sie behauptet: „Ich habe an dem Tag meinen Freund nicht getroffen."
   (3) Er fragte Frau Müller: „Haben Sie am Wochenende Zeit?"
   (4) Mein Arzt sagte mir: „Sie müssen abnehmen."
3. (1) Sie sagte am Telefon, dass sie heute spät nach Hause komme/kommen würde/käme.
   (2) Er versprach ihr, dass er sie immer lieben werde/würde.
   (3) Der Unternehmer behauptet, dass er keine faulen Geschäft gemacht habe/hätte.
   (4) Der Präsidentschaftskandidat versprach, dass er die Steuern senken werde/würde.
4. A: Wer ist die Frau, die da gerade mit dem Chef spricht?
   B: Kennst du sie noch nicht? Das ist Frau Yun. Sie ist die neue Kollegin in der Marketing-Abteilung.
   A: Sie spricht aber hervorragend Deutsch.
   B: Kein Wunder. Ich habe von Herrn Kim gehört, dass ihre Mutter Deutsche sei.
   A: Spricht sie denn auch Koreanisch so gut, wie sie Deutsch spricht?
   B: Das kann ich dir nicht sagen. Ich habe sie noch nicht persönlich kennengelernt und auch noch nicht Koreanisch sprechen hören. Aber sie soll in Korea zur Schule gegangen sein und später in London studiert haben. Sie muss schon gut Koreanisch und Englisch können.
   A: Ich muss sie unbedingt kennenlernen. Sie könnte eine gute Hilfe für unser Projekt sein.
5. Minho fragt Yuri, **ob** Mira schon aus Deutschland zurückgekommen sei. Yuri weiß **es** auch nicht. Sie sagt, dass Mira ihr aber vor der Abreise **erzählt habe**, dass sie diesmal nur zwei Wochen in Deutschland bleiben **wolle**. Daher glaubt sie, dass Mira eigentlich gestern **zurückgekommen sein müsse/müsste**.
   Minho dachte **das** auch. Aber er ist unsicher, **weil** er bis jetzt seltsamerweise noch nichts von ihr gehört **hat**. **Sie hat ihm nämlich** versprochen, sich sofort **zu** melden, **sobald** sie zurück ist, denn sie **wollte** ihm ein Buch, das er dringend braucht, mitbringen.
   Yuri vermutet, dass Mira wahrscheinlich noch schläft, weil sie immer besonders stark **unter** Jetlag leidet. Sie sagt, dass Minho ja auch weiß, wie **lange** die Zeitumstellung dauert, vor allem **wenn** man von Deutschland nach Korea fliegt. Minho stimmt ihr **zu**, denn Mira hat **ihm** gesagt, dass sie **bei** der **letzten** Deutschlandreise sehr **darunter** gelitten **habe**. Er überlegt, sie am Abend einmal **anzurufen**, weil er **das Buch wirklich dringend braucht**.

6. (1) Sie behauptet, dass sie unschuldig sei.
   (2) Er sagt, dass er in den USA studiert habe.
   (3) Er hat mir versprochen, noch in diesem Jahr seine Doktorarbeit abzugeben.
   (4) Er hat mich gefragt, ob ich Lust hätte, mit ihm auszugehen.
   (5) Herr Kirchner vom Internationalen Büro hat mir per E-Mail geschrieben/mitgeteilt, dass er den Zulassungsbescheid schon per Post geschickt habe/den Zulassungsbescheid schon per Post geschickt zu haben, aber er ist noch nicht angekommen.
   (6) Er sagt, dass er mich geliebt habe/hätte.
   (7) Sie sagte, dass sie mich hätte nie wiedersehen wollen.

문법 관련 색인

(문: 기본문법, 자: 자세히 들여다보기, 숫자는 해당 단원)

유용한 표현 색인

(숫자는 해당 단원)